影响力投资

Guide to Impact Investing

Catalyzing Wealth for Change

［瑞士］尤莉娅·巴兰迪纳·雅基耶 著
（Julia Balandina Jaquier）
唐京燕 芮萌 译

中信出版集团 | 北京

图书在版编目（CIP）数据

影响力投资 /（瑞士）尤莉娅 · 巴兰迪纳 · 雅基耶著；唐京燕，芮萌译 . -- 北京：中信出版社，2020.7

书名原文：Guide to Impact Investing:Catalyzing Wealth for Change

ISBN 978-7-5217-1302-2

Ⅰ . ①影… Ⅱ . ①尤… ②唐… ③芮… Ⅲ . ①金融投资 Ⅳ . ① F830.59

中国版本图书馆 CIP 数据核字 (2019) 第 269677 号

影响力投资

著　　者：［瑞士］尤莉娅 · 巴兰迪纳 · 雅基耶
译　　者：唐京燕　芮萌
出版发行：中信出版集团股份有限公司
（北京市朝阳区惠新东街甲 4 号富盛大厦 2 座　邮编　100029）
承 印 者：北京诚信伟业印刷有限公司

开　　本：787mm × 1092mm　1/16　　印　　张：38.5　　字　　数：490 千字
版　　次：2020 年 7 月第 1 版　　印　　次：2020 年 7 月第 1 次印刷
京权图字：01–2019–7582　　广告经营许可证：京朝工商广字第 8087 号
书　　号：ISBN 978–7–5217–1302–2
定　　价：145.00 元

来自作者的信

亲爱的读者，请花点时间想一想……

- 在家族办公室（family office）的半年度投资组合审查会议上，你收到的一份报告指出——除了4%~5%的财务回报以外，你的投资还帮助了非洲的250户村庄接上了电，在美国建设了1 000套经济适用房，并让印度的5 000名女孩继续接受教育。
- 家族业务中增长最快的部门是解决复杂的社会问题、在新兴市场的盈利持续提升，并为低收入社区提供有针对性的有效服务的部门。
- 家族基金会（family foundation）提供贷款，帮助借款人创建以盈利为目的的社会企业，扩大影响力，减少对捐款的依赖。你还可以把基金会10%的资金投向绿色债券、农村太阳能发电和小微金融（microfinance），这些都能带来稳定的财务回报，并让基金会的资产与使命结合起来。
- 几代人共同参与了上述投资，增进了家庭关系。年轻的家庭成员学会把家庭财富看作一种强大有力的工具，可以为社会带来持久的价值。他们受到鼓舞并拥有成就感，获得创业技能，自豪地把家族企业当作一股良善的力量。

无论富贵与否，我们都希望自己的生活留下印记——尤其在面对贫困、疾病、不平等、气候变化和环境退化等全球性挑战时。许多高净值人士（high net worth individual，简写为HNWI）对贫富差距的不断扩大越来越感到不安，他们希望看到社会整体条件的改善，而不仅仅是特权阶层才能享受美好的生活。

我们习惯于将社会影响与慈善机构和非营利组织的工作联系起来。然而，令人兴奋的新模式正在将企业的创业精神、严谨性和专业性与传统慈善团体的社会目标和使命感结合在一起。这些影响力驱动型企业使用市场化方式来改善弱势群体的生计，并为解决环境问题做出贡献。它们的成功取决于能否获得与使命一致的资本，即影响力投资。

我们这些有幸拥有金融手段的人有机会“做好事”，不仅通过慈善捐款或志愿服务，还能通过管理我们的财富、家族企业和家族基金会的资产来实现社会福利和经济回报的双重目标。世界各地越来越多的财富持有者正积极参与影响力投资，支持商业上可行的创新解决方案，推动社会向更加公正和可持续的方向发展。

本指南的目的不是让所有读者相信影响力投资是他们前进的方向，但我希望它能让你了解这个领域，让你做出明智又充满信心的选择。对于那些感兴趣也明确影响力投资是他们未来投资方向的人来说，我希望这本书能让他们的旅程更顺利、更愉快。

预祝大家阅读快乐。

如何阅读本书

这份指南是如何撰写的

你手中的这本书是2011年出版的《家族办公室和高净值人士的影响力投资指南》（*Guide to Impact Investing for Family Offices and High Net Worth Individuals*）的后续全球版本。基于作者在影响力投资方面的实践经验、深入研究以及对40多位参与影响力投资的财富持有者和许多理财顾问的访谈，原版指南的主要特点是注重知识实践和同行学习。

本指南的最初定位是对第一版的简单更新，在这一过程中也逐渐形成了独立的版本。根据原版指南的读者反馈，以及后续与财富持有者和财富管理从业者的交流，新指南在第一版的基础上进行了内容的扩展。新指南详细介绍了家族办公室、家族基金会和家族企业的战略，提供了制定影响力投资策略的详细路线图，其中包括45位私人影响力投资者的实际案例研究，为投资经理和理财顾问开辟了专门的章节，并提供了其他工具和资源。为此，全球版本的指南进行了近120次的额外访谈，扩大了地理范围，包括来自新兴市场的许多财富持有者。大多数访谈是面对面进行的，持续了数小时。在美国沃顿商学院的支持下通过对16家经验丰富的影响力基金组织和中介机构进行调查和访谈，本书收集了专业影响力投资者的最佳实践方案及其对财富持有者的建议。为了避免与其他人已开展的宝贵工作有重复，本指南对许多提供影响力投资信息和资源的报告进行了分析、梳理和简化，使数据更易于理解。这个过程有助于创建和补充已有的资源。

如何使用这本指南

本指南的目标是提供一种简单的方法，帮助你找到开启影响力投资并获取成功所需的法宝。

你无须通篇逐字阅读，只需关注你目前最感兴趣的领域，同时兼顾你在传统投资和影响力投资方面的知识和经验水平。当你对影响力投资有了更多的了解后，你的需求可能会改变，本指南的其他部分可能会为你提供相关帮助。

经验水平和所需的知识深度

本指南试图帮助大多数读者，以让初学者和有经验的投资者都从中受益的方式来构建信息。为实现这一目标，指南的内容根据信息类型和复杂程度分为3个主要部分：核心内容、高级/特定信息和基本投资理念。

核心内容。有关影响力投资的核心信息在第一部分至第四部分中提出，遵循影响力投资历程的逻辑发展：第一部分帮助你了解何谓影响力投资；第二部分讲述了其他财富持有者如何使用这种方法；第三部分侧重于介绍进行影响力投资之前的战略准备工作；第四部分讨论了建立影响力投资组合的实践之路。

高级/附加信息。如果你希望更好地了解影响力投资，或者需要在构建和实施项目方面得到实际帮助，那么“工具和资源”部分则提供了大量额外信息、实用工具、示例和资源。该部分还为理财顾问准备了特殊的章节。这部分内容位于第二部分和第三部分之间。

基本投资理念。本指南的核心部分是建立在对传统投资过程有基本了解的假设之上的，并着重解释影响力投资的特殊性。如果你不熟悉投资［特别是风险投资（venture capital）、私募股权（private equity）投资或债权基金］，请注意本指南的核心部分，尤其是第四部分，在讨论特定主题时会请你参考“附录”部分。本指南结尾部分的附录提供了关键投资理念和术语的基本解释，阐释了传统投资流程，帮助你厘清信息。

感兴趣的领域

想要更好地了解影响力投资，以及其他财富持有者为何以及如何使用它吗？

▶ 请前往第一部分（简介）和第二部分（同行的策略）。第一部分提供了对影响力投资的一般性概述，解释了关键标准和范围，并为可能同时产生影响力和财务回报的原因提供了理由。第二部分解释了富裕家庭共有的动机和策略，不同小节分别讨论了家族办公室、高净值人士、家族基金会和家族企业的相关内容。

你是否难以说服你的家人，或者在制定影响力策略和组织活动上遇到了困难？

▶ 前往第三部分（项目的设计和执行）。它将引导你完成战略发展过程，首先让你的家人参与进来，然后制定愿景，设计项目，决定实施方法并组建团队，直至制定切实可行的投资流程，最后包括影响力评估。

想要了解同行在参与影响力投资方面的个人账户吗? ▶ 请阅读45位活跃于影响力投资领域的私人财富持有者的案例研究，其中描述了他们的个人经历并总结了他们的战略和经验教训。案例研究的索引及其分类参见下一节“从同行到同行”。它们分别侧重于所在小节讨论的主题/问题。

需要证据证明影响力投资可以成功实现财务和影响力目标吗? ▶ 请阅读“工具和资源”中的“影响力投资的表现”部分（“工具和资源”部分第5~9节）。它提供了一系列数据点，包括指南中描述的12位影响力投资者的投资组合的构成和跟踪记录、近期绩效研究摘要，以及17个跨资产类别的投资产品示例，详细说明其影响力和财务回报。

准备开始或继续投资以获取影响力并希望避免一些常见的陷阱吗? ▶ 前往第四部分（影响力投资的实践），它解释了选择和管理影响力投资的特殊性，描述了最佳实践方案，并提供了实用技巧。有单独的章节介绍风险投资和基金投资流程，总结了10个常见错误并提供了应对方案。本部分在最后讨论了影响力投资在新兴市场的特殊细节。

想帮助你的理财顾问参与影响力投资吗? 或者你自己是理财顾问吗? ▶ 前往“工具和资源”中的“投资经理和理财顾问应该了解什么”部分（“工具和资源”部分第26~27节）。它提供了有助于了解/参与影响力投资的论据，还描述了财富管理者可以采取的各种方法，提供了克服共同挑战的技巧，并描述了将影响力投资整合到传统投资组合中的过程。

基础图标

整个指南使用了3个通用图标，以方便阅读，并指示特定类型的信息。

小灯泡对本指南中提到的关键概念提供了额外信息或进行了进一步说明。

此标识意在请你参考本指南其他部分或外部资源中的相关信息。

钥匙表示对专业术语的解释。当专业术语第一次出现时，它被用作提示，但偶尔也会在后续部分中被重复使用，以方便那些选择只阅读特定章节的人。

从同行到同行

向同行借鉴是本指南的一个关键特性。世界各地的影响力投资者及其团队在合作中慷慨地分享了他们的方法、成功案例和经验教训，同时展示了他们的投资组合，努力让其他私人投资者和慈善家能更轻松地接触和理解影响力投资。这两页提供了本指南涉及的访谈和财富持有者的案例概要。

以下是案例索引。这些受访的高净值人士有 35 位在北美洲，有 6 位在拉丁美洲，有 61 位在欧洲，有 5 位在中东地区，有 16 位在非洲，有 14 位在印度，有 21 位在除印度之外的亚洲，还有 9 位在澳大利亚。

- 167 个在全球范围内对财富持有者进行的深入访谈。
- 45 个案例研究详细介绍了高净值家族的动机和策略。
- 12 位私人影响力投资者展示了他们的投资组合。

丹尼·阿尔马戈（Danny Almagor）和贝里·利伯曼（Berry Liberman） 澳大利亚

DOEN 基金会 荷兰

阿卜杜勒–哈米德·穆哈伊迪（Abdulhameed Al-Muhaidib） 沙特阿拉伯

托尼·埃卢米卢（Tony Elumelu） 尼日利亚

瓦吉特·阿列克佩罗夫（Vagit Alekperov） 俄罗斯

阿德里安·恩托文（Adrian Enthoven） 南非

约翰·艾利夫（John Ayliffe）和卡西·艾利夫（Cathy Ayliffe） 瑞士 / 英国

吉姆·爱泼斯坦（Jim Epstein） 美国

韦勒·贝尔韦斯（Veerle Berbers） 比利时

埃斯梅·费尔贝恩（Esmée Fairbairn）基金会 英国

伊泽·伯施（Ise Bosch） 德国

F.B. 赫伦（F.B. Heron）基金会 美国

斯蒂芬·布伦尼克迈耶（Stephen Brenninkmeijer） 德国

维克拉姆·甘地（Vikram Gandhi） 印度

陈恩怡（Annie Chen） 中国香港

威利米恩·盖尔多普（Willemijn Geldorp） 荷兰

庄学熹（Charles Chong） 中国香港

贾姆希德·戈德瑞吉（Jamshyd Godrej） 印度

伊冯·肖纳德（Yvon Chouinard） 美国

本·戈德史密斯（Ben Goldsmith） 英国

马蒂·科德斯（Marty Cordes）、罗恩·科德斯（Ron Cordes）和斯特凡妮·科德斯（Stephanie Cordes） 美国

里科·冈萨雷斯（Rico Gonzalez）和诺诺·冈萨雷斯（Nono Gonzalez） 菲律宾

苏希尔·吉瓦拉卡（Sushill Jiwarajka） 印度

艾哈迈德·卡齐·阿尼（Ahmed Kazi Anis） 孟加拉国

洛克菲勒（Rockefeller）基金会 美国

莉萨·克莱斯纳（Lisa Kleissner）和沙利·克莱斯纳（Charly Kleissner） 美国/奥地利

贾斯廷·洛克菲勒（Justin Rockefeller） 美国

温迪·陆哈比（Wendy Luhabe） 南非

卡罗尔·施瓦茨（Carol Schwartz） 澳大利亚

阿南德·马恒达（Anand Mahindra） 印度

亚历克斯·塞贝尔（Alex Seibel） 巴西

乔希·梅尔曼（Josh Mailman） 美国

保罗·斯蒂尔（Paul Steele） 澳大利亚

马里奥·圣多明戈（Mario Santo Domingo）基金会 哥伦比亚

莉莉·施蒂费尔（Lili Stiefel） 美国

约翰·麦金农（John McKinnon） 澳大利亚

约翰·斯通（John Stone） 英国

安东尼奥·内托（Antonio Neto） 巴西

塞思·塔巴茨尼克（Seth Tabatznik） 英国

阿尔温德·纳鲁拉（Arvind Narula） 泰国

弗兰克·范·博伊宁根（Frank van Beuningen）和玛格丽特·范·博伊宁根（Margaret van Beuningen） 荷兰/美国

卡罗尔·纽厄尔（Carol Newell） 加拿大

胡伊博·范·德·格里斯帕德（Huib van de Grijspaarde） 荷兰

皮埃尔·奥米戴尔（Pierre Omidyar）和帕姆·奥米戴尔（Pam Omidyar） 美国

鲁宾·瓦尔达尼扬（Ruben Vardanyan）和薇罗妮卡·索纳本德（Veronika Zonabend） 亚美尼亚/俄罗斯

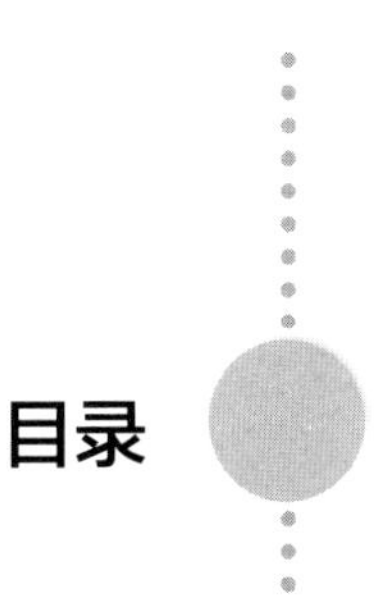

目录

第一部分
影响力投资介绍

第 1 章　影响力投资概览 / 003

1.1　影响力投资的定义和主要标准 / 003
1.2　影响力投资的生态系统：谁是参与者 / 007
1.3　影响力投资的分类：回报和影响力目标如何相互作用 / 009
1.4　SRI 和创投慈善：如何区分投资方式 / 011
1.5　投资工具：影响力投资是一种投资方式还是一种资产类别 / 015
1.6　直接投资还是通过媒介：我需要积极管理我的影响力投资吗 / 018
1.7　地域聚焦：在哪里投资 / 020
1.8　行业和影响力主题：影响力投资的聚焦点是什么 / 021
1.9　对投资对象进行分类：影响力投资者的投资对象 / 023
1.10 市场规模和潜力：市场有多大 / 025
1.11 关键商业模型和受益人：影响力是如何产生的 / 028
1.12 影响力评估的考虑因素：影响力是如何评估的 / 030

第 2 章　构建影响力投资 / 033

2.1　日趋重要的影响力投资：驱动影响力投资市场增长的因素 / 033

2.2 引人注意的市场机会：为什么财务回报是可能的 / 035
2.3 促进积极的改变：影响力投资有助于应对全球挑战吗 / 037
2.4 让财务目标和影响力目标一致 / 041
2.5 发现影响力投资的挑战：尚待跨越的障碍 / 043

第二部分
财富持有者的影响力投资方法

第 3 章 富有家族的影响力投资 / 049
3.1 私人财富持有者的角色 / 049
3.2 影响力投资如何与家族生态系统契合 / 051
3.3 影响力投资的核心方式 / 052

第 4 章 高净值人士和家族办公室的影响力投资 / 059
4.1 影响力投资与高净值人士和家族办公室的相关性 / 059
4.2 关键动机 / 061
4.3 核心方式的应用 / 064
4.4 投资特征和考虑因素 / 068
4.5 执行的问题及解决方案 / 071

第 5 章 家族基金会的影响力投资 / 079
5.1 影响力投资与家族基金会的相关性 / 079
5.2 主要动机 / 081
5.3 核心方式的应用 / 084
5.4 投资特征和考虑因素 / 092
5.5 执行的问题及解决方案 / 093

第 6 章 家族企业的影响力投资 / 101
6.1 影响力投资与家族企业的相关性 / 101

6.2 核心动机 / 106

6.3 核心方式的应用 / 112

6.4 投资特征和考虑因素 / 139

6.5 执行的问题及解决方案 / 141

第 7 章 小预算下的影响力投资 / 145

7.1 影响力投资作为职业选择 / 145

7.2 比较富裕的影响力投资 / 150

工具和资源 / 157

1. 跨越资产类别的投资机会 / 159
2. 跨越地区和主题的投资案例 / 162
3. 分层结构 / 第一损失资本 / 167
4. 社会影响力债券 / 169
5. 12 个私人影响力投资组合的过往业绩 / 172
6. 成功的影响力投资基金和产品 / 193
7. 小微金融的表现 / 205
8. 三大表现研究的结果 / 207
9. 影响力投资组合的样本 / 214
10. 项目关键参数之间的关联性 / 216
11. 影响力投资的投资策略示例 / 220
12. 用拨款来建设影响力投资领域 / 223
13. 家族企业的影响力投资方式 / 226
14. 不同影响力主题的结果示例 / 227
15. 衡量影响力的框架与工具（例子）/ 229
16. 影响力评估办法（投资组合）的示例 / 232
17. 影响力评估办法（基金投资）的示例 / 234
18. 影响力评估办法（直接投资）的示例 / 235
19. 投资人关注的关系网 / 240

20. 投资人关注的 / 综合关系网和社群 / 244
21. 投资群体 / 俱乐部 / 248
22. 交易数据库 / 投资平台 / 251
23. 会议和事件 / 253
24. 加速器和孵化器 / 258
25. 推荐的阅读资料 / 263
26. 为什么投资经理和理财顾问需要关注 / 270
27. 投资经理和理财顾问在实操中的关注点 / 283

第三部分
项目的设计和执行

第 8 章　内部买进 / 311
8.1　争取家族的认同 / 311
8.2　如果你的理念遭到拒绝该怎么办 / 315

第 9 章　愿景 / 321
9.0　章节概览 / 321
9.1　明确动机和“落户安家”：我们的目标是什么？影响力投资在哪里最适合？ / 322
9.2　进行市场和组合筛选：评估选择及发现起始点 / 326
9.3　制定影响力主题：我对影响力定义的理解及我应该怎样获得它 / 329
9.4　确定财务状况：我的金融性目标和限制条件 / 349

第 10 章　设计投资项目 / 355
10.0　章节概览 / 355
10.1　设立你的短期和中期目标：成功是什么样子 / 357
10.2　确定项目的关键参数：我的投资策略 / 358

第 11 章　投资指引和工具 / 371

11.0　章节概览 / 371

11.1　制定投资指引：如何进行投资和管理投资 / 372

11.2　建立影响力评估方式：如何衡量我的投资影响力 / 376

第 12 章　你的团队 / 389

12.0　章节概览 / 389

12.1　设立你的方法：如何管理项目 / 390

12.2　评估 / 建立内部能力：我和团队的角色 / 395

12.3　与外部专家合作：顾问能帮助我填补资源上的空白吗 / 401

12.4　考虑合作关系：合作如何帮助我达成目标 / 407

12.5　打造学习文化：怎样持续提高自己 / 410

第四部分
影响力投资的实践——流程

第 13 章　直接投资 / 421

13.0　章节概览 / 421

13.1　寻找和筛选投资机会：发掘合适的投资机会 / 426

13.2　尽职调查：评估投资机会的价值和风险 / 437

13.3　投资结构和谈判：对投资条款达成共识 / 459

13.4　投资管理：检测投资对象的表现并增加价值 / 468

13.5　退出：实现投资回报（损失）/ 472

第 14 章　通过基金投资 / 477

14.1　基金经理分析过程：选择投资媒介 / 477

14.2　影响力尽职调查：评估产生影响力的意图以及能力 / 479

14.3　核心投资条款：保证利益的一致性 / 484

第 15 章　常见的错误和避免的方法 / 493

15.1　允许自己犯错 / 493

15.2　警惕“使命陷阱” / 494

15.3　诚信是关键 / 495

15.4　注意影响力驱动的企业家的具体情况 / 495

15.5　对投资期和资本需求要实事求是 / 496

15.6　切勿走捷径 / 497

15.7　为海外投资做好准备 / 498

15.8　不要低估尽职调查的成本 / 499

15.9　检查与联合投资者的一致性 / 500

15.10　聚焦 / 500

第 16 章　影响力投资在新兴市场 / 503

16.1　新兴市场影响力投资概述：在发展中国家投资的利弊 / 503

16.2　重要地区的总结：不同新兴市场的特点 / 507

附录 / 529

附录 1　常见缩写和符号 / 529

附录 2　直接投资或间接投资 / 531

附录 3　直接投资流程的基础知识 / 533

附录 4　基金投资流程的基础知识 / 552

附录 5　基金尽调流程注意事项 / 556

附录 6　术语表 / 563

注释 / 581

致谢 / 591

第一部分

影响力投资介绍

理解这是什么

理解影响力投资可能比影响力投资本身更为困难。新手可能对互相交错的概念难以招架，从可持续责任投资（sustainable and responsible investing，简写为 SRI）到三重底线，再到创投慈善，以及企业社会责任（corporate social responsibility，简写为 CSR）。本指南的第一部分包含两章内容，旨在运用通俗易懂的方式对影响力投资进行概述。第 1 章阐明了影响力投资的定义，解释了影响力投资的主要元素和范畴。第 2 章讨论了通过商业和投资来应对社会挑战为什么是行之有效的。

第 1 章

影响力投资概览

1.1 影响力投资的定义和主要标准

影响力投资的定义不胜枚举，也在不断地演化。这些定义对刚接触影响力投资且希望能进一步了解的人来说，并不见得有太大的帮助。以下是应用最广泛的定义[1]：影响力投资是指公司、组织和基金公司在进行投资时，除了追求财务回报，还力求对社会和环境产生影响。

无论是何种精确的定义，影响力投资都意味着须同时产生两方面的回报——社会和财务（在本指南中，"社会"一词代表社会和/或环境）。影响力投资是如何产生双重回报的呢？影响力投资者为遵循企业规则的公司提供资本，帮助其应对各式各样的全球挑战。这些公司可能向收入低的学生提供可偿付的助学贷款，或者向普通的农户提供灌溉系统以提高其产量、增加收益，又或者为与肥胖斗

> 影响力投资是指公司、组织和基金在进行投资时，除了追求财务回报，还力求对社会和环境产生影响。

争的儿童提供物美价廉的学生健康午餐。在特定的社会或环境领域，这些企业发展创新型的商业模式，而且业务本身也能产生所期待的影响力。与传统的商业（只追求商业价值的创造）或者传统的公益组织（只产生社会价值）不同，由于这类企业产生双重价值，故能为投资者同时带来社会和财务回报。在本指南中，这类组织被称为影响力产生或影响力驱动企业，也常常被称为共享价值企业或社会企业。

影响力投资的范畴

影响力投资包含广泛的产业、地域、企业形式和金融工具。影响力投资可能是放在美国某社区发展银行的一笔现金存款，可能是菲律宾某个社会企业的一份股东权益，也可能是投资新西兰有机农场的一只基金。通过阅读接下来的第 1 章的内容，读者对影响力投资的范畴会有更清晰的认识。

关键指标

我要怎样轻松识别出属于影响力投资的机会？这与我现有的投资有何不同？投资新兴市场的私募股权基金，或者是购买一家医药公司的股票，又或者是购买由某特许学校发行的债券，这些算影响力投资吗？

这些都是很好的问题。现在，我们已经明确了影响力投资是追求双重目标的投资方式——社会影响力和财务回报。纵然每一位影响力投资者对产生影响力的方式和追求回报的程度不尽相同，我们还是可以通过以下三大准则来恰当地解释影响力投资：动机、可衡量的影响力及正向的财务回报（如图 1.1 所示）。

动机	可衡量的影响力	正向的财务回报
投资的动机是创造一种社会或环境产品	社会/环境的表现是可衡量的，而且也有所衡量	从资本回报到市场回报

图 1.1　影响力投资的核心标准

动机

投资者通过投资来表达针对某一特定社会挑战的动机是影响力投资最重要的特征。这意味着影响力投资者做出投资决策是基于公司交付结果的能力的。这些结果是多种多样的——增加受教育或者负担得起医疗的机会，减少环境变化带来的负面影响，减少无家可归的情况，或者为残疾人提供有保障的工作机会。无论是哪种特定情况下的影响力目标，目标公司实现这些目标的能力，是挑选影响力投资的核心标准。投资对象的意愿是重要条件，但不是必要条件。如果一家影响力中等的公司正在开发一套解决方案，能满足投资者的期望，有效地应对和解决某一特定的社会或环境挑战（比如创新型的教育软件创业公司），若投资者想通过投资来支持该解决方案的开发，那么对这家公司的投资可能被认为是影响力投资。

产出、成果和影响力

投资对象创造影响力的能力是影响力投资的核心。我们会在后文对影响力价值链进行讨论，先在此处对 3 个词汇进行定义，以便区分：

- 产出：由公司提供的产品和服务（例如卖出的太阳能灯的数量）。
- 成果：由产出带来的对个人 / 环境的改变 / 影响（例如通过使用太阳能照明，带来了额外的收入 / 储蓄，提高了考试通过率）。
- 影响力：由结果带来的更长期的、更深入的改变（例如通过额外的储蓄或者更好的教育，提升了目标人群的生活质量）。

什么被排除在外

支持影响力投资的投资者或投资，若缺乏对某一个特定影响力的锚定，则不能被称为影响力投资者或投资。比如说，若某投资者对同一家教育初创企业进行资产配置，仅仅是为了追求其商业成长潜力，那并不构成一次影响力投资。这是为什么呢？因为该笔投资并不以产生影响力为意图。同样，以商业为目的，对能产生大量工作机会的某只新兴市场基金进行投资，也不能被称为影响力投资。除非投资者积极关注工作机会的创造，并且正因为该基金能带来所期望的结果，才选择了该基金。以上两笔投资虽然不能被称为影响力投资，但不妨碍其带来强大的影响力。

可衡量的影响力

影响力投资的特征不仅是指产生正面影响力的意图，还包括对影响力投资业绩进行衡量、评估及管理的承诺。影响力评估确保了透明度，并为期望的影响力提供了能落地的保障。更重要的是，影响力评估通过让公司专注在结果上，以收获结果为目标，为最终的影响力达成提供保证。影响力衡量一不小心就会变得复杂和昂贵，投资者需要在评估投资对象的过程中，在评估的深度以及成本和负担之间进行平衡。

什么被排除在外

一笔投资产生了正面但无法衡量的影响力，仍不能算作影响力投资。这排除了大部分的SRI。举个例子，购买某上市公司的股票，该公司除了传统产品，还开发了一种婴儿强化奶粉，该产品的销售可能会产生巨大的社会影响力。虽然投资者能“感受”到这种影响，但他们无法量化并追踪他们投资的影响，他们的投资将很可能被汇入公司的总资本池中。但是如果投资者购买了某公司的绿色债券，其影响力就可以被衡量。这是为什么呢？因为上市公司把债券收益用在衡量二氧化碳的排放上，以完成对环境影响力的承诺。

正向的财务回报

影响力投资是一种财务工具，而不是一笔拨款——投资者期待收回他们的初始投资（本金）。除了收回本金，影响力投资者也定睛在资本回报（或者利润）上，范围可从零（比如说无息贷款）到市场回报。

什么被排除在外

拨款不是影响力投资，也不是创投慈善，后者至少是以收回投资本金为目标的。

SRI 与慈善创投

SRI 是指在进行投资决策时，综合考虑环境、社会及治理（environmental，social and governance，简写为 ESG）因素的做法。策略包括负面筛选（排除有害产业，例如香烟或武器制造）、股东行动主义、正面筛选（投资于可持续的领导者）以及主题性投资（专注投资于某些领域，比如水资源、可再生能源、节能等）。

慈善创投是指通过拨款和投资，用风险投资的工具来支持社会组织。

1.2　影响力投资的生态系统：谁是参与者

影响力投资的生态系统与其他任何的金融市场类似，是由资本供应、资本需求、市场基础设施和政策环境组成的综合体（如图 1.2 所示）。

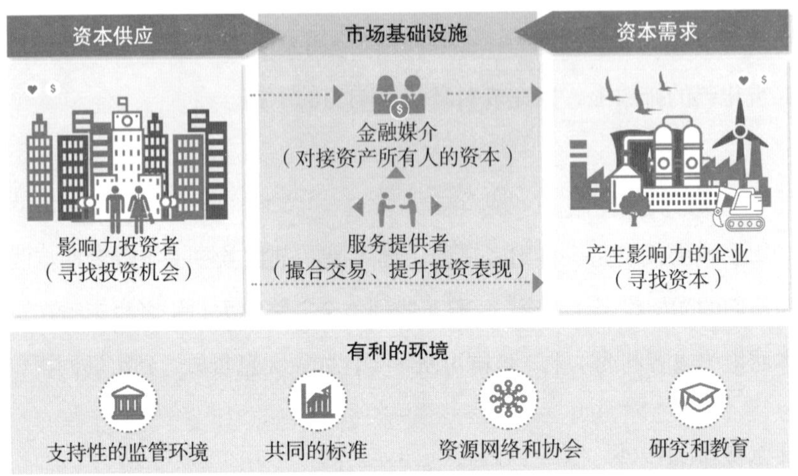

图 1.2　影响力投资的生态系统

资本供应

某类资产的所有者（影响力投资者）寻求能够提供财务和（可衡量的）社会回报投资机会。他们进行直接投资或者通过资本媒介进行间接投资。最早的一批影响力投资者包括发展金融机构（development finance institution，简写为 DFI）和多边银行，新加入者还包括基金会和高净值人群。近年来，伴随影响力投资积累的优秀成绩以及该产业的发展和成熟，各种类型的投资者，包括机构、企业和散户投资者纷纷涌入影响力投资领域发光发亮。

资本需求

在应对社会挑战时，产生影响力的企业通过不同的方式，将吸引而来的资本投入商业活动，以支持企业运营，并从中获得收益。这类公司是有意愿且有能力偿还资本的，并予以一定的回报。

市场基础设施

金融媒介为资产所有者和产生影响力的企业建立了桥梁。金融媒介包括投资基金、银行、信用合作社以及其他金融机构和众筹平台。

服务提供者通过撮合交易（比如配置资金、尽职调查、评级和 / 或法律服务）或者通过技术支持、影响力评估等优质服务来提升投资业绩，为影响力投资者、产生影响力的企业和金融媒介提供价值。

有利的环境

有利的环境包括监管部门的支持、法规和标准的完善、资源网络和协会，还包括研究、教育和知识共享。有利的环境为影响力投资市场的高效运作提供了保证，鼓励更多资本流向该市场。

1.3　影响力投资的分类：回报和影响力目标如何相互作用

不同的影响力投资机会有着不同的风险特征、预期回报和影响力目标。简言之，影响力投资机会可划分为两类：影响力优先投资和财务优先投资。影响力优先投资和财务优先投资的对比请见表 1.1。

影响力优先：首要目标是产生对社会或环境的益处。虽然并不绝对，但该类投资可能意味着低于市场的回报率或者更高的风险。

表 1.1 影响力优先投资和财务优先投资

	财务优先投资	影响力优先投资
财务目标	锚定市场回报	常常但不总是锚定低于市场的回报或者接受较高的财务风险
影响力目标	目标是产生有形的影响力。专注于更小挑战或者更低风险的模型	影响力是首要驱动力。通常专注于更棘手的挑战以及 / 或者创新式模型
投资者举例	基金会（捐赠基金）、个人慈善家、家族办公室、DFI	基金会（项目）、个人慈善家、家族办公室、DFI

关于影响力优先的投资机会，若想更多地了解其投资收入低于市场回报率的原因，请参见第 2 章第 2.4 节。

财务优先：寻求市场化收益以及可衡量的社会价值。这类投资专注在能够提供丰厚回报的社会或环境需求上。

需要注意的是，影响力优先和财务优先影响力投资在影响力以及财务上的双重回报可能不尽相同，双重回报皆需要被锚定、监测和管理。完全忽视一方而青睐另一方，影响力投资就徒有其表。

影响力投资者的主要动机和投资限制也各有不同。有些投资者把改变世界或者解决棘手问题作为初衷。这类投资者为了达到目标，可以向低于市场的收益妥协，即便他们常常能够实现市场收益。因此，他们能够专注在更复杂的问题上，承担企业起步时的风险，用他们的资本来支持创新解决方案，或者通过消化部分投资风险来吸引其他投资者。

而其他投资者，可能是受诚信义务的限制，决定专注在影响力投资的某一个细分领域，以产生有竞争力的回报。这些投资者把影响力投资当作传统投资的替代或者补充。他们会自然而然地关注不那么复杂的问题或领域，投资于已被证实的商业模型以及偏后期或者风险较低的机会。

机构投资者对投资优先顺序的选择有更严格的限制；个人投资者的投资风格则更为灵活，他们可以把资产配置在上述两类投资机会中。

虽然把投资划分为影响力优先和财务优先有助于不同的投资者更清楚地理解影响力投资机会的跨度，以便找到更合适自己的细分市场，但是在实践中，这两类投资机会的区别是很模糊的。

首先，同样一笔交易，对于某些投资者来说，可以是影响力优先的投资机会，而对于另外的投资者，也可以是财务优先的投资机会。基金可能被划分为多个层级，各层级代表不同的风险 / 回报参数。对这些所谓的分级结构（更多信息请参见“工具和资源”部分的第 3 节），有些投资者可以接受较低的回报 / 较高的风险。为了增加交易对更保守的投资者的吸引力，通过结构分级把高收益 / 低风险的投资层级留给前者，这就吸引了额外的资本投向影响力投资企业。

对投资的划分也可以根据投资人对风险的判断。在某类行业、地域或者科技领域有相关经验的投资者，相比缺乏相关经验的投资者，更容易判断该领域的投资机会。

1.4　SRI 和创投慈善：如何区分投资方式

过去，投资和慈善是相隔甚远的两类领域。近几十年里，随着获取财务和社会回报的可用手段不断演变，二者越靠越近。投资和慈善的关系变化如图 1.3 所示。

传统投资　可持续责任投资　影响力投资　创投慈善　传统慈善

图 1.3　投资和慈善的关系变化

新的投资分类方式

此处的投资分类方式是考虑社会影响力和财务两方面，从传统投资到传统慈善（拨款）的一系列延续的投资方式。不同的投资者和乐善好施的资产所有者可能会采取不同的投资方式，或者在目标风险和期望回报的范围内，用尽所有投资方式，以求整体资产获得最大的社会效应（如表 1.2 所示）。

如何区分投资方式

投资方式和投资策略有时候会让人困惑。比如说，影响力投资与 SRI 是一样的吗？前者是否只是后者的子集，还是说它们是完全不同的投资方式？总之，虽然 SRI 和创投慈善带来深远的影响力，但它们与影响力投资是截然不同的。图 1.4 就清楚地将上述投资策略在财务和社会目标方面进行了区分，用以区分的参数如表 1.2 所示。

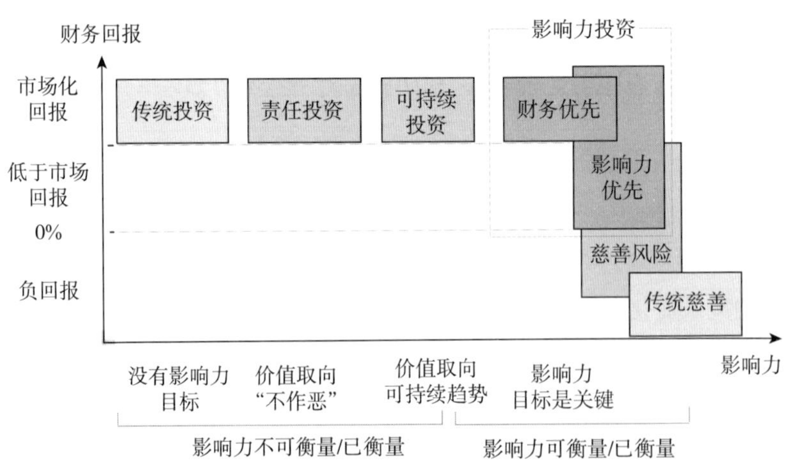

图 1.4　影响力投资和相关术语

表 1.2　投资分类方式

传统投资	责任投资	可持续投资	影响力投资		创投慈善	传统慈善
			财务优先	影响力优先		
投资的唯一目标是获取财务回报	排除某类型的投资（武器、烟草、酒精等）	投资于 ESG 先锋以及可持续行业（水资源、节能）；从事 ESG 事业	创造可衡量的影响力和财务回报双重目标的投资		通过拨款和投资来资助 / 支持各种社会目的组织	向社会目的组织提供以拨款为主要方式的资金
无影响力目标	出于道德或者财务的原因，专注于 ESG 领域的风险	专注于 ESG 领域的风险 / 机遇	专注于由社会 / 环境的问题 / 需求带来的迫切的商业机会（无须妥协）	专注于能有效解决社会 / 环境问题，提供正向财务回报的市场化解决方案（可能需要接受更高的风险）	通过风险资本策略来提升这些组织的影响力（愿意放弃重大的财务回报）	专注于没有市场化解决方案的领域或者发展阶段需要完全放弃财务回报
市场收益					低于市场的收益	资本损失
	ESG 风险管理					
			积极、可衡量的影响力			

资料来源：根据桥梁风险投资公司（Bridges Ventures）的数据改编。

- SRI 主要专注于“不作恶”，大多数方式是筛选和委托。这类投资者知道他们的投资组合不会产生重大的负面影响力以及 / 或投资对象对 ESG 的风险管理得当，所以能够保持心态平和。影响力投资者超越了 SRI，专注于特殊且有形的影响力创造，并积极尝试解决某类（系列）问题，以此作为投资方式的核心。影响力投资促进社会问题的解决方案落地，并使资本成为“向善的力量”。
- 作为影响力投资者，你可能追求特定的结果，并对产生的结果进行衡量和评估。而 SRI 无法对投资者取得量化的影响力。
- 有些影响力投资专注于低于市场的回报，而 SRI 则力求利润最大化。
- 影响力投资与创投慈善在积极追求影响力方面是相似的，但有些形式的创投慈善对本金的回报率是没有设置目标的。
- 虽然对慈善有着类似的抱负，影响力投资与以拨款为基础的慈善和 CSR 不同，前者锚定的是正向的财务回报。影响力衡量是另一个区分影响力投资和传统拨款的特征，即便慈善的发展趋势也是越来越追求可计量性。

为什么会产生困惑

对本领域感到生疏的人会产生这样的困惑：即使是专家和投资媒介，有时候也会过度延伸影响力投资的含义（包括 SRI 和补助）；他们甚至会为了匹配各自的投资策略而扭曲其含义，宣称影响力投资往往会锚定市场或者高于市场水平的回报，又或者说投资者只有愿意接受低于市场水平的回报才能自称为影响力投资者。一种可能的解释是，他们都考虑到，若不称自己的投资策略为影响力投资，就无法自诩有影响力。相反，SRI、创投慈善和传统慈善都是有影响力的投资方法，为现代投资者和慈善家追求资本影响力最大化提供了更多的工具和手段。

1.5　投资工具：影响力投资是一种投资方式还是一种资产类别

曾经有投资者提出，影响力投资应该被划分为一种新兴的资产类别，但市场更多的声音指向影响力投资更应该被描述为覆盖各种资产类别的一种投资方式。事实上，影响力投资者可以随意选择各类投资工具，每类投资工具代表对投资对象产生不同的影响，有不同的预期回报以及不同的风险。

现金

投资者很多时候并未把银行账户上的现金跟影响力投资联系在一起。但是，无论你是否有两年的定期存款或者活期存款，银行都在拿你的钱进行投资。最简单的影响力投资是把你的钱放在社区银行、信用社或者“可持续”银行。在这些机构里，你的钱会被用来为社会性企业、有责任的消费借贷、经济适用房或可持续农业提供资金。

固定收益

该领域存在很多机会，包括由政府、企业或者多边银行发行的绿色债券，由社会性企业或者慈善组织发行的债券，以及投资于小

微金融 或者社会性企业的贷款 / 债券基金。对产生影响力的私人企业的商业贷款，也可以归类于固定收益。

上市股票

上市的社会性企业并不多见，但是主题式投资策略开始把该类股票放进投资组合，比如一些上市的小微金融机构（microfinance institution，简写为 MFI） 和社区发展银行。另外，在英国的社会证券交易所进行交易的某些上市公司也属于“社会影响力企业”的类别。

复合投资

近些年，复合 / 绝对回报的投资类别越来越受到投资者的青睐，伴随着社会影响力债券（social impact bond，简写为 SIB） 和开发影响力债券（development impact bond，简写为 DIB） 的兴起，广泛应用于各行业、各地域。其他的例子包括疫苗接种设施和复合债券 / 股权小微金融、中小企业（small and medium-sized enterprise，简写为 SME） 以及农业基金。

为什么资产类别划分很重要

管理财务组合的常用办法是将其拆分为几个资产类别（投资方式）以分散 风险。这个过程被称为战略资产配置（strategic asset allocation，简写为 SAA），是现代组合管理的基石。如果你把影响力投资作为一种特殊的资产类别，为了保证目标的分散性，你只能将资产组合里的一小部分配置给影响力投资。但是，如果你把影响力投资作为跨越各种资产类别的一种投资方法，你就可以将更多的资产配置给产生影响力的投资，同时也保证了目标 SAA 的分散性。

私募股权

私募股权是最活跃的资产类别，存在各式各样的投资机会，无论是直接投资或者通过基金间接投资，在各地以广泛的影响力主题为目标。

实物资产

房地产领域包括经济适用房、绿色房地产以及社会目的房地产等。影响力投资者可接触的投资机会也很丰富。另外，在林垦领域的投资机会也呈增长趋势，包括可持续管理、土地修复和地貌维护。

参见“工具和资源”部分第 1 节和第 2 节关于不同资产类别、地域、主题的投资机会，以及“工具和资源”部分第 4 节关于 SIB 的解析。

横跨各资产类别的影响力投资如表 1.3 所示。

表 1.3　横跨各资产类别的影响力投资

现金	固定收益	上市股票	复合投资	私募股权	房地产
在信用社或者社区开发银行的存款	小微金融债权基金；绿色或慈善债券；社会性企业债券或债权基金	上市小微金融企业的股票、特许学校、社会性企业、主题式投资策略	可再生能源项目；社会影响力债券、债/股农业或小微金融基金	股权投资于产生影响力的企业（直接或通过基金）	经济适用房；社会目的房地产；土壤修复、有机农业(直接或通过基金)

1.6　直接投资还是通过媒介：我需要积极管理我的影响力投资吗

影响力投资者可以选择自己在筛选和管理投资时的参与程度。跟传统投资一样，影响力投资者可以直接或者通过金融中介机构进行投资（参见图 1.5 对投资结构的描述）。

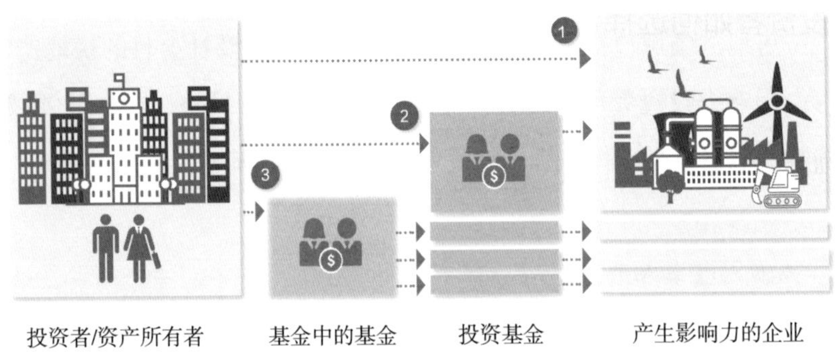

图 1.5　直接投资或通过中介投资

有什么可选项

直接投资。通过把资本配置在债权、股权、贷款担保[1]等工具上，直接投资于产生影响力的企业，例如一家将滴灌技术卖给农民的技术公司或者一家经营连锁平价医院的企业（图 1.5 中的选择 1）。市场上有丰富的投资机会，但是需要细致地分析，并精心设计结构。

投资基金（图 1.5 中的选择 2）。按照基金的投资策略（附录 4 解释了基金是如何运作的），对数家产生影响力的企业进行直接投资。范围广泛的影响力投资基金可横跨数个影响力项目和地域（关于 380 余只影响力基金的详细信息，请参阅 www.impactbase.org）。

投资基金中的基金（fund of fund，简写为 FoF）它是另一种中介形式（图 1.5 中的选择 3）。FoF 可投资数只基金，而这些基金将进行直接投资，最终 FoF 向你提供超过 100 家企业的间接投资。目前，市场上的影响力 FoF 并不多见。

明确授权。赋予资产管理公司特定权利，其可以直接投资，也可以通过中介机构投资。

投资者如何选择

是直接投资还是通过中介间接投资，投资者需要考虑的因素如下所示。

资源和技能：直接影响力投资需求相关的经验、与投资对象的亲密接触，以及在持有期间对投资企业的亲力亲为。以上对投资者的时间和资源都提出了较高要求。基金投资则是为投资人提供了产生重大影响力但不必主动监管投资的机会。

目标影响力：相比直接投资，通过中介投资对投资对象的控制力是受限制的。直接投资允许投资者的影响力目标和投资对象产生的影响力是一一对应的，也给投资者提供了向投资对象施加影响 / 提升价值的机会。

分散投资和成本结构：基金或 FoF 投资增加了组合的分散程度，降低了整体风险。但是，投资者需要支付费用，这降低了净收益。对于直接投资，投资者就不需要支付费用，但是内部资源的成本可能更高，而分散程度更低。

参见附录 2 中直接投资和通过中介间接投资的对比。

1.7 地域聚焦：在哪里投资

影响力投资者的活动通常集中在某一地区或国家。在实际操作中，影响力投资的地域可以被划分为发达国家和发展中国家，二者都面临着社会或环境的挑战，并在积极推进市场化解决方案。一系列区域中心正在世界范围内兴起，形成了活跃的全球影响力投资者生态圈。这些区域中心包括美国、英国、德国、瑞士、哥伦比亚、墨西哥、巴西、荷兰、印度、新加坡、中国香港、澳大利亚、非洲国家等。

投资者对某个特殊地域的偏好可能会刻意缩小地域范围，通过聚焦的方式，进一步开发本土专长、资源和网络。对某个特定地域的聚焦也可能与投资者的影响力目标有关（比如对亚马孙雨林的保护），或与一组可获得的投资机会或在某些国家可利用的资源有关。

来自发展中国家的资产所有者倾向于聚焦国内，而来自发达国家的个人投资者则采取不同的投资方式——一部分投资者专注于本土，而大部分则面向发展中国家，还有一部分对本国和国际的影响力投资项目分别进行配置。由于新兴市场的投资复杂程度更高,因此,纵贯南北的投资更需要本土的知识和实地参与，并往往会由本土的中介或者合作伙伴操作。

虽然新兴市场的影响力投资仍然由西方资本领衔，但随着影响力投资的概念越来越得到本土财富持有者的接纳和青睐，这种情况正在悄然变化。来自本土的富人正在部署周密的投资策略，成功地将影响力目标整合到他们的家族生意、投资和基金中。

1.8　行业和影响力主题：影响力投资的聚焦点是什么

影响力投资覆盖了广泛的产业及行业，包括医疗和教育、金融服务和清洁能源、社区发展、清洁水、土地保护、可持续林业和农业、交通、社交媒体及住宅。

决定产业聚焦

选择产业或主题是影响力投资策略的心脏，与投资者锚定的影响力类型直接相关。有些影响力投资者决定专注于一个或者几个产业，以集中他们的资源和精力。保持产业聚焦的好处是投资人能够很快地获取有关该领域的特殊知识，这是影响力投资成功的关键。其他投资者最终选择更加宽泛的投资领域可能是因为可投资的范围比较窄。

对产业的选择常常跟个人偏好及投资者的自身情况相关，比如他们对某类社会问题的关注、他们的行业经验、行业与投资对象核心活动的相关性以及财务可持续方案的有效性。

影响力主题策略

由于影响力投资的产业选择与特定投资者想 / 能够解决的社会挑战有关，所以我们更多提到的是影响力主题，而非简单的某个产业（如图 1.6 所示）。

专注于达到某种特定影响力是区分影响力投资者和单纯的产业投资者的重要手段。以医疗产业为例，某位行业特定的投资者会以取得最佳风险回报平衡为目标来寻找投资机会。影响力投资者首先会建立他的影响力目标，比如增加为贫穷人口获得负担得起的医疗的机会，或者根除热带疾病对贫穷国家的恶劣影响（对商业药企来说，吸引力有限）。一旦这些目标被确定下来，影响力投资者就会在医疗市场中积极搜索能满足上述目标的细分领域，比如说负担得起的永久医疗诊所、移动医疗亭、穷人的医疗保险，以及疟疾或结核病的疫苗研发。

投资者的影响力目标也可能意味着投资者对行业没有特殊偏好。比如说，你立志把提升非洲低收入人口的教育水平作为消灭贫穷的战略目标，于是，你可能决定支持负担得起的私立连锁学校或者负担得起的创新教育科技企业（教育产业）。或者，由于提供更高质量、更经济的照明被证实是提升学校考试成绩的有效手段，你可能决定向没有电网的村落投资太阳能发电装置（能源产业）。你或许也能考虑到，缺乏良好的公共卫生环境会影响教育成果，孩子会因卫生状况不佳而患病，比如说痢疾会导致缺课，因此，你可能决定投资卫生设备（水和卫生产业）。

图 1.6　影响力主题和效果

1.9　对投资对象进行分类：影响力投资者的投资对象

影响力投资者会对各式各样的产生影响力的组织（投资对象）进行投资，但更倾向于影响力驱动企业——把追求影响力目标作为企业战略，通过商业活动实现该目标的公司。这些企业可以被划分为三大类：追求影响力的企业（impact-seeking business）、营利性社会性企业（for-profit social business）和社会性企业（social enterprise）。图 1.7 展示了吸收影响力资本的企业类型，表 1.4 总结了影响力驱动型企业的主要特征。

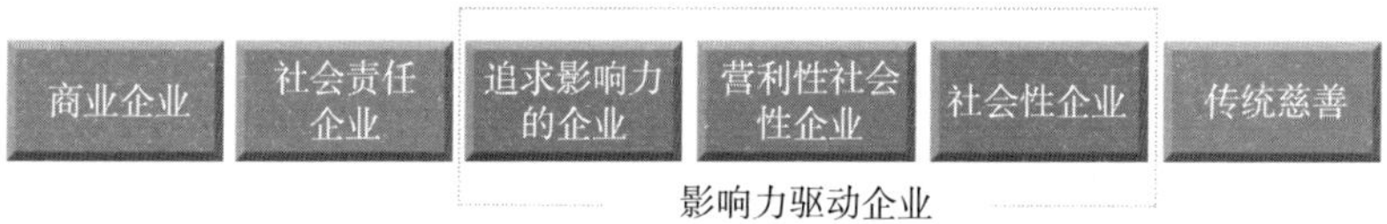

图 1.7　影响力投资者的目标投资公司

表 1.4　影响力驱动企业的重要特征

	追求影响力的企业	营利性社会性企业	社会性企业
首要目标	经济价值；社会价值只是商业模式的一部分	社会价值；经济价值是任务的关键	社会价值；经济价值是达成目的的手段
商业活动	×	×	×
任务锁定		×	×
资产锁定			×
投资选择	没有限制	没有限制	权益资本通常受限

追求影响力的企业是把产生正向影响力作为重要经营活动的商业企业，但是在公司章程或者法律结构中并没有反映该影响力目标。

举个例子，印度马恒达集团（Mahindra Group）在负担得起的医疗保险、能源获取和经济适用房等领域投资了一系列的价值共享企业。

营利性社会性企业是使命驱动型营利性企业。它们对影响力的长期投入已写进了公司章程（任务锁定）或者说嵌入了商业模型。特定的影响力目标是企业战略的组成部分，与公司业绩挂钩。这类企业也被称为兼益企业（profit with purpose business）。举个例子，肯尼亚的桥梁国际学院（Bridge International Academies）是一家营利性企业，利用科技为收入低于 6 美元 / 月的肯尼亚贫民提供高质量的私人教育。该公司已从影响力驱动型投资者和商业投资者那里获得了数轮股权融资。

社会性企业是为应对某种特定社会挑战而设立的。这类组织锚定特定结果并对外汇报相关的工作进展。它们可能采用新的法律形式以反映该类企业的双重目标，比如共益企业（benefit corporation）或者社区利益公司（community interest company，简写为 CIC）。不同于追求影响力的企业和社会商业组织，社会性企业通常对利润分配和资产使用（资产锁定）有一定限制，使其无法增发新股。举个例子，英国的公平金融（Fair Finance）是一家 CIC，旨在向伦敦的弱势群体提供负担得起的贷款和财务建议。由于资产被锁定，该企业只能通过发行债券为业务发展提供资金支持。

影响力中等的商业企业也可能获得影响力投资者的投资。我们在本章第 1.1 节提到了投资对象意图的重要性，但这不是影响力投资的必要条件。即便投资对象并未将影响力的任务与自身绑定，只要影响力投资者能够确定锚定的影响力能通过投资该企业而获得，这样的投资也能被称作影响力投资。举个例子，南非一家私人基金向本土的某个房地产开发商提供了过桥贷款，以支持其开发经济适用房项目。项目落成后，到位的政府拨款将用于偿还该笔贷款。

1.10　市场规模和潜力：市场有多大

市场规模

由于缺乏深入的分析以及对影响力投资范畴的意见不一致，影响力投资的全球市场规模现状尚难以衡量。以下是一些数据。

据全球可持续投资联盟（Global Sustainable Investment Alliance，简写为 GSIA）估计，2014 年全球市场的影响力投资的资产管理规模（assets under management，简写为 AUM）约为 1 090 亿美元，比 2012 年的 860 亿美元增长了 26%。[2]

摩根大通（J. P. Morgan）和全球影响力投资网络（Global Impact Investing Network，简写为 GIIN）根据过去 5 年的市场数据撰写了调查报告。2015 年的报告分析了管理 600 亿美元的 146 位影响力投资者的投资组合。这些投资者在 2014 年投资了 106 亿美元，并计划在 2015 年追加 16% 的投资额，追加至 122 亿美元（如图 1.8 所示）。[3]

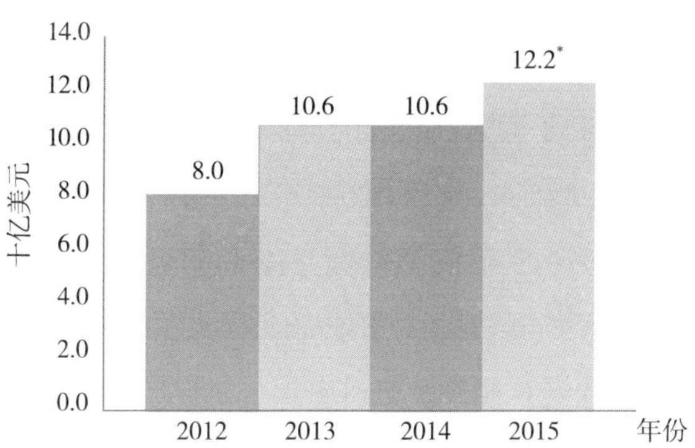

图 1.8　影响力投资规模（市场调研）

注：* 为估算值。

资料来源：摩根大通，全球影响力投资网（2015）。

另一组可参考的数据引自不同的细分市场，比如小微金融的市场规模大约在 600 亿 ~1 000 亿美元；[4] 全球有机食品的市场规模约为 720 亿美元；[5] 美国社区发展金融的规模为 643 亿美元。[6]

2014年影响力投资价值	106亿美元
2014年全球影响力投资市场规模	1 090亿美元

市场潜力

目前的影响力投资市场仍然非常年轻，处于快速发展和扩张阶段。影响力投资在全球经济中的增长势头迅猛，政府部门、私人企业以及民间团体都在积极推动影响力投资市场的发展。

虽然这些发展支持了影响力投资的未来增长预期，但是资本投入的速度和步伐仍然很难预料。一些评估数据如下所示：

- 摩立特研究院（Monitor Institute）和 GIIN 预测，2009 年的影响力投资市场规模为 500 亿美元，2020 年会迎来 10 倍的增长，届时影响力投资将占到全球 AUM 的 1%。[7]
- GIIN/ 摩根大通预计，到 2021 年，影响力投资在机构和高净值人士的投资组合中将分别占有 5% 和 10% 的市场份额。[8]
- 卡尔弗特基金会（Calvert Foundation）预测，影响力投资的市场规模将达到 6 500 亿美元。[9]

当前的市场规模预计为 600 亿 ~1 090 亿美元。在此基础上，上述预测看起来非常乐观。所以，对投资需求的预测可能比对投资规模的预测更具参考价值。比如，服务于金字塔底层（base of the pyramid，简写为 BoP）[1]的企业在五大领域（住房、水供给、产妇保健、初等教育以及金融服务）的投资需求规模预计为 4 000 亿 ~10 000 亿美元。[10] 为了实现碳排放量减半，能源产业的投资需求为 1.3 万亿美元。[11]

图 1.9 根据摩根大通和 GIIN 进行的调查提供了当前的市场概况。

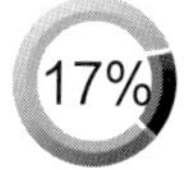

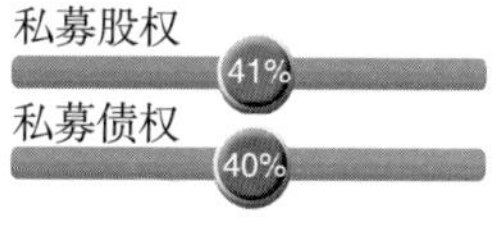

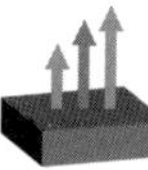

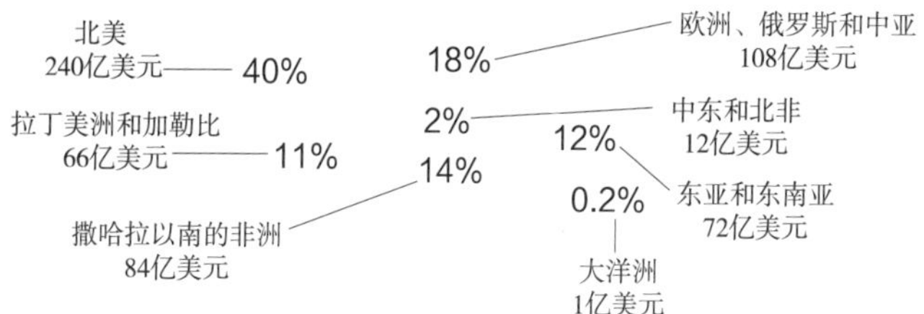

图 1.9　摩根大通和 GIIN 影响力投资者调研总结（2015）

注：数据集合了 146 位影响力投资者的问卷反馈，其中 43% 为资产持有者，57% 为资产管理者。

资料来源：摩根大通 / GIIN，《展望：2015 年影响力投资者调查》。

1.11 关键商业模型和受益人：影响力是如何产生的

影响力投资者将锚定的目标人群作为投资的关键受益人考虑；另外，他们也会选择适用于解决他们所关注的社会问题相关的商业模式。

谁是关键受益人

影响力投资者直接把资本投入服务广泛的目标人群 / 受益人的企业，比如金字塔底层的人、穷人、服务匮乏[1]的社区、女性、在农村居住的人群、学生等。

他们是如何被服务的

产品和服务：一家企业可以通过提供产品和服务向目标人群产生正面影响力。比如，肯尼亚卫生院（Sanergy）向肯尼亚贫民窟的人提供卫生设备；爱尔兰有效营养慈善机构（Valid Nutrition）向贫穷国家提供治疗营养不良的专业贴剂。

纳入价值链：通过把目标群体的成员纳入供应链，或者使他们成为经销商来惠及当地民生。比如，菲律宾的 Rugs2Riches 通过销售由贫穷的菲律宾手艺人制作的高端居家装饰品，为他们提供进入市场的机会、品质提升带来的更高利润，以及财务知识培训。

纳入劳动力：向目标人群提供工作机会，如果需要，还可以改善工作场所以配合他们的特殊需求。举个例子，德国的 Auticon 只招聘阿斯伯格综合征患者（Asperger's Syndrome，一种轻微的孤独症，可对社交产生负面影响）作为软件测试员，为他们提供工作和帮助其融入社会。

股权结构：在公司股权结构中特别包括弱势群体，为他们提供财务收益以及授权。例如英国的非凡巧克力（Divine Chocolate）是一个高端巧克力品牌，其 44% 的持股人是供应有机和公平贸易可可豆的加纳农民。公司所有权为贫穷的农民提供了获得额外收入的机会（分红）以及满满的自豪感。[12]

为他们提供哪些价值

一家企业为最终受益人提供的价值主要包括以下内容。

路径：为受益人提供基础产品、服务和工作机会。例如，在印度，OMS Power 为无电网的农村居民提供太阳能发电；在美国，社会印记（Social Imprints）为戒毒后人员、出狱后人员和退伍军人提供就业机会。

可支付性：以低收入人群负担得起的价格向其提供产品和服务。例如，FINAE 向墨西哥低收入家庭的学生提供负担得起的教育贷款。

品质：为现有的产品和服务提供高品质和 / 或健康的替代品。例如，Revolution Foods 为美国小学提供健康、营养丰盛的午餐。

影响力驱动企业的商业模式如表 1.5 所示。

表 1.5　影响力驱动企业的商业模式

	商业模式			
	产品和服务	价值链	劳动力	所有权
目标人群的角色	客户	供应商和经销商	员工	股东
目标人群的收益	基础需求、收入、生产力	收入、可预测性、生产力	收入、授权	收入、授权
示例	为低收入家庭提供负担得起的私立学校和健康保险；为无电网地区的人群提供太阳能发电系统；为无家可归的人群提供经济适用房	为小农户提供整合式供应网络和支持；开发社区的太阳能产品女性分销网络	为低收入女性、残障人群和弱势青年提供受教育和工作机会	合作社和基于社区的股权结构

1.12　影响力评估的考虑因素：影响力是如何评估的

影响力投资者为了期望的特定结果而努力。有效的影响力评估帮助投资对象衡量经营绩效并对受益人和投资人负责。它也让投资者和投资对象共同学习哪些影响力是有效的，而哪些是无效的，帮助他们调整战略，促使影响力的达成。从更宽泛的角度来看，影响力评估为投资对象的社会绩效提供了证据，并深化了影响力投资作为策略的合理性。

社会绩效如何衡量

影响力评估从投资策略的设定开始，延伸到对投资对象的筛选、分析和管理。影响力的评估主要针对影响力价值链（如图 1.10 所示）。

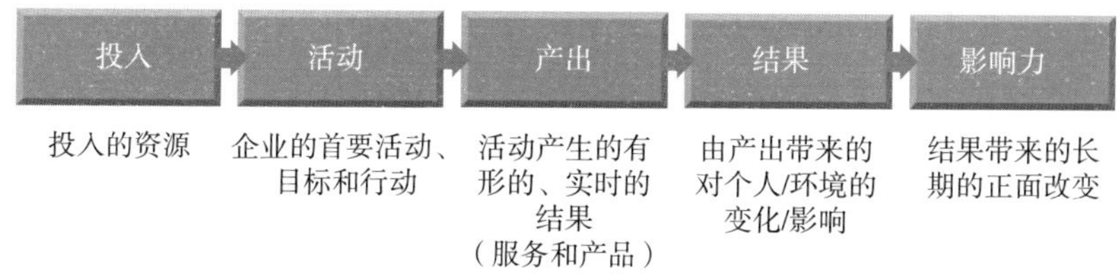

图 1.10　影响力价值链

流程从投入开始，涵盖了人力、科技和财务方面。活动是组织的核心，例如招聘和培训员工、采购、制造、分销和市场营销。通过这些活动，投入转化为产出，产出特指产品和服务（例如入学花费低的私人学校的学生数量，卖出的蚊帐的数量，或者经济适用房的建设数量）。以上是实时、可测量的结果。结果是指随着时间推移，公司的产出带来的正面效应、收益或者变化（例如增加受教育的机会，降低疟疾的发生概率，减少无家可归的情况发生）。影响力是指由结果产生的长期的、深远的改变，比如惠及民生或者消灭贫穷。

产出是容易衡量的，但它们并不能自发地产生预想的社会价值，因为产品 / 解决方案可能并未得到有效或者恰当的使用（例如蚊帐可能被用作渔网或婚礼面纱，因此无法有效预防疟疾）。因此，对结果的评估是关键。

目前的挑战

影响力评估依然是年轻领域，衡量投资对象的社会绩效可能是一项令人望而却步的任务。影响力投资者正立志于设计一套切实有效而又成本可控的方法来衡量产出和影响力。这个过程往往要求收集大量的数据，以及寻找能让投资者将结果归因到活动的证据。此外，影响力的实现需要耗费数年时间，通常只能用成本高昂、持续数年的随机对照试验（randomized controlled trial，简写为 RCT）[1]才能将产出与结果/影响力的相关性进行准确验证。相对于评估某单一项目的社会绩效，对分散投资在各产业、资产类别和地域的投资组合的评估更具挑战性。

常用的方法

目前，影响力评估还没有统一标准。因此，针对某项投资或者某个项目，每位投资者需要决定影响力评估的深度和关注点。当实施 RCT 超过了大部分影响力投资者 / 投资对象的能力时，更多的是对关键绩效指标（key performance indicator，简写为 KPI）进行衡量，以及如果可行的话，通过一年两次的问卷调查和案例研究对结果水平进行验证。近些年，一系列的全球影响力评估方法和框架已经出现，为影响力评估工作提供了方便。

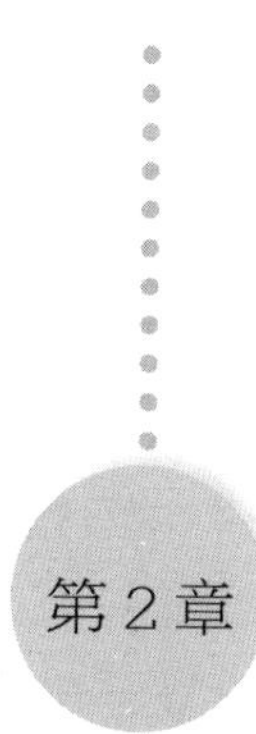

构建影响力投资

2.1 日趋重要的影响力投资：驱动影响力投资市场增长的因素

对全球挑战的范围及其紧迫性有了越来越深的认知后，私人资本在解决这些问题中发挥了重要作用，同时可持续模型带来了商业和社会方面的双重价值，使得私人、公众和机构投资者对影响力投资的兴趣日益高涨。良好的监管环境的建立以及更多证据证实了影响力投资的可行性，从而触发了投资者更深入的参与（如图 2.1 所示）。

只有慈善捐赠和政府补贴是不够的。在社会和环境的挑战日趋严峻的今天，现有资源配置在应对这些问题上也是远远不够的，人们越来越认识到现实的残酷。举个例子，2014 年，政府开发援助（official development assistance，简写为 ODA，指西方政府对发展中国家进行的资金、技术援助）的规模仅占全球高净值人士财富规模的 0.26%。[13] 发达国家正在推行的现代化福利政策，也是美国、英国等国家日趋紧张的政府预算导致的。[14]

图 2.1 日趋增长的影响力投资需求

商业上的社会良知变得越来越重要：经济、社会和道德趋势正在重新塑造商业环境。迫切的社会和环境问题与成功的商业发展之间的联系越发紧密，很多企业着手对发展共享价值商业进行思考。这使其能在保持赢利增长的同时，应对上述的挑战。根据联合国全球契约（UN Global Compact），93% 的首席执行官（CEO）会把可持续作为成功的关键或者创新和增长的引擎。[15]

富人对影响力投资越来越感兴趣：超过 60% 的高净值人士认为扩大社会影响力太重要了，[16] 67% 的千禧一代[①] 希望投资决策能体现他们对资本、政治或者环境的价值观。[17] 财富在女性、千禧一代和年轻企业家的手中聚集，形成了这一趋势，多项研究证实这些人更愿意把价值与自身的财富相结合。

关于私人财富持有者对影响力投资日益增长的需求，请参考“工具和资源”部分第 26 节的更多数据。

来自散户投资者的被压抑的需求：大量的数据显示，影响力投资对散户投资者开放的现有机会十分有限，影响力投资众筹平台的快速发展说明这类人口对影响力投资机会有着强烈的需求。另外，乐活族（Lifestyle of Health and Sustainability，简写为 LOHAS）代表的针对可持续产品的消费者市场规模约为 5 460 亿美元。[18]

公共部门的支持：政府支持并颁布了一系列法案，增加了对影响力驱动资本的投入，为影响力投资者提供了有利环境，包括税收优惠、明确受托人的受托责任、降低监管门槛，还创立或支持新的市场和工具，比如环保商品和按结果付款计划（例如社会影响力债券）。

影响力投资的业绩记录：成功的故事证明了影响力投资者能做出稳健的社会和财务业绩，包括某类影响力投资提供的分散风险的好处，以支持纳入影响力投资的传统投资组合。

关于影响力投资的业绩，可参见“工具和资源”部分第 5 节的更多信息。

2.2　引人注意的市场机会：为什么财务回报是可能的

对产生影响力的企业的投资不仅仅是对社会的正向贡献，也代表了重大的商业机会。这是由关键的社会经济趋势驱动的，包括自然资源的稀缺性、金字塔底层和新兴中产阶级的重大商业潜力，以及不断升级的创新（技术）方案，这些趋势为社群提供了节约成本的产品和服务。

来自人口变化和自然资源的压力：联合国[19]的统计数据显示，全球人口将在2050年达到90亿，而大部分的增量来自发展中国家。随着基础资源越来越稀缺，价格越来越昂贵，投资包容性的供应链并帮助农户提升生产效率，带来的不仅是潜在的巨大社会影响力，还包括一系列的商业机会，从而降低供应链在品质和数量上的风险。这些趋势代表了重大机会，私人企业提出创新的解决方法来改善基础设施建设，以满足对自然资源的需求。

新的市场兴起，比如环保产品中的保护地役权、植树造林的信用额度等，提供了有吸引力的新投资机会。

- 全世界有40亿人口每年的生活消费水平低于3 000美元。
- 这40亿人每年在基本生活用品和服务上的花费是5万亿美元。
- 至2050年，每年的可持续商业机会将达到3万亿~10万亿美元。
- 至2030年，我们将需要增加30%的水、50%的食物和40%的能源。

金字塔底层的机会：有40亿人生活在金字塔底层，[20]代表了极广泛、高增长和极易被忽视的市场。根据国际金融公司（International Finance Corporation，简写为IFC）的统计，低收入人群每年在基本生活用品和服务上花费5万亿美元，包括食物、能源、住房和交通。更有效率、成本更低的商品可以使这些终端使用者提升生活质量，降低生活成本。企业家愿意投资于生产效率和竞争力的增量，无论是通过新科技还是新材料，只要这些解决方案是可支付的且行之有效的，就可以实现。需要注意的是，很多解决方案在落地前需要做消费者的教育工作，以告之该方案的好处和合理的使用方法。

公司和企业家可以对创新科技和专业技术进行资本化，开发金字塔底层的商业机会。事实上，它们也是被迫进入市场寻求采购机会的，以确保供应链的安全和寻找新的销售市场。

增长的投资需求：上述的趋势带来了投资需求的激增。到 2050 年，量化的可持续商业机会的价值预计为 3 万亿 ~10 万亿美元，即预计为世界 GDP 的 4.5%。[21] 举个例子，为农村地区提供太阳能发电的市场机会大约为 27 亿美元，[22] 对撒哈拉以南的非洲进行的医疗投资为 250 亿 ~300 亿美元。[23]

2.3　促进积极的改变：影响力投资有助于应对全球挑战吗

每位投资者都需要让自己了解影响力投资为社会带来积极改变的能力。本节内容主要围绕 3 个常见的问题展开论述：市场化的解决方案在应对社会挑战方面是如何产生效果的？影响力投资的兴起会减少对慈善的资本需求吗？财务回报的期望会破坏慈善投资者的影响力目标吗？

为什么商业能够为解决方案的制订提供帮助

越来越多的人发现，以捐赠为基础的传统模型不够有效，亦不足以解决棘手的社会挑战。投资者和捐赠者更加确信，创建社会价值和商业价值并不是矛盾的，影响力驱动的商业模式能帮助人们脱离贫穷，还能应对更多的社会问题，其主要原因如下所示。

企业家精神和创新：企业家精神和在商场上的足智多谋是非常宝贵的资产，能帮助机构开发新的解决方案来应对持续性的问题。创新是驱动产品的可负担性和质量、最佳设计以及有效的分销渠道的关键。即使是非政府组织（non-governmental organization，简写为NGO）也鲜有能力来解决，甚至去关注这些问题。

专注于受益人的需求：企业从与目标人口的关系中获得经济利益，这一事实促使企业通过设计满足其特殊需求的产品，用创新的交付渠道和提供售后支持，来专注于为此类人群带来利益。这样的关系带来的不仅是为目标人群提供更重要的、可持续的价值创造，也提升了受益人的自尊和经济赋权，可这是以捐赠为基础的模型所不允许的。

规模：影响力驱动企业实现财务可持续性的能力让它们能加速扩大业务范围和影响力，而 NGO 只能依赖于每年的筹资情况。举个例子，不断兴起的社会性企业向处于金字塔底层的社区推广太阳能发电，为近 4 000 万人解决了供电问题，提升了其生活质量。

解决根本问题：影响力企业应对问题的方式往往是釜底抽薪，而不是头痛医头、脚痛医脚，后者是以拨款为基础的慈善机构的通常做法。我们以金字塔底层的市场为例，导致农民和手艺人贫穷的原因包括缺乏对接市场的路径，生产效率低下，以及缺乏基础产品和服务，例如清洁的水、卫生设备和电力。相较于捐赠食物和衣服，提供有效的技术手段或者把这些人纳入供应链或劳动力才是提升生活质量的更有效的可持续方式。

市场化解决方案的好处[24]

- 基本需求：全世界尚有数十亿人缺乏基本的产品或服务（例如卫生设备、电力和清洁的水）。为其提供高效的、高品质的、负担得起的服务和产品将直接带来生活质量的提升。
- 生产力：电力、金融服务和通信设备的使用创造了新的商业机会并提高了小微企业的经营效率。
- 收入：一些影响力驱动的商业模式专注于为弱势群体提供就业机会，并为农民、工匠和其他生产者提供进入市场的路径。低价产品增加了实际收入。
- 赋能：更深、更广泛地融入各种形式的市场活动中，让目标人群有了当家做主和掌控生活的满足感。

影响力投资会减少慈善机构和 NGO 的资本吗

> 影响力投资是一个补充性工具，不会替代拨款。通过产生财务回报，影响力投资能调动大规模的追加资本来解决社会问题。

人们有时候会担心，影响力投资的兴趣增长是否会减少传统慈善和 NGO 的拨款金额，因为捐助者也会寻求财务回报。关于该话题的考虑如下所述。

慈善家工具包里的另一个工具：影响力投资的目的不是代替以拨款为基础的慈善，而是提供补充。参与影响力投资的大部分基金会和慈善家会继续提供拨款，并使用传统的投资资本进行影响力投资。

帮助慈善获得成功：影响力投资者很清楚，不是所有的社会问题和所有人群都可以采取市场化的解决方法，因此需要通过拨款来支持。若投资资本能专注于有商业模式的领域，稀缺的慈善资金和政府预算资金就能解决剩下的问题。例如，通过给有能力支付或者愿意支付的部分 BoP 人口提供负担得起的必需品与服务，其中最贫穷的那一部分人口就能通过拨款获得更有效的帮助和支持。

杠杆：另外，许多影响力投资者利用商业导向的资本支持社会价值的创造，为影响力驱动组织增加了资本来源。影响力投资不仅提供了增加传统投资资本的未来前景，帮助投资对象从根本上解决社会问题，还提供了不依赖拨款的可持续解决方案。

对以影响力为导向的投资者来说，接受财务回报的行为道德吗

慈善家族会对接受（特别是索求）影响力投资的财务回报感到不安。他们质疑从慈善事业获取财务利益的合法性，并认为获取回报的行为会让他人对自己的良好初衷产生误解。这里需要考虑的因素如下所述。

可靠性：投资资本的注入为投资对象带来了纪律，也促进了创新。投资对象必须为融得的资金偿付一定的利润，迫使自己变得更为可靠，同时也会督促自己建立可持续的影响力输出模式，因为财务回报的能力与组织的成功是密切相关的。

示范效应：社会价值的输出与财务回报无法匹配的思想阻碍了影响力投资的发展。许多影响力投资者证实，影响力驱动企业及投资结构在产生巨大的社会价值时，也能够带来可观的财务回报（至少在规模扩大后）。因此，由他们设定并达到的财务回报水平发挥了重要的示范效应，代表极具吸引力的投资机会并鼓励其他投资者也采取影响力投资模式。

促进捐赠和其他资产：一般说来，慈善资金只是家族或者机构财产很小的一部分。准确地说，对外赠予应被记为“损失”。影响力投

资提供财务回报的能力让投资者从慈善配置外调动需要保值的资产。

民主化慈善：财务回报的产生会让比较富裕或者尚未拥有财富的个人参与到积极改变社会的过程中。

财务回报的使用：如果机构在项目预算范围外进行投资，收到的财务回报也不见得会被分配给资产所有者而使其更富有。影响力投资的配置是专款专用的，资本和收益会被重复用于额外的影响力投资或者拨款。在特定情况下，法律也提出了上述要求。

如果获取财务回报或者资本回报的理念不能被接受，那么通过拨款的方式,也会有许多机会来支持社会性企业家精神和影响力投资。

2.4　让财务目标和影响力目标一致

有些影响力投资者愿意接受低于市场的回报，并积极参与由基金会、多边银行和金融开发机构发起的影响力投资，这容易被理解为财务和社会目标必须进行权衡，但这是误解。

影响力投资在财务方面会有体现吗

虽然一些影响力投资（与其他传统投资类似）调低了财务回报的预期，但有足够的证据表明以牺牲回报来获得影响力并没有必要。关于影响力投资的表现，本书的“工具和资源”部分提供了一系列数据，包括跨不同资产类别的 12 只私人影响力投资组合及 17 只独立影响力投资产品，投资组合和产品的表现证明影响力投资可以产生有吸引力的回报。该部分也证实，影响力投资的传统领域小微金融在过去的 12 年（截至 2015 年）产生了 3.7% 的年均回报率，波动率仅为 0.58%，优于金融危机中的主流投资产品的表现。该部分还包含了三大投资回报的研究结论。其中，由养老金和捐赠基金顾问公司康桥汇世（Cambridge Association，简写为 CA）和 GIIN 提供的研究发现，51 只影响力投资基金获得了 6.9% 的毛内部收益率（internal rate of return，简写为 IRR）[25]，而资产类别相同的商业基金占 8.1%；其中，成熟的影响力投资基金甚至比基准表现得更加优秀。

为什么一些投资者愿意接受较低的回报

虽然以牺牲回报来产生影响力不是必需的，但仍有一些投资者愿意接受，甚至会刻意寻找低于市场回报的机会，以获得 / 最大化影响力目标。以下是可能会发生的几种情形。

投资对象无法产生市场回报：对一些影响力驱动企业来说，商业模式的本质已经决定了实现市场回报率是困难的，甚至是无法完成的。比如某种混合社会性企业的商业模式是向某类人群提供免费的服务，并对剩余的客户进行市场化收费，这很可能会产生较纯商业企业更低的利润率。一家企业向穷困潦倒的人群提供服务，在非常艰难或者狭小的地区运营，缺乏退出的途径，也很难获得市场回报，在这些情况下，投资人可能为了支持这些产生影响力的企业，被迫接受低于市场的回报。

投资对象最终能产生市场回报：很多追求影响力回报的商业模式通过验证被确认在商业上是成功的之后，会进一步扩大规模。但是在成长初期，企业需要高风险 / 低于市场回报的资本来帮助自己到达能够产生商业回报的阶段。基金会和慈善基金等投资人愿意选择在成长初期进行投资，以支持企业验证商业逻辑并进一步扩大规模。为了在企业的新阶段让投资者投资这家公司或者其竞争对手，以获取商业回报，早期投资者选择对财务回报进行妥协。

投资对象将分配给投资人的回报设置上限：一些形式的社会性企业可以合法限制利润分配，有效对投资人回报设置上限，特别是在成功运营的情况下（资产锁定）。

投资人愿意放弃回报：一些情况下，投资人决定放弃回报（所有或部分），以争取影响力的最大化。例如，为低收入人群做抵押贷款融资的信用合作社存款单（certificate of deposit，简写为 CD）。当存款单提供很高的存款利率，一些影响力投资者（比如基金会）可能会决定放弃利息，并指示信用合作社将被放弃的利息部分用于资助社会项目，比如为借贷者提供财务培训。又例如，通过提升风险收益来吸引额外投资者的分层结构，一些投资者可能愿意承担更高风险，而不会得到全额补偿。

影响力优先投资机会的回报

以下因素可能会降低影响力投资的回报：

- 向投资对象提供技术援助（technical assistance，简写为 TA）的额外努力（建立内部能力，创造市场意识等），可能会产生更高的投资管理成本（除非有单独的拨款来资助这些技术援助）。
- 一些影响力优先投资机会的交易规模较小，与较高的交易成本（大部分是固定的）不成比例，从而降低了投资者的回报。
- 较长的持有时间和较少的退出途径也会降低投资者的回报。

2.5　发现影响力投资的挑战：尚待跨越的障碍

影响力投资市场在过去的几年里经历了重大的发展，但仍然是较为年轻的市场。为了更好地释放该市场的所有潜能，我们对影响力投资面临的挑战进行了梳理。

普遍的挑战

以下是影响力投资人和专家经常提及的关键性制约因素。

> 影响力投资并非没有挑战。不过，私人投资者只要通过专业地组织投资活动，并与其他市场参与者合作，就能成功找到方向。

缺乏足够的基础设施：所谓的投资基础设施包括顾问、服务提供者和中介，在识别、分析和管理方面为影响力投资提供更好的支持。

有限的过往业绩记录：除了小微金融和社区发展金融等少数领域，行业层面普遍缺乏长期的业绩数据。在衡量社会成果方面，影响力的证据支撑还不够。

满足机构对规模要求的投资机会稀缺：机构投资者的资本配置规模往往较大，在满足机构投资者的投资回报的前提下，缺乏合适的投资机会和有经验的基金 / 团队。

双重技能的需求和复杂性：财务回报和影响力的双重目标使得投资流程更为复杂，对多语言团队的要求更高。这对投资人（资产所有者和财务媒介）和投资对象（影响力驱动企业的管理团队）来说皆具挑战性。

需求和供应的不匹配：资金的供应和需求两方面是明显不匹配的，投资人的期望和现实情况之间存在差距。

交易成本和退出挑战：很多影响力投资机会的规模偏小，执行和管理交易的成本又偏高，处于早期发展阶段的投资对象更甚，投资者在实现财务回报之前需要极大的耐心。

能赢的比赛

为了取得影响力投资的成功，对复杂的投资方式要讲求实事求是。但是，市场也正在积极应对大部分的挑战，有抱负的影响力投资者不该裹足不前。投资媒介、评级机构以及股票交易所正在各地大张旗鼓地铺开。创新的金融产品、影响力矩阵和投资交易结构不断发展，相关支持政策逐渐被更多的政府采纳，新型的合作形式在现有的市场参与者中逐渐成形。

在本书接下来的几章里，我们会介绍私人投资者通过采取积极有效的措施，发展和实施影响力投资计划，来成功应对上述的挑战。本书提供了超过 40 位财富持有者的相关案例，他们的影响力投资都极为出色，为整个市场的发展做出了积极贡献。这些案例将为影响力投资提供更多的灵感和更多的证明。

第二部分

财富持有者的影响力投资方法

学习同行的经验

第一部分概述了影响力投资的基本理论。这一部分的目标是通过阐述全世界范围内的财富持有者在实操过程中如何进行影响力投资，来表明影响力投资是可实现的。第 3 章将概述财富持有者进行影响力投资的通用方法。后面的章节将详述各细分类型的财富持有者——家族办公室和高净值人士（第 4 章）、家族基金会（第 5 章）和家族企业（第 6 章）所采取的策略。这些章节将包含上述投资群体与影响力投资的相关性、动机、切实可行的核心策略、投资者面临的特殊事宜，并提供相关的同行故事和案例。在第 7 章，我们将讨论影响力投资作为一种职业选择，以及比较富裕的个人可参与影响力投资的方法。

富有家族的影响力投资

3.1 私人财富持有者的角色

有钱的个人、他们的家族办公室和私人基金会是影响力投资领域最积极的参与者。专家认为，他们代表了市场上耐心的、目标一致的、可转换资本的来源，帮助资金规模大的机构投资者参与并推动了影响力投资的发展。财富持有者能帮助推动影响力投资的市场发展，主要有以下原因。

财务能力和影响力：高净值人士拥有 56.4 万亿美元[1]的资本和 5 万亿美元[2]的捐赠基金。这些财富持有者拥有的金融资产让慈善支出和官方发展援助预算相形见绌。在很多国家，他们参与了超过 60% 的商业活动，在经济增长和雇佣关系中扮演了重要角色。只要将这些资产中的很小一部分用于同时产生财务回报和社会回报，将可能极大推动整个社会的平衡、公平以及健康发展。

决策的控制力：私人财富持有者由于不需要承担正式的信托责任，在投资决策制定中拥有更大的弹性，在投资目标和投资优先性的考虑中拥有更大的自由度。在公众投资者的短期偏好发生转移时，私人所有的家族企业会相对坚挺。更重要的是，它们的投资决策速度较快，并可以根据家族的价值观做决定。

长期的方法和价值：富裕家族管理财务、家族企业和基金会时会采用多代际的长期方法，使得它们可以考虑更需要耐心的新型投资策略。

弹性：不同的慈善和战略资金池使得家族有足够的弹性提供各类支持，包括为颠覆型社会创新项目提供起催化作用的早期资金，或者为已证明的、可获得正向但低于市场回报率（财务优先）的商业模式提供资金。另外，财务所有者还可以利用他们的拨款预算来支持重要的影响力市场基础设施的建设。

战略价值：特别是家族生意，能够为投资对象增加资金以外的额外价值，比如提供指导、能力建设、科技洞察力，并为建立分销渠道提供路径支持。这些帮助提高了产生影响力的企业的存活率，扩大了其相应的规模。私人财富的规模如图 3.1 所示。

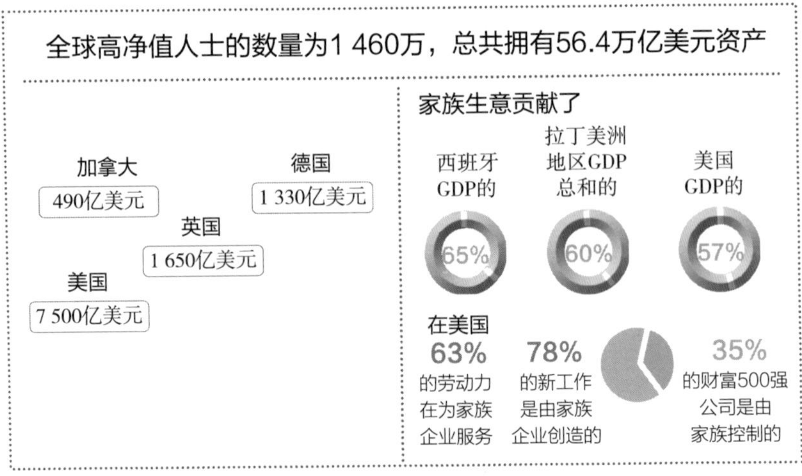

图 3.1 私人财富的规模[3]

3.2 影响力投资如何与家族生态系统契合

影响力投资可以在家族生态系统的任何部分，对财富持有者发挥各种重要的作用。

影响力投资的配置

家族办公室：影响力投资可以被加到高净值人士的传统投资组合中，将财富管理的财务目标与积极产生的影响力结合。影响力投资计划也可以作为单独的投资方式，由一位或者数位家族成员直接管理。

家族基金会：产生影响力的企业应对社会问题的能力是家族基金会重点关注的。由于产生影响力的企业能为基金会拓展组织 / 活动的范围，因此可以发展基金会的使命，也能获得核心资金的支持。基金会进一步通过捐赠资产来进行影响力投资。

家族业务：为了寻找市场化解决方案来应对社会问题，让家族企业通过积极投资于内部共享价值活动和外部影响力企业和相关的基金，将影响力目标融入家族核心业务的运营。

职业：富裕家族的成员越来越发现影响力投资是意义深刻且激动人心的职业选择和日常工作。他们通过培育和管理影响力基金，设立影响力媒介，或者投资和参与影响力商业来实现自己的抱负。

个人影响力投资的程度

财富持有者对投资有不同程度的影响，反映了个人参与影响力投资活动的程度以及自己在传统家族生态系统内（或外部）的定位。日益成熟的市场和各种中介机构的涌现，为财富持有者提供了积极参与组建影响力投资组合的自由选择机会（如图3.2所示）。

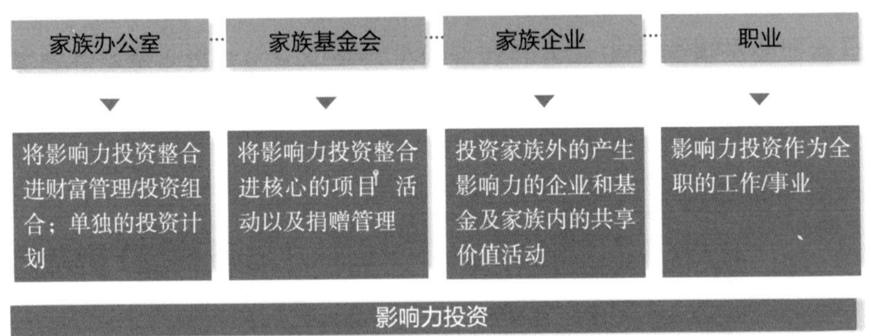

图3.2 影响力投资的适用范围

3.3 影响力投资的核心方式

影响力投资的方式与很多因素有关，比如可使用财富的额度、可配置的百分比，以及具体的影响力和战略目标。参与影响力投资的阶段或者方式可以分为四大类：实验式、战略式、整合式以及杠杆式。

实验式（“试水”）

有时候，影响力投资是偶发事项，没有被战略性纳入投资策略和商业组合，或者建立慈善计划。很多基金会开始进行影响力投资是为了回应现有受赠者的需求；一个家族企业可能决定为投资金字塔底层市场开发一种产品；或者一位有钱人在晚宴上从他的同伴口中听说了一项令人激动、影响力深远的业务。这些都是冲动的、实验性的决策，或者是将很小一部分资产用于投资该类活动。投资人在尝试阶段，往往并没有经过结构化的考虑，特别是在影响力目标的定义和专注度上，但是，若投资机会与投资者的特定利益，或者与组织产生的机会或风险相关，投资者就会更重视。这种试水的方式往往是投资者决定认真参与影响力投资的前提（达到商业和社会回报）。

战略式（“剥离”）

如果实验式投资获得了成功，家族生态系统会对影响力投资的定位以及投资策略的建立进行充分的讨论。通过在“剥离”中分离一部分资产，来决定影响力投资的配置，这样的配置可作为测试组合或者特殊项目。测试组合的设立是为了确认影响力投资能否达到家族在财务和影响力方面的双重目标，适用于追加大规模配置之前。战略式方法可以用于部署不同的资产类别和投资策略，建造未来期望的投资策略模型，尽管当前阶段的规模远逊于未来的规模。另外，特殊项目可以专注于一类或者几类资产类别，或者一项投资主题。从家族商业的角度看，剥离的资产可用于构建孵化基金或者用于支持数条共享价值业务线的发展。

整合式（“整体投资组合”）

整体投资组合（total portfolio，简写为 TP）方法的目标是，随着时间的推移，将全部资产与家族价值观保持一致。为了谨慎地管理风险，并从影响力投资产品的深度和广度中获益，投资组合需要数年时间来进行逐步调整。对于财富和基金会捐赠管理，整合式投资方式意味着在所有资产类别中,传统的投资将替代长期的影响力投资。考虑到整体目标的一致性，影响力投资与 SRI 要相互结合，尤其是公共股票。这包括对整个投资组合进行负面筛选、股东积极主义，以及投资可持续上市公司和一些影响力高的行业，比如水资源、教育和医疗。投资者将影响力整合到家族商业中是有意而为之的投资策略，意味着提升核心业务的社会影响力或者所有业务的整体转型。

杠杆式

看到影响力投资的潜力后，一些私人投资者决定利用他们的资本和资源吸引新的玩家进入市场，并采用创新方式引导商业资本介入社会公益。这种方式可以采取多种形式——从寻找投资机会的简单协作到与其他家族共享投资基础设施。家族办公室可以播种影响力投资基金，家族企业可以在行业层面锐意创新，产生系统性的影响力。基金会可以建设基础设施来促进市场的发展，也可以优先使用新的投资工具和商业模式，或者只是展示财务的可行性。

美国 F.B. 赫伦基金会

使用所有资产达成使命

> 我们所面临的问题的紧迫性和规模要求我们按不同的方式工作。我们在赫伦的资源都是与使命相关的。这不仅包括我们全部的捐赠资金，还包括其他形式的资本——想法、才干和影响力。
>
> ——总裁克拉拉·米勒（Clara Miller）

美国 F.B. 赫伦基金会是影响力投资的先驱之一。目前，它作为慈善企业运作，利用所有资产（包括金融和非金融资产）实现使命，并使影响力投资成为金融业的“新常态”。赫伦实现这一目标的方式是渐进式的。

实验得出的战略工具

赫伦成立于 1992 年，使命是“帮助民众和社区摆脱贫困”。它向美国人中的低收入群体拨款，帮助他们“通过建立资产来建立财富”，支持房屋所有权、教育和信用贷款。不久，赫伦清楚地发现，基金会希望解决的社会问题的范畴太大了，需要的资源远比 5% 的强制支出要多。1996 年，赫伦董事会考虑到基金会的规模（3 亿美元的捐赠资金）和投资策略，为了更好地完成使命，决定把核心拨款和与使命相关的投资结合起来。赫伦决定完全颠覆原有的商业方法，把剩余 95% 的资本作为影响力投资的未来目标，并采用“增量哲学”，先以安全的方式测试这种创新大胆的投资策略。赫伦鼓励工作人员通过现有网络和专业知识在核心项目中寻找投资机会。除了内部培训外，工作人员还向经验丰富的基金会学习，如福特和麦克阿瑟（Ford and McArthur）基金会。董事会决定将主动管理的部分捐赠投资调整为被动的指数 / 增强型指数基金，从而降低费用，并将资源转向影响力投资。

赫伦首先向一些受助人提供贷款。随着员工的经验和影响力投资市场的增长，它开始将影响力投资作为一种战略工具，投资于其他资产类别和投资对象。同时使用了项目预算和捐赠资本，重点投资于社区发展金融机构以及提供就业和住房机会的基金。赫伦设立了单独的投资副总裁职位，独立于项目和财务条线；同时，邀请外部顾问进行分析和筛选投资机会，以弥补有限的内部投资资源的不足。赫伦开发的流程可以促进投资人员和项目人员之间的合作。由拨款（或项目）预算进行的投资由项目端的人员执行（由投资副总裁签署，随后进行外部尽职调查），使用捐赠资本进行的投资由投资人员执行，他们与基金会的项目端团队紧密合作。

到 2010 年，赫伦成功配置了超过 35% 的捐赠基金和 17% 的项目预算，将其用于影响力投资。截至 2009 年年底，基金会在成立的 15 年里实现了 9.81% 的年均复合回报率，在罗素·梅隆（Russell Mellon）基金会的业绩基准排名居前 1/3 之列（更多信息，请参见“工具和资源”部分第 5 节）。

不再保留，全力以赴

2011 年，赫伦分析了使命的进展情况，得出以下结论：“美国的贫困正在加剧，可靠的就业机会在减少，面对更广泛、更系统、更大规模以及更紧迫的问题，我们需要一种全新的对应方法。”赫伦调整了战略，重点关注为努力摆脱贫困的人口创造可靠收入来源的企业。他们还决定把先前制定的捐赠基金资产 40% 的最高限额继续提高，并在 2017 年达到 100%。该投资方法可以把“赫伦的每分钱带来的影响力最大化”，同时让投资组合满足赫伦的财务回报要求。这是通过结合影响力战略与投资管理的成功法则来实现的，包括确定在风险偏好、绩效目标、时间范围、指标、基准等方面的观点。另外，新的投资战略需要不同的组织结构，赫伦取消了组织内对拨款以及捐赠的传统划分，所有的赫伦员工统一归为资本团队，在寻找、筛选、尽职调查以及投后管理等方面共同合作。现在，团队的“使命工具包”包括各种金融工具，如拨款、贷款、私募股权投资和上市公司股票等。

获取必要的杠杆

赫伦正在努力将雄心勃勃的目标变成现实：到 2014 年年底，60% 的基金会捐赠款项将被投入与使命一致的投资项目。赫伦认为，影响力投资不仅是一种专注于搭建投资组合的社会和金融工具，也是影响其他投资者的有效方式。“我们的事业刚刚起步，而且，在重塑基金会的商业模式上，我们还有很多东西需要学习。”克拉拉·米勒表示，“然而，我们决心通过积极倡导和身体力行等方式与同事共同努力，将这种投资方式扩展到赫伦以及慈善事业外，最终让这种模式成为投资以及整个世界经济的新标准”[4]。

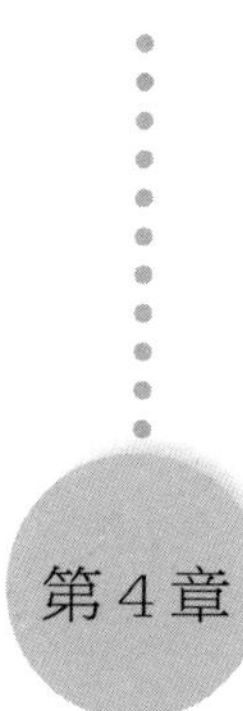

第 4 章

高净值人士和家族办公室的影响力投资

4.1 影响力投资与高净值人士和家族办公室的相关性

对家族办公室或者个人投资者而言，影响力投资意味着将能产生社会影响力的投资机会整合到投资组合中，以及设立影响力投资项目来满足家族或者高净值人士的特殊目标。本指南是从财富持有者的角度撰写的，而本章介绍的是与能够自主决策财富管理的独立家族办公室（single-family office, 简写为 SFO）和高净值人士的直接对话，因此，一个家族办公室意味着由一个家族管控的 SFO。

SFO 是如何运作的[5]

家族办公室是专业机构，用于管理富裕家族的资产和私人事务，通常是家族在经历了一次重大的变现事件后特别设立的，目的是让家族管控的组织来专门处理家族的财富管理事务和其他事宜。

家族办公室提供的服务包括对直接投资的投资管理、会计和报表、税务和保险计划、慈善、商业利益管理、家族治理、年轻一代教育、继承者计划以及“看门人”服务（出行安排、房产和私人飞机服务等）。这些活动可以由家族办公室直接处理，也可以外包。家族办公室团队的规模可大可小，其组织架构大部分情况下是比较精简的，包括一位投资专家、一位（税务）律师、一位会计师和一位助理。家族可以深度参与家族办公室的运营，大部分情况下由一位家族成员作为家族办公室的负责人，或者家族办公室的董事会由家族成员组成。

如果家族办公室的运营成本超过了每年 100 万美元，该家族的资产规模应在 1 亿 ~5 亿美元。为了降低家族办公室的运营成本，一些家族可能会让其家族办公室为其他家族提供服务，逐渐转变为多家族办公室（multi-family office, 简称为 MFO）。提供家族办公室服务的还包括独立财富管理公司或者银行部门。在这种情况下，家族并不拥有该类组织，但保留了决策权。

影响力投资跟家族办公室的各项活动和目标是相关的（如图 4.1 所示）。

图 4.1　影响力投资与家族办公室的匹配度

投资管理：影响力投资主要归于家族办公室的投资管理活动，让家族的财富和价值观保持一致。这样做的好处是把现有的投资资源和基础设施用在影响力投资机会的筛选、分析和管理上。

直接投资：家族办公室常常对直接投资（特指私募股权投资）进行配置。家族办公室的负责人可能将影响力投资归于此类资产配置，特别在参与影响力投资的初始阶段。

慈善：家族办公室常常管理家族的慈善拨款。影响力投资也可归于慈善拨款，并且设计为信托或者基金会的形式。

运营资产：很多家族不仅仅拥有流动的财富，还控制着企业运营。一个家族办公室可以为讨论企业战略和治理模式提供平台。对家族企业的目标和传承的深入讨论往往会引发影响力投资的动机。

家族治理、教育和继承：家族成员可以发起并管理影响力投资项目，来解决与家族命运息息相关的重要问题。

为了避免与家族基金会和家族商业部分的重叠，在战略上归于家族办公室的慈善配置会在第 5 章详述，而影响力投资在家族企业上的应用会在第 6 章详述。

4.2 关键动机

为了使读者能更好地理解，以下列举了富裕家族参与影响力投资的常见动机。

新的家族传承和整体一致性

很多高净值人士越来越意识到社会和环境的挑战，激励自己投入到建立更加公正的社会的过程中。很多财富持有者非常支持用市场的方式解决社会问题，对寻求可持续变化的创新企业更是青睐有加。富裕的人也愈发希望从个人价值与投资原则分离的传统投资方式中走出来，他们希望生活的各个环节（财富管理、家族业务和职场）能够反映其自身的价值观，并产生正面影响力，带来强有力的新的传承。一位财富持有者这样形容："我们不允许商业价值观和个人价值观之间割离。无论我们做任何事，都必须保持内外一致，并拥有坚定的信念。"

个人实现与价值传递

富裕的人常常会提及，参与影响力投资能够给他们带来个人的喜悦、激动以及乐趣。这让继承者看到，财富不是负担，而是改变世界和创造成功的工具。上一代的财富生产者把影响力投资作为手段，来完成与下一代的"财富与价值转移"。一位家族代表是这样说的："参与这些投资，能够帮助我们的孩子看到投资和他们所关注事物之间的关联性，而且希望能够帮助他们找到属于自己的路。"

管理财富的有效方式

影响力投资的范围越来越宽泛，这让投资人可以构建多元化的投资组合，并以此反映他们对风险和回报的期望。在过去的金融危机以及随后的经济减速时期里，很多财富持有者甚至发现他们的影响力投资的回报超过了传统投资的回报，体现了较低的波动性和关联性。"兄弟们的投资组合在过去的金融危机中损失了 40%，而我的小微金融和社区发展投资仍然保持了 3%~5% 的年回报率。"一位影响力投资人表示。家族办公室也认识到很多影响力投资是与实体经济（农业、林业和中小企业等）相关的，因此也与家族办公室代代传递的特质相符。

富裕家族面临的核心问题

多代家族的财富保值。高净值家族很自然地希望自己的资本能保值和增长。据估计，平均来讲，60% 的财富将消失在第二代手里，90% 将消失在第三代手里。[6] 这主要归因于下一代人缺乏为金钱奋斗、投资和增值的动力，[7] 以及来自各项花费和投资失利的影响。

财富转移。富裕家族的重要考虑是教育孩子成长为有责任的成年人，能够看守家族的财富，[8] 更重要的是作一名快乐且有生产力的社会成员。大约 75% 的家族担心他们的孩子可能会受财富的负面影响，[9] 而有近 80% 的家族认为他们的孩子并没有做好接受财富的准备。[10]

家族凝聚力。一些多代家族，特别是在出售家族企业之后，挣扎于维系家族的纽带和家族成员间的关系。除非采取积极的方式让家族成员联系在一起，否则随着时间的推移，他们会变得越来越疏远。因此，家族文化、原则和传承正在面临挑战。保证家族内部的和谐以及解决家族成员间的冲突是多代家族面临的核心问题。[11]

家族单元和隔代转变

有些家族用影响力投资把家族成员重新连接起来，通过参与有趣和有意义的社会活动，加强彼此的关系。一项与家族价值观保持一致的影响力投资策略，可以帮助年轻一代在家族办公室中锻炼领导力和管理能力。[12] 一些多代的家族办公室认为，引入影响力投资对家族办公室的生存也至关重要，可以把财产传递给下一代，将他们的价值观和财富结合起来。

4.3 核心方式的应用

影响力投资方式的选择与对影响力投资领域的理解、家族支持的程度和财富管理的整体目标有关。

试验式

家族办公室或者高净值人士的小型试验式投资属于自由支配的直接投资配置，他们可能认为主流的投资组合过于冒险。另外，他们可以采用家族办公室的投资组合（见吉姆·爱泼斯坦的故事）。这种方式让投资人试水影响力投资，了解个人的投资偏好，促进在随后的阶段发展更结构化的方式。不足之处是，试验式投资的规模较小并且倾向于机会主义，并不能证实专用资源和外部专家的重要性，而且可能会带来更高的失败风险。

战略式

当家族办公室和高净值人士开始认真思考影响力投资后，希望将其作为管理财富和满足其他家族目标的战略工具。更为正式的影响力投资项目必须是结构化的，还要为该项活动专门配置一定金额的资本。这个项目可以是分散化的或者专注于一个特别事项，财富持有者对该事项充满激情，譬如赋权女性的温迪·陆哈比案例。家族办公室肯定对某项资产类别特别熟悉，并且拥有执行能力和技巧（见第 13 章乔希·梅尔曼的故事）。这类影响力投资项目可以由内部的家族成员、家族办公室的员工负责，或者交由专门的团队打理。

美国的吉姆·爱泼斯坦

为家族办公室的未来守候

吉姆·爱泼斯坦于 20 世纪 90 年代加入了社会创业网（Social Venture Network），开始对影响力投资产生兴趣，并使用个人资产投资了数个影响力驱动创业企业。他想通过家族办公室 EFO 资本管理公司（EFO Capital Management）来进行影响力投资，但这样操作会比较复杂。EFO 资本管理公司是他和父亲于 20 世纪 80 年代共同成立的家族办公室。“办公室采取传统的做事方式，并沿用既有的顾问网络，”吉姆解释道，“将影响力投资匹配到现有的结构中是非常困难的。此外，家族成员对影响力投资的看法也各不相同。”

为了应对这些挑战，吉姆在家族办公室里进行了另外的资金配置——建立了一只可持续发展基金，用于投资私人和已上市的影响力企业。家族办公室所持资产的 2%（200 万美元）被配置在该基金中，剩下的一半资金来自部分家族成员。这样的安排给了吉姆“不必担心影响力投资是否与整体的资产组合相匹配”的自由，并且若投资成功，吉姆还可以继续扩大基金的规模。家族办公室和家庭成员决定把未来获取的收益用于再投资，并注入新的资金。通过内部管理基金，家族节省了管理费用并积累了宝贵的运营经验。

吉姆通过创建影响力基金达成了数个目标：“我们的动机之一是教育家族成员如何运营家族办公室和管理财富。另外，这也给家族成员提供了彼此联系、通过家族办公室投资感兴趣的商业项目的平台。”

吉姆认为，家族办公室的未来在于为成员带来价值：“我们希望他们感受到，我们不仅仅是在满足他们的财务需求，还能实现他们的人生抱负。当一位堂兄希望自己的财富与自己的人生价值观更紧密关联时，他选择从家族办公室支走了一部分资金，这会让下一代对家族办公室产生怀疑。家族办公室的生存关键在于与家族更密切的互动，发现价值观的转移，并积极寻找与价值观对应的投资标的，而不是将资产管理的控制权拱手让给外部的基金管理人。”

吉姆对管理家族动态以及克服内部阻力的建议是调整自我。“最简单有效的方法是从小事做起。改变整个家族财富的文化和方向对于我而言实在是太难了，但是，通过播种这只新型基金，整个家族办公室发生了潜移默化的改变。最终，我们将在所有投资里深耕价值体系。”他总结道。

整合式

越来越多的高净值人士用影响力目标作为投资决策的筛选工具。这为传统的风险收益考虑办法提供了新的变量。作为影响力投资的早期拥护者，对于很多财富持有者而言，这种方法是从试验起步，再到独立的资产配置这样逐步革新的，直至整个行业趋向成熟并且投资机会和内部能力继续提升，才开始发起整合式投资。当下的年轻一代财富持有者在参与影响力投资后，对这种方式越来越感兴趣（参见丹尼·阿尔马戈和贝里·利伯曼的故事）。

杠杆式

一些有钱的个人和家族办公室利用他们的资金和资源来帮助其他家族/机构进入影响力投资领域，分配影响力投资基金、投资市场基础设施，或者建立投资平台，比如说由沙利·克莱斯纳和莉萨·克莱斯纳创办的百分百影响力网络平台（100% IMPACT network），或者由贾斯廷·洛克菲勒联合创立的平台 ImPact（参见第 11 章和第 7 章的案例）。这种杠杆式投资通常需要财富持有者的高度参与，其中的某些人甚至将其视为自己的首要职业，虽然没有报酬，但财富持有者将其看作一项使命而不是一份工作（参见本书第三部分中范·博伊宁根家族的故事）。

南非的温迪·陆哈比

投资于女性，帮助女性投资

温迪·陆哈比是第一批获得商科本科学历的南非女性之一，目前被认为是南非最有权势的商业女性。她在多个上市和非上市公司担任董事，并被世界经济论坛推选为全球未来领导者。温迪的个人使命是赋能南非黑人女性，帮助她们参与南非的经济和投资领域。她把影响力融入自己的各项商业和投资工作中。“我发展和投资的公司能驱动社会变革，也能赚钱。”她解释说，“因为我相信商业是社会变革的重要工具——创造工作、财富并给有需求之人提供机会。”

1992 年，在南非和美国的大型公司任职 10 年后，温迪创立了一家招聘中介公司。“为黑人毕业生提供他们就业所需的技能，使他们不再因受害者心态而停滞不前。”在接下来的一年，她还联合创立了女性投资组合控股有限公司（Women’s Investment Portfolio Holdings Limited），通过投资带动本地经济增长，有约 18 000 名南非女性从中获益。温迪解释说：“创办该机构的动机是她意识到早期经济赋能的驱动力中并没有包含女性。”该公司的创立是一项先锋计划，由 4 名黑人女性发起 1 000 万美元投资基金，在这个国家是史无前例的。它的另一特征是，在后种族隔离时代，该基金的投资人包括南非最富裕的白人女性，以及来自农村和城镇远郊地区的黑人女性，后者第一次被吸纳为投资人。今天，该公司在继续发展，为投资人提供健康的财务回报和社会影响力。

2003 年，温迪还创立了女性私募股权基金（Women's Private Equity Fund），专注于由女性创立或领导的商业公司，该基金募集了 1 200 万美元并支持了 5 项商业计划。

她还用个人资本投资影响力。比如说，她在东开普省投资了一个农业项目，为在农村有土地的女性提供资金支持，弥补生产力和专业技能的不足，来获取财务收益。温迪的另一个投资项目是在南非多个省市开设连锁面包坊米米妈妈（Mama-Mimi）。这些投资让本地女性成为微型企业家，大大提高了她们的家庭收入，并给收入低的社区带来了工作机会和重要物质供给。

对社区女性赋能，让温迪的使命逐渐扩展到全国："影响力投资让我们更广泛地传播经济繁荣的果实，降低收入差距，帮助低收入人群实现经济独立。这是投资的本心，这样的投资能够惠及整个国家。"[13]

4.4 投资特征和考虑因素

由高净值人士建立的影响力投资组合的主要特征是由他们对一系列因素的考量来决定的，包括他们的影响力目标、回报期望、愿意接受的风险以及他们选择的投资工具。

影响力

财富持有者和他们的家族办公室追求广泛的主题和目标。行业的选择由各种因素决定，例如财富持有者对某些特定行业非常感兴趣并且有相关的从业经验。如果他们专注于某一地理位置，或者采取 TP 方式，他们就无须对影响力的主题做出限制。

来自新兴市场的财富持有者通常会关注他们的祖国，并把眼光放在经济发展和刺激就业等方面；而来自发达市场的高净值人士往往采取剥离方式，可能会专注于特殊行业，比如健康、教育或者环境变化。

财务回报

家族办公室和高净值人士都会关注影响力优先和财务优先的投资机会，并对这两种影响力投资机会的接受度都比较高。下列因素会影响他们对投资回报的要求。

采取的策略

对于 TP 方式而言，健康的财务回报是既定目标，家族办公室通常是家族财富的看门人，而他们的职责是为未来一代的家族成员守护财产。投资组合的整体目标是预设好的，使得投资人能够接受单个投资的回报在一定范围内浮动。剥离式投资的回报预期则更多依赖于投资策略的选择和投资规模，但低于市场水平的回报往往也是可以接受的。

财富管理的总目标

对很多高净值人士来说，财富保值比收益最大化更重要。这项原则对于资产总额在 2 000 万美元以上的财富持有者尤为重要。甚至还有一些高净值人士根据现有的生活方式来决定资本的规模，一旦决定了资本规模，他们就会把这部分资本配置到更商业化的投资组合中，把剩余的财富投向他们更感兴趣的、能够解决社会问题的领域。

风险

很多参与影响力投资的个人表示，他们愿意为实现期望的社会影响力而承担更多的风险。虽然一些投资人重点关注的是锚定的市场回报，但愿意承担更大的创业 / 创新风险；其他投资人则准备接受较低的回报和较高的风险。很多高净值人士有创业者精神，他们会主动寻找其他投资人不愿踏入的领域，并利用他们的资本来作为催化剂。

风险的偏好与影响力投资规模占整体资产的比例有关。若影响力投资应用于各项资产类别，并覆盖了所有的财产，则投资人更倾向于较为保守的投资策略。若仅有部分资本被配置于影响力投资，则家族更愿意为实现特定的影响力承担更高的风险。

工具使用

高净值人士和家族办公室横跨资产类别进行影响力投资。他们的偏好与投资策略直接相关。对于整合式策略，他们在所有资产类别中寻找影响力投资的机会，并对投资组合里的剩余部分采用不同形式的 SRI。在采用剥离策略时，更常见的资产类别是私募股权和债权。

专业水平也扮演了重要角色——在房地产投资领域有丰富经验的家族办公室更喜欢把具有绿色概念、社会意义的房地产整合到投资组合里。没有参与过私募股权投资的家族办公室就更倾向于间接投资了，至少在刚开始的时候是这样。对高净值人士来说，投资工具就比较模糊，他们更倾向于从风险投资开始，寻找更直接的影响力和联结。其中一部分个人投资者，尤其是那些缺乏私募股权投资经验、时间和资源比较有限的人，可能会认为直接投资的挑战比较大，故而选择调整他们的投资方式。

4.5　执行的问题及解决方案

除了技术挑战之外，在家族和职业关系之间的人际挑战也会妨碍影响力投资的拥护者。提前理顺这些关系才是明智之举，如此，你就懂得如何利用家族资源来解决问题了。

文化问题和家族关系

很多家族把商业偏好和慈善 / 公益 / 个人偏好完全割裂开来，这使得影响力投资的拥护者很难说服家族成员，特别是老一辈关于影响力投资裨益的看法。家族关系往往很复杂，有时候近乎残酷，因此挑战传统是困难且有风险的，特别是对于年轻成员而言。

解决之道：对家族成员进行宣教工作；采用谨慎、专业且有耐心的方式；进行合适的影响力投资定位；开拓家族之外的影响力投资。更多信息，可参见第 8 章。

来自顾问和家族办公室工作人员的反对

很多家族把理财顾问作为阻拦自己介入影响力投资的主要障碍。

对于很多顾问而言，这意味着一场费时费力的新尝试。他们还可能错误地认为，影响力投资会威胁他们的收入模式。同样，一些家族办公室的人员也会因为潜在的财务风险而对进入影响力投资领域充满迟疑。

解决之道：不因为顾问的反对而轻易放弃；要求他们对该领域做进一步调研或者更换理财顾问；针对顾问和工作人员宣教；邀请专家加入董事会。更多信息，可参见第 12 章。

缺乏经验和兴趣

财富持有者通常不会对财富管理或者投资有太多涉猎，在初始阶段也不大感兴趣。

解决之道：自我学习；采取更安全的投资选择（媒介、与同业联合投资、更安全的资产类别）；分阶段执行；选择与兴趣和专长有强关联性的领域。

复杂程度

影响力投资往往需要投资人更深入地参与其中（至少在初始阶段），并在实施阶段要求投资人有在特定领域的专长。在财务和影响力目标之间取得平衡，并且将地区 / 产业偏好与执行能力和投资机遇进行匹配是极具挑战性的。对习惯将财务管理交由顾问打理，只是做简单的慈善捐助的高净值人士来说，这些复杂性常常会让他们疲于应付。

解决之道：准确评估自己的专长、期望参与的程度和资源，根据实际情况设计投资策略和实施方案。更多的信息可参见第 12 章。

害怕失败

对影响力投资感兴趣的财富持有者，即使正式决定参与投资，在刚开始投资的时候也往往是犹豫不决的，这与害怕失败和不愿面对尴尬的心理暗示有关，特别是尚未获得全体家族成员或者顾问支持的投资决策。完美的开场和完美的交易在现实中是不存在的，而且这种压力往往会让事情变得更糟。

解决之道：建立面对失败的健康心态（试验式方法），同时，审慎而渐进式地参与影响力投资和专业执行；设立切实可行的投资标准。

澳大利亚的丹尼·阿尔马戈和贝里·利伯曼

小巨人的故事

> 我们希望用资本来创建更好的、更快乐的世界，这就是“小巨人”（Small Giants）的由来。它的创立是为了证明商业可以是伟大的，而不只是庞大的。
>
> ——丹尼·阿尔马戈（Danny Almagor）

2005 年年末，丹尼·阿尔马戈和贝里·利伯曼步入了婚姻殿堂。这对可爱的年轻人开始思考如何携手度过未来的日子。他们不仅拥有彼此，还希望投入精力来影响世界。于是，他们立马就想到了自身的财富管理。贝里来自澳大利亚最富裕的家族，在她 14 岁的时候，由于父亲的离世，她继承了父亲的财产。丹尼是一位成功的企业家，管理着由自己参与创立的医疗公司麦迪维克斯（Medivax），还创立并运营着一家非营利机构——澳大利亚无国界工程师（Engineers

Without Borders Australia)。

一起设立目标

他们从用财富创造世界的角度出发，思考哪些事物让自己夜不能寐："我们扪心自问，我们的价值观是什么，我们关心的是什么。"丹尼回忆道："我们关心的是战胜贫困和无家可归，我们关心的是性别平等和气候变化，还有我们的孩子在世界上是如何成长的。我们希望运用自己的资源、金钱、时间和人脉来支持与我们的价值观匹配的商业项目。"

当他们把个人生活与上述使命进行结合（他们的日子过得很朴素，二人都有理想的工作），在仔细查验了他们的投资组合后，大吃一惊："我们把金钱投给了煤炭和航空产业，我们把金钱投给了不给真正有刚需的人群提供借款的银行机构，那为什么我们不把自己的金钱投给创造更美好社会的企业呢？"

他俩决定改变现有的状况。他们从理性的支出需求开始计算出维持现有生活方式的开支水平，并倒推出他们愿意用于慈善事业的资金规模。这让他们得出基于现有财富的最低财务回报。

将价值转化为投资组合

贝里的财富是由长辈打理的家族办公室管理的，属于遗留资产，从这些资产中撤出是非常复杂的操作，还可能会影响其他的家族成员。丹尼解释说："在任何大家族里，财富好像是纠缠成一团的意大利面，家族里的每一位成员都有各自的份额。"把个人的份额取出是极为困难的，而不伤害家族利益是更重要的考虑因素。所以，他们决定耐着性子，花上足够的时间，柔和处理财产分割事宜。

丹尼和贝里不是投资专家，他们与家族成员和顾问交流，收到的大部分建议为："不要为资本想太多，如果要做善事，就把钱捐出去得了。"这些建议都没有打动这对夫妻。"在当时，"丹尼回忆道，"我们知道内心的挣扎。我们向关注气候变化的机构捐款，但投资了石油产业，10 万美元的捐赠不可能清理掉 1 000 万美元投资带来的污染。"筛除不良公司听起来仍不足以振奋人心，这对夫妻希望驱动正向的变化。

小巨人的问世

在 2006 年的一次去往中国香港的旅程中，丹尼和贝里在机场商店留意到由保 · 伯林翰（Bo Burlingham）撰写的《小巨人：不做大也能成功的经营新境界》（*Small Giants: Companies That Choose to Be Great Instead of Big*）。书中的想法很快吸引了这对夫妻的注意："这类小公司是有灵魂的，聚焦所在的社区，反映了企业家的热情。"贝里解释道。他们决定以书名"小巨人"作为自己家族办公室的名字，投资方向是"伟大的商业——为世界带来意义重大的改变，对所在的社区有深刻的理解和参与，并致力于为人类和全球带来福祉"。

他们发现很难获得外部支持，因为银行并没有经验或兴趣来建立这类资产组合，并劝阻他们不要往这个方向继续前进。这对夫妻决定开辟一条属于自己的路。他们参加世界领先的影响力投资论坛社会资本市场（Social Capital Markets，简写为 SOCAP）和斯科尔世界论坛（Skoll World Forum），阅读了大量的影响力企业相关资料，并与转换投资组合的其他财富家族交流。影响力投资运动逐渐在世界范围内获得认可，他们积极参与其中，并为小巨人寻找最合适的运营模式。

从浅尝辄止到奋不顾身

当丹尼和贝里的大部分财产仍然受大型家族办公室的限制时，他们决定用自己可支配的资产投向早期风险投资交易和绿色房地产项目，因为他们在上述两个领域有一些心得，并且这种策略能够让他们在初创企业风险和稳定的房地产之间进行平衡。他们的第一笔投资项目是墨尔本的一座古堡，他们按照高环保要求对其进行修缮，将其变成小巨人之家（也是一些投资项目的办公地址）。之后的一些早期项目包括赋能女性的卫生棉条制造商汤姆天然有机卫生巾（TOM Organic）、日托早教机构良好开始早期学习（Goodstart Early Learning）、采访改变世界的先锋人物的杂志《丹波羽毛》（*Dumbo Feather*）、雇用残障青年的餐厅锅碗瓢盆（Pots n Pans，Streat），以及联合办公场所澳大利亚中心（Hub Australia）。他们还在可持续房屋领域进行了一系列的房地产投资。在非地产类投资中，他们的单笔投资金额不大，一般为 5 万 ~50 万澳元，而随着这对夫妻经验的积累和人际网络的扩张，单笔投资金额也逐渐增长。他们的原则是任何单笔投资的失利都不能阻止他们继续进行投资，这听起来不仅仅是财务指标，还是心理设限。

当小巨人从家族中获得更多资本的时候，他们会从影响力的角度进行投资项目的筛选。当资金池达到一定规模后，他们考虑采用分散的 TP 方式。他们开始投资于可持续能源的基础建设，包括太阳能和风能；把现金放在协作银行，并投资澳大利亚和亚洲的早期影响力基金。他们把很大一部分现金仍然放在有全球触点和涵盖广泛服务领域的大银行里。丹尼和贝里将此作为影响主流银行的契机，积极与银行进行影响力投资方面的互动，帮助它们在该领域更加活跃。小巨人的现有资产配置把大部分资产投入另类投资（不动产和私有权益 / 债务的比例是 70%）中，反映了他们在上述领域的投资偏好和专长，虽然他们并没有对其资产组合设定激进的资产配置目标。

投资企业的目标是“对人类有利，对环境有利，创造我们想要生活的世界”。他们的投资组合对象包括3D打印公司蜂窝（Beehive，该项目是他们时常提起的失败案例，它教会了他们很多东西），一个前沿的可持续住房计划普通人（The Commons），一家专注于情商培养的学校生活学院（The School of Life），以及在不丹的一家可持续农业企业榛子山（Mountain Hazelnuts），致力于改善当地农民的生活条件。他们将高风险但能产生高影响力机会的社会性企业，与能够带来更稳定收益的有责任感的房地产和可持续能源进行平衡。投资纪律非常重要，丰厚的收益是商业机会的重要元素。“除非我们获得收益，”丹尼解释道，“我们才能继续保持捐赠并将利润继续投资于我们的影响力投资项目。这是投资，不是慈善！”这样的投资策略收到了很好的效果：投资组合的IRR为15%，除了几笔损失以外，整体组合取得了巨大收益，特别是房地产投资（参见“工具和资源”部分第5小节的资产组合和业绩）。

扩大资本规模

2012年，在小巨人取得成功后，丹尼和贝里希望更多人能加入影响力投资的旅程，于是与克里斯·洛克（Chris Lock）共同创立了影响力投资集团（Impact Investment Group，简写为IIG）。IIG是一家私人投资顾问公司，致力于“为投资人带来有丰厚财务回报且为社会带来意义重大的改变的影响力投资机会”。为了吸引新的投资人加入影响力领域，IIG在成立伊始就专注于风险较低的绿色地产和其他有资产抵押的交易，比如可持续能源（能达到8%~20%的市场回报并能发挥有效的影响力）。最近，IIG开始为投资人带来更多股权投资的机会。小巨人为这些机会提供种子资金或者负责承销，其他家族可通过 IIG 进行联合投资。IIG 可以帮助他们加快投资决策进程、降低交易风险并保证投后的跟进。IIG 的最新投资是一个 5 000 万美元的绿色房地产项目。目前，IIG 为 300 位投资人服务，管理的资产规模为 3.5 亿澳元。并不是所有的投资人都把自己定义为影响力投资者，这跟丹尼的目标相符，即向更多的投资人介绍影响力投资。放眼未来，丹尼的抱负是将 IIG 打造成影响力分散投资银行，可为影响力投资人提供各式各样的投资产品。

在小巨人成立 10 年之际，丹尼和贝里终于把他们的财富和他们的理念完全融合了，并帮助其他人追求同样的目标。虽然已经完成了很多目标，但他们认为自己的旅程才刚刚开始，他们要为 3 个孩子创造更美好的未来。“金钱只是一种能量的形式，”丹尼总结道，“它可以用来储蓄、花费或者管理。你需要尝试一下影响力投资，只要你参与其中，就停不下来。你绝不会后悔向世界发出不同的声音。”

丹尼和贝里所学到的

- 不厌其烦。“家族关系很重要，但非常复杂。我们为了从一团意大利面中分离出属于自己的那一根，就花了数年的时间，直到现在我们连一半都没有完成。”
- 积跬步。“我们决定从小规模做起。若是我们的第一笔影响力投资为 200 万澳元并且失败了，我猜我们早就绕道而行了。如果我们从 20 万澳元开始，即使最糟糕的情况发生了，我们也能站起来，从头开始。”
- 不要等待完美的交易。“你可能期待完美的项目，比如下一个特斯拉。这类项目能够拯救世界，终结贫困，还能阻止环境变坏。做梦吧……但是，你在做梦的时候，就请开始行动吧。在等待特斯拉的过程中，先驾驶普锐斯吧。”
- 支持正确的人。“几乎我们所有的投资错误都与没有和正确的人合作有关。毕竟，是人在做生意。”

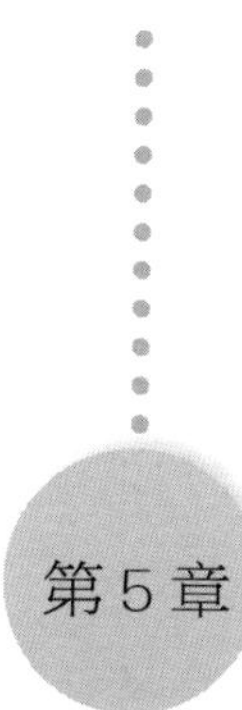

家族基金会的影响力投资

5.1 影响力投资与家族基金会的相关性

在全球，影响力投资被越来越多的家族基金会采纳，并被称为“使命投资”。家族基金会还把影响力投资分为与使命相关的投资（Mission-Related Investment，简写为 MRI）和与项目相关的投资（Program-Related Investment，简写为 PRI）。

与使命相关的投资

MRI 是指广泛地支持基金会的项目目标的影响力投资，但不必满足基金的慈善分配要求。MRI 没有主题上的限制，但为了达到基金会替投资人赚取收益的目的，往往需要提供接近市场的回报。MRI 介于传统投资和 SRI 之间，是财务优先的投资。由文化和艺术基金会发起的 MRI，可以将部分捐赠资金投资于绿色债券或者有大量交易记录的小微债券基金。

与项目相关的投资

PRI 的首要目标是拓展基金会的使命。在年度预算里，基金会将 PRI 列为慈善支出。PRI 通常需要符合特定的法律要求，比如必须与基金会重点关注的领域紧密相关，另外，不能介入特定的司法管辖范围。PRI 主要是影响力优先的投资，介于拨款和创投慈善之间。举一个关于 PRI 的例子，比如基金会为非营利性剧院进行贷款担保，帮助剧院获得利率低的借款来购买房产。

不同的融资工具和方式为基金会提供了开放性的工具来完成自身的使命，本书将其整合成一条线来进行表述。如图 5.1 所示，将部分捐赠资产配置于影响力投资，基金会的影响力目标得以拓展；另外，部分项目预算也不再局限于慈善领域，还可以用于现实财务回报。

图 5.1 基金会的扩展工具箱

传统的家族基金会是如何运作的

家族把家族基金会作为家族参与慈善活动的节税主体，它的主要活动是根据自身的使命提供拨款。这类基金会的核心慈善活动被称为“项目”或者基金会的“项目端”。这些活动主要由家族内部或者家族聘请的项目办公室负责。一些基金会的开支由家族进行年度支付，往往把结构设置为捐赠基金会。这意味着被称为捐赠的部分资本（或者基金会的资产）将被割离，专门用于基金会在慈善活动中的投入。对捐赠资产进行财务管理被称为基金会的“投资端”。

投资管理通常会被外包给传统的资产管理公司。即使投资管理是由家族内部负责的，资产管理团队和项目团队也是相互独立的，两个团队之间基本没有互动。当基金会的资产在支持项目活动中比较紧张时，捐赠就会按照保守的方式操作，以保证 3%~8% 的年化收益，随后基金会会把这部分收益作为基金会削减开支的预算。根据节税政策的规定，基金会每年将制定最低的慈善开支（美国是 5%），用于支持慈善活动。受托人委员会（Board of Trustee）对家族基金会，包括基金会的项目端和投资端进行管理。通常情况下，会有数位家族成员参与到委员会当中，可能也会有外部成员。

5.2 主要动机

家族办公室意识到，慈善资源和政府开支不足以应对各式各样的社会挑战，尤其是家族重点关注的挑战。因此，家族办公室从关注简单的计算慈善开支逐渐转向评估他们的资本已产生的效用。这种对有效性的寻求迫使基金会为了达到慈善使命而必须检查更广泛的模式，包括影响力驱动企业，这类企业与慈善机构的运作模式完全不同。高效的慈善活动意味着尽可能地运用基金会的资源，包括人力资源和财务资源。而影响力投资满足上述的趋势，对慈善家的吸引力如下所述。

规模和影响力的形式

基金会认为，影响力投资带来的影响力的规模和形式是捐赠无法比拟的。市场化的解决方案能够提供可持续的商业模式和雄心勃勃并为结果负责的团队，帮助影响力驱动商业以直接成长和复制的方式快速扩张。通过影响力投资，基金会有了扩大捐赠资产、撬动大型的第三方资本的可能，并能把投资直接转换为社会影响力。对于项目相关的投资，投资收益和产生的利润通常会被进行再投入，用于支持更多的组织。另外，通过向影响力投资配置部分资金，基金会扩大了达成使命的资金规模，进一步深化了影响力。

与捐赠相互独立

由于受捐者过分依赖捐赠者，以及对募集资金的持续需求，使得非政府组织的运营效率低下，很多基金会感觉像被困住了似的。支持能产生影响力的可持续商业模式可以解决上述问题。

下一代的参与

维持年轻一代家族成员对基金会的兴趣一直是一项颇具挑战的任务，下一代成员可能对基金会的战略缺乏共识，甚至对以捐赠为主的慈善事业不以为然。影响力投资可以让年轻一代更多地参与到基金会的运营当中，创造机会让成员为家族的慈善传承共谋大计。[14]

整体价值的归一

家族对捐赠与基金会使命之间的冲突变得越来越敏感。这违背了他们言行一致的初心，并可能对家族声誉产生负面影响。这种情况被称作慈善悖论（philanthropic paradox），想了解更多信息，请参见下面的文本框。

慈善悖论

慈善悖论是指基金会虽然抱有慈善的目标，但在实操过程中，因为投资活动并未考虑社会影响，反而可能产生负面影响力。可能导致的慈善悖论及伴随的声誉风险，以及 2007 年由《洛杉矶时代》（*LA Times*）对比尔和梅琳达·盖茨基金（Bill and Melinda Gates Foundation）进行的一系列报道，使人们逐渐意识到问题的严重性。《洛杉矶时代》的记者发现，基金会通过拨款向尼日尔三角洲地区提供小儿麻痹症和风疹疫苗的配送，捐赠资金来自埃尼（Eni）、壳牌（Shell）、雪佛龙（Chevron）和埃克森美孚（ExxonMobil）等公司，而上述公司在该地区拥有污染环境的石油工厂。使用制造问题的元凶的捐赠资金来解决同样的问题，基金会因此备受指责。这些文章引发了众多基金会的决策委员会的讨论，包括在完成使命的过程中捐赠资产能够以及应该扮演的角色，由此对完全割裂的基金会投资端和项目端的传统方式产生了质疑。

收益和风险

正如家族办公室一样，影响力投资的先行者发现，将影响力投资纳入投资组合，不仅能为基金会完成使命提供额外的工具，还能有效地降低基金的整体风险。

没有一招鲜

重要的是，影响力投资并不能解决基金会面临的所有社会问题。影响力投资应当被看作基金会完成使命的额外工具。慈善捐赠虽然不能作为市场化的解决方案，但在影响力投资逐渐壮大的过程中依然扮演了重要角色。关于拨款是如何拓展影响力投资的部分，可参见“工具和资源”部分第 12 节。

5.3 核心方式的应用

在高净值人士 / 家族办公室的案例中，基金会根据核心项目领域、基金会规模和可获取的投资资源与市场化解决方案的相关性，可采取以下 4 种核心路径。

试验式

很多基金会仍然处于试验阶段，根据管委会委员对低利率贷款的需求或其他需求，参与为数不多的 PRI。基金会也会探索和尝试 MRI，通常从给社区发展银行或者信用合作社贷款存款开始，又或者投资于市政债券（参见后文关于约翰·斯通的故事）。在试验阶段，这些基金会以传统的方式（分隔投资和捐赠）进行并不频繁的、小资金量的投资，也没有在影响力投资活动上配备专门的人员，很少与家族内部的投资专业人士交流，而更多的是依赖外部顾问。

战略式

在影响力投资领域积累了一定的经验后，一些基金会开始将其作为实现使命和把资产与使命进行归一的重要工具。这个阶段的重要步骤就是将影响力投资纳入基金会整体的项目战略。相关的工作包括制定专注的投资策略、建立内部能力、配备专业的人员和 / 或与外部咨询更紧密地协作（参见后文关于埃斯梅·费尔贝恩基金会的故事），这意味着把不少的项目预算和 / 或捐赠资产配置于影响力投资，增加了基金会投资的规模和复杂程度。

英国的约翰·斯通

扩大慈善的方式

2005 年，约翰·斯通以 1.24 亿英镑的价格出售了自己的企业隆巴德国际保险（Lombard International Assurance）公司。随后，他成立了斯通家族基金会（Stone Family Foundation，简写为 SFF），并投入了 5 000 万英镑。经过审慎考虑，他决定把目光集中在水资源、卫生和保健（简写为 WASH）产业。通过分析该领域的主要困境，约翰意识到传统的捐赠方式收效甚微，因为“在 NGO 介入后，机构缺乏商业动机来维持水资源或者卫生的基础设施”。他看到了以创新的商业方式解决上述问题的需要。2010 年，他决定将基金会 75% 的项目资金（每年大约 400 万英镑）用于支持创新的市场化解决方案，为贫穷人口提供干净的饮用水和卫生消毒的途径。

SFF 能采用的工具包括直接和可补偿的拨款、债权和股权。基金会的影响力投资案例有废料企业（Waste Enterprises），该公司是营利性社会性企业，专注于把生活垃圾转化为再生性能源，再将其出售给工业客户。SFF 通过提供可转换债务来帮助该公司建立和测试商业化和规模化。可惜的是，SFF 支持的影响力驱动企业绝大部分还非常年轻，尚未达到可投资的水平，因此 SFF 对影响力投资的涉猎较少。为了解决上述问题，约翰正在探索为年轻的 WASH 产业设立创业孵化器，为创业家提供启动资金并为后续增长对接股权和债权资金。

限制影响力投资的另一个因素是对增量的需求。约翰把目光集中在最需要资金的领域，比如，约翰认为他的投资资金对于总部在肯尼亚的卫生院就不是雪中送炭，因为众多的基金会和基金为了社区公厕的发展纷纷向该机构提供了大量资金支持。所以，约翰对卫生院的拨款专门用于测试住宅卫生间的可行性，帮助房东在特定的房屋聚集处为租客修建公厕。他希望这会成为卫生院探索商业化的又一条路径。

在捐赠端，SFF 也正在尝试财务优先的影响力投资。10% 的捐赠将被投向小微金融和环境基金，例如蓝色果园（Blue Orchard）小微金融基金和特里多斯（Triodos）可再生基金。约翰与家族办公室桑德利（Sandaire）签署协议，拟把资金配置逐渐提升至 25%，桑德利答应为 SFF 积极寻找合适的影响力投资机会。

约翰把 SFF 的角色定位为帮助创新的商业模式尽快进入 WASH 产业。他准备提供多种多样的支持和资本，影响力投资就是其中的一个工具。

整合式

通过把影响力投资提到战略层面，基金会学习用更多的方法来利用变化。这让基金会根据自身整体资产的情况（人力、财务和智力）有的放矢地使用投资工具和制定投资策略。在这个阶段，基金会常常会反复地重新思考和重新构建运营模式，专注在整体资源的管理上，以完成使命，同时也为了实现基金会的资产基础保值（可参见第 3 章关于 F. B. 赫伦基金会的案例）。

杠杆式

基金会很少管理外部资本。尽管如此，为产生影响力的企业的融资调动资本被认为是基金会的重要目标，可通过创立新的金融产品、刺激新的市场以及推行能拓宽市场的先锋概念来实现（可参见第 9 章关于马里奥·圣多明戈基金会的案例）。基金会通过提供第一损失资本（first-loss capital，见“工具和资源”部分第 3 节）和捐赠预算来调动额外的资金，达到汇集资金和人力资源的目的，最终推进整个市场的发展［可参见下文的科德斯基金会（Cordes Foundation）和纳什·布杜什基金会（Nashe Budushee Foundation）的故事］。

英国的埃斯梅·费尔贝恩基金会

投资金融创新

埃斯梅·费尔贝恩基金会（Esmée Fairbairn Foundation，简写为 EFF）是一家资产规模为 8.6 亿英镑的家族办公室，由伊恩·费尔贝恩（Ian Fairbairn）在 1961 年设立，致力于改善英国人民的生活。作为影响力投资在英国的先行者，EFF 的参与要追溯到 1997 年，它根据一位委托人购买房产的要求，为其提供借款作为购房的担保。数年后，EFF 意识到这类贷款需求的增长趋势，便开始了 200 万英镑的先锋项目，来寻找社会机构的投资需求，并尽最大努力回应它们的需求。项目的结果是 EFF 挖掘了这类机构对更广泛的金融工具的需要，这使得它能够实事求是地考量投资机会。

在 2008 年年初，EFF 成立了 3 500 万英镑的金融基金，作为基金会内部以影响力先行的剥离战略。这个战略性的新方案旨在支持基金会在 4 个领域方面的工作：艺术、教育和学习、环境以及社会变化。其核心目标是帮助社会建立社会投资市场，通过试点和验证新的影响力投资模型和产品，为影响力驱动的机构对接更多的资金。它们可以投资各类金融工具，包括债权、股权、夹层、慈善债券、投资基金和 SIB[1]。

基金会的投资策略会根据市场需求和市场创新的变化而调整。从向慈善机构借款开始，帮助慈善机构购入土地和房产；EFF 逐渐参与到对病患的投资中，再到英国社区所有的再生性能源。当 SIB 的概念出现后，彼得伯勒市把目光对准了降低刑事犯罪率，EFF 是首批投资的机构。EFF 还向助力社会投资市场建立的创业项目和支持社会投资市场的机构进行拨款和投资，包括社会投资媒介［例如大问题投资（Big Issue Invest）、慈善银行（Charity Bank）、社会金融（Social Finance）、桥梁风险（Bridges Ventures）等］以及社会投资平台［例如资金网（The Funding Network）和埃塞投资俱乐部（Ethex Investment Club）］。

目前，金融基金的规模已增至 4 500 万英镑，管理团队由两人构成，利用 EFF 拨款团队的内部专长和外部顾问来协助投资分析和投资结构的搭建，特别倾向于把资本投向创新领域。EFF 还喜欢和其他基金会联合投资，分享资源并分担尽职调查费用。

截至 2015 年 9 月，金融基金共投资了 90 个项目，投资金额为 3 730 万英镑，已收回了 2 670 万英镑。在影响力方面，EFF 站在了英国社会市场中最重要的社会金融创新机构的背后，支持它们的发展和成长。在财务回报方面，投资组合的年化收益率为 2%（扣费前）和 1.5%（扣费后），反映了影响力先行的投资方式的本质。

美国的罗恩·科德斯、马蒂·科德斯和斯特凡妮·科德斯

联结、汇集和催化

我们的目标是借用资本市场的力量来驱动颠覆式创意的落地和扩张，

这已超越了基金会的现有方式。

——罗恩·科德斯（Ron Cordes）

2006 年，罗恩·科德斯和他的妻子马蒂出售了自己的企业阿斯泰马克投资服务（AssetMark Investment Services）公司，并用获得的 1 000 万美元创立了家族基金会。这对夫妻希望基金会专注在消除全球贫困和赋能女性的领域。罗恩是资深的金融家，他开始考虑是否能把捐赠资产用于完成使命。

开始接触影响力投资

2007 年，他力劝基金委员会把 20% 的捐赠配置在影响力投资上。“我告诉受托人，相比传统投资组合，我们要承担更大风险，但我们可以通过投资行业的开创者向自己和其他人证明，这是一条真正可行的道路。”罗恩的一生都在创立和管理基金，直觉告诉他应该继续通过媒介进行投资，最初关注的投资机会有小微金融和社区发展。经过 9 个月的详细研究和尽职调查，他向 6 只基金投资了 200 万美元，包括微型投资（MicroVest）和北加州社区（Northern California Community）贷款基金。

2008 年 11 月，罗恩拜访了他的投资项目，一家在乌干达农村的小微金融企业，向在内战中失去丈夫的妇女提供贷款。其中的一位女士拉着罗恩的手说道：“感谢你致力于拯救我的孩子，但是我需要有能力拯救自己的孩子。谢谢你投资我们，我们可以做到。”这一刻对于罗恩来说终生难忘。“这改变了我对贫穷的看法以及应对贫穷的方式，”他回忆道，“这打动了我，为富人创立基金 30 多年后，我终于能够用我的专业能力帮到这位女士以及在同一个村子里的其他女性，替她们找出改善家庭生活的出路。我希望做自己的事情是有规模效应的，由此，我可以帮助到上百万人。”

把所有资产用于影响力

基金会的影响力投资组合在金融危机中能够坚持下来，甚至比传统投资表现得更好，证实了其与市场周期的弱关联性，罗恩对自己的选择也就愈发确信了。在 2009 年，管理委员会把影响力投资的比例提升至捐赠的 30%，然后又提升至 40%。基金会最初专注于私募股权投资和债权投资，在顾问的帮助下，逐渐延伸至流动性更强的投资工具。2014 年，基金会决定将全部的捐款用于各种资产类别的影响力投资，主要专注于在金字塔底层地区创造经济机会，包括的主题有小微金融、教育和中小型企业的发展。基金会还把性别作为筛选投资的指标（参见“工具和资源”部分的第 5 节），并且只用捐赠资金作为投资资金，刻意区分影响力投资和慈善，同时，基金会支持影响力驱动企业的早期发展，比如先捐赠再投资。

搭建领域

在思考如何通过一只小型的基金来创造根本的不同的过程中，科德斯家族意识到，他们需要发动其他合作伙伴，为影响力争取更大的资本。为此，基金会把为社会性企业和影响力投资建立基础设施和生态系统作为基金会的重要战略之一，按 3C 方法操作：联结（connect）、召集（convene）和催化（catalyze）。基金会联结社会性企业家、投资人、捐赠者、顾问和潜在的利益相关方，召集会议、圆桌讨论和论坛，以促进知识分享、协作和领域搭建。这催化了影响力投资和战略捐赠的落地，使社会性企业能够落实大胆创新的想法，来解决世界上最复杂的问题。

例如，为了解决影响力投资缺乏媒介的问题，罗恩在 2010 年与卡尔弗特基金会合作，成立了非营利性影响力资产管理机构影响力资产（ImpactAssets）。该机构发起了涵盖 50 家影响力投资基金信息的公众数据库 ImpactAssets50（详细资料可参见“工具和资源”部分第 21 节）。他还联合召集了在墨西哥举办的机会合作（Opportunity Collaboration）年度峰会，约 400 名全球领袖汇聚一堂，共同为消灭贫困商议可持续的解决方案。基金会每年会挑选出 50 位致力于消灭贫困和经济公正的优秀社会性企业家和非营利机构领袖，赞助他们参与该峰会。

预备接任计划

在参与了 2013 年的机会合作峰会后，26 岁的女儿斯特凡妮决定加入家族基金会。看到参与者对各自使命的投入以及对她父母的敬重，她意识到自己也想加入影响力投资的行列。彼时，她在时尚杂志社工作，“这份工作并不像想象中那么光鲜。”于是斯特凡妮在辞去了工作后，就全身心地投入到基金会的工作中，努力学习与投资相关的技能。“是影响力的部分让我爱上了影响力投资，”她说道，“把自己从家庭结构中分离开来是很困难的，但是为了同一个使命，跟父母一起工作让我感到很振奋，这也使我们的关系更亲密了。”

当罗恩谈到女儿加入基金会时，脸上情不自禁地洋溢出骄傲。他解释说，斯特凡妮并不是被强迫或者被引导才参与到基金会的事务中的，他清楚地明白他的事业有传承了。对于罗恩而言，投资影响力项目和帮助他人参与影响力投资实现了他的理想和价值，是他生命中的核心部分。“我意识到，影响力投资是我的理想，是我的道路，”罗恩解释道，“它帮助我从成功走向卓越，并成就了不凡的人生。”

5.4 投资特征和考虑因素

影响力：在项目端，影响力投资需要与基金会的核心使命紧密结合。在某些地区（比如英国和美国），影响力投资是有法律合规要求的，在其他地区，监管部门认为影响力投资只是基金会履行使命的工具，因此，只需符合基金会的战略就可以了。在捐赠端，基金会一贯积极拓展所关注的主题，力求提升资产的社会合一性，而不再局限于影响力的狭隘定义。这与产生足够的机会来满足财务回报的需求有关。在采用杠杆的情况下，基金会专注于为未来的投资铺路以及夯实系统性的影响力。

财务回报：在项目端，基金会愿意以接受低于市场的回报来完成锚定的影响力目标。在某些地区，法律限制了类似投资以财务回报作为首要目标，但这并不意味着PRI就不能产生市场回报甚至高于市场水平的回报。财务回报的临界值差别很大，包括从零到相当于资产类别的市场回报。从捐赠端获取的财务收益会被用于再投资，意味着捐款会被继续用于影响力投资或者用于扩大基金会的捐款规模。在捐赠端，影响力投资通常会以投资组合为整体锚定市场化的收益，以保证基金会的长期捐款规模。但是，有些基金会查看所有资产的管理（削减的预算和捐赠），并关注整体的投资回报率。

风险：在项目端，基金会寻找创新型的商业模式和金融工具，顾名思义，即高风险承受能力。它们也愿意将自有资本在分层机构中作为受损的优先层级，以吸引更多的资金。在捐赠端，基金会受资产保值和产生足够回报以反哺核心活动的影响，风险承受能力相对较弱。

工具的使用：在项目端，主要资产类别是私有债权、股权和担保。基金会的核心领域和产生更直接影响力的期望之间有强关联，直接导致基金会更青睐直接投资。基金会对复合或者传统投资（参考下面的文本框）进行创新，一些基金会会考虑全范围的资产类别，包括存款单、固定收益和房地产。在捐赠端，基金会使用各种资产类别，并通过媒介进行投资。

复合（或者附条件的）工具

复合工具把债券、股权和捐款的不同元素融合在一起，鼓励产生确定性的结果和正确的行为，并适应新型合伙人的需求。复合工具的分类如下。

可返还的捐赠。如果项目达到了事先约定好的目标（比如一定的利润率），或者没有满足相应的条件（比如影响力目标），就必须返还捐款。在某些地区，基金会不允许拿回捐赠资金，但仍然可以考虑该金融工具，只是需要把该笔资金转移给另一家由基金会选择的被授予人。

可转换的捐赠。该企业在商业上取得成功后，捐款可转换成股权。

可免除贷款。如果事先约定的目标达成了，该笔贷款就可以免除。

配比贷款。只要企业获得额外的资本，基金会就可以根据该笔资本匹配一定的贷款。

慈善权益。捐赠是为了构建机构在未来传递社会影响力的能力，通常与自创收入相关联，使机构能可持续地发展。

注意，不要将基金会采用的复合工具与传统的复合工具混淆，后者是债权和股权的结合。

5.5　执行的问题及解决方案

在执行层面，基金会面临的问题包括与项目团队和捐赠团队的内部城墙、合规性问题，以及确保必要的资源就位。

缺乏合适的资源

大部分基金会缺乏同时拥有项目经验和投资经验的优秀员工，很多小型基金会只有小规模的项目团队。

解决之道：进行员工教育；聘用外部顾问；招聘有核心资源的团队；与财务团队协作；与其他影响力投资者开展正式和非正式的合作。

监管困境

在部分地区，基金会在支持营利性机构以及按项目预算进行投资方面是受到限制的。在监管上，可能有严格的法律限制或者尚属空白。

解决之道：寻求法律意见；学习同僚是如何应对以上问题的；梳理相关的法律和政策；调整投资策略，以满足法律要求。一些基金会把影响力投资的配置放在单独的法律实体里，以满足监管的要求。

财务和项目的分离

根据过往的经验，基金会有独立的管理团队分别负责项目端和捐赠端。两端的分离是很难摒除的，特别是在基金会的捐赠交由外部管理，而财务团队的规模又非常小的情况下。

解决之道：创造正式的、跨部门的团队，鼓励项目部门和财务部门之间的沟通。来自家族的强有力的领导力是拆除内部城墙的最好的办法。

委托人的阻挠

获得委托人的认可是不容易的，特别是在委托人对影响力投资理解有限的情况下。面对投资回报的减少和影响力投资可能与基金会对委托人的尽职责任相冲突（特指 MRI）的挑战，管理团队是诚惶诚恐的。特别是家族成员负责的基金会，复杂的家族关系导致说服在财务投资领域有经验的家族成员非常困难。

解决之道：开展委托人 / 委员会教育；加强影响力投资和核心项目领域（合适的）的关联；使用媒介（顾问和其他基金会）。关于获得家族认可的更多内容，可参阅第 8 章。

顾问 / 经理缺乏经验

很多传统的理财顾问和投资经理缺乏影响力投资的经验，并对影响力投资的媒介知之甚少。另外，基金会的投资政策在引导顾问吸纳影响力投资上是不清晰的。

解决之道：对现有顾问进行教育，或者更换顾问（参考第 12 章）；将影响力目标正式纳入对顾问的要求清单中（比如修改基金会的投资政策）。

执行中的复杂性

与传统的投资或者捐赠相比，影响力投资及其在执行层面的成本和复杂程度较高，因为单个项目的规模较小，基金会需要花更多的精力和费用来进行项目分析。另外，影响力投资要求对项目进行长期汇报和监督，以及建立相关系统和流程。

解决之道：加强内部能力建设；与联合投资者分担费用；通过中介进行投资；选择更简单的资产类别。

文化问题

在寻找市场化解决方案的初期可能会遇到阻力，比如与既有利益方的谈判和调研，以及对投资项目提出财务规范性的要求。

解决之道：加强员工教育；与使命相关联；构建规范的投资文化；使用媒介。

俄罗斯的瓦吉特·阿列克佩罗夫

我们的未来就是社会性创业

> 我相信社会性创业能为俄罗斯社会带来正面改变，帮助解决政府尚未优先处理的众多问题。
>
> ——瓦吉特·阿列克佩罗夫（Vagit Alekperov）

纳什·布杜什基金会（在俄语里的含义为“我们的未来”）是由卢克石油（Lukoil）公司的创办人瓦吉特·阿列克佩罗夫于2007年创立的。瓦吉特深信慈善不能解决自己的祖国面临的所有问题，也不能为需要资金的项目端提供足够的资源，因此，他希望通过“把慈善的目标和商业的积极创新进行结合”，来支持可持续的社会性创新企业。基金会在以慈善为名继续支持社会项目（医院、幼儿园等）的过程中发现，若要取得影响力投资的成功，基金会必须推广社会性创业的概念并且直接支持这些明日之星，而俄罗斯对社会性创业知之甚少。以下 3 个维度的改变成为基金会的核心活动领域。

推广社会性创业

为了在俄罗斯推广社会性创业，纳什 · 布杜什积极开展社会性创业的宣教工作，帮助人们树立对社会性创业的正面观念。基金会还从政府、私人和非营利领域挖掘出俄罗斯的合作关系网，赞助社会性创业的书刊出版，组织各式各样的活动、会议和圆桌讨论。基金会在 2015 年发起了年度“社会性创业周”，在 31 个城市举办了 80 场活动，有超过 10 万人参加。

帮助建立市场基础设施

纳什 · 布杜什积极营造对社会性创业宽容的环境，比如与百余个机构展开合作，包括政府机构和部门、商业社群、地区性创新中心、大学和媒体。基金会组织了“向善之力”（Force for Good）的年度颁奖仪式，对帮助社会性创业建设基础设施的机构和个人进行嘉奖。它还创建并维护了多个信息平台，包括社会观念银行（Bank of Social Ideas）和新商业社会性企业（New Business-Social Enterprise）等，为社会性创业提供便捷的信息通道。2014 年，纳什 · 布杜什创立了社会性创业实验室，为社会性创业提供以实操为主的教育课程和网络探讨活动。

支持社会性创业规模化

基金会通过各地的年度社会性创业大赛，挑选出该领域的明日之星。筛选标准包括：解决特定社会问题的能力、3 年内至少有 15%

的净利率、能够规模化的商业模式、高效的创业团队。大赛的胜出者能从基金会获得以下支持。

资金：大部分企业缺乏资金来扩张业务，纳什 · 布杜什向其提供零利率的借款，资金规模为 1 万 ~17.5 万美元，期限最长为 7 年。这是借款而非捐赠，是为了激励公司建立可持续发展的商业模式，并使纳什 · 布杜什通过回收资金增加支持社会性企业的资金能力。这也向市场释放了这类企业具备可投资性的信号。

能力的建立：除了资金，社会性企业还需要投资人的支持来发展企业。在认识到相关服务的欠缺后，纳什 · 布杜什于 2009 年在俄罗斯的 6 个地区建立了咨询和服务外包中心。这些中心本身也是社会性企业，向其他社会性企业和中小型企业收取一定的费用，提供的服务包括培训、财务和会计外包及共享办公室。纳什 · 布杜什投资了 130 万美元，并期望有 3%~5% 的回报，获取的回报会被再度投入到社会性企业中。这些中心以特许经营的方式扩张。

进入市场的路径：纳什 · 布杜什也向投资对象提供信息和推广支持。通过特设的贸易中心，它向超过 40 个投资对象提供了更优厚的条件以购买产品，并通过卢克石油的加油站组织零售配送。2015 年，纳什 · 布杜什以英国认证的标准，为社会性企业注册了“不只是购买”（More than Purchase）商标，帮助这些企业提升公众辨识度，加快其国际扩张。

到今天，基金会取得了喜人的成绩。社会性创业的概念逐渐得到社会各界的认可，纳什 · 布杜什看到了本地社会性企业的数量在稳步增加，运营的效果也在逐步提升。48 个地区有超过 140 家企业获得了基金会在资本和运营上的支持，创造了超过 1 000 个工作机会，其中近 200 个岗位被提供给有社交障碍的特殊人群，提供的服务和产品的价值超过 3 000 万美元，支付了 130 万美元的税。从财务角度出发，纳什 · 布杜什的 600 万美元贷款组合表现优秀，25 家社会性企业已经偿还了贷款。咨询中心雇用了 70 位员工，并为 1 万余家机构提供了创业辅导。

纳什 · 布杜什的投资项目成为国家孕育社会性创业的基石——影响力投资是瓦吉特的信念，随着时间的推移，也会成为俄罗斯的商业实践。

家族企业的影响力投资

6.1 影响力投资与家族企业的相关性

影响力投资对家族企业的意义比对家族办公室或者基金会的意义更大。除了把资产配置于外部的创业项目（企业和基金），怀抱着产生社会影响力和财务回报的目的，家族企业也可以通过内部影响力驱动的自主创新来实现影响力投资，专注在共同价值倡议的制定以及包含性商业实践上。

注意，在确认价值时，本章的目的并不是阐述有关的商业惯例，比如利益相关人的平等待遇、供应链中的童工问题或者慈善捐款的使用情况。

家族企业是如何运作的[15]

家族企业或者家族所有的企业有不同的定义。本书将其定义为由家族控股或者控制的企业，家族通过股权比例、投票权和/或管理等方面对该企业产生重大影响。根据定义，家族企业可以是私人的，也可以是上市公司；公司的带头人可以是创始人、下一代家族成员或者家族以外的专业人士。家族所有的企业被认为是最古老的商业组织形式，也是大部分经济体中最流行的形式，包括了从专注单个领域的中小型企业，到在多个行业、多个国家运营的大型商业企业集团（控股）。在家族企业的运营中，家族成员为扮演不同的商业角色可能会形成多种组合，比如丈夫和妻子、父母、孩子以及其他远亲，还有多代际的成员担任的利益相关者、董事会成员、合作伙伴、顾问和员工等商业角色。家族企业的复杂程度跟 3 个维度有关：家族、所有权和商业。另外还有重叠部分的潜在冲突。

影响力投资通常是由企业高管，特别是 CEO 的决策启动的。将影响力投资设置为战略目标，需要创建正式的项目，以部门报告的形式反馈给高管层或者管理委员会。接下来，不同的部门可能会继续牵头，或者至少积极参与到影响力投资中。影响力投资与家族企业的契合关系如图 6.1 所示。

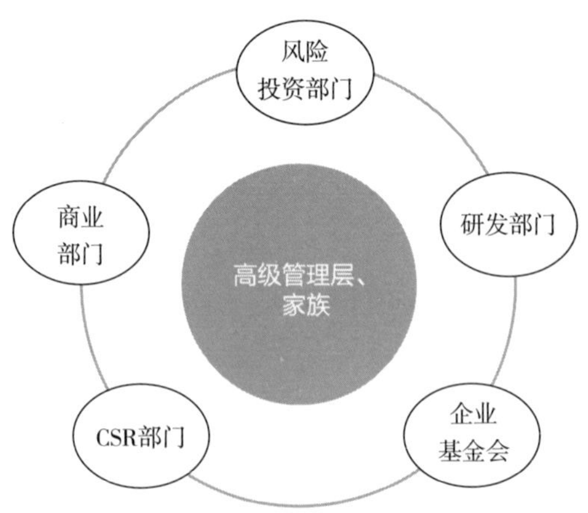

图 6.1　影响力投资与家族企业的契合

风险投资部门：如果一家公司已经有部门在接触和投资外部创

新，那么影响力投资可被列入该部门的职责范畴。该部门可带来强大的投资和合作谈判技能。

商业部门：影响力投资常常是在商业部门产生的，作为对某个商业问题或者商业机会的回应，比如供应链的瓶颈，或者未被满足的客户需求。商业部门的介入，是将共享价值的哲学整合进家族企业的重要路径。

CSR 部门：能提供低收入市场的信息，并且具有把核心商业部门与产生正向的社会和环境影响力关联起来的专长。

研发部门：在家族企业，影响力投资主要是内生的（基于现有流程和产品的创新），在促进产品创新、市场分析和复刻现有产品上，研发部门扮演了重要角色。

企业基金会：能成为影响力投资活动的场所，专注于孵化初创社会性企业。一旦这些投资项目成熟了，经过了商业模式的验证，就可以与企业风险投资部门或者商业部门对接。公司基金会还可以为企业内的各部门提供支持，与不同商业伙伴接洽，比如非营利性机构、基金会和政府机构等。

孟加拉国的艾哈迈德·卡齐·阿尼

粪便是如何改变生活的

> 我一直坚信，商业企业才是改变的缔造者，而不是慈善机构。为家族企业嫁接新的社会维度，能够帮助我们的国家解决更多真正的问题，这是振奋人心的。
>
> ——艾哈迈德·卡齐·阿尼（Kazi Anis Ahmed）

在 2000 年，当艾哈迈德的父亲卡齐·沙德（Kazi Shahid）在帮助他的 3 个儿子准备参与家族企业吉姆康（Gemcon）集团的事务的时候，他并不知道，在注入年轻一代的想法后，这家成功的媒体和建筑控股公司能够转型为该地区影响力投资的标杆。

新方向

艾哈迈德解释道，在新董事会的第一次会议上，会议氛围随即发生了变化："我们问自己，做企业的目的是什么，除了保持增长和赚钱之外。我们真正盼望看到的，是我们的家族企业通过外向和创新的方式与社会目标相连接。"我们的部分业务已经是影响力驱动的了，在孟加拉国，这意味着在国内直接投资并创造工作机会。艾哈迈德在地区的第一个影响力项目是在贫穷的北方小镇班乔戈尔（Panchagarh）建立黄麻（植物纤维）厂和零售运营平台，为乡村的年轻人带来了约 3 000 个工作岗位。这给整个地区带来了催化作用，带动了黄麻产业的发展，随后当地建设了超过 50 个黄麻厂。

新的一代决定把家族企业的关注点重新放在创造影响力上，包括放弃某些商业领域："因为这些领域并不能与影响力相关联。"

茶叶生意

家族决定在国家的西北地区进行有机茶培育。通过在贫穷地区创造工作机会，家族成立了卡齐与卡齐茶园（Kazi & Kazi Tea Estate），并在迪图利亚（Teatulia）地区购置了约 18 211 亩土地。该地区常年受饥荒的威胁，家庭年均收入仅为 600 美元。

挑战是巨大的：土壤贫瘠，家庭对种植知识了解甚少，该地区没有经典的有机茶品种，孟加拉国也不是茶叶出口国。

于是，家族从外部引入顾问对员工和农民进行培训，希望他们能够自力更生。为了解决土地贫瘠的问题，他们在茶树中间种植了其他植物，用来增加土壤的肥力，并为土壤通气。所有的植物都有多种用途：nymphs（一种植物）既是遮阴的树木，又是天然的杀虫剂，还可以制成药茶；种植的生姜、薄荷和柠檬草可制成草药。他们还使用覆盖层和豆科作物，并用小剂量的水进行地表灌溉。随着时间的推移，这片贫瘠的土地被改造成完整的健康生态系统，当地野生生物也得以复苏。

跟对待其他业务板块一样，卡齐家族也很好地照顾到了当地居民。除了为居民提供稳定的工作，茶叶公司还建立了语言和电脑读写中心、儿童公园和其他社会基础设施。但是，牛粪改变了他们与当地社区的关系。牛粪是让土地保持肥沃的主要原料，茶园每个月需要 400 吨的供应量。最初，茶园只饲养自己的奶牛，但随着每年约有 246 亩的新增产量，奶牛增至 850 只。这是很难管理的，而且家族也不打算从事奶制品行业。艾哈迈德认为这是一个机会：“我们第一次可以清楚地看到我们的需求和社区的需求发生了严重的重叠。”这是一个深度参与的机会。

双赢的方案

艾哈迈德想出的解决办法是让附近的村民照顾奶牛。于是在 2005 年，他们创立了一家奶牛合作社，由当地妇女经营。茶园采用了小微金融模式，以奶牛为抵押为妇女提供启动资金。在两年的时间里，这些妇女靠着每头奶牛每天提供的一升牛奶和一堆粪便，偿还了她们的债务。此后，这些奶牛产生的任何收入就能够为妇女们自由支配了。

艾哈迈德了解到，在孟加拉国的农村，一头牛可以改变一个家庭的生活："现在，一个家庭里有三四头牛。我去过法希马的家——过去是一个普通的小屋，非常简陋。但现在，法希马的家有了水泥地板、坚固的屋顶、干净的炉子，还有太阳能发电设备。这样的例子比比皆是。"到目前为止，约有 9 000 头牛被"外包"出去，在未来两年内还将增加到 13 000 头。许多人的生活正在发生积极的改变。

对可持续发展的投入使艾哈迈德家族不断创新。居民将可分解的包装、水基油墨和回收纸制成的标签，用在圆形茶叶袋上，免去了不必要的包装、细绳、标签或订书钉的使用。艾哈迈德家族还利用牛粪作为原料建造沼气厂，使他们离自己的梦想，即打造世界上最绿色的花园又近了一步。为了更直接地与消费者，即那些"真正欣赏这种茶的味道以及为社区变化付出努力"的人们接触，艾哈迈德家族把茶叶卖给了 300 多家食品商店，涵盖美国、英国和日本等市场。

复制成功的模式

随着时间的推移，茶园开始赢利。为了推动茶园的扩张，直接用工和对牛的需求也进一步增加，这是财务回报和社会影响力之间的完美结合。现在，这个家族正在把经验复制到其他有机产品的领域（如蔬菜），并新建了一家冷冻工厂，为更多人提供牛奶。家族企业与社区的利益紧密结合，二者和谐共处，为商业成功增添了爱的味道。

6.2 核心动机

家族企业在考虑参与影响力投资的时候，对家族的未来和家族企业的目标赋予更大的权重，包括下一代的参与程度，将他们参与影响力投资的程度与家族企业的长期发展联系起来。

家族企业面临的关键问题

将企业定位为追求长期成功。当前的几个趋势要求所有企业进行创新和调整。首先，资源的限制和严格的监管要求，以及人们对可持续产品及服务日益增长的需求，这些来自社会和环境的挑战对企业的长期稳定构成了严重威胁。[16] 其次，新兴市场，尤其是低收入人群，被视为重要的消费者和供应商基础，对公司的成长越来越重要。最后，随着有社会良知的消费人群的增长，公司发现自己越来越依赖于积极正向的品牌认知。

吸引人才。在我们所处的信息时代，吸引和留住人才对增强企业的竞争力至关重要。家族企业面临更大的挑战，因为非家族雇员可能会发现很难处理家族内部的冲突、晋升机会有限，并且家族成员有时能享受特殊待遇。[17]

存续和继承。家族企业面临的一个关键问题是在第三代之后无法存续下去。[18] 70% 的家族企业在第二代人接手之前就已经破产或被卖掉，只有 10% 的家族企业在第三代人手中仍然活跃。[19] 造成这种局面的关键原因，要么是下一代缺乏兴趣，要么是缺乏承担企业领导责任的意愿。

影响力

与企业慈善相比，共享价值战略的整合可以带来更大的影响力，并在家族价值观和企业价值观之间建立起更私人的联系。

增长和竞争力

通过对产品、商业模式和支付模式的创新，影响力投资允许公司将业务扩展至增长率高，但依靠传统模式无法提供服务的新兴市场和消费者领域。投资于供应链和劳动力，重新设计生产流程，有助于降低运营风险，强化和稳定供应链，推动整体业务效率，增强企业竞争力。

运营牌照

将社会意识纳入企业的核心运营中，可以管理声誉风险，延长经营许可，建立长期的品牌忠诚度。

对下一代的吸引力

新一代的专业人士对企业的使命和工作的意义给予了高度重视。德勤（Deloitte）对来自 18 个国家的 5 000 名千禧一代进行了调查，结果发现，其中 36% 的人认为企业的首要任务是推动社会进步。通过强调影响力投资可以提升企业的社会效用，可以帮助企业吸引和留住最优秀的人才。[20]

家族企业内部的继承问题也越来越多地与由核心成员产生的社会效益联系在一起。下一代越来越喜欢分享价值的概念，他们希望将家族企业视为“积极变革的引擎，而不仅仅是将一小部分利润捐赠给慈善机构的赚钱机器”。对一些人来说，这甚至是加入 / 留在家族企业的先决条件（参见本章亚历克斯 · 塞贝尔的故事）。社会影响力也让女性家族成员对传统的工业企业更感兴趣，而这些家族成员原来可能不会自然而然地认同该行业（参见第 9 章关于穆哈伊迪家族的故事）。

印度的贾姆希德·戈德瑞吉

家族企业的“优质和绿色”战略

> “优质和绿色”计划是我们的家族精神对人民和环境的关心的自然演变。这种变化把该计划吸纳为家族企业的核心业务。
>
> ——贾姆希德·戈德瑞吉（Jamshyd Godrej）

投身于社会和环境问题的解决对贾姆希德·戈德瑞吉而言是自然而然的。戈德瑞吉家族的慈善历史可以追溯到 1921 年。当时，公司创始人阿尔德希尔·戈德瑞吉（Ardeshir Godrej）向圣雄甘地发起的蒂拉克·斯瓦拉杰（Tilak Swaraj）基金会捐赠了 30 万卢比，用于禁酒和提高被压迫阶级的地位。

关怀型企业

如今，作为戈德瑞吉集团两个主要部门之一的总经理，贾姆希德提高了家族在社会良知方面的声誉。贾姆希德是一位充满激情的环保主义者，他是世界资源研究所（World Resources Institute）、阿斯彭研究所（Aspen Institute）的董事会成员，也是世界野生动物基金会（World Wildlife Fund）的副总裁，并且与世界资源研究所合作，担任该所在印度分部的主席。2012 年，《福布斯》（*Forbes*）杂志将他评为全球最富有的绿色商人之一。这传递了一种观念，即具有社会意识的商业行为对社会和从业者而言，皆有裨益。

自 1897 年成立以来，戈德瑞吉集团的品牌已成长为印度最知名的品牌之一。其 2015 年的营收超过了 48 亿美元，业务涉及房地产、工业工程、安全、家用电器和农产品等领域。与此同时，尽管该公司努力追求商业成功，但是在集团的商业精神和实践中，对员工及其社区福祉和自然环境的担忧根深蒂固。

光明的未来愿景

戈德瑞吉集团自身的社会良知已经演变成更加结构化的影响力驱动方式。贾姆希德把这一变化与10年前新一代家族领袖加入董事会进行了关联:“作为一个产品多元化的集团，销售不同品牌的产品，会令下一代的企业领袖有一种感觉，就是要对品牌的精神进行塑造。”然而，品牌复兴的最初行为逐渐演变成一场严肃的集体反省:“这个家族代表着什么？商业精神是什么？”

这一反思的结果是，所有利益相关者以“更光明的生活”作为共同愿景。与此同时，为打造更包容的、绿色的印度，“优质和绿色”计划开始在印度铺开，将内部运营和产品开发与对熟练人工的需求和企业慈善的框架结合起来，以提高集团的积极影响力。

这一愿景的灵感来自《穷人的商机》（*The Fortune at the Bottom of the Pyramid*）的作者C.K.普拉哈拉德（C.K. Prahalad），他对戈德瑞吉的家族和企业非常熟悉，是他增强了家族的信念，即满足低收入人群的需求。创造绿色产品不仅是一种更负责任的经营方式，还能让公司在未来能更好地成长和具有竞争力。这一信念在“优质和绿色”产品上进一步得到验证，一旦进行规模化运作，就能获得与传统企业相当甚至更丰厚的利润。

推动可持续创新

“优质和绿色”的愿景建立在三大支柱上。

确保就业：印度存在极为严重的青年失业问题。6 亿人口，25 岁以下的人中只有 13% 被认为是可以就业的。集团与第三方雇主合作，帮助其找到合适的培训生，把他们安置在工作岗位上，还帮助一些学员在完成技能培训项目后成为企业家。目前的目标是，到 2020 年，对 100 万农村和城市青年进行技术就业培训。

更绿色的印度：公司决心创造更绿色的内部操作流程，包括整条供应链。公司的目标是减少碳排放，保护水资源，实现零垃圾填埋，减少特定的能源消耗，并增加可再生能源的使用。戈德瑞吉集团承诺，到 2020 年，将集团对环境的有害影响减少一半。该集团还成立了一家咨询公司，为其他公司提供绿色房地产和节能改造方面的咨询服务。

为“优质与绿色”而创新：公司的目标是最终实现 1/3 的收入来自“优质和 / 或绿色”产品和 / 或服务。这些产品和服务的定义是具有环保优势的产品和服务，或者针对金字塔底层消费者的关键社会问题（例如疾病预防）。该公司生产的绿色产品线包括以碳氢化合物运行的冰箱和空调，可以不排放破坏臭氧层的物质。贾姆希德的另一个“优质”产品是一种低成本的蚊香纸。该公司还在对金字塔底层进行商业模式的创新，例如与邮局合作销售冰箱，并正在研究消费者金融的解决方案。

“‘优质和绿色’计划是公司未来对保持最高和最低增长的驱动力，但我们已经看到了改善商业前景和公司经济状况的有效成果，”贾姆希德说，“这一愿景反映了何谓戈德瑞吉家族，并让下一代接班人充分参与其中。”

6.3 核心方式的应用

由于家族企业与核心业务的联系，通过家族企业进行的影响力投资具有其特殊性，内部和外部策略都要采用（如图 6.2 所示）。

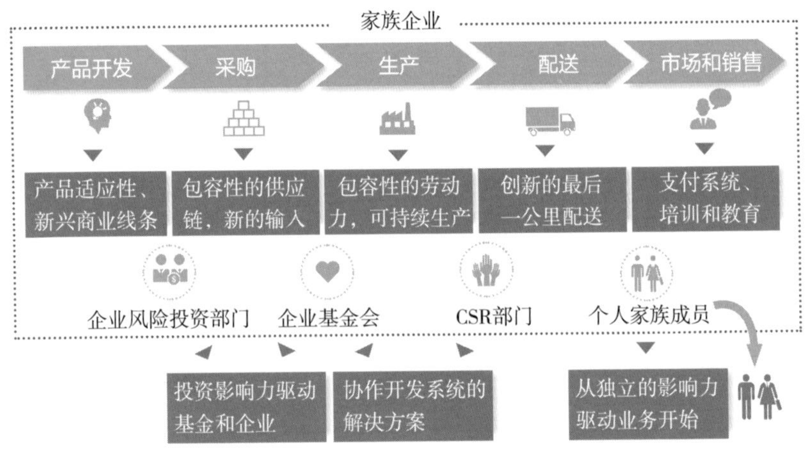

图 6.2　家族企业的影响力投资方式

内部策略

- **产品 / 商业模式创新：** 调整产品 / 服务、分销 / 支付模式，以产生更大的影响力。
- **供应链 / 生产创新：** 将弱势群体整合到供应链 / 劳动力中；减少对环境的有害影响；开发新的原材料。
- **新业务线：** 将核心业务拓展到新的领域。
- **全面业务重组：** 围绕共同的价值目标重新设计家族业务。

外部策略

- **企业影响力风险投资**：成立单独的资金池，投资于数个影响力驱动企业和基金。
- **系统创新**：与行业合作开发影响力驱动的业务解决方案；从事政策宣传；发展包容性商业的基础设施。
- **独立经营**：在核心家族商业生态系统之外，建立独立的影响力驱动商业。

上述策略可以通过以下方式与核心方法相关联。家族企业可以尝试通过企业风险投资部门或基金会投资影响力驱动企业，或者通过内部创新来应对特定的业务问题或机遇。企业进行影响力风险投资、开发新的业务线可以被视为战略方法。整合可以采取全面业务协同或者扩展价值共享的新业务线，目的是随着时间的推移改变 / 逐步淘汰传统业务线。家族企业可以通过进行系统性创新、剥离孵化的企业、与其他行业参与者合作等方式，用风险投资支持产生影响力的企业的增长，从而获得影响力。在家族企业之外发展新企业也可以被看作是采用杠杆方式的例子。

产品 / 商业模式创新

这种方法意味着对现有产品、服务或业务模型进行调整或定制，以产生特定的额外影响力，同时提供进入新市场和客户群体的机会，并 / 或提高品牌忠诚度。

产品创新：为了服务新兴市场的低收入消费者或其他服务不到位的人群，具备因地制宜的适应能力是必要的。产品是客户能够负担的，需要满足客户特殊要求，能适应当地条件（例如，由于受户外卫生设施条件的限制，太阳能灯的可携带性变得很重要）。公司也在创新，为传统消费者提供可持续、更健康的产品。商业部门通常是产品创新的发起部门，也会得到研发部门、CSR 部门和企业基金会的支持，它们会带来暂缺的市场洞察力并为客户教育提供所需的补充资金。

商业模式创新：由于后勤基础设施的缺失，企业很难接触到新兴消费者，特别是在孤立的或农村社区，因此需要对最后一公里配送、支付和消费金融模式进行创新。有些公司可能会利用现有的分销渠道，对公司孵化的新型产品进行配送。例如，马恒达集团利用旗下广泛的汽车销售网向农村居民销售保险；戈德瑞吉集团则使用第三方商业分销渠道（邮局）。还有一种选择是投资基于社区的配送模式，带来更多的就业机会，并为改善民生带来额外的好处（参见下面的两个例子）。

全球 / 印度的联合利华

2000 年，全球消费品公司联合利华（Unilever）旗下的印度联合利华（Hindustan Unilever，简写为 HUL）开创了一种名为“沙克蒂”（Shakti，在印度语中的意思是“实力”或“授权”）的创新分销模式。为了给贫困的农村妇女提供可持续生计的机会，同时扩大联合利华在印度难以触及区域的影响力，HUL 邀请这些妇女作为其在村庄里的分销商，称其为沙克蒂阿妈（Shaktiammas），直接面向消费者。HUL 培训她们成为微型企业家，再进入小微金融市场向其提供贷款，使其能够购买存货，而 HUL 则以折扣价出售这些存货。HUL 还对产品进行了调整（例如，制造一种高质量的胃蛋白酶牙刷，价格仅为 0.2 美元，其他卫生产品按照小分量进行包装，以满足消费者的购买力）。2010 年，该模式纳入了沙克蒂阿妈的丈夫或兄弟，他们被称为沙克蒂曼（shaktimaan），用自行车（由公司提供）向周边村庄销售产品。到 2012 年，加入该计划的有 11.2 万名沙克蒂阿妈和沙克蒂曼，通过该计划，他们的月收入翻了一番。他们总共为 400 多万人提供服务，也让自己能购买上基本的商品，如营养食品和卫生用品。从商业角度讲，该项目使得 HUL 在 2014 年年底前将覆盖范围扩大到超过 16.5 万个无法由传统零售模式进入的村庄。沙克蒂模式在印度的成功促使联合利华在印度尼西亚、孟加拉国、斯里兰卡和越南进行复制，他们正在尼日利亚和肯尼亚进行本地化调整。[21]

墨西哥的西麦斯

2000 年，西麦斯将墨西哥的低收入家庭对建材的需求视为一个尚未开发的巨大市场。西麦斯将原材料的浪费和资金的缺乏视为这些家庭面临的关键问题，为此，西麦斯创建了今日资本（Patrimonio Hoy）来支持可负担的住房发展。它以市场的平均价格销售西麦斯建筑材料，并提供小额融资服务、技术咨询和后勤支持。在与社区的合作中，西麦斯培训女性来提供最后一公里的配送服务。按照构建“团结互助小组”的基本小额贷款模式，让当地客户组成三人今日资本小组申请贷款，并承诺在 70 周内完成建材费用的支付。西麦斯还提供了一名工程师和一名建筑师，监督参与者的施工工程。材料的成本在整个工程过程中是固定的，以保护客户不受价格波动的影响。如果客户遇到不稳定的雇佣情况或者希望延迟施工，西麦斯还提供材料和凭证的存储。该项目为拉丁美洲地区的 100 多万个低收入者提供了负担得起的住房改善方案，并使超过 35 万人建造了属于自己的住房且增加了收入，因为其中 1/3 的人利用自己的住房进行创收活动。参与者建造房屋的速度是平时的 3 倍，是全国平均成本的 1/3。通过该计划建造的房屋，其市场价值比没有通过该计划建造的同类房屋高出 20%。今日资本为当地的工匠和销售团队创造了就业机会，其中 95% 是女性，50% 是没有工作经验的人。该项目为西麦斯在拉丁美洲开辟了新的市场和收入来源。[22]

供应链 / 生产创新

这一战略需要发展包容性的商业模式，将低收入 / 弱势群体纳入供应链和劳动力，重新设计生产工艺并采购新型物资。

供应链：具有包容性的供应链可以帮助企业提高原材料供应的一致性、质量、数量和 / 或可靠性，同时改善供应商及其社区的生活，并推动环境可持续发展。例如，对于食品公司而言，这通常需要通过直接纳入或者通过更大的供应商 / 聚合商的方式，将小农户整合到公司的供应链中。这一战略需要资本的投入和模式的创新，提升小农户的生产率，培训他们进行可持续耕作来确保质量，提供高产量的物资投入、融资的解决方案以及有效的汇总方式。供应链投资通常由采购部门牵头，与 CSR 部门和 / 或企业基金会紧密合作来执行这些项目。一些公司还将这些投资项目的实施外包给专门的基金经理人［参见下面的例子：玛氏（Mars）和达能（Danone）］。

生产：公司可能投资于资源效率更高的生产技术和 / 或将弱势群体纳入劳动力。后者可以采取所谓的“基于地点的影响力投资”形式，即家族企业有意选择在低收入地区设立生产制造的设施，目的是通过保障就业和投资社会基础设施来复兴该社区。另外，公司也可以调整人力来吸纳少数民族、移民或残疾人（参见下面的 SAP 示例）。

法国达能和美国玛氏

2015 年 2 月，达能和玛氏这两家全球最大的食品制造商宣布成立家庭农业生计基金（Livelihood Fund for Family Farming），这是一只旨在提高小农户生产率的新型投资基金。该基金执行的项目修复环境，并使退化的生态系统恢复生命力，提高发展中国家 20 多万小农户的生产效率和收入，改善其生活条件。该计划未来 10 年将在非洲、亚洲和拉丁美洲的实施项目上投资 1.2 亿英镑，专注于低技术门槛、可持续的耕作方式，以便实施并使其迅速规模化。该基金的目的还在于将它们整合到两家公司的价值链中，通过生产可可、香草、牛奶和水果等原材料，为两家公司保证可持续的生产供给。这两家公司的另一个重要动机是，它们想要保护供应商所处的生态系统。同时还希望帮助两家公司学习如何从小农户手中获得所需的可持续的原材料，为这些农民及其社区带来大规模的社会和经济影响力。该基金计划向其他有类似目标的公司开放投资。[23]

德国的 SAP

2013 年，全球软件公司 SAP（思爱普）启动了雇用自闭症患者作为软件测试员、程序员和数据质量保证专家的项目。该公司的目标是，到 2020 年，全球 65 000 名员工中有 1% 的人是自闭症患者。患有阿斯伯格综合征（Asperger's Syndrome）或自闭症的人往往特别关注细节，在编程、软件测试和数据分析等技术领域更是如此。然而，这些人往往缺乏社交技能，因此，85% 的患自闭症的成年人处于失业状态或者未充分就业状态。每一名自闭症患者平均一生要花费 240 万美元，其中包括由父母承担的特殊教育费用和丧失工作能力所损失的费用。[24] 这次招聘活动是与丹麦社会组织专家顾问公司（Specialisterne）合作进行的，专家顾问公司帮助自闭症患者寻找信息技术公司的就业机会。通过将这部分人群纳入劳动力大军，SAP 旨在加强业务，同时帮助这些人获得有意义的就业机会，减轻社会的财政负担。[25]

孵化新业务

家族企业也可以在企业内部发展新的影响力驱动企业。这种策略意味着在企业内部和外部寻找想法，并通过专门的团队开发最有希望的想法，充分运用企业的各种资源和技能。一旦企业通过风险投资 / 试点验证了商业概念，它们可能会被单独剥离出来，或者在企业内部作为新的业务线独立发展。这种模式丰富了家族企业的产品组合，其与现有产品和业务线密切相关的产品适应性是不一样的。

孵化共享价值商业的决定通常是由企业高管层推动的，可以由专门成立的跨职能团队带领。其他选择包括企业影响力风险投资，企业风险投资部门的职责可以扩大或重新集中在影响力驱动商业上，或者企业基金会可以作为影响力投资项目的初始场所。

影响力驱动企业的孵化通常是家族企业与外部组织合作进行的，无论是非政府组织、基于社区的组织、社会性企业还是其他企业，合作伙伴的选择在于机构能否为企业或基金会提供互补的技能或能力，包括低收入居民的知识、分销能力、技术或声誉。

请参见本章的马恒达集团和香槐（Yellowwoods）案例。

整体业务调整

这一策略需要将整体业务围绕共享价值理念进行转换，把商业成功与产生社会影响力联系起来。与任何重大战略调整一样，它涉及深层次的组织变革，包括将影响力目标纳入所有员工的角色，并进行薪酬体系的调整。这种变革可能涉及对某些部门的剥离，以及将全体业务朝着创造共享价值的方向重新定位。

而家族企业从一开始就可以采用共享价值的方式。采用这种策略通常与年轻一代的商业交接有关，从企业战略的重新定位开始，也是寻求与家族价值观保持一致的探索方式。这需要家族关键成员，包括外部核心高管的长期投入以及意见一致。

这些公司还可以选择采取分阶段的方式，例如，从孵化共享价值企业（shared value business，简写为 SVB）开始，在家族企业内逐渐增加自己的分量，同时逐步淘汰其他部分业务。这种方式可减少来自家族内部和公司高管的潜在阻力，并为积累运营和投资影响力驱动企业的相关经验提供了充足的时间。

请参见本章关于艾哈迈德·卡齐·阿尼的故事，以及第 16 章关于阿尔温德·纳鲁拉（Arvind Narula）的故事。

印度的阿南德·马恒达

下一代企业，也就是我所说的 CSR 3.0，并不是在勾选项或者仅仅把钱捐出去，而是建立推动社区变革的商业。

——阿南德·马恒达（Anand Mahindra）

早期经验，长期目标

教育和谦卑，这是阿南德·马恒达的家人通过他们的选择和生活方式灌输给他的两条指导原则。现在，阿南德已经下定决心继续回馈给他的家族生意带来成功的社会。阿南德的祖父贾格迪什·钱德拉（Jagdish Chandra）在融得开办家族企业所需的10万卢比（约合1 500美元）以后，把他的弟弟凯拉什·钱德拉（Kailash Chandra）送入了剑桥大学。1945年，他们成立了一家名为马恒达与马恒达（Mahindra & Mahindra）的钢铁贸易公司。两年后，该公司进入汽车制造行业，从那时起，它逐渐成长为世界上最大的工业集团之一——马恒达集团。这个家族坚信，教育推动了他们的商业成功，并成立了K. C. 马恒达教育信托基金，为前途无量的印度学生提供海外奖学金。

马恒达集团

销售额（2015财年）：169亿美元。

运营地点：100多个国家。

覆盖的行业：拖拉机、航空、农业、汽车、零部件、建筑设备、咨询服务、国防、能源、农业设备、金融、保险、工业设备、信息技术、休闲、酒店、物流、房地产、零售和双轮车。

回馈社会的第一步

20世纪80年代初，阿南德在美国求学时受到了该国感恩文化的触动，很早就下定决心，无论有多少个人财富，都要回馈社会。他决定采取行动，用自己所有的资本（100万卢比的遗产，相当于两年的薪水）成立了名为南希·卡利（Nanhi Kali）的非政府组织，旨在推动贫困女童的教育。阿南德认为，受过良好教育的女孩通过成长过程中的赋能，能避免成为“生育机器”。而这个阶段的影响力也将有助于应对印度人口控制的挑战，是可持续的也是由内而发的。南希 · 卡利每年向 10 万名女孩提供教育，接受诸如 3 000 卢比（约合 50 美元）的小额捐赠，也鼓励印度青年人在他们能负担的范围内进行捐赠。

从慈善到共享价值企业

1991 年，阿南德成为马恒达集团的副总经理，他发起了企业内省的思潮。在视察集团的慈善活动时，阿南德看到慈善方式可以更集中，以产生更令人印象深刻的结果。2005 年，集团决定将公司所有利润的 1% 用于慈善项目，CSR 委员会应运而生。但阿南德还是不满意，他希望“在商业运转顺利的同时，也能推动社区的变革”。

然而，阿南德知道他无法凭一己之力改变公司。在与集团员工的多次谈话中，阿南德发现他们看到了更伟大的使命。拖拉机行业的领导者不仅要卖出更多的拖拉机，而且要为下一场绿色革命做出贡献；马恒达金融公司的员工不仅仅在印度农村销售汽车，还在促进农村的生计和创业发展。显而易见的是，对影响力的渴望已经深深植入员工的思维，也为他们的客户所接受。终于，一个崭新的口号诞生了——崛起。该口号展现了集团更宏伟的商业愿景，即帮助其他公司“崛起，成功，为自己和社区创造更美好的未来”。

崛起之路

“‘崛起’的方式决定了我们对战略和投资组合的选择，我们的商业利益需要与更广泛的社会利益绑定，”阿南德说，“因此，我们所从事的事业创造了共享价值，无论是电力、农村住房融资、太阳能发电，还是农业科技的繁荣。我们通过推动积极变革而实现的经济利润帮助我们继续成长和不断革新，创造了良性的循环。”为了实现新的愿景，集团的风险投资部马恒达合伙人（Mahindra Partners）肩负起寻找和孵化具有影响力的商业创意的任务。

“在社会影响力和商业成功之间不需要权衡，只要你把公司作为生意来经营，摒弃‘少做多得’的理念即可。”阿南德喜欢共生系统，其中的每个客体都在对彼此产生正向作用：“以我们的医疗保险业务为例，如果一个贫穷的人有医疗保险，他的状况会逐渐好转。然后，我们服务的人数越多，我们就会创造更大的社会影响力以及更丰厚的利润。”他指出，虽然社会影响力并不是企业必须具备的，但它确实带来了竞争优势。“人们渴望拥有共同的价值观念，并扮演新的商业角色，这就是为什么他们会被反映社会变革的组织和品牌所吸引。”

建立品牌价值和消费者信任需要时间，但这已经发生了：阿南德本人拥有逾 290 万的推特粉丝，被《财富》杂志评为 50 位最伟大的商业领袖之一，也是 2013 年由 WorldofCEOs.com 编纂的 30 位 CEO 名单上唯一的一位印度 CEO。

在解决市场关键需求上，阿南德的共享价值业务（见下面的例子）经历了爆炸式增长，成为集团整体业绩的重要贡献者。例如，马恒达农村住房贷款业务在艰难的市场环境中增长了 45%，比传统的竞争对手要快得多；马恒达保险经纪服务的农村客户超过了 500 万；马恒达 · 苏斯滕（Mahindra Susten）已经成为印度最大的太阳能设备安装公司；同样，即使房地产项目的库存正在攀升，安乐窝（Happinest）的客户仍越来越多。

此外，公司文化正吸引并留住优秀的人才。阿南德说：“人们不想每天来上班，只为了让阿南德 · 马恒达变得更富有。我们有更优秀的人才，因为他们有更高的目标——他们想为自己和社区工作，而不仅仅是为我工作。”

商业闭环——家族慈善

阿南德·马恒达的私人基金会南迪（Naandi）和他的企业影响力投资一样，遵循同样的原则。基金会的重点是创建使命驱动的营利性企业，为穷人提供基本服务。基金会与志同道合的组织合作开发这些项目，阿南德在人力资源和专业知识方面为南迪提供附加值。基金会目前的投资组合包括以下 3 个机构。

南迪社区供水服务有限公司在印度经营着 400 多家小型净水工厂，为 5 个邦的 300 多万人提供可靠、经济、无污染的水。2010 年，法国达能集团的 CSR 部门达能社区（Danone Communities）与南迪基金会联合投资，推动这家社会性企业进一步规模化。

南迪教育支持和培训中心为多于 2.5 万的在公立学校学习的城市贫困儿童提供负担得起的课外学业辅导。南迪基金会与迈克尔与苏珊·戴尔（Michael & Susan Dell）基金会合作，开发了一种可持续的商业模式，并在低收入社区进行测试和推广。

阿拉库原创（Araku Originals）组织居民从事农业耕作，种植公平贸易的有机咖啡，参加园艺培训；阿南德与达能发起的民生基金为当地居民提供市场出口的渠道，从而提高了阿拉库河谷土著部落社区 10 万余人的生活水平。

“这是一个众所周知的事实，”阿南德总结道，“在生活中，用你的钱为他人带来充满变革性的影响是一种极大的愉悦。当你选择创建社会驱动型公司而不是提供捐款时，你知道企业会在你过世之后继续存续。这就是我们的目标——创造出比自己更长寿的，并能为社会带来无限益处的事业。”

马恒达孵化的共享价值企业

- 马恒达·苏斯滕公司所拥有的太阳能设备生产出超过350兆瓦的电力。该公司提供一系列产品和解决方案，包括成套服务、发电厂规模、屋顶太阳能设备、汽车充电站等。该公司正在成为印度可持续能源解决方案的主要推动者。
- 马恒达生活空间（Mahindra Lifespaces）公司降低了房屋建设的成本，缩短了工期，同时利用价值工程和创新技术保持了高标准的房屋品质，品牌房屋安乐窝的推出为印度不断增长的中产阶级提供了价格合理的住房。
- 马恒达农村住房金融公司（Mahindra Rural Housing Finance）为农村和城市远郊地区的居民在住房购买、建设、扩建和改善方面提供灵活、可负担的贷款，以弥补主流金融服务部门不能满足这些贷款需求的缺陷。
- 马恒达金融（Mahindra Finance）公司已经与其他保险公司联手，推出普通人可负担的人寿保险产品马恒达贷款苏拉沙（Mahindra Loan Suraksha），它可以保护贷款本金，并为借款人提供额外的担保。
- 马恒达保险经纪人（Mahindra Insurance Brokers）公司利用马恒达集团庞大的汽车分销网络，向服务不到位的农村客户推销财产保险产品，为生产设备提供保险服务，如拖拉机、农用设备和两轮出租车等，每月只需花费一美元。

企业影响力风险投资

这种模式是指对外部合伙人管理的影响力驱动企业和基金进行投资，通常是介入影响力投资的第一步，因为这种方式不需要对战略进行重大调整，所以可以用作测试影响力投资的试点。

企业进行影响力风险投资可以为内部无法实现的创新提供路径。投资对象的产品可能与公司的产品、供应链或生产过程直接相关，可以为企业提供直接的战略利益以及财务回报。另外，企业也可以利用这一策略进入新兴市场，并 / 或借机深入了解针对新兴消费者的创新商业模式。这些知识还可用于与核心业务相关的其他策略。反过来，家族企业是影响力驱动企业的重要合作伙伴，因为它们不仅可以提供资金，还可以提供实操过程中的支持，比如技术专长、供应链或客户基础。

由于这一战略需要投资相关的专业知识，因此企业风险投资部门会配置相应的专业团队。另一种选择是，这项活动最初可以由企业基金会负责，或者与外部人士进行合作，比如影响力基金经理。一旦这些投资对象逐步成熟并且其商业概念得到验证，就可以转移至企业的风险投资部门和商业部门，或者在体外进行规模化运营。

为企业提供直接的战略利益不是参与影响力投资的先决条件。一家企业可能仅仅将其视为一种更有效的回馈社会的方式，而不是一种基于拨款的慈善活动［参见三菱（Mitsubishi）公司的例子］。

英国的培生

培生（Pearson）是一家英国的跨国出版和教育公司，在 70 多个国家开展业务。培生长期商业战略的核心部分是为高增长的新兴市场设计产品和服务，包括服务缺乏的社区。为了了解贫困人群的新兴商业模式，培生在 2012 年创建了影响力投资基金：培生可负担的学习基金（Pearson Affordable Learning Fund）。该基金规模为 8 000 万美元，投资于提供高质量、可规模化的教育解决方案的公司，以满足非洲、亚洲和拉丁美洲地区日益增长的对可负担的教育服务的需求。投资组合包括教育技术公司和位于印度、加纳、肯尼亚、南非和菲律宾的低成本私立学校。这些企业中有一半是由女性领导的。[26]

美国的英特尔资本公司

英特尔（Intel）收购了爱尔兰公司宇宙桥（Altobridge），后者为世界的偏远贫困地区提供廉价的移动语音和互联网连接服务。英特尔资本（Intel Capital）公司和宇宙桥希望通过移动连接为贫困人群带来社会和经济效益。这一投资与英特尔资本公司在新兴市场进行创新和创造的目标一致。[27]

瑞典的宜家

宜家（Ikea）是全球的家具制造大亨，隶属于瑞典坎普拉德（Kamprad）家族。宜家成立了资金规模为 6 000 万瑞士法郎的企业风险投资基金绿色科技 AB（Green Tech AB）。该基金的使命是“提升宜家在商业活动中的可持续性，让宜家的客户在家中过上可持续的生活”。基金的重点投资领域是能源、水、废物、未来家园和新型材料。基金的所有利润都将留存在基金内部，用于未来的循环投资。到目前为止，该基金已经投资了 7 家科技公司和 1 只清洁技术基金。[28]

日本的三菱

2011 年的地震和海啸摧毁了日本东部，这让三菱公司开始思考基于地理位置的影响力投资，帮助重建该地区的经济。三菱公司建立了规模为 100 亿日元（约 1 亿美元）的救灾基金会，用于创造就业和振兴工业。到 2014 年年中，该基金对一系列项目进行了股权投资，并发放贷款，包括在陆前高田（Rikuzentakata）市重建一家酒店，并为一家有 200 年历史的大豆酿制公司购买设备。[29]

美国的伊冯·肖纳德

对改革的渴求

> 当我在航空杂志上看到那些穿着西装的行尸走肉时，我唯一的想法就是尽量远离。如果我必须成为一名商人，那么，我会按照自己的方式去做。
>
> ——伊冯·肖纳德（Yvon Chouinard）

“创造最好的产品，避免造成不必要的伤害，用商业来激励，为环境危机提供解决方案。”这是巴塔哥尼亚（Patagonia）公司的使命宣言。这家总部位于美国的户外服装公司是由世界级登山运动员、登山设备设计师伊冯·肖纳德创立的。1973 年，伊冯开始为他的登山好友进口耐用的橄榄球衫和其他服装，由于对市场上可供选择的产品不满意，他开始设计和生产自己的攀岩装备。巴塔哥尼亚的销售数据迅速增长，它的产品原本是为登山伙伴准备的衣着装备，尔后快速发展为国际时尚品牌。因此，伊冯又意外成为一家大公司的所有者，2013 年公司的销售额达到 6 亿美元。

回馈环境

作为一名户外运动员和户外运动爱好者，伊冯一直很关注环境问题。他的事业反映了这一点——自 1985 年，巴塔哥尼亚已经将 1% 的销售额用于资助基层环保组织。公司还说服了 1 400 家公司加入了“为地球的 1%”运动，帮助发起了“可持续服装联盟”（联盟企业生产的服装和鞋类产品超过全球生产额的 1/3），并跟踪和衡量企业的环境足迹。伊冯并不认为这是慈善，而是“做生意应当履行的部分成本”。

据说，巴塔哥尼亚真正的转型始于 1991 年。当时公司遭遇增长停滞，导致银行取消了给公司的信贷额度。这让伊冯重新评估了自己的商业目标，决定“过一种更严谨的企业生活，并影响其他公司如法炮制”。他做出一系列的重大变革，翻转了现有业务。

在产品方面，巴塔哥尼亚在 1996 年采用了有机材料。他们学会用回收的汽水瓶和破旧的羊毛衫制作夹克，安装了太阳能电池板，并引进了废物减少计划。在工作间里推行弹性工作制，允许员工只要实现绩效目标，就可以自由安排时间。公司还修建了一个瑜伽室和一个排球场，并引入补贴性质的现场日托服务。对于参与生产巴塔哥尼亚服装的员工，伊冯追踪并改善了所有人的工作条件。同时，公司于 2014 年开始销售由公平贸易认证的服装。

为了减少过度消费，巴塔哥尼亚公司帮助客户修复和重复使用他们的产品，在公司网站上转售二手商品，或者在产品使用周期结束后，对其进行再循环使用。

巴塔哥尼亚是加州第一家注册的共益企业，即除了追求盈利，该类公司的法定目标还包括对社会和环境产生积极的影响力。

新增影响力基金

2013 年，巴塔哥尼亚成立了 2 000 万美元的“改变基金”。伊冯说，该基金的目标是“帮助志同道合、有责任心的初创公司为环境带来积极效益”。基金的成立还带动了巴塔哥尼亚与其他相关业务的重组。重组后的控股公司被称为巴塔哥尼亚工厂（Patagonia Works），唯一的目标是利用商业助力解决环境危机。该基金被视为公司的核心业务之一，由巴塔哥尼亚工厂的 CEO、巴塔哥尼亚的前任首席运营官（简写为 COO）和首席财务官（简写为 CFO）罗丝 · 马卡里奥（Rose Marcario）直接负责。

巴塔哥尼亚主要关注的领域是服装、食品、水、能源和废物，鼓励旗下的投资项目也注册成共益企业，成为“为地球的 1%”运动的成员，并接受对企业在社会和环境方面表现的监督。除了资本，企业家还可以获得巴塔哥尼亚在法律、金融、技术、分销和人力资源等方面的资源共享。

关注自然

基金的投资对象之一 CO2Nexus 开发了一种创新的纺织品处理方法，能节省能源，不产生废物，使用液体二氧化碳但不用水。另一项投资是向夏威夷基金投资了 1 300 万美元的太阳能设备，包括购买并安装 1 000 个屋顶太阳能系统，以取代煤炭和石油作为夏威夷地区的燃料，同时为用户节省了 35% 的能源开支。基金获得了健康的投资回报，部分得益于联邦和州的税收减免政策。巴塔哥尼亚正在极力说服其他公司效仿这种盈利模式，以扩大影响力。

“其他人可能会把巴塔哥尼亚工厂和改变基金看作革命性的商业创新，”伊冯说，“我们认为，为了更负责任地开展商业活动，这两种做法只是顺应逻辑的下一步。在未来的 100 年里，商业和人类的成功必将来自与自然的协作，而不是单向的利用关系。许多商业领域都已经验证了这一原则。这不是奢侈品，现在，这是必需品。”

继续前行

罗丝·马卡里奥是公司现任的领导者，她完全投身于创始人的愿景，并继续以共享价值的方式进行创新。公司在商业上也发展得很好，2015 年的销售额约为 7.5 亿美元，这是有史以来最赚钱的一年。伊冯认为罗丝是公司有史以来最好的领导者，比他自己还要好。他在最近的一次采访中表示：“罗丝比我更了解商业，她也理解变革的必要性。她就是那位带领我们走向更大成功的领导者。”[30]

系统创新

这种方式意味着开发具有改变整个产业潜力的共享价值项目与模型。这些项目与模型可以与其他（行业）的合作伙伴一同开发或者由企业进行孵化，然后再与更广阔的市场共享。通常来说（不全是），这些模型是由企业基金会负责开发的，基金会具备公共利益的指令和理念，并且也拥有拨款的能力。作为对商业问题的回应，一些家族企业已经从内部开始创新，并决定将创业项目从内部剥离，以追求创业项目的持续性。另外，家族企业与更多的商业伙伴形成了合作关系，以产生行业或者系统性影响力（参见本章的阿德里安·恩托文案例）。这种投资可以带动外部资本来解决特定的问题，因此，也推进了影响力投资基础设施的发展，连接了更大范围的（企业）投资者。这也是达能与玛氏创办家庭农业生计基金的初衷。

中国香港的庄学熹

爱 + 希望——在业余时间发展社会性企业

在不惑之年，庄学熹担任了家族企业中主要产业部门的 CEO。因其所处的地位和取得的成就，他更清楚地看见了中国香港的收入不平衡问题。

直到 20 世纪 70 年代，中国香港还是一个制造业中心。之后的几十年里，它逐渐转型为金融服务中心，带来了产业的更替，同时也催生了许多低收入家庭。由于缺乏财务和文化资本，当地人脱贫困难。

经过严肃的思考，庄学熹决定，与其给予捐助，不如促进经济多元化并且重振中国香港的制造业声誉。2008 年，他创立了现代纺织公司 L+H（L Plus H），企业格言是“织出尊严”（Knitwear for Dignity），反映了公司的使命，即帮助无家可归的退伍老兵以及处在社会边缘的年轻人通过工作重获希望和尊严。公司采取英国的社会企业法律形式——社会利益公司，将赚取的利润重新用来拓展公司的使命。庄学熹的行业选择经过了对香港制造业历史的仔细研究，因为在 20 世纪 60 年代，香港就是纺织业中心，拥有大量的技工。

在工厂运营的头两年里，庄学熹取得了一些欧洲大品牌的订单，并在 5 年内达到收支平衡。随后，庄学熹参考开设纺织公司的成功经验，开设了一家零售门店和一家皮革加工公司。

庄学熹在经营家族企业的同时，还能拿出 20% 的时间管理 L+H，这与他的商业智慧、广泛的社交网络，以及对开发有影响力的社会事业充满热忱有关。对庄学熹来说，L+H 是促进影响力投资在商界成长的催化剂，而不是他个人的“宠物项目”。庄学熹成功说服了许多当地商人投资 L+H，以专业团队的形式积极支持 L+H，并根据各自的专业领域为 L+H 增添额外的价值。“使用我们的技能，无论是硬的还是软的都非常有效。仅仅捐钱实在是太简单了，也起不到太大的作用，人与人之间的互动才会带来正面影响。”

在庄学熹的引导下，L+H 正在努力成为重振香港制造业的典范，同时也为建设更具包容性的经济做出贡献。

独立的商业

共享价值商业也可以在家族企业之外独立发展。有时候，家族企业可能不是影响力驱动企业的合适场所，哪怕只是因为它处于一个错误的行业。家族成员可以一边创业，一边经营家族企业（见上述关于庄学熹的故事）。一些家族企业的成员，在说服家族从事影响力投资受挫后，选择在家族企业结构之外创建影响力驱动企业，并用自己的资本为企业提供资金（见下面亚历克斯·塞贝尔的例子）。然后，他们要么从外部筹集资金进行扩张，要么在这一概念得到验证后，再让家族重新决策。对于下一辈成员来说，这条路线是有吸引力的，尤其是大家族或者由第三方管理家族企业的家族。

巴西的亚历克斯·塞贝尔

走自己的路，积极面对

亚历克斯·塞贝尔于 2008 年从大学毕业，并沿着他所期望的道路前行：加入他的家族企业利格纳集团（Grupo Ligna），一家布局零售、工业、发电、房地产、农业和金融领域的巴西控股集团。然而，对传统商业的实践并不能满足亚历克斯想要变得不同的愿望。

在为家族企业工作时，亚历克斯在一家非营利组织阿尔卡（Arcah）做义工。该组织开发了一个为期两年的项目，帮助无家可归的人离开街道并重返社会。通过志愿者工作，亚历克斯接触了两个革命性的概念：循环经济（circular economy）和永久文化（permaculture）。这两种概念强调与自然的协作能创造出高效率、无浪费的系统，不再忽视甚至破坏自然。亚历克斯解释说："这两种理念彻底改变了我对于人类如何与其他物种共存、我们如何思考和生产资源，以及我们如何与废弃物互动的观念。"

亚历克斯发现自己在阿尔卡的志愿者工作比白天在家族企业的工作更有成就感，于是他考虑加入这家非营利机构，开始全职工作。然而，在分析了阿尔卡的商业模式后，亚历克斯意识到阿尔卡项目的毕业生面临就业的瓶颈。因此，2013年，他离开了家族企业，并创办了一家社会性企业，雇用无家可归的人为解决环境问题生产产品和提供服务，从而产生对社会和环境的影响力。正如预料的那样，亚历克斯的决定并没有得到家族成员的一致认可。他的父亲虽然没有反对他的决定，但认为这是对"社会主义乌托邦"一厢情愿的表现。作为传统的商业人士，亚历克斯的父亲认为，商业盈利应该是一个人在事业上的唯一关注点，慈善应该是在事业目标达成后才考虑的事情。亚历克斯不同意父亲的看法，他认为"使命驱动的企业最适合驱动变革"。

亚历克斯和他的表弟拉斐尔（Rafael）共同创立并资助了环境综合性解决方案公司原级·A（POSITIV.A），为住宅和商业物业提供项目设计和实施服务，主要开发雨水、可再生能源和有机垃圾肥的再利用系统。亚历克斯组建了专家团队并负责项目管理和客户对接，项目的实施则交由阿尔卡项目的毕业生处理。

亚历克斯从经营自己的社会性企业中收获了成就感："每当我看到这些变化，想到自己实实在在地创办了这家企业，并通过它为人们的生活带来改变，我就激动不已。"更重要的是，家族开始对太阳能发电和废物发电的商业机会进行评估，这意味着亚历克斯可以考虑在未来重返家族企业，并大大施展自己的抱负。

南非的阿德里安·恩托文

影响力是企业战略的核心

> 我们家族企业的目标是增加我们的财富和影响力，以这样的方式行事让我们感到自豪，从而转化为引领积极变革的重大而持久的催化剂。
>
> ——阿德里安·恩托文（Adrian Enthoven）

2007 年，恩托文家族第三代所有的香槐投资集团与投资项目的主要负责人召开会议，讨论他们在未来 20~30 年里希望实现的共同目标。阿德里安·恩托文说："我们都在工作、投资以及生活中寻找一些东西，这些东西比积累财富更能带给我们使命感。这次会议是我们的一个机会，来决定这些东西究竟是什么。"阿德里安·恩托文管理南非恩托文家族企业的部分业务。

通过本次会议的抽丝剥茧，新的商业目标逐渐清晰起来——以"实质性的、积极的和持久的方式"影响世界。除了在商业上取得成功，这将是衡量家族新一代成功与否的重要标尺。

以商业作为变革的杠杆

香槐是一家全球投资集团，其前身是 20 世纪 70 年代由家族第一代成员罗伯特 · 恩托文（Robert Enthoven）先生创建的保险公司。集团的总部设在欧洲，拥有保险和餐饮领域的全球资产组合。香槐的投资宗旨是与充满活力的企业家和优秀的管理团队携手，建立长期（通常是几十年）的业务合作关系。

2005 年，当第三代恩托文家族成员接手时，香槐已经为有社会良知的企业和非营利组织提供了创投慈善的拨款。然而，这种方法没有结构化，需要采取更聚焦的策略。他们决定聚焦在这一代面临的最大的社会挑战上，即经济排斥（economic exclusion），它直接导致了大量人口的福利被剥夺，比如工作、体面的教育和医疗保健等。为了实现影响力，香槐认为他们的努力需要具备 3 个特征：可持续性、规模和影响力。

集团决定把这类活动放在投资集团的内部，而不是外包给企业基金会。这使得投资主管对集团创造社会价值的使命负责，并将注意力集中在利用香槐的商业投资组合上。家族没有采用以拨款为基础的传统方式，其投资哲学是实现影响力目标，包括有耐性的长期的投资方式，对风险的偏好，任命和激励最优秀的人（这些人通常不来自非营利机构）以及合作伙伴。目标是寻找“甜蜜点”，即创造社会价值可以与创造财务价值同时发生。家族重新设计了对管理核心业务的高管团队的财务激励政策，以确保影响力投资与香槐的新策略保持一致，能建立社会和财务价值。以下是一些实践案例。

为发展中国家提供保障

集团的两家公司向“新兴消费者”销售保险。在南非，这是传播社会影响力的绝佳商业机会。研究社会阶层是重要的，因为不同阶层的成员有可能从依赖补助金的状态成长为经济生产的贡献者。成功的关键因素是收入的保障和风险管理。这些家族如何管理自己的收入和风险事件，或许是他们能否完成长期发展的关键。香槐一直致力于了解这类人群的需求，并开发可负担的保险产品以满足这些需求。

其中的一家保险公司奥拉尔（Hollard）也与达尔贝格（Dalberg）合作开发了新的保险模式，以促进影响力驱动组织的融资承保。对相关风险的理解偏差往往会让这些组织出现严重的现金赤字。此外，即使来自大型多边捐赠机构（如盖茨基金会）的捐赠资金得到批准，影响力驱动组织往往也要等上几个月才能获得资金。

奥拉尔创建了专门的业务条线 HUGinsure，应用测试过的评级方法和风险管理原则来评估影响力驱动项目和组织的信誉，加速资金的流动，促进它们扩大业务规模和影响力。2018 年，HUGinsure 约推动了超过 4 亿美元的资金为全球发展做出努力。HUGinsure 鼓励全球其他保险公司和再保险公司开发全行业的解决方案，希望保险模式在推动全球发展上产生系统性影响力。

宣传和领导

香槐认识到行业领袖在特定问题上的集体行动能为社会影响力提供重大机会，就开始在关键的影响力事件上与企业领袖展开对话。南非政府和南非国有能源企业艾思康（Eskom）共同呼吁减少能源使用就是一个例子。香槐召集了南非大型保险公司和银行的领导人发起了一项计划，用太阳能热水器取代所有的电热水器（普通家庭中最大的能源消耗者）。保险业是全国最大的间歇泉采购方，每年对约 20 万个有问题的单位进行更换。该计划由保险行业组织发起，历经两年的谈判，保险行业终于与政府结成了战略伙伴，获得了来自政府的 1.5 亿美元补贴。当时，双方拟定于 2015 年年中启动该项计划。

青年就业加速器哈兰比

香槐在南非的众多投资项目，尤其是保险和餐饮业务，都是入门级的大雇主。这些公司尽管在年轻人失业率超过 60% 的市场开展业务，但仍然面临较高的员工流动率和不断上升的招聘成本。

意识到这个重大挑战后，香槐与南非众企业的人力资源总监和 CEO 展开合作，提出了对社会和经济体都有利的解决方案。南非国家财政部的一项研究结果显示，如果一位南非青年找到一份工作并留在岗位上一年，他们就有 85% 的机会在未来的生活中继续做这份工作。

受到该项研究结果的启发，香槐开发了共享价值的解决方案——一个青年就业加速器“哈兰比”（Harambee）。作为社会性企业，哈兰比帮助从未被雇用的处于经济边缘化的年轻人为进入就业市场做准备，并将他们纳入香槐的劳动力市场。年轻人在项目结束后将拥有一份工作，这促使他们尽自己最大的努力；而雇主的经济回报是员工流动率和招聘成本的降低。

这项计划在香槐的投资企业中试行并证明了可行性。随后，哈兰比毕业生的招聘工作扩展到了南非其他大型企业。作为合作伙伴，政府也积极参与进来，通过拨款来支持项目的实施，加快哈兰比的规模化并实现经济可行性。现在，青年就业加速器的资金来源包括企业支付的毕业生招聘费用、政府补贴和拨款。哈兰比现在为 150 多家南非企业提供服务，每年为 10 万多名年轻人提供就业支持，为 8 000 多名年轻人提供全职岗位。香槐的目标是将青年就业加速器发展成一套全面的就业服务解决方案，对劳动力市场产生系统性影响，使年轻人更容易在实体经济中找到工作。

家族的骄傲

10 年来，恩托文家族在影响力投资旅程中不断探索，取得了大大小小的胜利，也应对了各种各样的挑战。最重大的挑战是对投资对象公司的高管进行心理层面的培训，将创造社会价值力作为构建成功企业不可或缺的要素的理念扎根在他们的心中。

10 年过去了，由于恩托文家族共同的信念和不懈的努力，香槐已经成长为更强大、更团结的公司。如今，社会创新的经营理念已经根深蒂固，家族和公司高管“在不断寻找下一个影响社会的创新机会和方式”。公司的谦逊和对创造共同价值的承诺为香槐建立了稳固的声誉，见证了恩托文成为南非领先的商业家族，受到同行和员工的尊敬和赞赏。社会意识的创新策略也推动了这家投资控股公司的盈利增长，自新一代接管后（约 10 年前），这家公司的规模已经翻了两番。

就个人而言，第三代的恩托文家族成员成功地使家族企业与自己的价值观、有意义又充实的职业生涯保持一致。正如阿德里安所说：“我们早上醒来，就备受鼓舞和充满动力地开始工作。为了实现我们对创造更加公平、公正的世界的愿景，全人类都要共享现代社会的果实。我们也吸引了很多追寻生活的意义和目的的青年才俊加入。如果就只关注利润，我想我们不能实现我们已经实现的目标，哪怕是在财务方面。”

阿德里安的经验分享

- 寻找强大的价值驱动力。“不要把精力浪费在试图解决所有的可持续性问题上。专注于真正的大机会，对于一个行业来说可能是减少碳排放，对于另一个行业来说可能是包容性金融。”
- 从商业的角度出发。“想获得商业运营的认可，社会价值创造需要从解决商业问题或带来商业增长方面进行突破。”
- 寻求价值观一致的高管。“我们家族承担聘用企业高管的主要责任。我们相信价值观一致是我们成功的关键。高管是我们的合作伙伴，他们在定义和执行每项企业社会使命中发挥着关键作用。”
- 把创造社会价值整合到商业运营中。“将创造社会价值作为整体战略的核心。把它放在 CSR 部门或基金会里，会使它成为以赚钱为主要活动的副产品。在香槐，集团高管把创造社会价值作为战略领导力的一部分，从控股公司层面进行运作。”
- 设置适当的激励措施。“把对企业高管的经济激励与社会成就、业务目标等相结合，让董事会进行深度参与，通过非财务的考核指标的实现，修改以财务指标为基础的奖金池。”
- 从问题开始。“我们首先评估问题，决定如何应对它，再来制订解决方案。这使我们能够开发定制的、灵活的解决方案，并选择合适的载体——商业企业、基金会或是非营利实体。”
- 和合作伙伴协作。“扩大影响力需要企业、社会组织和政府共同协作，携手解决重大的社会问题。”

6.4　投资特征和考虑因素

家族企业影响力投资组合的关键特点在很大程度上取决于采用的方式以及发起 / 资助这些投资的家族企业内部部门。

影响力

家族企业的许多影响力投资都与企业当前或计划的核心活动有

关，因此企业的核心活动决定了这类投资的行业聚焦。影响力目标的类型取决于采用的方式。

独立的业务线 / 业务：商业模式通常是为了应对特定的社会或环境挑战而制定的。

产品 / 商业模式：投资者，特别是在新兴市场发展的发达国家投资者的关键目标之一，是为以前不存在的高质量、可持续的基础产品和服务提供可负担的路径。

供应链 / 生产：通过就业和教育培训，将当地居民纳入供应链，以增加居民收入，保障生活质量，并对社区产生溢出效应。

企业影响力投资：锚定的影响力目标将取决于投资对象的影响力目标，与投资的业务运营、核心产品或目标市场 / 人群直接相关。除了投资对象产生的社会价值外，这类投资对促进家族企业的核心业务共同价值发展也会产生额外的影响。

使用的工具

在企业影响力投资中，考虑到公司战略以及公司在未来对自主创新的潜在需要，投资者通常采用私募股权投资的形式。如果家族进入新的业务领域，即使不会获得目标公司的全部所有权，也可能会获得多数股权。如果采取业务合作的方式,他们将合资设立新公司。债权投资也常常被使用。

财务回报和风险

家族企业在进行影响力投资时，因为战略收益在一开始是很难被量化的，所以往往不会设置特定的回报目标。风险回报的考虑取决于影响力投资活动在公司内部的定位，以及与核心业务活动的关联程度。

企业基金会：为投资对象提供资金来源，为大多数参与者降低获取财务回报的压力，承担更高的风险。基金会的资金可用于测试新的模式，并为项目提供启动资金。它的拨款预算也可用于向投资对象提供技术援助。

企业的风险投资部门：通常为企业寻求市场回报和 / 或战略利益，对早期风险投资的高风险表现出较高的容忍度。

商业部门：专注于解决特定经营风险，或在中短期实现增长。资金需要在规定的时间内产生强大的战略价值 / 财务回报。

研发部门：可以成为有耐性的、有高风险容忍度的资金来源，为早期项目和破坏性创新提供资金。

CSR 部门：倾向于使用拨款，并可作为为消费者教育和能力构建提供技术援助的资金来源。

6.5　执行的问题及解决方案

鉴于对影响力投资的战略考量和广泛的执行方式，家族企业面临以下一些具体问题。

高级管理人员的支持力度不足

家族对发展共享价值的长期承诺需要高管团队的支持。

解决之道：家族强有力的领导；展开教育；选择价值观一致的高管；让影响力与激励挂钩。

短期视角和内部竞争

对共享价值业务的中长期思考方式与对各个业务单元实现短期利润最大化的思考方式相冲突。影响力投资的想法也经常会争夺家族的资金和资源。

解决之道：来自家族的强有力的领导；清晰明确的要求和独立的资金；开展多种项目，包括那些可以快速带来商业利润的项目。

妥协的预期

对引入共享价值方式会降低赢利能力的担心可能会遭到抵制。

解决之道：来自家族的强大领导力，将影响力投资定位为商业价值驱动；专注于有强烈商业价值的项目/想法。

人员配备不合适、缺乏责任心

缺乏相关的投资技能，主动性可有可无。

解决之道：具有相关技能的专用资源；提出明确的要求；建立合作伙伴关系（获取技能、交易流程和资源）；严格的流程。

执行过程中的挑战

对市场缺乏深刻的理解导致商业模式薄弱，对客户/生产商的价值定位不准确，以及对达到规模化所需的时间/努力的低估，使创新企业往往在发展初期对软性资本和拨款非常渴望。

解决之道：以客户为中心的设计；配套服务（配送、财务）；伙伴关系；制定长期的战略；利用 CSR 部门、基金会和外部资源获得软性资本。

对声誉风险的担忧

发展共享价值计划的企业从金字塔底层赚取利润可能会受到舆论的抨击。

解决之道：开展教育、找对定位、分享同伴经验。

发展包含性商业面临的挑战如图 6.3 所示。

家族商业（完全可控）	供应链、运输（可控程度中等）	客户（可控程度中等）	政府（可控程度低）
▪ 家族 / 高管的支持不够 ▪ 对资源/资金的竞争 ▪ 因利润妥协带来的抵触 ▪ 人员配备不合理，缺乏问责机制 ▪ 缺乏市场知识 ▪ 过早使用商业资本 ▪ 对声誉风险的担忧	▪ 缺乏合适的劳动力/投入 ▪ 低收入生产商的采购渠道较弱 ▪ 对教育和整合供应商以及质量保证的需求 ▪ 缺乏基础设施，妨碍到达目标客户的有效配送 ▪ 供应商/经销商的融资需求 ▪ 缺乏服务提供商	▪ 缺乏产品意识和品质认知 ▪ 缺乏市场信息和行业技术（客户洞察、商业模式等） ▪ 产品标准（质量等）的无效或者缺失	▪ 消费金融的需求 ▪ 阻碍发展的法律、法规和程序 ▪ 阻碍发展的税收政策和补贴 ▪ 来自政客或官员的不良干预

图 6.3　发展包容性商业面临的挑战

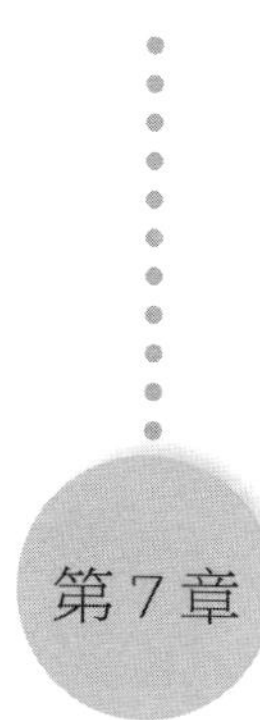

第7章

小预算下的影响力投资

7.1 影响力投资作为职业选择

影响力投资也可以成为一种职业。从想要获得宝贵投资或商业经验的家族下一代，到企业出售后或从成功职业生涯退出后自由散漫的财富创造者，很多人选择影响力投资作为他们的日常工作。对于年轻一代的财富持有者来说，把影响力投资作为职业可能是特别重要的选择，因为他们在影响力投资的个人能力上可能有限。

动机

很多人认为把影响力投资当成事业非常吸引人，因为它的社会影响力能够给从业者带来极高的成就感和自尊心。它还允许个人把自己的主要职业与个人价值观相结合，并在财富发生转移时推动投资组合的同步调整。对于家族下一代来说，这也是测试他们的创业驱动力的有效办法，让他们在相对中立的环境中证明自己，并在独立于家庭组织的外部环境中创立属于自己的成功的事业。许多家族都要求他们的子女在加入家族企业前获得专业经验。因此，影响力投资也可以被视为学习投资和商业管理的机会，为未来进入家族组织铺平道路。通过影响力投资积累的专业经验有助于让家族相信影响力投资的可行性，从而使家族在这一领域有更多的参与。

美国的贾斯廷·洛克菲勒

千禧一代看投资

贾斯廷·洛克菲勒的著名先辈做了两件非常出色的事情：商业和慈善。影响力投资属于二者的中间范畴。洛克菲勒家族的第五代贾斯廷说，如今把两件事情分开仍然是普遍的处理方式，但千禧一代意识到这种二分法是错误的。

身为千禧一代，贾斯廷自 2009 年以来一直是洛克菲勒兄弟基金会（Rockefeller Brothers Fund，简写为 RBF）的受托人和投资委员会成员。该基金会成立于 1940 年，使命是推动社会的改变。他监督基金会将 8.6 亿美元的捐赠资金投入与使命相关的领域。2010 年，基金会决定将 10% 的捐赠资金用于影响力投资，其动机是希望“将基金会的整体影响力最大化，而不仅仅是项目制工作方式”。2014 年 9 月，RBF 宣布将逐渐从对化石燃料的投资中撤出，开始寻求与使命相关的投资机会。2015 年，基金会进行了两笔投资，其中 2 500 万美元投向了一只绿色环保住房基金特纳影响力资本（Turner Impact Capital），另外 2 500 万美元投向了世代气候解决方案基金（Generation Climate Solutions Fund）。

贾斯廷的职业生涯似乎总是与影响力相关。大学毕业后，他与人联合创办了一家非营利性机构 GenerationEngage，为社区大学的学生提供资源和途径，帮助他们成为所在社区的领袖和美国民主建设的积极参与者。亲身体会到融资对社会性企业和非政府组织工作的重要性后，贾斯廷开始进入资本市场学习和工作。在国际风险投资公司里士满全球（Richmond Global）工作时，他接触了数据技术平台 Addepar（阿德帕）。针对财富持有者和经理人的投资组合，Addepar 把复杂的分析过程进行了简化。他非常看好该公司财富管理透明化的理念，于是投资了该公司，并开始全职工作。对 Addepar 进行尽职调查的初期，贾斯廷问 Addepar 的员工，技术能否把财务和影响力的项目表现“从小道消息变成交易级别的数据”，贾斯廷认定这将极大促进资本流向产生影响力的企业。这让他与众多的影响力投资者一起，联合创办了社会性企业 ImPact，为私人影响力投资者提供知识基础和资源网络，以进行更多（成功的）影响力投资（见“工具和资源”部分第 19 节）。贾斯廷让 Addepar 无偿地提供技术支持，帮助其筹集了更多资金以聘请专业化的团队，并亲自担任董事。

贾斯廷相信“你用钱做的事情会带来道德上的后果”，并开始将他的妻子和他的钱与他们的价值观相结合。他将不多的财富交由家族办公室洛克菲勒公司（Rockefeller & Company）管理，采用积极和消极的项目筛选方式，又将 5% 的净资产配置于直接影响力投资。现代草甸（Modern Meadow）就是他直接投资的项目之一。这家公司在实验室中利用人工培养的动物细胞制造“真正”的皮革和肉类，达到不伤害动物的目的。贾斯廷并不打算就此打住，他说：“我的财富远没有人们想象中的那么多，但随着我挣到钱并继承了财富，我会将影响力投资进行到底。”

这种用尽资源创造改变的诉求在贾斯廷看来完全合乎逻辑。“通过消费选择以及与他们认可的改变世界的公司进行合作，千禧一代已经将价值观与金钱保持一致。当他们有更多的钱去投资时，无论是通过创造还是继承，他们都会自然而然地继续融入自己的价值观。我认为这是大势所趋。”

方式

对于一位（年轻的）财富持有者来说，成就自己的影响力投资事业有很多种方式。那些具备创业基因但对创业依然踌躇未决的人，可以选择投资并加入现有的影响力驱动企业（参见第 13 章关于威利米恩·盖尔多普的故事）。另一个选择是成立属于自己的社会性企业。这需要启动资金，并在创业初期节省开支，但可以通过第三方资金进行融资扩张。在你已经验证了商业概念并成立了一支队伍后（参见第 6 章关于亚历克斯·塞贝尔的故事），你的家人可能会更愿意支持你。

或者，你可以加入现有的影响力投资基金 / 组织。虽然这可能是你的第一份工作，但对于那些有一定投资经验的人来说，这也是理想的下一步。最后，与其打工，还不如成立一只基金，既可以进行投资，又可以积累创业经验。如果能成功组建一支可靠的队伍，筹集资金并进行良好的投资，就可以减少家族对影响力投资的阻力（参见第 12 章关于本·戈德史密斯的故事和如下关于安东尼奥·内托的故事）。

巴西的安东尼奥·内托

血液里的先锋基因

安东尼奥·内托是巴西最富有的家族内托家族的第四代成员，

也是工业集团沃托兰廷（Votorantim）的老板。他从曾祖父身上学习到很多东西。“曾祖父创立了巴西的第一家水泥、金属和化工企业。”安东尼奥说，“我认为他是那个时代的社会性企业家——他不被金钱驱使，他想的是改变巴西。”从很小的时候起安东尼奥就对巴西存在（并将继续存在）的社会不平等深感不安，他希望借助一种“可扩展和可持续的方式”来改变现状。他清楚地认识到，在传统公司全职工作并在周末做志愿者无法满足他对社会变革的雄心。

在商学院，他领导一家由学生经营的企业，为公共和社会部门的组织提供管理咨询服务。这段经历让他意识到，NGO 模式在可持续收入来源和可扩展性方面的缺乏，促使他寻找更有效的解决方案。他被社会性企业的概念深深吸引，尽管当时的巴西企业对此知之甚少。他回忆道：“经营企业不仅仅是为了创造就业和带来增长，还要为金字塔底层的人口提供基础的产品和服务，这样的想法让我兴奋不已。”

从新的视角出发，为了深度接触当地的社会性企业，安东尼奥前往印度和孟加拉国。回到巴西后，安东尼奥和他的表兄弟一起创立了一只小型的家族基金，用于投资社会性企业。然而，他很快意识到，孕育在家族结构里的基金是很难继续扩大规模的，因为老一代人认为这不过是一项商业实验，虽然对培训下一代人很有好处，但登不上大雅之堂。于是，2009 年，年仅 23 岁的安东尼奥与两位合伙人凯利 · 米歇尔（Kelly Michel）和丹尼尔 · 伊佐（Daniel Izzo）共同创立了沃克斯资本（Vox Capital）。沃克斯成为巴西第一家影响力投资基金，专注于服务金字塔底层的人群。基金的目标是在 5 年内改善 100 万人的生活，并推动巴西影响力投资市场的起步。

安东尼奥虽然没有巨大的个人财富，但直到他证明自己的模式之后，他才求助于家族。这 3 位合作伙伴成功地从一位美国影响力投资者那里筹得了 300 万美元。他们在最初的 6 个月里没有支取薪水，并按照严格的预算生活，把这笔资金用于开展投资活动。不久，他们就开始创造影响力：他们的投资项目之一——医疗保健技术公司 ToLife 通过改善医院急诊室的管理，将分诊时间减少为原来的 1/5，死亡率由此降低了 50%。

6 年过去了，沃克斯拥有超过 5 000 万美元的资本，在教育、医疗和住房领域投资了 10 家企业。除了在投资市场树立起自己的声誉外，安东尼奥和他的伙伴也轻松地超越了最初的目标：单就 ToLife 一家公司而言，每个月能帮助的人数就在 500 万左右。

沃克斯已经获得了业界的认可。2014 年，沃克斯获得了美洲开发银行（Inter-American Development Bank，简写为 IDB）颁发的最佳社会责任奖，并在过去 4 年连续入选影响力基金数据库影响力资产 50 家的名单。安东尼奥也得到了各界的认可，被邀请代表巴西加入社会投资全球指导小组（Global Steering Group for Social Investments），该小组延续了社会影响力投资工作组（Social Impact Investment Taskforce）的工作。这证明了他成为家族族谱中的另一位先锋，创造了财富，拓展了生意，同时也为巴西社会的包容性做出了贡献。

7.2 比较富裕的影响力投资

富裕投资者的选择

一个人需要有多富有，才能进行影响力投资呢？虽然很多的投资机会都是为合格投资者预备的，但是只要资产规模相对适中也能找到合适的影响力投资机会。你可以加入影响力投资俱乐部，如 Pymwymic（把钱放在你想要的地方）或投资者圈子（Investors' Circle），更多信息可参见“工具和资源”部分第 21 节。这些俱乐部把目标放在早期的投资机会上，这些机会需要少量的资金，使富裕但不是超级富有的投资者能够通过单笔金额在 10 000 美元的投资建立风险投资组合。众筹平台如 Kiva.org、Abundance 和 MicroPlace 等，能使你进行最低为 20 美元的影响力投资。你也可以将你的部分现金或储蓄转移到信用合作社或道德银行［参见“工具和资源”部分第 6 节关于温哥华城市储蓄信用合作社（Vancity）和慈善银行的例子］——最低的资本要求可以忽略不计，但风险回报率非常诱人（市场利率和资本保护）。越来越多的固定收益 / 混合影响投资产品向富裕的 / 零售投资者开放，比如，基于小微金融或农业基金（参见“工具和资源”部分第 6 节关于 responsAbility 和特里多斯基金的案例）的大量投资机会，已经积累了可靠的投资记录，并且最低投资额要求仅为数千美元。美国或英国的投资者可以通过由社区发展银行（Community Development Bank，简写为 CDB）或其他机构［如卡尔弗特基金会或 RSF 社会金融（RSF Social Finance），参见“工具和资源”部分第 6 节］发行的（社区）票据投资经济适用房、社区和社会性企业。在上市的权益类证券方面，除了各种 SRI 基金之外，你还可以选择主题性的共同基金，比如对已投资项目进行影响力跟踪的 Impax 环境市场公司（Impax Environmental Markets Plc，简写为 IEM，参见“工具和资源”部分第 6 节）。在私募股权投资方面，由于大多数影响力基金的规模较小，基金通常会将私人投资者的最低投资要求降低至 10 万美元，尤其是如果你愿意进行早期投资并 / 或帮助基金筹集资金的话。接下来，可以参考关于韦勒·贝尔韦斯和保罗·斯蒂尔的例子，他们通过整合各种资产类别的影响力投资，将大部分的个人财富与个人价值观结合起来。

澳大利亚的保罗·斯蒂尔

从牧师到影响力投资

直到 2000 年，保罗·斯蒂尔一直保持着不同寻常的职业组合：既是牧师，又是 IT（信息技术）企业家。他被做善事的想法深深吸引，但也想创立一家成功的企业。然后，他决定将这两种激情直接结合起来，创建一家能够发挥影响力的企业。他的第一项任务是创立一家领导力咨询公司，帮助建立战略清晰、工作高效的工作场所，使人们在身心各方面都感到舒适。5 年后，保罗加入了一家大型的非政府机构——世界宣明会（World Vision），担任副 CEO。在机构经历大型变革的过程中，他试图引入良好的商业实践。

2010 年，保罗担任私人基金会驴轮慈善信托（Donkey Wheel Charitable Trust）的 CEO。当时，该基金会刚刚完成第一次影响力投资——位于墨尔本中心的社会用途房地产项目。保罗的工作是为基金会制定影响力投资战略，包括培育一系列的使命驱动型投资中介机构，比如道德财产（Ethical Property）和效益资本（Benefit Capital），以及社会企业加速器差异孵化器（The Difference Incubator）。由于工作的经历，保罗变得越来越热衷于对社会性企业的个人投资。这种态度并不是毫无风险的，尽管保罗很富裕，但他不属于超高净值人士。然而，他和他的妻子都觉得他们应该把财富和价值观进行统一，保罗对投资对象的熟悉在某种程度上使他们感到安心，于是他们选择冒险。

4 年后，保罗将超过 90% 的净资产用于影响力投资。他投资于财务回报更稳健但影响力相对较小的、绿色及合乎道德的资产，以平衡风险较高的早期社会性企业［如野生团队（Team Wild）和效益资本］。他还投资了太阳能发电和可持续森林种植园——澳大利亚第一家 SIB，并资助了斯里兰卡的电动三轮车的发展。他从投资初创企业中学到的经验包括投资商业技能和激情兼备的人，并与他们保持密切联系，随时准备提供帮助。尽管他的一些初创企业已经破产，但这种多元化的投资战略已经取得了回报：在过去 4 年里，该投资组合的年平均回报率为 8.9%。

从 1990 年开始，影响力投资让保罗把专业运用和个人偏好结合起来。“我们证明了商业能力可以为世界带来巨大的影响力。我热爱与带来改变又懂商业力量的人们共事，一起创造美好的明天。再也没有比这更好的选择了。”

需要注意的地方

对影响力进行小额投资是绝对有可能的。要想成功，你需要解决以下 4 个常见的执行问题。

风险：你承担风险的能力（容忍投资损失）将会降低，流动性需求将会增加。

解决之道：重点关注财务优先和 / 或低风险投资（现金、固定收益）；通过经验丰富的中介机构进行投资；分散和限制早期风险投资。

准入：基金和直接投资设定的最低投资要求对你来说可能太高了。

解决之道：考虑通过众筹平台和投资俱乐部进行投资；研究金融机构的零售产品；专注附加价值（在战略、融资、人脉等方面提供帮助），因为投资对象可能会放松对你的最低投资要求。

时间：为了更多地关注商业活动，用于推动影响力投资战略的时间有限。

解决之道：继续进行自我教育；通过基金进行投资，与同行（通过俱乐部）分担尽职调查的负担；让影响力投资作为你的职业（见上一节内容）。

支持：由于你的财富水平有限，你的银行可能无法提供量身定制的建议 / 执行支持，而雇用一位专业咨询顾问又可能让你望而却步。

解决之道：通过提供尽职调查支持的基金和同行团体进行投资；依靠同行的基础设施并与他们联合投资；在你的银行里找对这个话题感兴趣的顾问，他可以帮助你的投资组合实现更高的影响力。

比利时的韦勒·贝尔韦斯

富有意义的投资

当韦勒·贝尔韦斯担任高管的金融数据库公司技术指标（Techni-metrics）被收购时，她通过出售自己的股票获得了丰厚利润。这笔资金加上她继承的遗产，让韦勒摆脱了挣钱养家的烦恼，尽管她并不是超级富有。2004 年，立志行善的她不顾自己的投资银行的反对建议，在小微金融方面投资了 20 万美元。5 年后，她获得了 5% 的年回报率，而她大多数的传统投资在全球金融危机期间遭遇重创，价值损失高达 40%。这让她开始思考跟随自己的直觉，寻求影响力投资。她投资了一家荷兰小微金融股权基金古德维尔（Goodwell）。在访问印度时，她拜访了一些被投资机构，并亲眼见证了这些社会性企业家履行的承诺。最终，她确定自己要从事影响力投资。

与热衷于可再生能源的丈夫马丁一起，韦勒投资了一家荷兰太阳能公司和一家比利时可再生能源开发商。她加入了影响力投资组织 TONIIC 和 Pymwymic，这使她能够与更有经验的影响力投资者联合投资。在进行直接投资时，韦勒依赖这些组织的共同尽职调查；但她通常更喜欢通过基金进行投资，根据她的财富能力，她认为投资基金是更有效的影响力投资策略。她指出："虽然我的每项投资不超过 25 万美元，但我作为连接的渠道，这些基金通过我可以进入下一个阶段，即进行 3 000 万 ~5 000 万美元规模的融资。"韦勒是可持续水业基金水—火花（Aqua-Spark）的种子投资者之一，帮助其他投资者共同加入这个项目。她还投资了影响力 FoF Sarona 以及一些债权基金，包括 SAIF 堡垒（SAIF Bastion）基金。她更喜欢债权而不是股权，因为前者投资分析更简单，也不用依赖出售公司来获得回报。

今天，韦勒的投资组合中有 55% 的资产与她的价值观一致（详情请见"工具和资源"部分第 5 节），其中 30% 用于绿色地产。上市权益类资产包括可持续追踪者和基金，例如股权基金双倍红利（DoubleDividend）和特里多斯可持续先锋基金（Triodos Sustainable Pioneer Fund）。她的现金放在特里多斯银行，因此还投资了小微金融基金特里多斯公平份额基金（Triodos Fair Share Fund）。随着时间的推移，她还将自己在传统营销和投资者关系的咨询经验用于帮助使命驱动型企业——无论是 Pymwymic、特里多斯还是她的投资对象。

现在，影响力投资已经成为韦勒生活的一部分。"我不喜欢把大笔钱捐出去，这有利于紧急救援和支持那些不适合商业的事业。"她解释道，"此外，我还不够富有，不可能成为一名严肃的慈善家。通过影响力投资，我可以做一些有意义的事情。"

工具和资源

这部分介绍了许多关于影响力投资的实用信息，其中包括一些案例和资源，旨在满足读者了解特定主题详细信息的需要，它将在本指南的核心部分（第 1 ~ 4 部分）中进行讨论。这部分与附录有所不同，附录提供了关于风险投资 / 基金投资的各类实用信息，帮助刚开始了解投资的读者从核心出发，构建基本的知识框架。根据提供的信息类型，本部分分为以下 4 块内容。

- 理解这个领域（1~4 节）。这一部分提供了影响力投资关于跨资产类别和地域的例子，并对分层结构和社会影响力债券做出了解释。
- 影响力投资的表现（5~9 节）。目前有关影响力投资财务表现的行业数据比较有限。从更成熟的影响力投资、影响力投资产品和投资组合实现收益的追踪数据来看，对于同一个投资项目，同时实现财务和影响力的投资回报并没有根本性的冲突——这是可以同时做到的。本部分提供的各种数据信息证明，如果严格选择标的并进行专业构建和管理，影响力投资能够同时实现投资者对财务和影响力的目标。
- 实操工具（10~25 节）。对于那些已经在实践影响力投资或准备参与的读者而言，本部分提供了额外的实用信息、案例、工具和资源，旨在帮助财富持有者开发或改进他们的影响力投资项目。

- 投资经理和理财顾问应该了解什么（26~27 节）。本部分是为了对影响力投资感兴趣的理财顾问和投资经理，以及希望帮助其理财顾问参与这一领域的财富持有者而撰写的。本部分解释了影响力投资与理财顾问和投资经理之间的联系，强调了从事该领域的机会以及放弃参与的风险。这一部分还探讨了一些重要考虑，包括实践方法的决策以及将影响力投资融入传统投资组合的整合过程。

1. 跨越资产类别的投资机会

下面的表格列出了不同资产种类在多个领域的投资机会。同时，我们列举了一些具体的投资项目名称。这些产品会在第 6 节中进行具体描述。

	现金	固定收益	上市公司股权	混合型投资	私募股权	实体资产
金融服务	信用合作社的 CD Vancity CD	对 MFI 或小微金融基金的贷款 SME 贷款基金 加的斯（Cadiz）保护型高影响力基金	市值微小的上市社会性企业 上市小微金融银行	混合型债权 / 股权 特里多斯小微金融基金	金融科技，MFI/ 小额保险（直接投资 / 通过基金投资） LeapFrog（蛙跳）财务包容性基金 Unitus（联宇）股权基金	可负担的抵押贷款融资
房屋 / 社区设施	社区发展银行 / 信用合作社的 CD 慈善银行 CD	社区发展贷款 / 贷款基金 慈善机构债券 黄金巷（Golden Lane）住房债券 社区再投资法合格基金（简写为 CRANX）	上市社区发展银行的股权	混合型债权 / 股权 可负担住房基金	房屋小额借贷，社区发展基金的股权	经济适用房，社会性房地产（直接投资/通过基金投资）

续表

	现金	固定收益	上市公司股权	混合型投资	私募股权	实体资产
农业	贸易金融担保	市政债券 贸易金融基金 **rA 公平农业基金**	主题投资（直接投资）	混合型债权 / 股权	本地 / 慢食运动，可持续农业（直接投资 / 通过基金投资）	可持续性森林 / 有机农场
环保、能源、水利	绿色银行 CD 环保项目长期票据	可再生性能源 夹层基金 绿色债券（世界银行、公司、市政发行） **联合利华环保债券**	主题投资（可再生能源、节能、水资源，直接投资 / 基金融资） **IEM 公司**	可再生能源 / 水利项目融资 碳金融项目 **EcoEnterprises 基金**	农村太阳能发电项目 / 清洁科技 / 可再生能源 / 发达市场的节能项目（直接投资 / 基金融资）	绿色房地产投资信托 可持续原材料，环保项目，土地保护项目（直接投资 / 基金融资） **熊齿资本（Beartooth Capital）**

续表

	现金	固定收益	上市公司股权	混合型投资	私募股权	实体资产
教育	为积极参与教育的社会性企业担保 社区银行相关存款单	特许学校债券 关注教育的债券基金 学生长期贷款 **RSF 社会投资基金** **CS 高等教育长期贷款**	主题投资（特许学校、教育科技、职业培训，直接投资/基金融资）	早教培训发展 SIB	可负担的私立学校、教育科技、职业培训（直接投资/基金融资）	大学绿色建筑 特许学校不动产基金 **特纳－阿加西（Turner-Agassi）特许学校基金**
健康	为社会性企业池担保	企业债券型基金 为医疗保健社会企业贷款	主题投资（医疗保健/健康生活，直接投资/基金融资）	疟疾 DIB，疫苗接种设施	可负担的固定/流动医疗诊所，医疗科技（直接投资/基金融资） **Aavishkaar（阿维什卡）小额风险投资基金**	有机农场（直接投资/基金融资）

2. 跨越地区和主题的投资案例

下表列出了 2012 年影响力资产 50 家数据库中的投资基金信息快照（更多信息请参见本章第 22 节）。有关最新列表，请访问 www.impactassets.org。

	美国	非洲	拉丁美洲	亚洲	西欧	东欧 / 俄罗斯
小微金融、低收入金融服务、小额保险	Accion、Calvert Foundation (Calvert)、Cooperative Fund of New England (CFNE)、Core Innovation Capital I (CIC)、Craft3、Elevar Equity (Elevar)	Alterfin cvba (Alterfin)、Accion、Bamboo Finance、BlueOrchard Finance (BlueOrchard)、Calvert、Developing World Markets (DWM)、Grameen Foundation USA (Grameen)、Incofin Investment Management (Incofin)、LeapFrog Investments (Leapfrog)、MicroCredit Enterprises (MCE)、MicroVest Capital Management (MicroVest)、OikoCredit USA、PhiTrust Partenaires (PhiTrust)、responsAbility Social Investments (responsAbility)、Sarona Asset Management (Sarona)、Shared Interest、Symbiotics、Treetops Capital (Treetops)	Accion、Bamboo Finance (Bamboo)、BlueOrchard、Calvert、DWM、Elevar、Global Partnerships (GP)、Grassroots Capital Management Corp. (Grassroots)、Incofin、MicroVest、PhiTrust、responsAbility、Sarona、Symbiotics、Treetops、Vox Capital (Vox)、MCE、Grameen、OikoCredit USA (OikoCredit)	Accion、Bamboo、BlueOrchard、Calvert、DWM、Elevar、Grassroots、Incofin、LeapFrog、Lok Capital、MicroVest、responsAbility、Sarona、Symbiotics、Treetops、Grameen、MCE、OikoCredit	PhiTrust、Elevar、OikoCredit	CFNE、CIC、Grassroots、MCE、OikoCredit

续表

	美国	非洲	拉丁美洲	亚洲	西欧	东欧 / 俄罗斯
公平交易	Calvert、RSF Social Finance (RSF)	Calvert、PhiTrust、responsAbility、Root Capital、Alterfin、Grameen、OikoCredit	Calvert、EcoEnterprises Fund (EcoEnterprises)、GP、PhiTrust、responsAbility、Root Capital、Alterfin、Grameen、OikoCredit	Calvert、responsAbility、Alterfin、Grameen、OikoCredit	PhiTrust、OikoCredit	OikoCredit
SME 发展	Accion、BAML Capital Access Funds Management, LLC (CAFM)、Calvert、Community Reinvestment Fund (CRF)、CFNE、Craft3、DBL Investors、LLC (DBL)、Ecotrust Forest Management (Ecotrust)、Pacific Community Ventures (PCV), SJF Ventures (SJF)	Accion、Calvert Foundation、Developing World Markets、Grassroots Business Fund (GBF)、MicroVest、PhiTrust、responsAbility、Root Capital、Sarona、Shared Interest、Symbiotics、Treetops、Grameen、OikoCredit	Accion、Calvert、DWM、EcoEnterprises、Elevar、GBF、Grassroots、IGNIA、MicroVest、PhiTrust、responsAbility、Root Capital、Sarona、Symbioics、Treetops、Grameen、OikoCredit	Accion、Calvert、DWM、Elevar、GBF、Grassroots、MicroVest、responsAbility、Sarona、Symbiotics SA、Treetops Capital, Grameen、OikoCredit	Bridges Ventures (Bridges)、Elevar、OikoCredit、PhiTrust	CAFM、LLC、CRF、CFNE、Grassroots、IGNIA、OikoCredit

续表

	美国	非洲	拉丁美洲	亚洲	西欧	东欧 / 俄罗斯
经济适用房和社区发展	Accion、Calvert、CRF、CFNE、Craft3、Habitat for Humanity International - Flexible Capital Access Program、Nonprofit Finance Fund (NFF)、PCV	Accion、Bamboo、Calvert、DWM、PhiTrust、responsAbility、Sarona、Shared Interest、Symbiotics、Treetops、OikoCredit	Accion、Bamboo、Calvert、DWM、Elevar、Grassroots、IGNIA、PhiTrust、responsAbility、Sarona、Symbiotics SA、Treetops、Vox、OikoCredit	Accion、Bamboo、Calvert、DWM、Elevar、Grassroots、responsAbility、Sarona、Symbiotics、Treetops、OikoCredit	Bridges、Elevar、OikoCredit、Phi-Trust	CRF、CFNE、Grassroots、IGNIA、OikoCredit
教育和特许学校	Accion、Calvert、City Light Capital (CLC)、CRF、Craft3、NFF、RSF、SJF	Accion、Bamboo、Calvert、DWM、PhiTrust、responsAbility、Sarona、OikoCredit	Accion、Bamboo、Calvert、DWM、Elevar、Grassroots、IGNIA、Phi-Trust、responsAbility、Sarona、Vox、OikoCredit	Accion、Bamboo、Calvert、DWM、Elevar、Grassroots、Lok Capital、responsAbility、Sarona、OikoCredit	Bridges、Elevar、OikoCredit、Phi-Trust	CLC、CRF、Grassroots、IGNIA、OikoCredit
水和卫生	Calvert、CLC、Craft3、Ecotrust、SJF	Calvert、PhiTrust、responsAbility、Sarona	Calvert、PhiTrust、responsAbility、Sarona	Calvert、responsAbility、Sarona A	Bridges、Phi-Trust	CLC

续表

	美国	非洲	拉丁美洲	亚洲	西欧	东欧 / 俄罗斯
健康与保健	Calvert、Craft3、DBL、Elevar、Iroquois Valley Farms (IVF)、Living Cities、NFF、PCV、RSF、SJF、Travois Holdings, Inc.	Bamboo、Calvert、responsAbility、Sarona	Bamboo、Calvert、Elevar、GP、IGNIA、responsAbility、Sarona、Vox	Bamboo、Calvert、Elevar、Lok Capital、responsAbility、Sarona	Bridges、Elevar、PhiTrust	IGNIA
媒体、科技和移动电话	Accion、Calvert、DBL Investors、Elevar、SJF	Accion、Bamboo、Calvert、Media Development Loan Fund (MDLF)、PhiTrust、responsAbility、Sarona、Grameen	Accion、Bamboo、Calvert、Elevar、IGNIA、MDLF、PhiTrust、responsAbility、Sarona、Grameen	Accion、Bamboo、Calvert、Elevar、MDLF、responsAbility、Sarona、Grameen	Bridges、Elevar、PhiTrust	IGNIA、MDLF
清洁技术、替代能源和气候变化	Calvert、CLC、Craft3、DBL、Living Cities、SJF	Bamboo、Calvert、PhiTrust、Root Capital、Sarona	Bamboo、Calvert、GP、PhiTrust、Root Capital、Sarona	Bamboo、Calvert、Sarona	Bridges、PhiTrust	CLC

续表

	美国	非洲	拉丁美洲	亚洲	西欧	东欧 / 俄罗斯
可持续农业与发展	Calvert Foundation、Craft3、IVF、RSF、SJF、Beartooth	Calvert、GBF、Incofin、PhiTrust、responsAbility、Root Capital、Sarona、Shared Interest、Symbiotics、Treetops、Alterfin、OikoCredit	Calvert、EcoEnterprises、GP、GBF、Grassroots、Incofin、PhiTrust、responsAbility、Root Capital、Sarona、Symbiotics、Treetops、Alterfin、OikoCredit	Calvert、GBF、Grassroots、Incofin、responsAbility、Sarona、Symbiotics、Treetops、Alterfin、OikoCredit	OikoCredit、PhiTrust	Grassroots、Oiko-Credit
自然资源与保护	CLC、Craft3、Ecotrust、EKO Asset Management、IVF、RSF、The Lyme Timber Company、Beartooth	Bamboo、Root Capital、OikoCredit	Bamboo、EcoEnterprises、Root Capital、OikoCredit	Bamboo、OikoCredit	Bridges、OikoCredit	CLC、OikoCredit

资料来源：影响力资产，2013 年。

3. 分层结构 / 第一损失资本[1]

分层结构

分层结构可以被广泛定义为在一次投资交易中，将有风险回报要求、动机迥异的不同类型的资本混合起来。在这样的交易中，投资资金被分成几个层级。一些投资于初级（影响力优先）的投资者接受低于市场的回报率和（或）更高的风险，通过这种方式，对其他层级（金融优先）增信，以吸引更多的商业投资者或厌恶风险的投资者。在分层结构中，使用影响力优先资本（或被称为拨款）作为层级结构来吸收第一损失，被称为催化性第一损失资本（Catalytic First Loss Capital，简写为 CFLC），其中慈善影响力优先投资者被称为提供者，而金融优先投资者被称为接受者。CFLC 可以通过一系列工具(如股权、次级债、补助金和担保)纳入资本结构。虽然传统的商业股权或次级债层级（在没有股权的情况下）也承担了第一损失的风险,但不同的是,CFLC 的提供者希望实现特定影响力的目标（如推动额外的资本），而且为了实现这一目标，也准备接受少于在这种风险下应得的补偿。

这样做的好处

CFLC 使影响力优先的投资者能够实现以下额外影响力：撬动大大高于自身额度的资本来应对社会挑战，吸引原本无法参与的风险较低的资本；验证在过往资本市场无法触及或服务欠缺的市场进行投资的商业可行性；帮助被投资企业改善获得资本的条件。在某些情况下，CFLC 不仅允许财务优先资本，还允许纯商业资本参与实现某些社会和 / 或环境结果。

案例

纽约市收购基金（New York City Acquisition Fund）成立于 2006 年，旨在解决纽约市经济适用房短缺的问题。该基金向经济适用房的开发商提供灵活的过桥贷款，这些开发商要么翻新老房，要么参与新房的建设。该基金的社会使命是增加社会住房的可获得性，确保每个开发项目中有 80% 的住房是可负担的。建造的所有住房都必须惠及中低收入家庭（由美国政府定义）。

以福特基金会、洛克菲勒基金会和 F.B. 赫伦基金会为首的基金会群体将提供 4 000 万美元的次级贷款作为担保池，为银团贷款降低了风险。最终，银团提供了 1.62 亿美元的财务优先资本。如果没有担保，这笔资金就无法用于经济适用房的开发。该基金于 2006 年封闭，认缴金额达 1.92 亿美元，为银团提供担保。由美国银行（Bank of America）、摩根大通（J.P. Morgan Chase）和汇丰（HSBC）等银行组成的财团则提供了高级贷款。

截至 2014 年 12 月，共计 2.49 亿美元用于建设和改善了 7 047 套保障性住房。

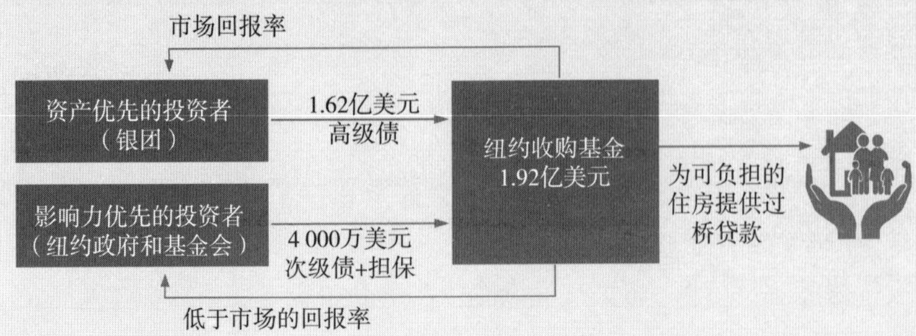

更多信息，可参见以下报告：《催化性第一损失资本》（*Catalytic First Loss Capital*，GIIN，2013）；《转移视角：为影响力投资者消除风险的工具》（*Shifting the Lens: A De-risking Tool for Impact Investors*，桥梁风险和美国银行，2014）；《在规模上实现社会影响力：七只创业型社会投资基金的案例研究》（*Achieving Social Impact at Scale: Case Studies of Seven Pioneering Co-mingling Social Investment Funds*，英国内阁，2013）。

4. 社会影响力债券[2]

定义

社会影响力债券简写为 SIB，是一种基于表现的契约形式，如政府组织（或其他支付人）承诺支付对某一特定领域内产生显著改善社会结果（如降低犯罪率、无家可归的人数或寄养儿童数）的项目。SIB 为社会项目的扩展提供了前期资金，这些项目是由良好记录的服务提供者（通常是非政府组织）提供的。只有在社会干预成功的情况下，政府才会向投资者支付经济回报，如果结果没有改善，那么投资者就无法收回他们的投资。SIB 是基于预防比治疗更经济的理念而设计的金融工具，因为资金短缺的政府很难找到资金。SIB 减少了未来的政府开支，使预防和早期干预项目得以实施。

SIB 如何在市场中运作

SIB 的关键要素如下图所示。

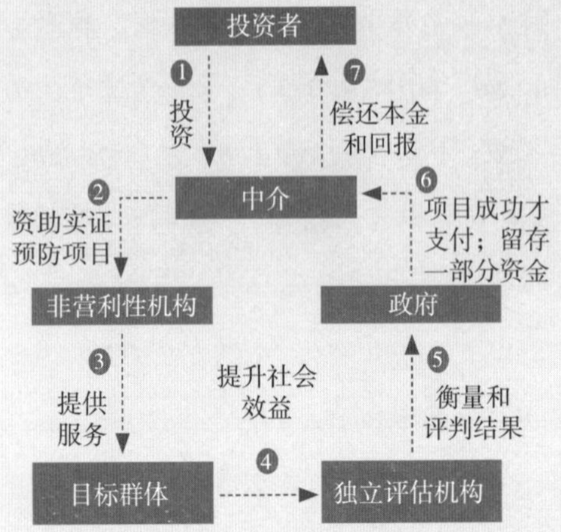

①中介机构发行 SIB 并从私人投资者处募集资金。

② SIB 的收益转移至非营利的服务提供者，以扩大实证预防项目的范围。中介机构负责协调所有 SIB 参与者。

③非营利组织为目标人群提供服务。

④这些服务改善了特定的社会结果。

⑤独立的评估机构对该项目是否正在完成预先约定的社会结果进行评估。

⑥如果取得了结果，政府向中介机构支付一定比例的金额，并留存剩余部分；如果没有取得结果，政府则不支付。

⑦如果取得了结果，投资者将得到本金和回报。回报的结构可能是浮动的：结果越好，回报就越高（达到约定的上限）。

收益

- **投资者：**双重回报（社会和财务），财务回报与影响力直接挂钩，与其他资产类别的相关性有限（分散投资）。
- **服务提供者：**获得稳定和可期的长期资金，而且不需要忙于筹资，从而可以促进增长，并专注于提供以结果为导向的服务。

- **政府**：履行对纳税人的资金责任；减少对昂贵的补救措施的需求；在没有财务风险的基础上，增加了为公民提供有效服务的供给。
- **社区**：获得更多有效服务社会的机会，减少了危机驱动干预的需要。

风险

- **绩效风险**：如果服务提供方没有实现约定好的结果，投资者可能会失去他们的全部投资。
- **信用风险**：投资者受政府信用风险的影响。
- **运营风险**：项目可能被打乱，或者服务提供商可能无法扩大业务规模来为需要帮助的人群服务。而在这种情况下，投资者可能会失去全部投资。

案例

2013 年，纽约州和社会金融公司共同发行了 1 350 万美元的 SIB，旨在增加就业，降低 2 000 名纽约州出狱人员的再犯罪率。SIB 的收入用于资助就业机会中心项目，该项目提供包括培训、过渡就业和永久就业在内的密集服务。纽约州将根据 3 个指标对结果进行支付：目标人群的再犯罪率降低 8%，就业率增加 5%，完成就业计划。如果该项目完成这些目标，投资者能获得高达 12.5% 的回报。如果该计划失败，投资者将损失高达 90% 的投资。该金融工具的期限为 5.5 年，最低投资额为 10 万美元，有超过 40 个私人投资者和机构（主要是基金会）参与了这项 SIB 投资。

有关 SIB 的更多信息，请参见《社会影响力债券基金会》（*Foundations for Social Impact Bonds*，社会金融，2014）。关于纽约州 SIB 的更多细节，请参见 www.payforsuccess.org。

5. 12 个私人影响力投资组合的过往业绩

本节详细介绍了 12 位高净值人士及其家族办公室或基金会的影响力投资组合的详细信息（包括已实现的财务回报）都是由不同资产类别和不同地区的各种投资组成的，证明了影响力投资可以产生有吸引力的财务回报，并满足财富持有者的期望。有关这些私人投资者的动机、投资方法和采取的策略的更多资料可在个案研究中找到，相关资料见各自的摘要段。

丹尼·阿尔马戈和贝里·利伯曼（澳大利亚小巨人）：小巨人是贝里·利伯曼和贝里·利伯曼的 SFO（案例研究详见第 4 章）。在 TP 方式的管理下，每项投资都与他们的家族价值观保持一致。该投资组合的回报率约为 15%，这得益于房地产配置的优秀表现。房地产配置是由小巨人和影响力投资集团主动管理的，后者是由该家族联合创办的影响力投资资产管理人。私募股权投资是按成本计价的，不计算在收益中。SAA 和小巨人的投资组合明细如下表所示：

资产类别	SAA	投资案例	回报率（总利率，截至 2015 年 12 月 31 日）
现金	5%	在合作银行里的现金存款，NAB 的主流存款业务策略	银行利率（1%~3%）
固定收益 / 混合	10%	切普斯托（Chepstowe）：澳大利亚维多利亚风电场和澳大利亚太阳能农场	预期回报率 10%~12%（未实现）；绩效跟踪
上市公司股权	5%	绿色地球能源（GreenEarth Energy）	自 2014 年收购以来，该公司股价下跌了 20%
实体资产	50%	绿色地产通过对社会性企业的空间配置，具有社会影响力的要素。EPA 大楼（股权）、TAC 大楼（股权）、Oxford and Pee（物业开发）等	总资产类别回报目标：20% EPA：实现了 30% IRR（10% 收益 + 因 2014 年出售的资本增值） TAC：10% 的当前收益率（根据时间表） Oxford and Pee：30% 的 IRR（未实现，根据时间表）
私募股权和债权	30%	澳大利亚中心（创新创业公司的专业联合办公场所，3 年贷款），澳大利亚中心（3D 打印设计初创企业、股权），良好开始早期学习（日托中心，8 年贷款）	澳大利亚中心：12% 的利率（已实现） Beehive：注销 良好开始：12%（已实现，5 年后全部偿还）
合计	100%		0~15%

资料来源：小巨人负责人。

斯蒂芬·布伦尼克迈耶（Andromeda/Willows，英国）： Andromeda 基金（2003—2007 年）是一只风险投资基金，由斯蒂芬·布伦尼克迈耶创立和领导（参见第 12 章斯蒂芬·布伦尼克迈耶的案例研究），由科法集团（COFRA Group）资助，该集团是由布伦尼克迈耶家族控股的公司。Andromeda 基金专注于投资在 BoP 市场中具有催化作用的、影响力驱动的，同时在商业上可行的公司，或者那些为该类公司提供支持的公司。2007 年，斯蒂芬继续把个人资本投资于影响力，成立了 Willows 投资。Willows 投资基于为穷人提供的金融服务、教育、医疗服务和社会创业，为影响力驱动企业和基金提供私募股权和债权资本。

Willows 投资的表现： Willows 投资的现有投资清单可以在 www.willows.uk.com 上找到。斯蒂芬的权益投资已完成 3 次完全退出和两次部分退出，在 3~10 年的持有期内实现了超过 19% 的回报率（总 IRR）。此外，一项投资的债权部分已全部偿还，在 5 年内产生年化 5.5% 的利息。尽管目前许多投资都是照预期进行的，但一些公司举步维艰。例如，在不甚满意的业绩和过度负债后，新资本必须以较低的估值进行筹集时，斯蒂芬的一项投资被严重稀释。另一家公司在公司治理方面遇到了麻烦，创始人的个人情况也让公司陷入了危机。斯蒂芬不期望在这些投资上完全收回资本，一般来说，投资需要耐心和愿意提供额外的现金注入。

Andromeda 基金的表现： 下面的表格详细介绍了 Andromeda 资产组合的构成和业绩。

投资项目	影响力投资目标	地区	投资年份	退出年份	回报率（总 IRR）
FreeCom：翻新二手电脑	消除信息差异	南非	2002—2004	2005	注销
Accion：为穷人提供融资的小额金融股票基金	为穷人提供融资渠道	美国	2003	2007	6.8%

续表

投资项目	影响力投资目标	地区	投资年份	退出年份	回报率（总 IRR）
Celtel：东非第一家进入农村地区的移动电话公司	信息差异；消除贫困	肯尼亚、坦桑尼亚、乌干达	2004	2007	147.0%
Eziba：从 BoP 市场的工匠手中采购产品的手工艺零售商	发展 SME；消除贫困	美国	2002—2004	2005	注销
ProCredit：由 17 家当地小微金融银行组成的集团向个人和小型企业贷款，进入能源领域等	融资渠道；（发展SME）	德国	2004	2007	20.2%
responsAbility：小微金融、农业、能源获取等社会投资平台	融资服务	瑞士	2004	2007	4.2%
OptiNoze：创新的药物传递和疫苗接种公司	便宜和更有效的疫苗接种	挪威	2002—2006	未到期	以成本计价
合计					23% IRR, 1.7x

资料来源：基金负责人。

韦勒·贝尔韦斯（比利时）：韦勒是一名高净值人士，自 2004 年开始参与影响力投资（见第 7 章的案例研究）。韦勒将影响力投资整合到她的投资组合中，她的远期目标是实现使命与财富百分之百的一致性（目前为 53%）。截至 2015 年，投资组合的详情如下表所示。该投资组合的表现总体上与市场持平，2008 年金融危机期间小额贷款投资表现良好，而私募股权投资的回报尚未实现。

资产类别	SAA	影响力比例	影响力投资的案例	影响力投资回报率（总利润，截至2015年12月31日）
现金	15%	80%	特里多斯银行CD	3年的平均利率为0.5%
固定收益/私募债券	7%	95%	TFSF：小微金融混合（债务和股权）基金，每日交易；SAIF堡垒基金：在东非和拉丁美洲为低收入人群服务的SME的贷款；塔约日本债券（Tayo Japan Bond，简写为TJB）：日本太阳能开发项目；蓝色果园小微金融基金（Blue Orchard MF Fund，简写为BOMFF）：小微金融	TFSF：5年的年化平均收益率为6.6%（2010—2015） SAIF：3年的年化回报率为3.5%（2013—2015） TJB：3年的年回报率2%+ 1.75x未实现的投资乘数 BOMFF：自2004年以来的年化回报率为3.6%
上市公司股权	16%	30%	双红利股票型基金（Double-Dividend Equity Fund，简写为DDEF）：可持续股票基金（正向筛选）关注印度市场；TSPF：可持续中小型市值基金，主题聚焦在医疗技术、气候保护等；思考可持续世界（Think Sustainable World）；多维全球可持续核心股票基金（Dimensional Global Sustainable Core Equity Fund）；安硕道琼斯欧洲可持续发展（iShares Dow Jones Europe Sustainability）：可持续追踪者（Sustainable Tracker，简写为ST）	DDEF：3年的年化回报率为9% TSPF：5年的年化回报率为11.6% ST：与全球股票市场的表现相当
混合型	7%	0%	与基金经理人共同参与	无

续表

资产类别	SAA	影响力比例	影响力投资的案例	影响力投资回报率（总利润，截至2015年12月31日）
实体资产	39%	60%	荷兰和比利时的绿色地产项目	4% 租金收入（不包括房产增值）
私募股权	16%	84%	古德韦尔 MDC1：基于荷兰的小微金融权益基金，专注于印度（2009 年开始投资）；InReturn 东非基金（InReturn East Africa Fund）：投资东非 SME 的私募股权基金（2009 年开始投资）；萨罗纳前沿市场基金 II（Sarona Frontier Markets Fund II）：新兴市场的全球母基金（2014 年开始投资）；水 – 火花（Aqua-Spark）：全球可持续的水产基金（种子投资者，2014 年开始投资）；比利时生态能源（Belgian Eco Energy）：可再生能源生产和供应公司（2012 年至今）	古德韦尔 MDC1：未实现，正在跟踪的目标总 IRR 为 11% InReturn：未实现，以 0.8 倍成本持有 萨罗纳：未实现，总 IRR 目标为 15%~20% 水 – 火花：未实现，1 年后的资产净值增长 12% 比利时生态能源：未实现
合计	100%	53%		

资料来源：相关负责人。

伊泽 · 伯施（德雷林登基金会，德国）：德雷林登是伊泽 · 伯施的家族基金会（见第 9 章的案例研究），规模为 3 900 万欧元。德雷林登采用了 TP 方式，通过 SRI 和影响力优先的投资将基金会的全部捐赠资金与它的使命结合起来。截至 2014 年 12 月 31 日，该基金 5 年的总资产回报率为 6.17%，其中影响力投资的回报率为 1.51%。

资产类别	SAA	目标回报率	SRI 投资占比	影响力投资占比	回报率（净 IRR，2010—2014）
固定收益（包括不动产基金）	41%	3.0%	100%	0%	2.23%
上市公司股权	42%	6.0%	100%	0%	12.44%
私募股权和债权（包括小微金融基金）	17%	0.5%~1.5%	0%	17%	1.51%
合计	100%	4.0%	83%	17%	6.17%

资料来源：相关负责人。年化净回报、私募股权和债权的部分回报尚未实现。

陈恩怡（RS 集团，中国香港）：RS 集团是陈恩怡的独立办公室（见第 12 章的案例研究）。RS 集团自 2009 年以来参与了影响力投资，并将影响力投资整合到自己的投资组合中。目前，该团队对 SRI 和影响力投资的比例分别为 61% 和 30%。截至 2015 年 6 月 30 日，RS 集团的投资组合以及战略资产配置总结如下表所示。

资产类别	SAA	预期回报率	SRI 投资占比	影响力投资占比	影响力投资案例
现金	7.8%	0~1%	0%	0%	N/A
固定收益	26.5%	3%~4%	81%	19%	responsAbility 公平农业基金（responsAbility Fair Agriculture Fund，见本部分第 6 节）；各种绿色债券
上市公司股权	53%	6.5%~8.5%	74%	26%	特殊主题基金 FP WHEB 可持续发展基金（FP WHEB Sustainability Fund），以及小型市值的环保基金，例如 IEM 公司（详见本部分第 6 节）

续表

资产类别	SAA	预期回报率	SRI 投资占比	影响力投资占比	影响力投资案例
实体资产	3.2%	3%~7%	0%	69%	社会目的型房地产（由本地经济适用房项目 LightBe 对外出租的香港物业）
私募股权	9.4%	3%~7%（专注于影响力投资）	0%	100%	3 只影响力投资基金：SJF 风险 III、responsAbility 风险基金、竹子绿洲基金 向独立的 ESG 研究提供方 Sustainalytics 进行直接股权投资
合计	100%	5.0~6.0%	61%	30%	

资料来源：RS 集团。

RS 集团的投资组合获得的回报与传统的（根据投资组合加权）基准基本相当，完全满足了 RS 集团的目标收益和预期。总体而言，在截至 2015 年 6 月 30 日的 5 年半时间里，投资组合的年均净回报率为 5.0%，而基准回报率为 5.2%（见下表）。在某些年份，投资组合的表现优于基准；而在其他年份，它的表现不尽如人意。这些波动

	5.5 年平均回报率	2015 年上半年	2014 年	2013 年	2012 年	2011 年	2010 年
RS 集团投资组合回报率①	5.0%	0.2%	4.2%	9.7%	10.3%	–4.3%	8.2%
基准回报率②	5.2%	0.3%	2.5%	10.3%	8.8%	–0.4%	7.5%

注：①扣除成本后的净回报，所有单元均为美元。收益是在时间加权的基础上计算的，使用改进的迪茨（Modified Dietz）方法计算每月的时间段。净收益是扣除向基金经理人支付的投资管理费。5 年半的平均回报率是按年计算的。2015 年上半年的回报率是非年化的，持续到 2015 年 6 月 30 日。

②基准回报率参考了 MSCI ACWI、巴克莱全球综合指数等权威指数。自定义的基准根据投资组合的近似风险敞口制定，在考虑实际资产配置的变化后，每年重新进行加权。有关建立基准的详情，请参阅 RS 集团网站 (www.rsgroup.asia)。

在很大程度上可归因于投资组合的特殊性质：比较青睐成长型和中型市值的公司，较为注重新兴市场，但在大宗商品（化石燃料）和能源领域的占比则偏低。

科德斯家族（科德斯基金会,美国）：科德斯基金会是由罗恩·科德斯和马蒂·科德斯（参见第5章案例）创建的家族基金会，资产规模为1 000万美元，目的是帮助解决全球贫困问题，并赋予女性更多权利。科德斯基金会遵循TP方式，将家族的价值观与捐赠资金和基金会的核心领域相结合，通过性别筛选，并关注金字塔底层市场创造经济机会的投资。基金会横跨很多主题，例如小微金融、教育以及SME发展等。基金会通过捐赠资金对影响力进行投资，用拨款来支持社会性企业家以及影响力投资的产业发展。投资组合的长期年化回报率目标为8%，私募债投资的年利率为3%~8%，已有5个项目完全退出。所有公募债策略以及7个（总共11个）上市公司股权策略的表现从一开始就优于基准。私募股权投资仍未实现收益，并按成本计算持有价值。下面的表格提供了关于投资组合及其表现的更多信息。

资产类别	SAA	投资组合描述	回报（总的 IRR 或年利率）
现金 / 现金等价物	5%	现金账户：花旗银行（CitiBank）和美国银行（参与策略），信用合作社 担保：在共益州立银行（Beneficial State Bank）的存款证明，用作对东湾社区基金会（East Bay Community Foundation，简写为 EBCF）住宅所有权的担保。为小额信贷企业（Micro Credit Enterprises，简写为 MCE）社会资本提供担保	现金账户：0.01%~0.5% 担保：EBFC(1%，4 年)，MCE（0%，资产未投入，担保未收回）
固定收益（公募债、私募债、混合型）	29%	3 个公募债策略：与布雷肯里奇可持续应税债券策略（Breckinridge Sustainable Taxable Bond Strategy，简写为 BSTBS）性别视角的投资要求；CRANX（参见本部分第 6 节）；北加州社区贷款基金（Northern California Community Loan Fund，简写为 NCCLF） 5 个直接贷款：Impact Hub Bay Area、All Across Africa、Lumni、Waste Ventures India、ThinkImpact 10 只债权贷款 / 混合式基金：Katalysis Bootstrap Fund（高级与次级债务）、MicroVest Fund I、MicroVest Plus、MicroVest Short Duration Fund、FINCA MF Fund、DWM MF Fund、Grassroots Business Fund I、ImpactAssets MF 和 Agri Notes	公募债策略：BSTBS 的回报率为 0.51%，基准回报率为 –0.61%（巴克莱政府信用中间指数）；CRANX 的回报率为 0.25%（自 30/03/2015 到 31/12/2015 的净回报率），基准回报率为 –0.24%（晨星中间政府类别） 直接贷款：完全实现的是 NCCLF（3%，5 年期）和 Impact Hub Area（8.0%）。收到当前收益的是整个非洲（5%）。票据被转换为股权资本（Lumni, ThinkImpact） 债权基金 / 混合型：完全实现的是 Katalysis（次级债 7% 和高级债 4%）和 Micro-Vest Fund I（6%）。收到当前收益的是 FINCA MF Fund（7.5%）、ImpactAssets MF Note（3%）、Impact Assets Agri Note (3%) 和 DWM（几乎全部实现）

续表

资产类别	SAA	投资组合描述	回报（总的 IRR 或年利率）
上市公司股权	39%	11 个上市公司股权策略寻求投资那些解决社会性挑战的公司 8 个股权管理经理人：Aperio Group/Progressive Asset Management、Boston Common、Green Alpha、Everence、High Impact Investments、Jantz Management、PAX World Investments、Trillium Asset Management	所有资产类别实现 1.16% 的净回报率（2014 年 8 月 14 日至 2015 年 12 月 31 日，基准回报率为 3.51%） 标准：70% 的标准普尔（S&P）500 和 30% 的 MSCI EAFE 的个别策略回报率为 –6.9%~12.2%
私募股权	27%	7 个直接私募股权（Bridge International Academies、MicroVest Holdings、Lumni、Maiyet、Soko、ThinkImpact、Unleesh） 5 只私募股权基金（Good Capital SEE Fund、Women World Banking Asset Mngt Fund、MicroVest Fund II、Sarona Frontier Markets Funds I 和 II）	私募投资组合：没有实现回报，目标回报率为 10%~15% 直接私募股权：所有的直接私募股权目前按照成本持有直到产生回报 私募股权基金：大多数基金处于早期阶段，表现符合预期
合计	100%		

资料来源：相关负责人。

F.B. 赫伦基金会（美国）：赫伦是有着 3 亿美元规模的私人基金会，成立于 1992 年，使命是“协助人们和社群摆脱贫困”（参见第 3 章案例）。赫伦从 1998 年开始影响力投资，目前采用 TP 方式，主要投资为努力摆脱贫困的人们产生稳定收入的企业，同时也积极寻求机会来利用财务杠杆与非财务资源推进整个影响力投资市场的发展。下面的表格总结了 1996—2009 年的基金会表现。截至 2009 年，基金会 35% 的捐赠都是与使命一致的。影响力投资组合中的 1.102 亿美元分别投入两个项目，一个是市场回报的影响力投资（MRI，81%），另一个是低于市场回报的投资（PRI，19%）。截至 2009 年年底的 15 年时间里，基金会的整体表现为 9.81%，而 CA 的同业客户组中位数为 8.74%，赫伦位居同业前 1/3。

资产类别	影响力投资组合（百万美元）	描述	回报（IRR）
现金	6.8 （85% MRI, 15% PRI）	21 个 CDB 和 9 个信用合作社的保险存款。25% 的存款都在乡村机构	2.6% 对基准回报 0.61%（美国银行 3 个月国债指数）
固定收益	40.0 （100% MRI）	两个固定收益投资组合，包括抵押贷款证券、应税市政债券以及基金会项目端目标的私人票据	5.45% 对基准回报 5.75%（巴克莱资本美国综合债券指数）
私人债务	14.6 （100% PRI）	使命驱动组织的高级和次级贷款	3.61% 对目标通货膨胀 +1%（加权平均利率）
公共股权	30.0 （100% MRI）	来自美国社区投资指数的公司	年化回报率 –0.42% 对基准回报率 –0.62%（标准普尔 500 指数）

续表

资产类别	影响力投资组合（百万美元）	描述	回报（IRR）
私募股权	18.9（72% MRI，28% PRI）	自 2000 年以来，2 300 万美元投向 11 只私募股权基金，并投资中低等收入的社区	在 2009 年没有实现回报
合计	110.2（81% MRI，19% PRI）		

资料来源：健康赞助人，《影响力投资指南》，2011 年。

沙利·克莱斯纳和莉萨·克莱斯纳（KL Felicitas Foundation，简写为 KLF 基金会，美国）：KLF 是由沙利和莉萨建立的资产规模为 1 000 万美元的家族基金会（参见第 11 章的案例研究）。该家族自 2004 年开始参与影响力投资，采用 TP 方式，并且一直在追加影响力投资（包括影响力先行和主题式）和可持续投资的比例，在 2014 年年末达到了 99.5%。相比于 2.51% 的基准回报率，该基金投资组合自 2005 年 12 月 31 日起的净回报率达到 3.76%。下面两个表格提供了投资组合的表现细节。

KLF 投资组合（2014 年 12 月 31 日）				
资产类别	当前 SAA	目标 SAA	允许范围	投资案例
现金	3.4%	4.0%	0%~10%	主题式：MicroVest Short Duration, Southern Bancorp, Urban Partnership Bank；影响力优先：RSF Social Investment Fund, Triodos Sustainable Trade Fund
固定收益	29.0%	26.0%	20%~30%	可持续投资：Sonen Global Fixed Income；主题式：DWM Micro Finance Fund, MicroVest Fund I, MicroVest Plus；影响力优先：Acumen, Healthpoint I and II, Impact Assets, Media Development Loan Fund, Root Capital
上市公司股权	40.9%	27.0%	20%~40%	可持续投资：Sonen Global Equity

续表

KLF 投资组合（2014 年 12 月 31 日）				
资产类别	当前 SAA	目标 SAA	允许范围	投资案例
对冲基金	1.3%	10.0%	5%~15%	主题式：Summit Offshore Water
私募股权	22.5%	20.0%	15%~25%	主题式：Asia Environmental Partners, Better Ventures Fund II, Cleantech Europe I and II, Core Innovation Capital I, FAIM, MicroVest Fund II, Purpose, Sail Safe Water Partners LP；影响力优先：Adobe Social Fund I, Biolite, Grassroots Business Fund, Social Alpha Investment Fund
实体资产	3.0%	13.0%	5%~15%	主题式：Beartooth Capital I & II, Ecosystem Investment Partners II, EKO Green Carbon Fund, Lyme Forest Fund III, Sonen Global Sustainable Real Assets Fund；影响力优先：Pico Bonito LLC, Living Forest
合计	100%	100%		

资产类别	回报（实现的净 IRR，2014 年 12 月 31 日）			
	1 年	3 年	5 年	自成立以来
现金等价物（自 2008 年 5 月）	3.78%	1.89%	1.47%	1.5%
基准（3 月期国债）	0.03%	0.07%	0.09%	0.26%
固定收益（自 2006 年 1 月）	3.10%	1.41%	1.67%	4.47%
基准（巴克莱全球总量）	0.59%	0.73%	2.65%	4.54%
上市公司股权（自 2006 年 1 月）	6.78%	15.63%	12.18%	7.32%
基准（MSCI World）	3.84%	14.30%	9.48%	5.81%
对冲基金（自 2006 年 12 月）	0.67%	6.26%	5.50%	3.30%
基准（HFRI FoF）	3.37%	5.68%	3.30%	1.82%
影响力优先资产组合	4.80%	–1.86%	–0.27%	0.89%
消费者价格指数	0.68%	1.32%	1.69%	1.98%

续表

资产类别	回报（实现的净 IRR，2014 年 12 月 31 日）			
	1 年	3 年	5 年	自成立以来
影响力投资组合总计回报	5.27%	7.26%	5.85%	3.76%
资产组合加权基准	1.91%	6.20%	4.84%	2.51%

资料来源：相关负责人；Sonen Capital，《影响力投资组合的演变和业绩更新》（2015）。请查阅 Sonen 报告的更多细节和披露信息。

约翰·麦金农（麦金农家族基金会，澳大利亚）：自 2009 年起，约翰·麦金农就开始参与影响力投资（参见第 13 章的案例分析）。当前，家族基金会约 15% 的捐赠和家族办公室约 10% 的资产会投入影响力投资中。下表总结了影响力投资组合的表现和构成，投资组合在过去的 5 年里（截至 2015 年年末）产生了近 6% 的平均年回报率。

投资对象	投资年份	投资工具 / 条款	回报率（总计，截至 2015 年 12 月 31 日）
Elizabeth Street Property：社会目的房地产（租借给国际发展 NGO）	2009	地产（租金收益率为 7%~8%）	自投资日起，租金按时支付
Lismore Soup Kitchen：为边缘人群提供饮食和住宿的社会企业	2011	担保财产贷款（5 年 + 延期，基准率 +3%）	自投资日起，6.0%~7.8% 利率按时支付
Barefoot Power：一家澳大利亚公司，为无法接触电力资源的家庭设计、制造、分配太阳能照明 / 充电解决方案	2011	未担保的贷款（1+2 年，8% 利率）	利率按时支付，本金在 2014 年全部付清
REBBL：一家美国饮料公司，在秘鲁、印度以及泰国有风险的社区以公平的贸易价格获取原材料	2011	股权 + 可转换债券	未实现；C 轮的公司价值是约翰投资时的 5 倍

续表

投资对象	投资年份	投资工具 / 条款	回报率（总计，截至2015 年 12 月 31 日）
Streat：位于墨尔本的食品服务社会性公司，为年轻人提供长期工作	2012	直接股权投资	2014 年 7% 的分红，比预期增长要更慢
Social Ventures Australia：为社会影响力行业的非营利性企业提供资金、投资以及咨询服务	2012	债权基金，第一损失来自政府（7 年期，目标回报率为 7%）	2013年分红率为7.2%，2014 年为 6.6%，2015 年为 7.75%，表现恰如预期
Women's Legal Service Queensland：由 Foresters Community Finance组建的专业社区法律中心	2012	担保房产贷款（10 年期，6% 的利率）	按时支付利率和折旧
Dignita：美国食品公司，专注于道德性获取原材料	2013	资本	已注销
Society One：在澳大利亚的点对点融资平台和牲畜借贷信托	2013	2 个贷款信托（9%~11% 的利率，取决于当前贷款）	从投资日开始，利率按时支付
Newpin Social Benefit Bond：为 Uniting Care Burnside 提供资金来实施项目以减少寄养儿童人数	2013	长期债券（7.5% 的收益率，取决于影响力表现）	支付了两次 7.5% 的年分红，并在 2015 年退出（实现 9.0% 的 IRR）
Foresters capital loan：向社区财务组织提供流动资金贷款	2013	贷款（2 年期，8% 的利率）	利息按时支付，贷款于 2015 年全部付清
IIG Green property fund：4 个可持性 / 绿色房产（EPA 大楼和墨尔本柯林斯路 401 号，在吉朗的 TAC 大楼和布里斯班的 K1）	2013—2015	房地产特殊目的载体（Special Purpose Vehicle，简写为 SPV，目标 IRR 14%~15%，包括10%的当前收益率）	EPA：实现了 30% 的 IRR（在 2014 年退出）。其他产生了 10% 的当前收益率

续表

投资对象	投资年份	投资工具 / 条款	回报率（总计，截至 2015 年 12 月 31 日）
Team Wild Enterprises：在昆士兰的社会企业，与弱势和闲散青年合作来减少再犯罪	2014	债权（10 年期，7% 的利率）+ 股权（目标 IRR 的 15%~20%）	已处置（15% 的债权本金已被收回）
Social Enterprise Finance Australia（SEFA）：影响力基金，为使命引导型公司提供财务解决办法	2014	含政府第一损失保护的债权基金（5 年，基准率 +2.5%）	自投资日起，5% 的利息按时支付
Foresters SEFF 和 Early Stage Social Enterprise（ESSE）：两只社会型企业债权基金	2014	含来自政府第一损失的债权基金（SEFF：7 年，6%~7% 的分红；ESSE：7 年，10% 的分红）	自投资日起，分红按时支付
IIG Wind Trust：投资于维多利亚州的切普斯托风（Chepstowe Wind）农场	2014	债权 + 股权（目标 IRR 为 10.5%，并以 10 年的包销协议为后盾）	第一次分红延迟了 3 个月，在 2015 年年底步入正轨
Unitus Livelihood Impact Fund：专注于印度和东南亚的创新生活的风险投资	2014	风险资本基金（目标 IRR 为 20%）	还未实现，发展步入正轨
Uniting Church Cash Trust	2015	现金基金（超过基准率 0.7% 的边际率）	当前收益率为 3.2%
TDI Impact Fund 1：本土紧急住房地产开发	2015	房地产基金（10 年，7%~8% 的分红）	还未收到分红，处于发展阶段
Clearsky Solar：太阳能板项目	2015	贷款基金（10 年期，目标 IRR 8%）	还未产生收益，发展步入正轨
Murray Darling Balanced Water Fund：交易水资源分配和提供环境流量的基金	2015	环境商品基金（收益率为 4%~5%，目标 IRR 为 7%~9%）	还未分配

资料来源：相关负责人。

卡罗尔 · 纽厄尔［更新合作伙伴（Renewal Partners，简写为 RP），加拿大］：RP 是一家影响力优先的私募股权和债权基金，总资产规模为 1 200 万美元，资金全部来源于卡罗尔 · 纽厄尔。卡罗尔采用 TP 方式（案例研究见第 10 章），RP 已经在加拿大和美国投资了超过 75 家公司，为各行各业的早期可持续发展先锋提供支持，包括有机食品生产及分销、责任投资、独立媒体和绿色消费品。下表总结了 1994—2008 年 RP 投资金额超过 5 万加元的投资对象的财务业绩，总 IRR 为 12.2%。

影响力主题 / 行业	投资数量	销账数量	回报（总 IRR）
有机和天然食品	11	2	–40% ~ +70%
绿色消费品	8	3	–17% ~ +35%
环境创新	4	0	–34% ~ +70%
绿色建筑	3	0	+2% ~ +11%
新媒体	10	2	–14% ~ +47%
社会金融	4	1	–22% ~ +28%
总体实现	40	8	12.2%

资料来源：相关负责人；截至 2008 年 7 月 31 日经审计已实现 / 未实现的业绩；所有低于 5 万加元的投资均不包括在内。

卡罗尔 · 施瓦茨和艾伦 · 施瓦茨［特拉瓦拉（Trawalla）基金会，澳大利亚］：特拉瓦拉是卡罗尔和艾伦的私人基金会（案例研究见第 9 章）。该基金会关注的项目旨在提升女性领袖的职位，促进环境和公平社会的可持续发展，青睐可自我维持的初创企业，使因经济机会、性别或文化遗产而被边缘化的澳大利亚人受益。特拉瓦拉把影响力投资作为投资策略，截至 2015 年年底，捐赠资金的 22% 用于此类投资。下表提供了基金会的影响力投资组合的详细描述和表现。2009—2015 年，该投资组合的平均年回报率为10.2%。

影响力投资	年份	投资工具/条款	总回报
良好开始早期学习：经营660个日托中心的社会企业	2009	2.25亿澳元社会资本票据（债务）投资（8年，年利率12%）	按期支付12%的利息，5年后全额偿还债务
澳大利亚社会性企业：通过股权和债权工具对社会性企业进行投资的影响力投资基金	2012	总投资900万澳元，其中，来自澳大利亚政府最终亏损额度为400万澳元，私人投资者投资500万澳元	2013年分红为7.2%，2014年为6.6%，2015年为7.75%；表现恰如预期
慈善社会（The Benevolent Society）：成立于1813年的澳大利亚慈善机构。项目之一的活力家庭（Resilient Families）预防计划为普通家庭提供大力支持，避免儿童进入寄养机构	2013	1 000万澳元的社会福利债券，由P级（本金受保护的）和E级（类似股权）组成。根据社会影响力目标的实现为投资者提供回报。目标回报：P级，封顶10%；股权，封顶30%	自成立以来的年收益率为8%（P级）；表现恰如预期
IIG：绿色房地产基金	2014	对IIG TAC Property Trust进行联合房地产投资，总规模为1亿澳元，是一座拥有社会房地产元素的绿色建筑	自成立以来的收益率为10%；表现恰如预期
Change.org：世界上最大的在线请愿平台（8 000万用户），使个人可以在任何地方启动、加入和赢得社会变革活动。受认证的共益企业	2014	2 500万澳元的股权投资（C系列）	未实现；表现恰如预期；目标总IRR约为15%
Murray Darling Balanced Water Fund：为水资源分配和环境水源提供资金	2015	环境商品基金（4%~5%的收益率，7%~9%的目标IRR）	未发行

资料来源：相关负责人。

弗兰克·范·博伊宁根和玛格丽特·范·博伊宁根（PYMWYMIC，荷兰）：Pymwymic是一个影响力投资平台，由弗兰克·范·博伊宁根早期影响力驱动型企业。弗兰克和他的妻子玛格丽特与 Pymwymic 对早期风投项目进行联合投资，并对其他资产类别进行影响力投资。他俩的财富组合中有 51% 是与价值保持一致的，并且在过去的 10 年里产生了约 5.0% 的 IRR（截至 2015 年年底）。以下是范·博伊宁根夫妇的私人财富投资组合摘要，以及 Pymwymic 的过往业绩。

Pymwymic 过往业绩（风险投资，1994—2014）					
行业	投资数量	成功退出的数量	处置 / 部分恢复的数量	已实现的现金倍数	回报（投资倍数，已实现）
农业	5	2	1	–1.0x, 7.0x, 7.5x	6.3x
卫生保健	9	4	—	1.5x, 1.75x, 2.0x, 3.0x	2.1x
有意识的消费者	4	2	2	–1x, –1x, 1.4x, 2.0x	1.3x
环境创新	15	4	3	–1x，–1x，–0.7x，2.0x，1.5x，1.6x，3.0x	1.0x
新媒体	5	1	3	–1x, –1x, –1x, 4.0x	0.5x
社会金融	4	2	—	1.0x, 1.5x	1.3x
社会创新平台	4	—	—	—	—
SME 基金	6		1	0.7x	1.25x
合计	52	15	10	1.5	1.53x

资料来源：相关负责人。

范·博伊宁根的私人财富投资组合				
资产类别	SAA	影响力配置	投资实例	影响力分配的回报（总）
现金	5%	50%	特里多斯银行和合作银行的现金存款	0.5%~2.0%（持续生息，取决于存款期限）
固定收益	2%	0%	无	
上市公司股权	23%	10%	Robeco SAM 主题基金（水和健康生活），公众股票（ESG 筛选，如帝斯曼、联合利华、SolarCity）	10 年年化净回报率为 6.5%（截至 2015 年 12 月 31 日）
实体资产	45%	50%	土地由家庭所有的荷兰有机农场（Thedinghsweert）	通过土地增值获得年化 6% 的 10 年回报（未实现）
私募股权	25%	95%	70% 投资于 Pymwymic 的 45 家社会企业，25% 投资于影响力基金	实现了 4% 的总 IRR 或 1.53 倍的投资乘数[①]（自 1995 年成立至 2015 年 12 月 31 日）。未实现部分按成本持有，确认估值的提升需经外部认定（例如与新投资者的后续融资）。目前未实现的投资组合估值为成本的 1.1 倍
合计	100%	51%		5%

于 1995 年创立（参见本书第三部分的案例研究）。Pymwymic 联合了比荷卢经济联盟的 130 个家庭和富人，投资

6. 成功的影响力投资基金和产品[3]

本部分提供了一系列不同资产类别的成功投资案例，详细描述了它们各自在财务和影响力方面的表现，就此展现了影响力投资在跨投资市场的广泛潜力，也提供了一些可行的战略建议。本部分内容并不代表投资建议，亦不对全面市场的投资选择进行取样。

现金／现金等价物

<table>
<tr><th>名称</th><th>区域</th><th>工具</th></tr>
<tr><td>慈善银行</td><td>英国</td><td>CD</td></tr>
<tr><td colspan="3">描述：慈善银行是一家储蓄和贷款银行，使命是用钱行善，成立于 2002 年。它通过存款者和一些想改变社会的投资家的帮助，向社会企业、慈善机构和一些社会住房提供者贷款</td></tr>
<tr><td colspan="3">影响力：该银行只向英国的使命驱动机构贷款。主要的影响力主题为社会卫生保健、可负担住房、教育、可持续发展、艺术和社区重建等。自 2002 年创立以来，它已批准超过 2.5 亿英镑的贷款，帮助慈善机构和社会性企业影响了超过 100 万英国居民的生活。2014 年的借款者调查说明了它的影响力：95% 的借款者表示，慈善银行的贷款对他们完成使命做出了卓越的贡献；85% 的借款者表示，借得的款项显著提升了对外给予帮助的质量。若没有它的帮助，66% 的项目融资根本无法完成</td></tr>
<tr><td colspan="3">财务回报：根据账户的类别、储蓄的期限和金额，每年的财务回报率为 0.5%~2.02%。从 2002 年开始，慈善银行的贷款违约率为 0.4%，存款违约率为 0。这家银行是金融服务补偿计划（Financial Services Compensation Scheme）的成员之一，该机构为单笔贷款的首个 7.5 万英镑进行百分百的担保</td></tr>
</table>

名称	区域	工具
Vancity	加拿大	CD

描述：Vancity 是加拿大最大的会员制社区储蓄互助社，资产规模为 186 亿加元，有 59 个分支机构以及超过 509 000 个成员。作为全球价值银行联盟（Global Alliance for Banking on Values，简写为 GABV）的成员，Vancity 将收到的存款投资或借给当地的企业、机构和初创机构，用于创造有利于经济、社会和环境的影响力。Vancity 提供专业的财务解决方案，结合拨款、小微金融、创业融资、传统贷款、抵押贷款和基于现金流和增长的信用贷

影响力：Vancity 自 2011 年以来，提供了超过 21.7 亿加元的资金，用于资助影响力驱动企业。这些社区影响力贷款帮助了很多废弃的社区、服务社区的机构、信用合作社、可负担住房、社会目的不动产、由女性 / 移民所有的企业、当地的天然有机食物公司、环境及能源效率、小微金融和减少贫困等项目。2015 年，Vancity 的社区影响力贷款占了所有商业贷款的 49%，影响力投资占了总资产的 19%，2020 年的目标为 50%。Vancity 约 10.4% 的员工是残疾人。通过“共享成功计划”，Vancity 将每年净利润的 30% 回馈给它的成员和社会合作伙伴——2015 年的数字为 1 950 万加币。从 2008 年到 2015 年，Vancity 的慈善捐赠金额超过了 5 700 万加元

财务回报：目前，CD 的年利率为 0.7%~1.1%。在过去的 10 年里，Vancity 的贷款违约率一直低于 1%，从未有过一笔违约存款。另外，CD 是由信用合作社存款担保公司（Credit Union Deposit Guarantee Corporation）提供的担保

固定收益

名称	地区	工具
Higher Education Note I	新兴市场和发达市场	结构化债券

描述：由瑞士信贷开发的 2 500 万美元的 Higher Education Note 提供了多元化债券组合，由奇迹金融（Prodigy Finance）发行，包括向硕士学生提供的高质量贷款。该债券的期限为 12 年，按季度支付利息和本金。瑞士信贷提供二级市场（退出的选项），并将 2% 的累积剩余价值设定为第一损失保护。该债券由瑞士信贷与奇迹金融和瑞士信贷基金合作开发。全球性银行瑞士信贷从 2002 年开始参与影响力投资，目前管理 30 亿美元的资产，包括各种行业（包括小微金融、教育、农业和自然保护）的创新型金融工具。奇迹金融是学生贷款的担保方，自 2007 年以来在高等教育方面有着良好的业绩记录，并实施稳健的风险管理流程（履行贷款率 >99%）

续表

名称	地区	工具
Higher Education Note I	新兴市场和发达市场	结构化债券

影响力：奇迹金融向学生提供可负担的贷款，包括适度的利率、无抵押品和 1~2 年的宽限期。该债券将帮助 500 多名才华横溢但贫困的学生获得一流的高等教育。75% 的学生来自新兴市场，82% 的学生没有可替代的融资选项。他们毕业后的工资平均增长预计率为 97%。外国学生还可以获得全球网络以及可以带回本国的专业知识，为经济和社会发展做出贡献

财务回报：该债券的年利率为 3 个月美元伦敦银行同业拆借贷款 + 4.50%，使得投资者的净 IRR 为 4.0%。自 2014 年 8 月成立以来，投资者一直收到符合目标回报的本期收益

名称	地区	工具
黄金巷住房（Golden Lane Housing，简写为 GLH）	英国	慈善债券

描述：GLH 于 2003 年发行了 180 万英镑的债券，用于为残疾人购买和开发可负担的 / 适应住房。这是国家慈善机构面向零售投资者发行的第一只债券。它由英国特里多斯银行创建，期限为 10 年，利率为 4%。GLH 是一家总部位于英国的富有进取精神的慈善机构，为有学习障碍的人购买、改造和出租房屋。自 1998 年成立以来，GLH 已投资 8 300 万英镑用于建造和购买 600 多处房产，帮助了英格兰和威尔士的 1 500 多名残疾人士。在 2013 年还清第一只债券后，GLH 筹集了 1 000 万英镑非上市债券（与英国特里多斯银行合作）和 1 100 万英镑的上市债券（通过零售慈善债券公司）

影响力：GLH 提供高质量的出租房屋，以满足残疾人的需求。债券收益用于支持 GLH 的商业借款，为 152 名有学习障碍的人购买 68 套房屋。该债券还帮助 GLH 通过商业融资来扩大其活动范围和影响力。在 2003 年，GLH 的净资产仅为 28 万英镑；而该债券的成功案例使 GLH 在 2014 年发行了 1 100 万英镑的零售慈善债券

财务回报：4% 的利息和本金额按计划全额支付（到 2013 年 4 月为止全额还款）

<table>
<tr><th>名称</th><th>地区</th><th>工具</th></tr>
<tr><td>社区资本管理 CRA 合格投资基金（Community Capital Management CRA Qualified Investment Fund）</td><td>美国</td><td>债券基金</td></tr>
<tr><td colspan="3">描述：CRANX 投资债券和其他债权基金来支持社会和经济发展活动，例如美国的低收入家庭住房供给和就业增长项目。截至 2015 年 9 月 30 日，该基金的 AUM 为 17 亿美元，并且每月支付的分红（美国证券交易委员会 30 天利率为 2.40%）。该基金由社会资本管理公司（Community Capital Management, Inc，简写为 CCM）管理。CCM 于 1998 年成立，AUM 为 20 亿美元（截至 2015 年 9 月 30 日）</td></tr>
<tr><td colspan="3">影响力：从 1999 年开始，该基金投资了超过 57 亿美元在社区发展上面，带来的影响力如下：资助建造 307 000 个可负担的出租房单元；为低收入和普通收入家庭发放 13 000 项房屋抵押贷款；投入了 2 800 万美元建造可负担的医疗设施；为创造就业机会和小企业发展投入了 2.09 亿美元；为社区发展投入了 1.88 亿美元，包括环境可持续发展项目、街区复兴项目等；投入 6.67 亿美元帮助州内购房和购房首付项目</td></tr>
<tr><td colspan="3">财务回报：CRANX 的财务表现以巴克莱美国综合债券指数（Barclays US Aggregate Bond Index）作为基准。截至 2015 年 9 月 30 日，CRANX 自成立以来的年化总收益率为 4.12%；10 年期回报率为 4.08%（对标 4.64% 的基准收益）；5 年期回报率为 2.89%（对标 3.10%）；1 年期回报率为 4.10%（对标 2.94%）</td></tr>
</table>

<table>
<tr><th>名称</th><th>区域</th><th>工具</th></tr>
<tr><td>联合利华绿色债券（Unilever Green Bond）[4]</td><td>南非、中国、土耳其等</td><td>企业绿色债券</td></tr>
<tr><td colspan="3">描述：2.5 亿英镑的联合利华绿色可持续性债券是由联合利华公司在 2014 年发行的固定收益债券，由联合利华 N.V. 和联合利华美国公司提供抵押，固定年利率为 2%，到期日为 2018 年 12 月 19 日。债券的收益用于资助联合利华工厂可持续地减少排污和用水及温室气体的排放。和独立可持续性咨询公司 DNV GL 一起，联合利华基于绿色债券的原则，设计了绿色可持续发展证券的基本架构，规定了债券收益的用途并保证由 DNV GL 进行独立确认。联合利华是一家食物、家庭和个人护理产品的跨国供应商，销售渠道遍布 190 多个国家</td></tr>
<tr><td colspan="3">影响力：在运营操作方面，为新工厂和改进型工厂在能源、用水、污染方面分别减少 50% 和 30% 的二氧化碳排放量。在节约能源方面，充分利用可再生能源，新引入节源动力和照明、热量回收和冷却系统、太阳能热水、LEED（能源与环境设计先锋奖）建筑证明以及购买无氟冰柜。在水和污染方面，引入雨水收集、水循环利用、日光收获，输出无危险污染垃圾进行填埋</td></tr>
<tr><td colspan="3">财务回报：每年利息率为 2%。截至 2015 年 12 月 31 日，利息已经按预定时间表进行支付</td></tr>
</table>

私募债

名称	区域	工具
加的斯保护型高影响力基金（Cadiz Protected High Impact Fund）	南非	私募债权基金

描述：加的斯保护型高影响力基金是一只开放式私募债权基金。从 2008 年 10 月份开始，截至 2015 年 12 月 31 日，加的斯资产管理（Cadiz Asset Management）将 1.2 亿美元投资于一系列债权工具（期限为 3~7 年的贷款），对象包括可负担住房、小微金融、艾滋病病毒生命保险、SME 金融、污染管理等领域的产生影响力的企业。美国国际开发署提供了 2 000 万美元第一损失的保障，基金投资者从中获益匪浅。该基金由加的斯资产管理和大资本（Greater Capital）合资管理。加的斯资产管理是一家南非投资公司，成立于 1996 年，管理的资产包括股权和固定收益产品。大资本是一家影响力咨询公司，由大而好南非信托（Greater Good South Africa Trust）于 2005 年创立

影响力：这只基金主要通过创造就业支持、创业和提供资金来源，为低收入群体提供切实可行的机会。从基金设立至 2015 年 6 月 30 日，该基金通过投资已取得的成果如下：资助了 40 000 余个 SME，其中 99% 由黑人所有，93% 由女性所有；创造 / 支持了 60 000 多个工作岗位，主要受益者为一直以来缺乏优势的群体；建造了 7 000 多个可负担的住户单元；32 000 多名小镇居民第一次得到了垃圾处理服务；为 900 多名小镇学生提供 IT 培训

财务回报：该基金的表现一直优于基准指数［英国工程标准协会全债券指数（BESA All Bond Index）］。截至 2015 年 9 月 30 日，基金的年化回报率为：自成立以来的 IRR 为 11.34%（基准回报率为 10.11%），5 年期 IRR 为 9.79%（对标 8.93%），3 年期 IRR 为 9.9%（对标 8.89%），1 年期 IRR 为 10.68%（对标 9.30%）

名称	区域	工具
responsAbility 公平农业基金	发展中国家	私募债权基金

描述：responsAbility 公平农业基金是一家开放式基金，截至 2015 年 10 月 31 日，AUM 为 1.66 亿美元。该基金于 2011 年 12 月创立，主要为发展中国家在农业价值链（例如供应商、生产商、合作的农民、零售商）中的企业提供固定和变动利息的债券（通常为 2 年期）。资金一般用于企业运营、各种农业产品的丰收和销售周期，例如咖啡、坚果、谷物、种子、草本植物等。该基金由世界影响力投资规模最大的资产管理公司 responsAbility Investments AG 负责管理，AUM 为 29 亿美元，在 90 多个新兴和发展中市场进行私募债权和股权基金投资。该管理公司成立于 2003 年，总部位于苏黎世，还有 9 大区域级办公室遍布世界

影响力：对于帮助农民进入更高支付价格的市场，获得更好的原材料、服务和增值能力的机构，基金向其提供资金，以达到让农村人群在发展中的经济环境里提升收入的目的。为了保证社会受益，基金的审贷标准包括赋能金字塔底层人群的可持续性商业模式、高 ESG 标准的承诺（以及有效的 ESG 管理系统），以及所有者和管理者诚信。截至 2015 年 10 月 31 日，该基金支持了 99 个机构，触及了 44 个国家和 40 多个社会群体的 74 234 位小农场主

财务回报：截至 2015 年 10 月 31 日，该基金（美元 B 级别）自成立以来的年净利率为 3.19%，3 年期为 3.23%，1 年期为 2.99%。总体的净回报表现：自成立以来的回报率为 12.21%，3 年期回报率为 10.02%

名称	区域	工具
RSF 社会投资基金 （RSF Social Investment Fund）	美国	贷款基金里的投资票据

描述：RSF 社会投资基金是一只规模为 1.04 亿美元的开放式贷款基金，成立于 1984 年，由 RSF 社会金融管理。基金主要的投资工具为 3 个月的票据，在每一个季度末自动更新，除非投资者决定兑现。基金支持的 RSF 的社会企业贷款计划（Social Enterprise Lending Program，简写为 SELP）专门向提升社会和环境福利的机构（非营利和营利）提供抵押贷款、建筑贷款、流动资金的信用额度（贷款长度为 1~5 年）。RSF 由非营利性金融服务机构鲁道夫 · 斯坦纳基金会（Rudolf Steiner Foundation）于 1936 年成立。该基金会旨在“改变世界对待金钱的方式”，总部设在旧金山，管理一系列的使命驱动基金，包括捐献者顾问基金

续表

名称	区域	工具
RSF 社会投资基金（RSF Social Investment Fund）	美国	贷款基金里的投资票据
影响力：从 1984 年开始，SELP 已经为 RSF 关注的 3 个中心领域（食物和农业，教育和艺术，生态管理）中的 250 个影响力驱动机构提供了 2.85 亿美元的贷款和 1.3 亿美元的拨款。根据 RSF 的使命，影响力分析主要侧重于理解 RSF 的活动是如何影响利益相关者的，而不是衡量投资项目的影响力。举个例子，2014 年的调查显示，92% 的 RSF 合作伙伴已经被 RSF 影响、感化或者转变；而 75% 的 RSF 借贷者表示，与 RSF 共事在很大程度上影响了他们的工作内容以及工作方式		
财务回报：现在（截至 2015 年年底）的年利率为 0.5%，5 年期平均利率为 0.59%。自成立以来，RSF 保持了 100% 的还款率，以及 2.07% 的贷款损失率（相比 10% 的贷款损失准备金）		

上市公司股权

名称	区域	工具
IEM 公司[5]	全球	小 / 中市值上市股权
描述：IEM 公司是英国一家投资信托公司，总的净资产规模为 3.72 亿英镑（截至 2015 年 12 月 31 日），由 Impax 资产管理进行管理。该公司的投资主要分布在以下行业：能源效能、替代能源、水净化和污染治理、废物技术和资源管理（包括可持续食品、农业和森林）。IEM 公司成立于 1998 年，公司使命是在环保领域带来卓越的投资回报，并通过向环保项目注入资金来发挥积极的影响力		
影响力：IEM 公司的投资组合中，超过 80% 的公司收入来自销售环境产品和提供环保服务。在项目的投资决策中，积极的影响力会先在公司层面进行评估，再根据股权持有的百分比进行战略配置。例如，某 1 年期投资项目减少了 862 吨的二氧化碳排放，相当于 1 年中减少了 386 辆车的使用、4 500 万加仑的用水量（1 040 个家庭的水用量）、4.3 亿瓦的用电量（102 个家庭的用电量）和 451 吨的垃圾（420 个家庭的垃圾量）		
财务回报：IEM 公司采用 MSCI ACWI 和 FTSE ET100 指数（环境科技）作为参考基准。截至 2015 年 12 月 31 日，它的累积回报（NAV）为：1 年期回报率为 6.0%（对标 3.3%MSCI ACWI 和 5.0%FTSE ET），3 年期回报率为 44.5%（对标 37.7% 和 55.1%），5 年期回报率为 29.0%（对标 42.7% 和 14.0%），10 年期回报率为 101.1%（对标 85.3% MSCI ACWI）		

混合 / 绝对回报

名称	区域	工具
特里多斯小微金融资金(Triodos Microfinance Fund)	新兴市场	开放式债权 / 股权基金

描述：特里多斯小微金融资金是一只开放式基金，成立于 2009 年，向欧洲的机构和私人投资者提供多级别的投资产品。基金对 MFI 和银行进行股权投资，并继续为其提供债权类资金的支持。这些信贷机构位于新兴市场，为被传统银行忽视的人群提供金融服务。为了应对可能发生的赎回事件，基金把净资产的 10% 作为保证金。截至 2015 年 12 月 31 日，基金的净资产规模为 2.906 亿欧元，已投资 58 家 MFI 和中小型银行、两家小微金融持股公司和一只基金，覆盖了拉丁美洲、亚洲、非洲、中东、北非和东欧等的 31 个国家。基金的管理公司是特里多斯投资管理，作为一家领先的影响力投资机构，其管理着 31 亿欧元的跨行业影响力投资和 SRI 资产（截至 2015 年 12 月 31 日；更多信息参见本部分第 26 节）

影响力：截至 2015 年 12 月 31 日，投资对象共服务了 1 200 多万借款客户（其中 79% 为女性，38% 来自乡村）和 850 万存款客户。投资组合里，越来越多的 MFI 提供了储蓄账户、保险、转账等业务以及中小型企业和农业产业的战略 / 产品。在股权投资方面，特里多斯投资管理积极参与投资对象公司治理，并组织可持续银行的专业技能分享活动

财务回报：截至 2015 年 12 月 31 日，以欧元为单位的机构级投资产品年化回报率为：5 年期为 6.2%，3 年期为 5.5%，1 年期为 3.3%

名称	区域	工具
EcoEnterprises Fund II	拉丁美洲	夹层基金

描述：EcoEnterprises Fund II 是一只生物多样性封闭式基金，资金规模为 3 500 万美元，成立于 2011 年。该基金为成长期的可持续发展企业提供资金，用于进一步的业务扩张，例如有机农业、野生产品、可持续森林和生态旅游的企业。使用的投资工具包括准股权、结构性版税和授权、可转换票据和长期债权融资。该基金已投资了 10 家公司，包括婴儿有机食品、茶和水果饮料、生物水稻保护公司和与当地社区合作的民宿运营商。基金团队成立于 1998 年，先是在大自然保护协会（The Nature Conservancy）旗下，后于 2010 年成为独立的投资管理机构。目前，团队管理着两只基金，AUM 规模达 4 200 万美元

续表

名称	区域	工具
EcoEnterprises Fund II	拉丁美洲	夹层基金

影响力：这家基金由全球影响力投资评级系统（Global Impact Investment Ratings System，简写为 GIIRS）评级。投资对象带来了积极的社区、环保和财务影响力，比如增加就业、可持续使用自然资源和保护多样化的生态环境来改善气候变化。10 多家投资对象创造了超过 940 个工作岗位，使 50 个社区受益，吸纳了 7 780 家小型生产商，保护了 80.9 亿平方米的土地

财务回报：结构化的夹层债权，基金投资获得当期收益和来自权证和未来收益的增长潜力。截至 2015 年 12 月 31 日，投资组合的所有项目企业表现恰如预期，利息范围为 9%~14%

私募股权

名称	区域	工具
阿维什卡微型风险（Aavishkaar Micro Venture），阿维什卡古德韦尔 I（Aavishkaar Goodwell I）	印度	风险资本基金

描述：阿维什卡印度微型风险资本基金（Aavishkaar India Micro Venture Capital Fund，简写为 AIMVCF）成立于 2001 年，资产规模为 1 400 万美元，由阿维什卡风险管理服务公司（Aavishkaar Venture Management Services PL）管理。AIMVCF 已投资 23 家企业，为乡村和服务水平低下的印度社区提供了生存机会，或者满足当地居民的基本个人需求（例如提供低成本的健康护理、教育和能源渠道）。阿维什卡古德韦尔印度小微金融发展公司（Aavishkaar Goodwell India Microfinance Development Company，简写为 AGIMDC）是一家成立于 2007 年的卢比基金，资金规模为 1 830 万美元，专注于印度的小微金融行业，已完成对 7 家小微金融公司的投资，由阿维什卡和古德韦尔投资联合管理。阿维什卡是一家投资公司，旗下的资产规模超过 2 亿美元，管理着 5 只影响力基金，主要关注南亚和东南亚洲。古德韦尔投资是管理 7 只影响力基金的投资机构，资产规模超过 1 亿美元，主要关注印度和撒哈拉沙漠以南的非洲

续表

名称	区域	工具
阿维什卡微型风险（Aavishkaar Micro Venture），阿维什卡古德韦尔 I（Aavishkaar Goodwell I）	印度	风险资本基金
影响力：2015 年，AIMVCF 的投资组合公司产生的影响力结果如下：1 870 万奶农通过使用史莱·坎德赫电子私人有限公司（Shree Kamdhenu Electronics Private Limited）自动化产品增加了共计 1 643 万美元收入；INI 的耕作方式提高了 200 位签约农民的生产力；607 451 名学生和 8 194 名教师使用了创新型学习材料；761 520 位居民通过萨拉普斯特（Saraplast）获得了干净的卫生系统，427 万居民通过水生活（Waterlife）喝到了纯净水；277 608 位居民通过瓦萨利亚（Vaatsalya）获得了支付得起的卫生保健服务；884 990 个家庭使用了塞瓦尔（Serval）提供的节能炉灶，节省了 3 716 万美元的开支；涡流（Vortex）为 138 万乡镇地区的居民提供了太阳能自动取款机，减少了 371.81 亿吨二氧化碳的排放。AGIMDC 的投资组合公司已经为 530 万低收入人群提供了金融服务		
财务回报：截至 2015 年 9 月 30 日，AIMVCF 的净 IRR 为 11%。项目退出情况如下：10 个全部退出的项目 IRR 为 12%~44%（投资乘数为 1.5x~3.75x）；3 个部分退出的项目 IRR 为 12%、41% 和 67%（投资乘数分别为 2x、12x 和 19x）；3 笔销账。剩下的投资组合的公平市场价值（Fair Market Value，简写为 FMV）为 1.8x，投资乘数为 0.87x~6.8x。截至 2015 年 9 月 30 日，AGIMDC 的总 IRR 为 19%（卢比），4 个项目退出（1 个项目为全部退出，另外 3 个为部分退出）的 IRR 为 17%、31%、33% 和 136%（乘数为 2.4x、3.8x、4.7x 和 8.0x）。剩下的投资的 FMV 为 1.7x（个体乘数为 1.4x~15.6x）		

名称	区域	工具
蛙跳普惠金融基金 I（LeapFrog Financial Inclusion Fund I）	新兴市场	私募股权基金
描述：蛙跳普惠金融基金 I 是一只存续期为 10 年的基金，AUM 为 1.35 亿美元，由蛙跳投资进行管理。该基金成立于 2009 年，主要投资于为低收入和无资产的家庭提供高品质产品的金融机构，比如保险和其他衍生品。该基金已投资 8 家公司，为 18 个市场（包括印度、加纳、肯尼亚、尼日利亚和南非等）提供保险、储蓄和养老保险产品。蛙跳投资是新兴市场的专业投资者，用目的—利润的方式进行投资，寻找非洲和亚洲 20 亿消费者新兴市场的增长机会。蛙跳管理着 3 只基金，AUM 接近 10 亿美元		

续表

名称	区域	工具
蛙跳普惠金融基金 I（LeapFrog Financial Inclusion Fund I）	新兴市场	私募股权基金

影响力：截至2015年9月30日，该基金和投资对象接触了来自21个市场的5 100万人。其中3 640万人是低收入或被金融机构排除在外的新兴消费者，大部分都是第一次接触金融工具。这些投资组合公司已支持了超过93 000份工作

财务回报：8个投资项目中的2个已经成功退出，总IRR为81%和40%（投资乘数为2.5x~3.5x）。截至2014年12月31日，剩下的投资组合公司按照FMV计算的估值为投资成本的1.47x

名称	区域	工具
联宇股票基金（Unitus Equity Fund）	巴西、印度、墨西哥	风险投资基金

描述：联宇股票基金是一家资金规模为2 400万美元的封闭式风险投资基金，由联宇公司创立于2006年，旨在支持有高增长潜力的小微金融公司帮助贫困人群，并且提升小微金融作为投资种类在私人部门的认知程度。该基金投资了7家公司，其中包括克雷德克斯（Credex）、SKS小微金融（SKS Microfinance）、巴西芬索尔（Finsol Brazil）和乌吉万（Ujjivan）。从2008年起，该基金由风险投资机构提升股本（Elevar Equity）管理。提升股本主要为那些为新兴市场的BoP提供基本产品和服务的创业企业提供扩张资本（权益资本），在印度、美国和哥伦比亚设立了办公室，现在管理着3只基金，AUM为1.66亿美元

影响力：联宇股票基金的投资对象创造了35 000多份工作，为超过1 600万低收入人群提供融资和其他金融服务，其中97%为女性。该基金让投资组合公司对外提供了超过4.5亿美元的债权融资和50亿美元的债权融资，显著扩大了业务范围和影响力

财务回报：截至2015年12月31日，联宇股票基金已实现净IRR 22.8%，投资乘数为1.7x。该基金已实现和未实现的合计净IRR为26.4%，实付资本乘数的2.2x。两家投资组合公司已经成功退出，投资乘数分别为1.1x和6.4x；一家已经销账，另一家以7.3x部分退出。其他四家仍在投资组合里，一家预计将被销账，而其他三家的FMV（投资乘数）为0.8x、1.2x和4.2x

不动产

名称	区域	工具
熊齿资本 I 和 II，有限合伙人	美国	不动产基金

描述：熊齿资本合伙人（Beartooth Capital Partners，简写为 BCP）通过两只不动产基金熊齿资本 I 有限合伙人（基金 I）和熊齿资本 II 有限合伙人（基金 II）管理的资产规模超过 7 000 万美元。此基金收购被低估的不动产（牧场、农场、灌木地带、用水权和其他不动产相关资产），通过翻新、维修、管理和保护来提升价值，再择机出售。翻新和维修工作包括河流和湿地的维护、矿山的清理、结构修复、法律和物理上的渠道建设等。管理和保护工作包括对可持续耕地和牧地、有机耕地和牧地、可持续木材管理、地役权以及其他保护工具的使用。BCP 是一家使命驱动的不动产管理人，位于美国的蒙大拿州

影响力：该基金的投资项目通过生态环境修复、可持续管理和气候适应等工作，正在积极影响人群、植物和动物。该基金与不合理的资源用取、工业食物系统、工业农耕和未 / 低效计划的发展进行积极抗争。截至 2015 年 12 月 31 日，基金已经管理了 33 000 多亩土地和 25 处不动产。公司已经将两处不动产和 2 400 多亩土地转变为有机耕地，修复了 550 多亩湿地和水池，约 27 千米的河流。BCP 将永久保护 7 处不动产和 15 000 亩土地

财务回报：基金的目标净 IRR 为 6%~10%。两只基金都已成功完成投资配置。截至 2015 年 12 月 31 日，第一只基金已经发生了 19 次变现事件，资本回报率为 56%；第二只基金发生了 5 次变现事件，资本回报率为 74%。完全退出的投资项目 IRR 为 1%~19%，对应的不动产投资乘数为 1.0x~1.6x

名称	区域	工具
特纳 – 阿加西特许学校设施基金会 I（Turner-Agassi Charter School Facilities Fund I）	英国	封闭式不动产基金

描述：特纳 – 阿加西特许学校设施基金 I 是一家资金规模为 2.1 亿美元的不动产封闭式基金，成立于 2011 年。该基金为美国服务水平低下的地区的新特许学校建立教学设施提供融资，一开始以租赁形式向缺少金融资源的经营者出租教学设施。数年后，该基金通过提供结构化的“买断”融资帮助经营者回购教学设施。该基金由特纳影响力资本和阿加西风险投资（Agassi Ventures）联合管理。特纳影响力资本是一家使命驱动的不动产投资公司，位于加利福尼亚，管理的不动产基金主要关注教育、可负担住房供给和健康卫生领域，AUM 达 7 亿美元。阿加西风险投资原是网球明星安德烈 · 阿加西（Andre Aggasi）的私人投资机构，管理他所有的赞助、合作方和投资的创业项目

续表

<table>
<tr><th>名称</th><th>区域</th><th>工具</th></tr>
<tr><td>特纳–阿加西特许学校设施基金会 I（Turner-Agassi Charter School Facilities Fund I）</td><td>英国</td><td>封闭式不动产基金</td></tr>
<tr><td colspan="3">影响力：通过关注可负担的社区和教育服务类房地产的发展，基金帮助满足服务水平较低的美国社区的基本需求。截至 2015 年 12 月 31 日，基金已经投资了 64 所学校，帮助了 34 000 名来自美国贫困社区的学生上学。截至 2015 年 9 月 31 日，50 所学校已经开始运行，其余 14 所学校预计在 2016 年 9 月开学。少数群体学生的比例占被资助学校总人数的 75%，比一般的公办学校高 50%</td></tr>
<tr><td colspan="3">财务回报：此基金达到了预期表现（目标净 IRR 为 10.75%，投资乘数为 1.5x）。截至 2015 年 12 月 31 日，一项投资的已实现净 IRR 为 15.5%，投资乘数为 1.43x，其他两个已签订合同的投资的未实现 IRR 为 24.11% 和 16.69%，相对应的投资乘数为 1.55x 和 1.89x。除了投资收益，该基金的租赁业务带来的年化收益率为 2%~4%。自成立以来，租赁业务尚未发生违约事件</td></tr>
</table>

7. 小微金融的表现

最古老的影响力投资领域之一是小微金融，发源于德国的合作银行。小微金融自 20 世纪 80 年代以来一直广泛应用于拉丁美洲和亚洲，小微金融投资组合通常采取群体贷款的结构，用来扩展群体成员的生产能力。由于个人贷款的金额较小，投资组合高度分散并与实体经济挂钩。MFI 最初通过拨款获得资金，在小微金融行业逐步发展和成熟后，开始以债权形式接受投资资本。

下图和下表显示了小微金融债权投资过往 12 年（2004—2015），相对于主流资产类别，如现金、上市公司股权、固定收益和混合型（此处以对冲基金为代表）的月度表现。每种资产类别由特定指数代表，小微金融投资的代表是 Symbiotics 公司开发的行业基准 SMX-MIV 债权指数（美元）。可以看出，小微金融的平均年回报率为 3.7%，波动率为 0.58%，显著低于主流资产类别。较高的夏普比率[1]和与其他资产类别较低的相关性表现出小微金融具有吸引力的风险－收益率。因此，小微金融的加入能够稳定投资组合并提供分散化收益。

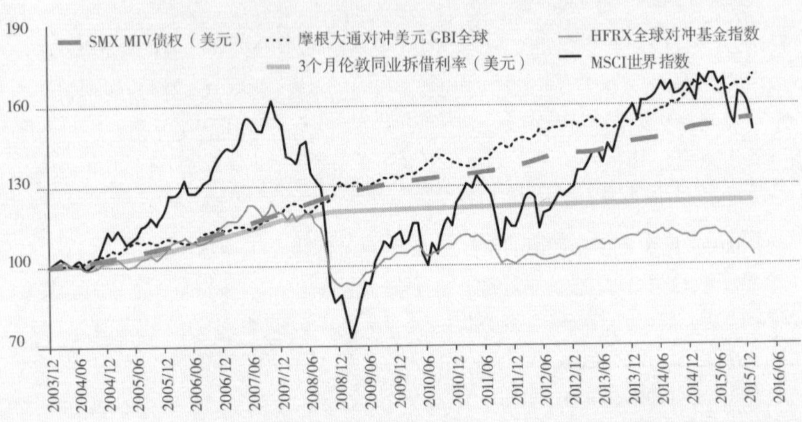

年度回报	2004	2005	2006	2007	2008	2009	2010	2011	2012	2013	2014	2015
SMX（美元）	2.75%	4.3%	5.09%	6.33%	5.95%	3.08%	2.55%	2.51%	3.58%	2.67%	3.44%	2.27%
SMX（欧元）	4.4%	3.1%	2.63%	4.15%	5.55%	2.06%	2.55%	2.63%	4.05%	2.51%	3.06%	1.69%

	小微金融	现金	固定收益（债券）	公共股权	混合型（对冲基金）
指数	SMX-MIV 债务（美元）	3 个月伦敦同业拆借利率（美元）	摩根大通对冲美元 GBI 全球	MSCI 世界指数	HFRX 全球对冲基金指数
回报（年化，复合）	3.70%	1.77%	4.54%	3.45%	0.26%
回报波动率（年化）	0.58%	0.55%	3.00%	15.34%	5.73%
夏普比率	3.06	–0.31	0.87	0.10	–0.29
小微金融与主流资产类别的相关性	无	0.56	0.04	–0.10	–0.13

资料来源：Symbiotics 公司。

夏普比率是衡量风险调整回报的行业标准，表示超出每单位波动率或总风险的平均无风险收益率。比率越高，投资机会越有吸引力。上表中的夏普比率是通过年化收益率减去年化波动率并除以无风险利率 1.94%（10 年期美国国债）计算得出的。

8. 三大表现研究的结果

由于大多数影响力投资活动发生在非上市投资领域，例如私募股权和债权，了解这些资产类别的表现对当前和潜在的影响力投资者来说是非常有意义的。目前尚缺乏对私募股权影响力投资表现的全面研究，背后的原因包括私募股权的性质（回报仅在退出时实现）、许多影响力投资持有期限较长、许多影响力投资组合还处于初期阶段。本节提供了 3 项研究的摘要：前两项包括了影响力投资基金的表现；后一项把以可持续发展作为战略的银行（积极参与影响力投资）与传统银行的表现进行比较。

“影响力投资基准的介绍”（CA 和 GIIN）

2015 年，CA 与 GIIN 合作，对以市场收益率（15% 以上的 PE 和 VC，以及 10% 以上的夹层基金）为财务目标的影响力投资基金进行了分析。调查结果发表在 2015 年的报告《影响力投资基准的介绍》（*Introducing the Impact Investment Benchmark*）中。该报告首次推行了私人影响力投资基金的财务业绩基准，CA 打算每季度更新一次。本节摘取了该报告的核心内容。

样本特征

该报告分析了 1998—2010 年发起的 51 只私募股权、风险投资和夹层投资影响力基金以及锚定的市场收益率（影响力基金），并将其与 705 只常规的商业基金（对比领域）进行对比。53% 的影响力基金的承诺资本少于 5 000 万美元，而对比领域中有 71% 的基金的承诺资本超过 1 亿美元。影响力基金也往往更年轻：超过 66% 的基金是 2005 年之后推出的，而对比领域中 2005 年之前推出基金的比例超过 50%。

方法

追求特定社会结果的主题或 ESG 基金被排除在数据集之外。要纳入基准，基金管理人必须提交经审计的年度财务报表以及季度或半年度现金流量表。CA 还要对多个地区收集到的基金数据进行标准化处理，以预备用于分析的数据。CA 承认，业绩分析存在一些限制，并在报告中进行了详细说明。投资表现以扣减管理费和附带权益的净 IRR 呈现，以美元计算实际的投资者回报。

主要发现

在整个分析期间（1998—2010），影响力基金的投资回报率为 6.9%，对比领域为 8.1%，但近几年的业绩大多尚未实现。影响力投资基准在过往数年的研究里表现强劲，1998—2004 年启动的基金（大部分已实现）表现优于对比领域。

规模较小的基金的表现最为强劲。募集资金低于 1 亿美元的影响力投资基金给投资者的净 IRR 为 9.5%，优于比较领域的同类基金（4.5%），规模超过 1 亿美元的影响力基金（6.2%），以及比较领域中规模超过 1 亿美元的基金（8.3%）。

新兴市场基金的业绩表现优于发达市场。新兴市场影响力基金对投资者的回报率为 9.1%，而发达市场影响力投资基金的回报率为 4.8%，对比领域的基金则为 10.4%。那些专注投资非洲的基金表现优异，回报率为 9.7%。1999—2010 年启动的新兴市场影响力基金表现优于类似的非影响力投资基金（其净 IRR 为 15.5%，基准为 7.6%）。

与所有的私人投资一样，经理人的选择和尽职调查是投资流程中的关键步骤，也是风险管理和获得高额回报的核心因素。影响力投资基准中的一些基金与对比领域里前 1/4 的基金表现一致，说明影响力投资获取市场收益率是可行的，并且强调了管理者技能的重要性。

> 影响力投资可以实现市场利率回报。尽管一些投资者认为影响力投资需要妥协部分财务回报，但调查显示，影响力投资基准在过去的几年里表现优异。
>
> ——CA 和 GIIN

“远大期望”研究（WSII）

2014—2015 年，沃顿社会影响力计划（Wharton Social Impact Initiative，简写为 WSII）对私募股权影响力投资基金进行了全球分析，试图了解坚持使命与财务回报的相互作用。研究结果于 2015 年发表在《远大期望：坚持使命和影响力投资绩效》（*Great Expectations: Mission Preservation and Performance in Impact Investing*）报告中。该研究还评估了影响力投资行业的整体财务业绩和退出历史，以确定在不牺牲使命的情况下是否可以实现目标的财务回报。本节提供了该报告的摘要。

样本特征

WSII 分析了 53 只投资私募股权基金和 557 项投资交易。样本中的基金规模中位数（按承诺资本计算）为 2 250 万美元。超过 3/4（77%）的样本为承诺资本少于 5 000 万美元的基金。投资的地理位置分布广泛，主要位于拉丁美洲（26%）和非洲（21%）。样本中 60% 的资金以市场收益为目标，故该部分资金被纳入了业绩分析，如下所示。

方法

WSII 开发了数据收集调查工具，由 89 个变量组成，涵盖了基金级数据和潜在的组合级数据。WSII 还要求 / 审查了基金的审计财务报告、季度报告、私募配售文件、投资协议和条款清单。通过分析基金的 170 个潜在投资组合公司的季度现金流量，WSII 计算了 IRR，投资倍数和修正内部收益率（modified Internal Rate of Return，简写为 mIRR）。随后，WSII 以市场指数为基准，并计算公开市场等价（Public Market Equivalent，简写为 PME）来衡量基金业绩。WSII 使用了两个基准指数：按时段的罗素（Russell）指数（跟踪 2000—2005 年的罗素 2000 成长指数，以及 2006—2015 年的罗素微型股指数），以及标准普尔 500 总回报指数。除了汇总计算之外，WSII 还对比了个体基金与市场指数，以计算个体基金的 PME。

主要发现

170 项寻求市场收益的投资产生了 12.94% 的 IRR 和 9.03% 的

mIRR（已实现和未实现的业绩）。在计算与基准（按时段的罗素微型股 / 罗素 2000 指数）的相对表现时，这些投资产生的 PME 为 0.98，与市场指数的表现几乎一样（PME 指数为 1 时表示与基准相同的表现，大于 1 时则表示超过基准的表现）。这些收益没有扣除费用总额、支出和承担的利息。进一步分解数据，若仅计算已实现的退出，IRR 为 18.59%，mIRR 为 9.46%。请参阅下表以获取数据摘要。

170 个寻求市场利率投资的业绩（总额，已实现和未实现）						
	期间	投资组合公司数量	IRR（总）	mIRR（总）	微型股 PME	标准普尔 500PME
所有投资	2000 年 1 月 1 日至 2014 年 12 月 31 日	170	12.94%	9.03%	0.98	1.00
退出的投资	2000 年 1 月 1 日至 2014 年 9 月 30 日	51	18.59%	9.46%	1.46	1.55

资料来源：WSII。《远大期望：坚持使命和影响力投资绩效》，2015 年。

除了上述汇总计算外，WSII 还通过比较寻求市场利率的基金的个体表现来审查个体基金的业绩表现，并进行统计分析，以便更好地了解整个行业。与按时段的罗素微型股 / 罗素 2000 指数相比，WSII 发现 PME 的中间值为 0.95，置信区间为 0.74~1.12。[6] 通过将使命一致的退出与整体退出进行比较，WSII 得出结论："使命一致的退出可以证明成功——公司为坚持使命不需要优惠回报。"

> 几项财务业绩的计算表明，实际上寻求市场利率的基金可以实现目标回报，同时也可以保留投资组合公司的使命。
>
> ——WSII

“强大而直接”（GABV）[7]

GABV是一个以价值为基础的银行网络，于2012年发布了报告《强大而直接：可持续银行业的商业案例》（*Strong and Straightforward: The Business Case for Sustainable Banking*），总结了可持续性发展银行[①]过往10年财务业绩的分析结果，并与全球系统重要性金融机构（Global Systemically Important Financial Institutions，简称全球系统银行）相比较。2015年，GABV进行了后续研究并发布了《真实的经济——真实的回报》（*Real Economy —Real Returns*），研究的覆盖期间为2005—2014年，并扩大了可持续发展银行的样本。完整报告可在GABV的网站（www.gabv.org）上查阅。

GABV成立于2009年，是由银行和银行合作社组成的独立网络，共同使命是运用金融来实现可持续的经济、社会和环境发展，并运用金融来寻找应对国际问题的全球解决方案。由特里多斯银行发起的GABV目前由28家银行、信用合作社、小微金融和社区银行组成，在亚洲、非洲、大洋洲、拉丁美洲、北美和欧洲等地开展业务，为2 000万客户提供服务，AUM超过1 000亿美元，员工人数超过30 000名。

样本特征

在第一项研究中，可持续发展银行集团由17个机构组成，其中14个是GABV成员。2015年，该集团扩大到25个组织。全球系统银行集团于2011年由29家银行组成，2015年为30家银行，其资格由金融稳定委员会（Financial Stability Board）设定。关于两大集团的详细组成以及研究方法的进一步信息，可参阅各自的报告。

主要发现

下表总结了可持续发展银行和全球系统银行在2005—2014年的10年间、2002—2011年的10年间以及后经济危机时期（2007—2011）的表现。由于可持续发展银行的样本构成发生了变化，2005—2015年的表现与其他时期的表现没有直接可比性。从表中可以看出，与传统银行相比，相同期间的可持续发展银行始终如一地提供了更好的资产回报率、接近的资本回报率、更低的回报波动率和更高的增长率。

	10年KPI（2005—2014）		10年KPI（2002—2011）		后危机时期KPI（2005—2014）	
	可持续发展银行	全球系统银行	可持续发展银行	全球系统银行	可持续发展银行	全球系统银行
财务回报						
资产回报率（Return of Assets，简写为RoA）	0.63%	0.52%	0.72%	0.55%	0.74%	0.38%
RoA的标准偏差	0.24%	0.38%	0.38%	0.38%	0.34%	0.35%
股本回报率（Return of Equity，简写为RoE）	8.4%	8.9%	9.7%	10.8%	9.0%	6.6%
RoE的标准偏差	2.8%	8.7%	3.9%	11.6%	3.7%	8.8%
资本实力						
股本/资产	7.9% (2014)	6.9% (2014)	7.5% (2014)	5.3%	8.3%	5.5%
一级资本充足率	12.7% (2014)	12.7% (2014)	12.2% (2014)	10.0%	13.1%	10.9%
风险加权资产/总资产	61.8% (2014)	44.5% (2014)	56.4% (2014)	42.4%	62.2%	38.7%

续表

	10年KPI（2005—2014）		10年KPI（2002—2011）		后危机时期KPI（2005—2014）	
	可持续发展银行	全球系统银行	可持续发展银行	全球系统银行	可持续发展银行	全球系统银行
复合年增长率						
贷款	12.4%	7.5%	19.7%	7.8%	15.6%	4.3%
存款	12.4%	8.7%	19.6%	10.0%	16.3%	7.8%
资产	11.7%	7.6%	19.0%	10.4%	15.2%	5.1%
股权	13.3%	10.9%	20.1%	11.5%	15.1%	10.5%
总收入	9.5%	5.7%	16.6%	6.9%	11.9%	4.4%

资料来源：改编自GABV。《真实的经济——真实的回报：以可持续发展为中心的银行业的力量》，2015。《强大而直接：可持续银行业的商业案例》，2012。

可持续发展银行专注于实体经济，持续表现出提供稳定风险调整回报的能力，同时作为金融媒介极力支持经济、社会和环境影响力，并且拥有强大的资金实力。

——GABV

9. 影响力投资组合的样本

本投资组合样本由G8社会影响力投资专题组资产配置工作组（G8 Social Impact Investment Taskforce Asset Allocation Working Group）编制，并列入其2014年的报告《影响力分配：资产配置工作组的主题文件》（*Allocating for Impact: Subject Paper of the Asset Allocation Working Group*）。工作组成员包括德意志银行、瑞银、苏

格兰皇家银行、欧洲投资基金和世界经济论坛的代表。下表的投资组合中有 8%~12% 的资产配置于影响力投资，详细对比了传统投资组合的预期收益和波动率。有关计算和假设的详细信息，可参阅完整的报告。工作组的结论是，只要投资者愿意将更大的份额配置给非流动性投资，上述影响力投资配置就不应妨碍投资者获得市场回报。

	适用于各种客户战略的 SAA				预期 5 年期年度回报	预期年度波动率
	较低风险		较高风险			
	收入	收益	平衡	增长		
现金 / 货币市场						
总体配置	5%	5%	5%	5%		
影响力配置	0%	0%	0%	0%		
固定收益 / 债券						
总体配置	70%	50%	33%	16%		
影响力配置（投资级债券）	3%	2%	2%	2%	3.8%	6%
上市股票						
总体配置	10%	22%	38%	56%		
影响力配置（国际股票）	0%	1%	1%	2%	7.2%	23.9%
绝对回报 / 混合						
总体配置	10%	12%	12%	12%		
影响力配置（包括 SIB、DIB）	2%	3%	3%	3%	4.1%	6.3%
房地产 / 实物资产						
总体配置	3%	6%	6%	5%		
影响力配置（房地产）	1%	3%	3%	2%	8.1%	7.0%
私募股权和债务						
总体配置	2%	5%	6%	6%		
影响力配置（PE、VC、私募债）	2%	2%	3%	2%	7.2%	9.9%

续表

	适用于各种客户战略的 SAA				预期 5 年期年度回报	预期年度波动率
	较低风险		较高风险			
	收入	收益	平衡	增长		
合计	100%	100%	100%	100%		
总影响力配置	8%	11%	12%	11%		
预期 5 年期年度回报						
传统 SAA	3.9%	4.7%	5.5%	6.3%		
包括影响力配置的 SAA	4.1%	5.1%	5.9%	6.7%		
预期年度波动率						
传统 SAA	3.6%	5.5%	7.5%	10.1%		
包括影响力配置的 SAA	3.6%	5.3%	7.3%	9.7%		

资料来源：改编自 G8 社会影响力投资专题组。《影响力分配：资产配置工作的主题文件》，2014。

> ……配置 8%~12%给影响力的投资者应该能够获得与没有配置影响力的投资者相同的财务回报……甚至可以因为风险分散而获得更好一点的预期财务回报。
>
> ——G8 社会影响力投资专题组

10. 项目关键参数之间的关联性

本节说明了影响力投资项目关键参数之间的关系，并指出了在决定个别参数时需要考虑的因素。

时间跨度

- **影响力主题**：达到目标影响力所需的时间将影响项目的周期。
- 将你的时间跨度与战略目标联系起来。例如，如果你试图向家人证明影响力投资的情况，你可能会需要更快地产生结果。
- 需要考虑法律 / 个人限制，例如特定投资工具的有限生命周期或家庭成员的个人偏好等。

项目的规模

- 执行方式与项目的规模密切相关。项目的规模太小，会较难建立专业团队和 / 或留住其他专家。确定项目的规模足够大，但也要严格执行筛选标准。
- **风险等级**：如果你不熟悉投资，请从小额配置开始，以便在不冒太大风险的情况下，有足够的空间和时间进行试验和学习。如果你决定整合影响力投资，那么在早期阶段就请设置相对保守的目标。
- **其他问题**：规模还取决于所选择的影响力主题、区域重点、风险分散化要求以及投资机会的可选性。

区域聚焦

- **风险考虑**：如果你厌恶风险（与你的财务考虑相关），你可能希望瞄准更稳定（发达）的市场，而不是冒险远离主场，除非你通过当地的中介进行投资（见下文）。
- **执行能力 / 成本**：将你的区域重点与当地资源 / 知识的可用性

联系起来。建立本地资源（直接投资时所必需的）的成本很高，因此你可以考虑通过中介在目标市场进行投资。

- **战略 / 个人利益：**在确定地理聚焦时，将家族（商业）的战略利益或地区的个人偏好纳入考虑范围。

行业 / 影响力主题

- **影响力主题：**将你的主题与你的影响力目标联系起来。如果机会有限，则在确定行业聚焦时，考虑间接的影响力（例如，太阳能发电带来更好的教育）。
- **项目安排：**家族企业可以将主题与其核心活动联系起来，这是介入核心项目领域的基础。
- **规模 / 市场：**如果你的项目规模很小，请关注一个或少数几个问题。如果你的项目规模很大，你可能需要扩大关注范围，以便找到足够的投资机会来满足你的要求。
- **方式：**如果你选择将影响力投资整合到你的投资组合中，那么更广泛的关注范围将有助于投资组合的建立；而行业聚焦可能适用于小规模的剥离式投资。
- **目标回报：**如果你以市场回报为目标，可能需要扩大行业关注范围。

方式（剥离式、整合式、杠杆式）

- **影响力主题 / 地区：**影响力目标和地理聚焦的选择可能会限制某些资产类别的投资可选性。
- **风险 / 经验：**从小规模的剥离式开始，你可以在小范围内试验方法和犯错误，并在扩大规模之前调整你的策略。

- **资源**：与整合式相比，小规模的剥离式可能需要更少的资源和更少的初始准备。

工具 / 资产类别

- **方式选择**：整合式策略意味着跨资产类别的投资。剥离式可以集中在一个或几个资产类别上。
- **战略目标**：对于家族企业而言，私募股权可能是首选方法，而家族办公室（需要更快地产生结果）的内部试点可能会倾向于流动性更高的投资策略。
- **资源 / 技能**：资产类别的决策将会影响团队 / 资源需求的组成。或者，它也与内部资源的可用性有关。
- **风险 / 流动性**：如果你的风险承受能力较低，对流动性的要求较高，你可能会选择排除私募股权投资。
- **主题聚焦 / 回报率**：如果你需要市场回报并关注特定的行业，可考虑更广泛的资产类别，以增加合适的投资机会。

投资对象概况

- **风险考虑**：如果你厌恶风险，可以关注成长后期的公司和经过验证的商业模型。
- **影响力主题**：还要指导你关注可规模化的或已规模化的解决方案。
- **市场**：在选择投资对象时，要明确有哪些可供筛选的潜在市场机会。

投资的数量

- **资源实施成本**：交易数量越多，执行策略时需要的资源就越多。
- **投资对象概况/资产类别/风险**：投资策略风险越大（阶段/商业模式），分散风险越重要。
- **影响力主题**：将交易数量与期望的结果联系起来，交易越多样化，在投资组合中需要持有的交易（具有不同的结果）就越多。
- **市场**：检查投资机会的可能的规模。例如，许多社会企业可能不会吸收大量资本。

11. 影响力投资的投资策略示例

奥米戴尔网（Omidyar Network）是皮埃尔·奥米戴尔和帕姆·奥米戴尔创立的慈善投资公司（参见第12章的案例研究）。这个混合实体（由营利性有限责任公司和拨款基金会组成）通过使用各种投资工具（从股权到拨款，以及中间的一切工具）来获取最大的影响力。此处介绍了奥米戴尔网的投资策略。

信念

每个人都有能力发挥作用。人与生俱来就有能力，只是缺乏机会。如果一个人投资他人，在机遇面前，他们将为自己、自己的家庭和整个世界创造积极的回报。企业可以成为一股强大的行善力量，这股市场力量可以有力地推动积极的社会变革。

使命

以大规模的社会影响力为目标，为个人创造机会来改善他们的生活，以及他们的家庭、社区和社会的生活。

核心价值

尊重：尊重个人固有的善意和能力。始终如一地尊重同事、合作伙伴、我们所服务的企业家以及企业家所服务的人们。

影响力：确保我们的工作重点是为世界和我们所服务的人的生活产生巨大的积极影响力。

协作：与其他人（跨组织、部门、地理位置和文化）进行建设性的合作，以确保获得最佳的结果。

服务心：为我们支持的企业家和最终从他们的工作中受益的人们服务。

谦卑：认识他人的美德和才能，尊重他们的内在价值。

影响力主题

消费者互联网和移动网络：使人们能够相互关联，做出更明智的决策，有效地访问产品和服务，表达自己，并对自己认为重要的事项采取行动。

教育：投资创业模式，为那些缺乏教育和就业机会的地区提供高质量且可负担的学校教育、学前教育和职业培训。

金融包容性：为穷人提供高质量、价格合理的金融服务。

治理和公民参与：通过帮助人们获取有关政府活动和政治资金的可靠信息，来鼓励政府的问责制和有效性。

产权：通过帮助人们建立、规范和利用产权来促进经济安全、身份认同和财富创造。

战略

通过适当组合以下资产来推动行业层面的变化。

金融资本（支持和扩大有影响力的组织，包括营利性和非营利性）。

人力资本（为了提高组织成员的技能和领导能力，我们通过招聘、辅导和培训等方式为他们提供支持）。

智力资本（通过知识共享、思想领导、政策制定和活动开展等来发展和传播有影响力的想法）。

网络资本（通过网络建设基础设施、同行学习机会以及跨创业公司的战略合作，扩大合作伙伴组织的影响力）。

方法

- 催化。
- 寻求创新、高效和可持续的解决方案。
- 优先选择市场化解决方案（将企业作为对社会产生积极影响力的工具）并投资于企业家。
- 灵活部署金融资本（例如股权、债权、补助金、PRI、MRI）。从系统的角度以数据驱动的方式做出决策。
- 在过程中，逐步激发社会变革的新模式。
- 与企业、政府、非营利组织和个人合作伙伴协作。

投资标准

协调一致：投资对象在奥米戴尔网的 5 个核心影响力主题之内，并与奥米戴尔网的使命保持一致，使用创新的市场化方法。

影响力：投资对象旨在开发新市场 / 行业、影响政策 / 实践、改变公众认知或展示企业创造社会和财务回报。理想的合作伙伴会促进所在领域的进一步创新活动。

规模化潜力：具有显著增长潜力的组织，具有扩大运营和开拓新市场的能力。

领导力：管理团队在运营领域拥有良好的业绩记录，能够制定明确的愿景和战略，推出可行的商业计划。投资对象必须实行规范的治理方式，拥有运营效率和控制力，以及透明的实践和严格的财务规划。

创新：采用创新型的企业战略实现目标的投资对象。投资对象可对现状提出挑战，建立新的商业模式，或为尚未开发的市场提供先锋式服务。

12. 用拨款来建设影响力投资领域

虽然不被视为影响力投资，但拨款对影响力驱动型企业的发展和影响力投资领域起着关键作用。在非投资领域，拨款为最终受益人提供了永久性的财务价值。不同的是，在影响力投资领域，拨款发挥了更大的促进作用，并且通常被视为暂时性补贴。通过资助早期发展，基金会在创新企业和财务模型落地过程中发挥了关键作用，帮助企业通过概念验证阶段，获得下一阶段影响力投资的资本。拨款还用于资助创业性企业培养各利益相关者的意识、改进矩阵和报告标准，为社会性企业的孵化平台提供种子资金。此外，拨款可以与投资款一起使用，为基金或产品提供一段时间内的增信措施。不过，随着时间的推移，投资者对项目的风险评级有所改善，将不再需要这种增信措施。

影响力投资领域建设：需要大量资源来应对影响力投资面临的各种挑战。拨款资金对于建立有效的影响力投资市场基础设施至关重要。支持的领域包括制定影响力衡量方法、设立中介和网络以及制定行业标准和具体法规。

支持影响力驱动企业：社会性企业在各个发展阶段都可能需要拨款的支持。初创企业使用拨款来验证概念和开发可持续的商业模式，使他们可以在随后的阶段募集投资资金。在成长阶段，拨款帮助消费者了解产品和服务的好处和用途，建立社会性企业的内在能力，并鼓励企业在风险明显提高的“困难”领域扩张。有效的影响力衡量（例如通过随机对照试验）通常只有在获得拨款的情况下才能实现，如果影响力的结果得到传播，拨款可发挥催化作用，加速吸引更多资金。关于拨款的使用情况会在下表中进一步详述。

	影响力投资领域建设	支持影响力驱动型企业	支持影响力投资基金 / 结构
目的	建立运作良好的影响力投资市场	促进特定企业或商业模型的可投资性、财务可持续性和可扩展性	通过降低风险和能力建设来调动和使用资本
接受人 / 受资人	咨询、智库、评级机构、中介机构、证券交易所等	影响力驱动企业和投资者	影响力投资基金和投资者
受益人	更广阔的市场	影响力驱动企业、投资者、最终受益者和更广泛的市场	影响力投资基金、投资者、投资对象和更广泛的市场
干预措施的例子	资助市场研究、开发衡量工具、网络、标准等	种子投资 / 试点、基金市场 / 影响力研究和能力建设等	第一损失担保、营运资金、技术援助、影响力研究等

支持影响力投资基金/结构：许多基金，特别是运营在金字塔底层的基金，在对企业进行投资的同时或之前，大量使用由拨款资助的技术援助设施。根据投资的阶段，该技术援助设施用于使潜在投资对象准备获得融资，建立内部能力并支付衡量和鉴定影响力的第三方费用。技术援助设施既能促进和支持影响力投资，又能提高其影响力和回报。拨款还用于通过第一损失担保降低对投资结构和资金的风险，帮助基金筹集必要的资金并建立业绩记录。

有关影响力投资中使用拨款的更多信息，请参见摩立特研究院2012年的报告《从蓝图到规模》（*From Blueprint to Scale*）。

创意/创业企业	评估	增长/规模	复制
• 商业计划比赛，给孵化器的拨款 • 社会初创企业的种子基金 • 对政府组织拨款用于孵化创收活动 • 市场研究，产品/技术开发 • 教育计划	• 技术援助（投资对象） • 组织建设 • 产品/业务开发 • 为试点提供资金（资本支出等） • 技术援助	• 进一步研发（降低成本、供应链、分销） • 客户教育，"市场推动" • 技术援助（管理培训，ESG/影响力衡量） • 降低融资结构风险（混合融资模式，首次亏损，贷款损失准备金）	• 补贴进入更加困难的市场 • 影响力研究，影响力鉴定

资料来源：改编自摩立特研究院2012年的报告《从蓝图到规模》。

13. 家族企业的影响力投资方式

	内部				外部		
	供应链 / 生产	产品 / 商业模式	新业务线	整体业务重组	企业影响力风险投资	系统创新	独立的业务
描述	将目标人群整合到供应链 / 劳动力中。减少环境足迹。开发新的原材料	调整产品和分销渠道。在核心业务中开发新产品、定价和融资方案	孵化 / 开发新的影响力驱动型业务线	围绕共享价值目标重新设计整个家族企业业务	投资于影响力驱动企业和 / 或影响力投资基金	全行业协作，政策倡导，行业基础设施建设，孵化 / 共享创新	在核心家族企业之外开展影响力驱动型业务
纳入核心业务	全部	全部—部分	独立孵育	全部	低，有收购的可能	低—无	无
管理投资对象	内部	内部或合资企业	内部或合资企业	内部	外部		由家族成员负责
涉及的部门	采购、生产、人力资源、基金会、CSR	业务部门、研发、基金会、CSR	企业风险投资、基金会、研发	全部	企业风险投资、基金会	基金会、CSR	由家族成员负责的独立实体
投资需求	识别教育等可能对社会基础设施有用的投资	市场研究、产品开发、生产、分销和营销	运行孵化器的开发 / 运营成本	开发 / 收购新业务或重整旧业务	投资资金、内部能力建设	投资资金启动企业、市场调研、召集	启动资金
可能的合作伙伴关系	社区组织、政府、影响力投资者、非政府组织、基金会	社会企业、非政府组织、社区组织、影响力投资者、其他企业	社会企业、非政府组织、企业、影响力投资者	社会企业、非政府组织、其他企业（合资企业）	影响力投资者、基金会	其他企业、非政府组织、政策制定者	社区组织、政府、非政府组织、基金会
商业理由	更强大 / 稳定的供应链。节约成本。多样性 / 生产效率。品牌价值，客户忠诚度。经营许可证 / 人才	业务增长（产品 / 市场 / 细分市场）、市场情报、品牌价值，客户忠诚度、人才 / 继承	业务增长（新业务线）、市场情报、品牌价值、客户忠诚度、人才 / 继任	业务增长（产品 / 市场 / 细分市场）、市场情报、品牌价值，客户忠诚度、人才 / 继承	市场情报、财务回报、获取创新	促进环境、品牌价值、市场情报，增长	测试 / 证明新模型，内包的可能性、学习机会
影响力理由	生计改善，社区发展，碳足迹	获得基本商品和服务，增加收入和生活质量	可负担性 / 获得某些基本服务。产品影响力（医疗保健，教育等）	通过商业活动，示范 / 信号作用提供社会价值	投资对象的影响力，促进规模化	系统性影响力，杠杆作用	通过商业活动提供社会价值、影响核心家族企业的能力

14. 不同影响力主题的结果示例

由好投资者（Good Investor）建立的表格提供了个人以及广泛的群体（社区、行业和社会）在影响力投资上的结果，可用作影响力投资目标的参考。

	个人	团体、行业和社会
教育	• 增加了学识和学术上的成功 • 提高了市民的意识和参与度 • 改善了社会和情感交流 • 帮助就业	• 通过学校和更多教育机构提高了社群参与的积极性 • 公共成本福利、倡导和政策影响
就业和培训	• 更好的专业（硬性）技能和工作经验 • 为就业增强了（软性）技能（预备进入职场）和工作积极性 • 提升了在职人士的工作满意度 • 增加了对工作满意的群体数量	• 公平的就业实践 • 增加了长期稳定的就业机会和动机 • 提高了雇主的参与程度，扩大了就业社交圈 • 公共成本福利、倡导和政策影响 • 更安全和稳定的社群
住房、不动产和基本需求	• 减少无家可归或生活质量低的人口的数量 • 对接可负担的基本需求的路径 • 更多弱势群体或有特殊需要的人能够得到生活自由	• 增加了可负担的社区住房 • 公平公正的租户管理和行为 • 公共成本福利、倡导和政策影响 • 为弱势群体或有特殊需要的人群提供安全和高质量的照顾
财务和法律事项	• 提供了获取财务和法律方面的产品和服务的更多路径 • 提高了财务管理能力和稳定性 • 提高了经济能力	• 合理和负责的理财 • 为社群企业提供财务和法律服务 • 改善当地经济环境，降低对经济援助的依赖和贫困程度 • 改善当地市场基础建设，提高社会投资水平 • 公共成本福利、倡导和政策影响

续表

	个人	团体、行业和社会
身体健康	• 为高质量的康复护理提供渠道 • 加强了健康意识和健康教育 • 更多的人感到充满活力 • 更多地共同制定决策 • 更多的人从疾病中康复	• 提供可负担和可获取的健康、体育和健身器材 • 更多群众积极参与体育和健身活动 • 公共成本福利、倡导和政策影响
健康生活和生活方式	• 提供了更多的服务和器材，来宣传和提升孕产性健康和早期生活健康 • 提高了健康意识和健康教育水平 • 更健康的饮食和更均衡的营养 • 更多人觉得积极和强壮 • 减少了药物滥用成瘾（包括吸烟）	• 提供可负担和可获取的健康、体育和健身器材 • 公共成本福利、倡导和政策影响 • 降低不同社群之间的期望寿命的差距
个人和社会的健康	• 更少人觉得被孤立、排挤，或者寂寞 • 提高了自我独立、自我管理的感觉和生活满意度 • 更多人有了抱负、动力和意义感	• 提升社会凝聚力，改善社群邻里关系 • 为社会关系圈增加了获取社会基础设施的路径
司法公正和公共安全	• 减少了与刑事司法系统的联系 • 减少了违规和重复违规率 • 减少了冒险行为	• 改善了公共安全，提高了可获得性 • 增强了社群凝聚力 • 公共成本福利、倡导和政策影响 • 降低了犯罪率
当地状况	• 为当地提供了设施和使用路径 • 提供了公共和社区运输系统及使用路径 • 改善专用的交通系统和移动设备	• 提高了公共交通便利性 • 增加了公共资产、社区设施和中心 • 增加了高质量的公共空间、公园和娱乐地点 • 增强了社会凝聚力
气候变化和环境保护	• 提供低成本可再生能源 • 节省能源的住房 • 提高能源利用率 • 提高水资源利用率 • 更多使用公共交通	• 改变人们的行为和认知（通过教育机构） • 保护 / 使用资源 • 保护自然空间、土地和野生动物 • 减少温室气体排放 • 可持续农业

资料来源：改编自好投资者。向善投资（Investing for Good），2014。

15. 衡量影响力的框架与工具（例子）[8]

以下列举了衡量影响力的平台与实用工具。这两份报告总结了衡量影响力的方法概要：目标资本（Purpose Capital）影响力基金于2013年发布的《影响力投资者指南：影响力衡量（*Guidebook for Impact Investors: Impact Measurement*）；世界可持续发展工商理事会（WBCSD）于2013年发布的《衡量社会经济影响力：商业世界指南》（*Measuring Socio-Economic Impact: A Guide for the Business World*）。

- **B-分析（B-Analytics）**：B-分析是全世界最大的社会与环境表现数据库（包括1 100多家企业），专为私人企业量身打造业内衡量标准，并收集该企业的社会与环境表现数据以做比较。

  网址：www.b-analytics.net

- **平衡计分卡**：衡量社会影响力、金融、顾客体验、商务流程以及学习/成长五大板块的表现。

  网址：www.newprofit.org

- **Endeavor的影响力评估仪表板**：Endeavor仪表板工具专门衡量企业对所在国家的金融、就业、社会与区域等方面的影响力。

  网址：www.endeavor.org/impact/assessment

- **GIIRS**：专为企业与基金评估社会与环境影响力的评分系统。GIIRS的评分系统类似晨星的投资评级以及标准普尔的信用风险评级。

  网址：www.b-analytics.net/giirs-ratings/

- **HIP计分卡**：HIP将各类投资产品的未来风险、回报潜力以及对社会的（净）影响力分成不同的等级。评级标准包括3种维度：产品与服务、营运矩阵与管理实践，基于 HIP 的 5 个影响力核心是健康、财富、地球、平等与信赖。

网址：www.hipinvestor.com/for-companies/hip-scorecards/

- **影响力衡量框架**：按行业划分的评价系统，旨在识别社会经济相关的影响力、指标与矩阵。包括 4 个商业战略驱动因素：实现企业成长、提高营运效率及通过价值链提高生产率、承担社会责任、改善运营环境。

  网址：igdleaders.org/documents/IGD_MeasuringImpact.pdf

- **影响力报告和投资标准（Impact Reporting and Investment Standard，简写为 IRIS）**：IRIS 是普遍适用的业绩矩阵表（通用以及分行业），能帮助企业提供一致、可靠的分析报告，促进企业之间的对比，并对投资组合的指标进行加总计算。IRIS 由 GIIN 创立。

  网址：www.iris.thegiin.org

- **逻辑模型开发指南（Logic Model Development Guide）**：是 W.K. 凯洛洛（W. K. Kellogg）基金会原为非营利组织研发的工具，用来开发及使用项目逻辑模型（改变理论）。投资者根据指南对影响力投资项目及投资对象进行评估。指南还包括建立逻辑模型的练习、实例分析以及空白的模型模板，以助力投资者创建自己的逻辑模型，还包括更多的资源和参考案例。

  网址：www.wkkf.org

- **衡量影响力框架**：帮助管理层落实企业社会经济影响力的识别、衡量、评估和排序的框架和指引，包括工作文本、样本指标与矩阵。

  网址：www.wbcsd.org

- **成果矩阵工具**：帮助计划及评估社会影响力的工具。包括九大影响力的结果领域和15个受益群体的结果指标和测量。使用者可选择相关的结果、测量及受益群体，并以电子表格的形式导出为使用者量身打造的结果矩阵。由大社会资本（Big Society Capital）、同善投资、新慈善资本（New Philanthropy Capital, 简写为NPC）和其他机构联合开发。

网址：www.bigsocietycapital.com

- 脱贫进展指数（Progress out of Poverty Indrx，简称为PPT）：用于计算位于国家贫困线与国际贫困线（每天平均收入1美元）以下的被调查人群（例如目标客户群）占比的方法，包括详细的操作指南、调查工具及工作表格。可帮助投资人随时追踪受益人群的贫困程度。

网址：www.progressoutofpoverty.org

- 辛泽（Sinzer）：用于测量影响力的软件平台。实现影响力绘图、高效数据采集和结果分析。提供数据采集模板（例如客户调查），生成仪表板及场景方案。投资人可利用软件平台开发自定义的框架或使用平台已开发的框架。

网址：www.sinzer.org

- 社会投资回报率（Social Return on Investment，简写为SROI）网：通过将价值归因在特定结果，对社会影响力进行量化处理的方法。影响力以货币或者货币化方式进行衡量。相对于基础的案例情况，SROI将项目划分为投入、活动、输出及结果4个方面。

网址：www.thesroinetwork.org

- SROI工具(SVT)：为个体企业与投资组合设计的衡量和管理影响力的工具箱。在SROI网络的基础上，SROI工具箱在货币化影响力和对比指标方面提供了更多的灵活性。

网址：www.svtgroup.net/solutions/manage2impact

- TRUCOST：企业用于衡量环境影响力的工具。TRUCOST 不仅能量化企业对环境的影响力，还能为企业的环境影响力定价，并且帮助企业指出相关的营业风险。

  网址：www.trucost.com

16. 影响力评估办法（投资组合）的示例[9]

新岛资本（New Island Capital，简写为 NIC）是一家投资顾问公司，成立于 2004 年，旨在为旧金山的超高净值人士（Ultra High Net Worth Individual，简写为 UHNWI）提供服务。NIC 的使命是“投资耐心的资本，扩大规模，以实现调整风险后的财务回报，并改变使用自然资源、建立企业和繁荣社区的方式”。NIC 按照 TP 方式来管理本金，在全球配置资产（资产类别包括流动资产、实物资产和私募股权），可直接投资企业或者通过基金间接投资，对财务优先和影响力优先的投资机会都感兴趣。

除了严谨的财务、风险和商业方面的尽职调查，NIC 对每个投资机会都进行了深入的影响力评估。如下图所示，NIC 采用四步分析流程来确定投资机会是否符合使命以及对投资组合的适合程度，定性分析投资机会是否延续了 NIC 的使命以及能否被认定为影响力投资（一致性）。所有的投资机会都需要在 4 个核心主题中产生影响力——环境、替代能源、可持续农业和社区（主题），根据九大核心组进一步确定投资的影响力结果（结果领域）。

影响力流程

一致性

- 与使命一致
- ESG
- 中性

主题

- 环境: 保护自然生态系统和资源
- 替代能源: 推动广泛使用可负担的可再生能源和替代能源
- 可持续农业: 为中等规模的农村社区提供有效的农业解决方案来提升环境绩效
- 社会群体: 把社区作为强有力的支点，通过构建虚拟/实地的模型来改变社会

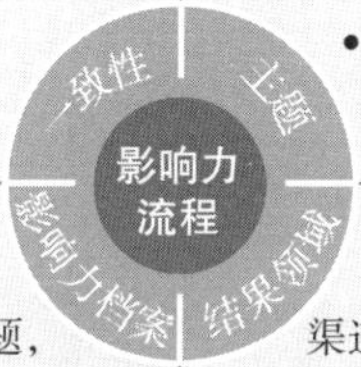

影响力档案

- 增加：逐步改进NIC关注的核心问题，包括根据ESG筛选的投资机会，这类投资机会是很多的
- 创新：投资显著改善NIC关注的核心问题，强调产品和市场的创新
- 改革：变革性的、破坏性的投资填补了市场的资本缺口。这样的投资机会是有限的，而且往往规模不大

结果领域

1. 水：节约和效率，其他的获取方式、质量、渠道
2. 能源：保护和效率，其他获取方式
3. 土地：生态系统健康，保护与恢复，可持续管理
4. 当地食物系统：采购、生产和加工渠道
5. 当地经济文化：企业发展、区域资本市场、共同繁荣与机遇、资产建设和经济自给自足
6. 低影响力生活方式：以村庄为导向的解决方案、运输和交通、健康和福利、绿色建筑、可替代的消费品、消费者意识和赋权
7. 减少和避免污染：减少气体排放，污染治理，补救
8. 居民参与：教育、激发、汇总、融入
9. 可持续组织：可持续领导力、员工参与度、绿色商业实践

完成尽职调查后，NIC 在决定投资的时候，需确认投资对象符合影响力投资的目标，并通过预先确定的 KPI 跟踪结果，在尽可能的情况下使用 IRIS 的指标。随后，NIC 积极地参与到投资对象的运营中，以监督和帮助推进影响力和财务表现。除了评估企业的影响力，NIC 还评估自身的影响力（非财务影响力）——分析已完成的投资如何促进资源、思想和资本流动的改变，以及在何种程度上促进了市场重点的转移和可持续组织的建立。

每个结果的影响力 KPI	
水：节约用水（升），生产的清洁水（升），获得的清洁水（人数） 能源：节能（千瓦时），生产的替代能源（百万瓦特） 土地：土地保护（保护地的亩数），可持续林业（按照森林管理委员会标准管理的森林亩数） 当地食物系统：有机生产（农田的占地数）	当地经济文化：当地绿色企业的贷款规模 低影响力生活方式：绿色建材使用（建筑材料占比），绿色建筑认证 LEED 减少和避免污染：二氧化碳污染减少（减少的或避免的二氧化碳排放吨数），从垃圾填埋场转移的有毒物质（千克） 居民参与：社群居民的数量

17. 影响力评估办法（基金投资）的示例[10]

在帮助影响力投资的发展上，摩根大通认为银行应当发挥更重要的作用。抱着这样的信念，摩根大通于 2007 年设立了社会金融部门，并向该部门配置了 1 亿美元的自有资金。该部门的任务是将这部分资本投入关注金融服务、医疗保健和农业养殖等领域的影响力投资基金，目标是获得一定的财务回报并为服务匮乏的社区带来积极的可测量的影响力。影响力目标是通过让低收入人群和受孤立人群成为消费者和供应商，来改善他们的生计。

作为评估基金经理人的一部分，摩根大通的社会金融部门使用计分卡来评估经理人的承诺（基金经理人的层面）和目标对象的影响力档案（投资组合公司的层面）。每个层面都有 3 项评判标准，通过加权平均算出每个层面的得分，如下面的蛛网图所示。这种评估在尽职调查中首次使用，并在整个投资周期中持续跟踪进度和影响力风险。

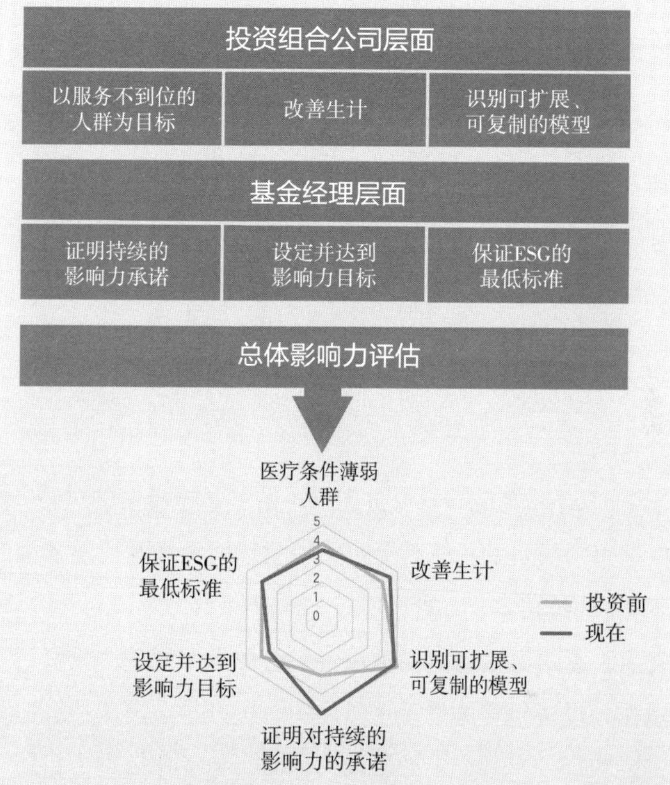

资料来源：改编自摩根大通资料《影响力评估实践》（*Impact Assessment in Practice*），2015。

18. 影响力评估办法（直接投资）的示例[11]

桥梁风险是一家使命驱动型投资公司，成立于2002年，愿景是让有实操经验的投资者和创业人才来解决社会挑战并推动可持续增长。桥梁风险的投资策略是专注于通过应对棘手的社会和环境挑战来获得财务回报的投资机会。桥梁风险采用各种类型的投资工具，并管理了3只主要基金：可持续增长基金、房地产基金和社会行业基金。桥梁风险聚焦于4个影响力主题：教育和技能、健康和福利、可持续的生活以及服务不到位的市场。

影响力方法论

在基金管理中，桥梁风险始终遵循“SET”三步流程，将影响力分析融入完整的投资周期中。他们选择影响力和高增长齐头并进的投资项目；加入ESG因素来管理风险，识别能创造额外价值的投资机会，积极跟踪项目进展，以便及时向管理层和投资者报告（见下表的总结）。每项投资都要对4项关键的评判标准进行分析：锚定的结果、ESG、额外性和一致性。针对每项评判标准的风险和收益，桥梁风险准备了一组问题，再根据反馈进行评分，从0（低）到3（高）。分析的结果就是影响力雷达，总结了每项投资的风险/收益档案。根据每项投资的投资计分卡，桥梁风险继续开发出基金的整体影响风险/回报档案，并进行追踪。

投资前，影响力雷达能促进投资机会的尽职调查。投资后，影响力雷达作为投资组合的管理工具之一，可以指导团队持续追踪每一项投资（和每一只基金）的影响力档案。为了让影响力雷达更好地跟踪投资项目的业绩，桥梁风险与每个投资对象沟通，以确定最合适的KPI，然后记录在影响力计分卡上。对投资对象而言，桥梁风险追踪的是有商业智慧的KPI，显示了投资对象对社会的积极贡献，以及对投资者的保护和投资增值。

	关键问题	积分评判标准		
		3（高）	2（中）	1（低）
锚定的结果	收益分析：投资是否创造了影响力的深度和 / 或规模？投资是否有益于服务不到位的受益者群体或更广义的社会？投资会产生什么样的系统性 / 更广泛的影响力	有规模和 / 或深度，另外，关注服务不到位的受益群体或是潜在的系统性改变	有一定的规模和 / 或深度	既无规模，也无深度
	风险分析：逻辑模型中的因果关系强吗	可信的二次研究证实因果关系（在不同但可比的情景下）	可信的二次研究证实因果关系（在不同但可比的情景下），以及初步研究支持因果关系（即投资对象自身的定量和定性评估）	科学研究（例如，RCT 或纵贯性研究）证实因果关系，表明投资是产生影响力的
额外性	收益分析：桥梁风险是否整合了投资的发展 / 表现	桥梁风险正在孵化企业	在主流投资者忽略的机会中，桥梁风险是唯一的或者领投的投资机构	该企业已经与其他（竞争）投资者建立了良好的关系，但来自桥梁风险的非金钱支持可能会增加影响力
	风险分析：投资是否能产生全新的结果，即如果没有该笔投资就不会发生的结果	被可比的其他社会福利替代的可能性较高（例如，简单地窃取市场份额而没有影响力的提升）	由于增加的数量或者质量导致了市场失灵，所以由可比的其他社会福利替代的可能性较低	由于增加的数量或者质量导致了市场失灵，所以由可比的其他社会福利替代的可能性较低
ESG	收益分析：有没有双赢的 ESG 投资机会	显著的 ESG 投资机会	一些 ESG 机会	无 / 极少的 ESG 机会
	风险分析：能否缓解 ESG 的投资风险	ESG 风险无法降低	ESG 风险可被降低	极小的 ESG 风险
一致性	收益分析：投资带来的影响力与有竞争力的财务回报能力如何保持一致	影响力与有竞争力的财务回报（风险调整的）相挂钩	产生可持续的风险调整的财务回报能力	不能偿还本金
	风险分析：投资对象的商业模式与产生的影响力如何保持一致	很多商业成功的因素与影响力成功的因素并不一致	一些商业成功的因素与影响力成功的因素并不一致	所有 / 大部分商业成功的因素与影响力成功的因素保持一致

资料来源：桥梁风险；更多信息请参见 www.bridgesventures.com。

影响力评估的组成

锚定的结果

“锚定的结果”分析，首先要确定是谁受到了问题的困扰（目标受益人），他们需要什么，改善的障碍和当前的回应是什么。这有助于谋划变化理论（Theory of Change），即分析规模、深度和系统性变化的潜力，以及通过压力测试验证逻辑模型中的因果关系。持续时间（变化是持久的吗？）和杠杆（结果是否给人们的生活带来积极的改变？）被用于评估影响力的深度。更广泛或更具系统性的积极变化用来评估更广泛的获益，例如为社会额外节约的成本，对政策的积极影响，或在广泛市场中的“涟漪效应”（包括价格破坏和山寨模型）等。在“健康和教育”主题中，桥梁风险应用“包容性”镜头来确保投资是为广大人群（包括未曾充分服务到的人群）创造积极的变化，而不仅仅是社会最富有的部分。社会行业基金通常会把重点放在弱势受益人身上。

额外性

额外性分析是指，若是没有桥梁风险的投资，影响力的结果是否仍会发生。“回报”分析挑战了投资者层面的额外性——锚定的结果是否会发生在没有桥梁风险参与的情况下。对于社会行业基金来说，投资者的额外性比较容易判断，因为投资对象受自身的结构和/或目标市场所限,不能依靠主流的资本市场来支持它们的成长。然而，在联合投资的情况下，桥梁风险要考虑自身在何种程度上帮助了投资的发展（例如，额外资本的杠杆），意味着更高程度的投资者层面的额外性。对于“服务不到位的市场”主题，额外性在于引导资本投向英国最贫困的 25% 的市场，弥补该市场的资本空缺。对于其他主题，投资者的额外性是指桥梁风险与投资者的社会或环境目标保持一致后，产生的非金钱收益（额外的社会价值）的最低程度。额外性更多的是指桥梁风险在构建或者在企业内部孵化企业的综合角色（在这种情况下，投资者层面和企业层面的额外性是一样的）。风险分析需要考虑企业层面的额外性——对比其他情况，分析投资对象是否产生了更多数量和更高质量的结果。一项投资可以创造新的积极的结果，也可以防止一些负面结果的发生（例如，挽救工作岗位）。

ESG

认识到每项投资都可能产生外部性（有意或无意、积极或消极的社会结果），桥梁风险试图评估所有投资组合公司汇总的整体影响力，而不仅仅是他们预期将要产生的变化。在投资之前，投资团队通过与潜在的投资对象合作来确定 ESG 风险。为了引导讨论，桥梁风险开发了内部的风险评估筛选标准。他们将风险的重要性划分为高、中、低三个等级，并将结果记录在风险登记册上。对于高等级的风险，桥梁风险在投资前会制订相应的缓解方案，投资完成后会立即制订“100天计划”。此后，投资对象的董事会和投资公司的投资组合审查会议会定期对 ESG 相关的问题进行审查，并通过影响力计分卡进行跟踪。除了缓解 ESG 风险外，桥梁风险还积极地寻找提高社会和企业绩效的机会。尽管每一种情况都是独特的，在影响力主题方面的专业知识使得桥梁风险找到潜力大的领域，例如通过独立的临床咨询委员会（医疗）最大限度地提高患者的护理水平，或者通过学徒计划创造就业机会（对服务不周到的市场）。虽然一些 ESG 机会是在投资前就要判断的，但在投资期间，许多 ESG 机会是在与投资对象的定期互动中出现的。

一致性

桥梁风险旗下的基金各自关注的商业模式不同，产生的影响力和财务回报也不一样。关于对投资产生影响力的能力与提供有竞争力、风险调整的财务回报之间的一致性，桥梁风险从投资回报的角度进行了分析。桥梁风险的可持续增长基金和房地产基金都在积极寻求影响力与有竞争力的财务回报挂钩的投资机会。换句话说，当投资带来极具吸引力的财务回报时，影响力也会自动扩大。桥梁风险的社会行业基金也寻找能够产生影响力的可持续投资，但并不追求完全市场化的财务回报——从早期社会性企业寻求社会股权（需要高风险资本，但提供低于市场的回报），到成熟的社会性企业为了追求商业模式（例如交叉补贴计划和合作）需要“社会夹层”融资（低风险 / 低回报融资，能保全使命的创新型退出结构）。从风险的角度来看，桥梁风险分析了投资对象的基本商业模式：商业模式的关键成功因素和期望的影响力之间的一致性。尽管在为投资者创造的财务回报上，各基金不尽相同，但所有基金都专注在有能力产生影响力的商业模式上，这也成为桥梁风险的竞争优势。

19. 投资人关注的关系网[12]

亚洲风险慈善网

亚洲风险慈善网（Asian Venture Philanthropy Network，简写为AVPN）在亚太地区的慈善和社会投资社群中推广风险慈善事业的创始人网，提供特定的关系网络建设和学习服务，以满足成员的需求。成员包括私募股权机构、金融服务机构、专业服务公司、家族企业、公司、基金会、大学和政府等相关实体。

网址：www.avpn.asia　亚洲

询问圈子

询问圈子（Ask the Circle）是由高净值家族及他们的家族办公室（净资产超过 1 亿美元）组成的全球对等网络。平台上 40% 的投资机会是与影响力相关的。

网址：www.askthecircle.com　全球

阿斯彭发展企业家网

阿斯彭发展企业家网（Aspen Network of Development Entrepreneurs，简写为 ANDE）是专注于帮助发展中国家的小型和成长型企业（Small and Growing Business，简写为 SGB）的全球关系网，包括 230 多家机构，由覆盖关键新兴市场的 7 个地区板块组成。成员包括私人投资者、基金、DFI、拨款和学术机构以及服务提供方。ANDE 促进关系网络建设、教育、行业研究并且分享实践经验，其中包括影响力评估。

网址：www.andeglobal.org　新兴市场

融合慈善事业

融合慈善事业（Confluence Philanthropy）是由致力于影响力投资慈善事业的私人、公共和社群基金会、个人捐赠者和投资公司组成的网络。大部分成员来自美国，少数来自欧洲、加拿大和墨西哥。

网址：www.confluencephilanthropy.org　美国

CREO

CREO 是一个由 100 多个家族办公室、私人投资者和顾问组成的网络，专注于解决重大环境挑战的投资（清洁技术、可再生能源和环境解决方案），是提供联合投资、协作和学习的平台。

网址：www.creosyndicate.org　美国

埃诺文圈子

埃诺文圈子（Ennovent Circle）是为了发现、启动、投资和规模化可持续性创新企业而聚在一起工作的影响力投资者、导师、专家和服务提供方。埃诺文圈子是全球在线网络，成员可以互相连接和合作，来加速对低收入市场的创新。

网址：www.ennovent.com　印度 / 全球

欧洲风险慈善协会

欧洲风险慈善协会（European Venture Philanthropy Association，简写为 EVPA）成立于 2004 年，由对欧洲的风险慈善事业和影响力投资感兴趣或希望实践的 210 多个组织组成，包括风险慈善基金、社会投资者、拨款式基金会、影响力投资基金、私募股权和专业服务机构、慈善顾问、银行和商学院。

网址：www.evpa.com　欧洲

吉森

吉森（Giinseng）是由会员驱动的中国香港社群，旨在推广影响力投资技能，让成员通过参与社会性企业和投资影响力社会性企业来学习影响力投资。

网址：www.giinseng.org　中国香港

GIIN

GIIN 是一个关系网络，聚集了想法类似的成员机构，希望从实操者的角度来构建影响力投资产业。会员可获取行业信息、工具和资源来增强影响力投资和管理的能力，并通过参加线上和线下的会员活动来彼此联络，包括资产所有者、资产管理者和服务提供方。

网址：www.thegiin.org　全球

使命投资者交易所

使命投资者交易所（Mission Investors Exchange）是基于美国的 230 多个基金会和影响力投资组织的网络，它们使用或正在学习使用 PRI 和 MRI 来完成慈善目标。为会员提供分享创意和经验的平台，帮助会员通过影响力投资来提高资本的影响力。作为基金会的学习中心，提供各种资源的访问路径，包括投资、顾问和合同模板的数据库。

网址：www.missionivestors.org　美国

影响力

影响力（The Impact）是致力于影响力投资的家族企业网络。它的使命是为家族提供知识和网络，来更有效地进行影响力投资，是通过提供教育服务，即提供对成员的投资组合进行定量和定性分析的技术平台，以及致力于扩张影响力投资的家族社群（和他们的员工）。

网址：www.theimpact.org　全球

青年投资者组织

青年投资者组织（Young Investors Organization，简写为 YIO）是由年轻投资者组成的邀请制的全球网络，代表着期望通过商业和投资活动来改变世界的有势力的家族下一代。YIO 帮助成员建立强大的同等身份的关系网络，促进建立有影响力的业务伙伴关系。自 2007 年以来，YIO 的会员超过 1 000 人，来自 55 个国家，年龄在 20 岁和 40 岁之间。

网址：www.young-investors.com　全球

20. 投资人关注的 / 综合关系网和社群[13]

爱创家

爱创家（Ashoka）是由领先的社会性企业组成的全球性协会。其宗旨是支持社会性企业发展，促进企业间合作，为行业基础设施建设做贡献。

网址：www.ashoka.org　全球

绿色回声奖学金

绿色回声奖学金（Echoing Green Fellowships）是为创业者设立的国际性奖项。其中，黑人男性成就奖颁给帮助美国的黑人成年男子和男童提升生活水平的创业者；气候奖颁给致力于通过创新减缓气候恶化的新一代创业者。奖品由种子基金和为创业者提供的非财务性支持两部分组成。非财务性支持包括为创业者和潜在的投资者建立联系等。

网址：www.echoinggreen.org　全球 / 美国

智囊影响力投资网

智囊影响力投资网（Intellecap Impact Investment Network，简写为 I3N）帮助影响力驱动型企业对接投资者，并在交易的整个过程中提供帮助，包括为企业商业计划的准备提出意见，参与企业与投资者之间的谈判，并为他们提供尽职调查和协议文件等。I3N 也可以在企业生命周期的各个阶段帮助企业募集资金——通过利用资源提供孵化、债权和投资银行等服务。

网址：www.intellecap.com　印度

奈斯特

奈斯特（NESsT）为投资组合里的高影响力社会性企业的增长和持续发展提供长期支持。从 1997 年开始，奈斯特通过各种方式开发可持续发展的社会性企业，包括金融投资、资本支持和社会资本融资。

网址：www.nesst.org　阿根廷、巴西、匈牙利、秘鲁、波兰、罗马尼亚

奈克瑟斯

奈克瑟斯是由 70 个国家的年轻投资者和社会性企业家组成的全球会员网络。他们聚在一起讨论、学习如何改进慈善事业和社会影响力并进行合作。网络合作促进了跨地域和跨行业的下一代领导者交流，为财富社群与社会性企业在对话、教育和共同解决问题上建立了桥梁。

网址：www.nexusyouthsummit.org　全球

施瓦布基金会

施瓦布基金会（Schwab Foundation）通过举办年度社会性企业家活动，每年评选出20~25位社会性企业家。基金会展示会员的工作成果，促进成员之间的合作，并邀请会员参与世界经济论坛的区域性和全球性会议。目前，施瓦布社会性企业家群体包括260多位会员，他们的资料可以在基金会的网站上找到。

网址：www.schwabfound.org　全球

斯科尔基金会

斯科尔基金会（Skoll Foundation）每年会组织评选社会性企业家奖，对产生重大且被证实的影响力的创新型社会性企业进行表彰。斯科尔基金会为获奖的社会性企业家提供3年期125万美元的核心支持，还让他们加入社会性企业家全球社群。获奖者的资料信息可在斯科尔基金会网站上找到。

网址：www.skoll.org　全球

英国社会性企业

英国社会性企业是英国社会性企业的国家机构。它开展研究，推广社会性企业，并为社会性企业家提供信息、建议和网络支持。

网址：www.socialenterprise.org.uk　英国

社会创业网

社会创业网（Social Venture Network，简写为 SVN）的会员是美国在社会和环境责任方面最具创新精神的企业家和投资者。该网络旨在支持和赋能各行业的创新领袖，通过商业来创造良善。

网址：www.svn.org　美国

中国香港社会性创业

中国香港社会性创业（Social Ventures Hong Kong，简写为 SVHK）是为中国香港的社会团体或社会性企业提供财务及非财务支持的风险慈善机构，并鼓励年轻的专业人士参与社会性创业活动。

网址：www.sv-hk.org　中国香港

无限

无限（UnLtd）是社会性企业家的基金会，是一家在英国注册的慈善机构，成立于 2002 年。无限为初创型社会性企业提供了一整套资源，包括资金奖励、持续的建议和指导、同业关系网以及对接投资者。无限直接与企业家合作，同时还与众多组织建立合作伙伴关系，帮助寻找、资助和支持社会性企业。无限每年支持大约 1 000 个机构和个人。

网址：www.unltd.org.uk　英国

21. 投资群体 / 俱乐部[14]

	明确社会天使（Clearly Social Angels，简写为 CSA）	超越（Go Beyond，简写为 GB）	斯堪的纳维亚影响力投资（Impact Investment Scandinavia，简写为 IIS)	I3N	投资者圈	PYMWYMIC 投资者俱乐部	TONIIC
网站	www.clearlysoci-alangels.com	www.go-beyond.biz	www.impactinvest.se	www.intellecap.com	www.investorscircle.net	www.pymwymic.com	www.toniic.com
会员所在地	英国	欧洲、美国	斯堪的纳维亚	印度	美国	比荷卢	全球
投资所在地	英国	欧洲、美国	斯堪的纳维亚和全球	印度、东非	全球	全球	全球
描述	英国的天使投资者网络，支持产生影响力的企业	天使投资平台 / 网络影响力投资者团体。为影响力项目提供工具、培训以及经验丰富的天使投资人	位于瑞典和挪威的私人和机构投资者网络，是 TONIIC 的合作伙伴	拥有 30 多名高净值人士和机构投资者（包括本地和全球）的天使投资者网络	由 190 多名美国天使投资人、专业风险资本家、基金会和家族办公室组成的网络。由美国各地的区域网络组成	拥有 130 多个比荷卢家庭、慈善家和个人影响力投资者的社群	360 多个私人和机构影响力投资者的社群。该社群同时也发起了百分百影响力网络平台，一个由 80 多位资产所有者组成的团体，他们承诺将百分之百的资产瞄准影响力

续表

	明确社会天使（Clearly Social Angels，简写为 CSA）	超越（Go Beyond，简写为 GB）	斯堪的纳维亚影响力投资（Impact Investment Scandinavia，简写为 IIS)	I3N	投资者圈	PYMWYMIC 投资者俱乐部	TONIIC
投资类型	对早期业务（股权 / 债权）的直接投资	对早期业务（股权 / 债权）的直接投资	直接投资和基金投资	对早期企业（股权）的直接投资	对早期企业（股权 / 债权）的直接投资。选择影响力基金	直接早期 / 成长期投资（股权）和选择影响力基金	范围广泛，专注于直接和通过基金的私募股权投资
投资规模	联合：25 万 ~150 万英镑；单独：2 万英镑以上	联合：5 万 ~200 万欧元；单独：4 000 欧元以上	联合：1.5 万 ~1 000 万欧元；单独：没有最低限度	联合：高达 100 万美元；单独：2.5 万欧元以上	联合：5 万 ~300 万美元；单独：5 000~10 万美元	联合：5 万 ~250 万欧元；单独：1 万欧元以上	对私募股权投资：联合：高达 1 000 万美元；单独：2.5 万美元以上
投资过程	交易来自会员和经 ClearlySo 初步筛选后的推荐。经审批的投资机会将在 CSA 月度会议上提出。如果有兴趣，会员带头进行尽职调查和框架协议谈判	交易来自会员、推荐和融资申请。由筛选委员会（成员 + GB 员工）进行初步审查。成员进行最后的尽职调查。GB 支持尽职调查，对退出进行准备并且执行	交易来自会员和 Toniic。成员每年会面 6 次，合作 / 分享尽职调查和共同投资。IIS 支持成员进行尽职调查，与服务提供方建立联系并跟踪成员投资的影响力	I3N 利用智囊生态系统生成 / 审核投资。5 个预先选定的交易每季度向印度成员进行展示，每两年一次向东非成员进行展示。I3N 促进尽职调查和条款谈判	交易来自会员和 50 多个合作伙伴（每年 500 个）。投资者圈为风险交易会（Venture Fairs）提供的所有交易进行 GIIRS 影响力评级，并通过在线平台促进集体尽职调查。投资者圈会员每年投资 15 笔以上交易	会员每年根据 7 项 Pymwymic 标准从 300 多名国际申请中选出 10 笔交易。成员进行最后的尽职调查	交易来自会员、合作伙伴和在线应用程序。将已审核的交易添加至平台。Toniic 每年举办 10 场以上的宣讲比赛和 30 多场会员活动 / 网络研讨会。由 TONIIC 研究院进行的集体投资组合报告 / 影响力衡量

续表

	明确社会天使（Clearly Social Angels，简写为CSA）	超越（Go Beyond，简写为GB）	斯堪的纳维亚影响力投资（Impact Investment Scandinavia，简写为IIS)	I3N	投资者圈	PYMWYMIC投资者俱乐部	TONIIC
会员标准	经认可/合格的个人投资者。会员承诺每年负责一笔交易，并共同承担尽职调查	经认可/合格的个人和家族办公室	经认可/合格的个人和家族办公室	经认可/合格的个人和家族办公室	经认可/合格的投资者（根据美国证券交易委员会条例D的定义）。强烈建议会员进行投资	经认可/合格的投资者。3类会员：家族基金会、个人投资者、精选机构（2%）。所有成员在加入前都会接受面试	经认可/合格的个人和机构投资者。承诺在成为成员的第一年后每年进行两笔交易；愿意分享专业知识、尽职调查和投资条款
会员费	每年1 000欧元以上的增值税	年费为2 500欧元，加上退出时20%的利润分成（8%的最低预期回报率）或对培训、投资机会和其他投资服务按使用付费	个人/小型组织每年1 250欧元+增值税（少于20名员工）；大型组织2 500欧元（20名以上员工）	无费用	个人会员：一次性费用1 000美元+年费2 000美元。机构会员资格：每年5 000美元（包括5人）	年会费：3 000欧元（家庭和基金会）；1 500欧元（个人投资者；10 000欧元（机构）	个人：每年5 000美元；机构：每年10 000美元。发起活动/介绍新会员/发起交易流的会员享有折扣

22. 交易数据库 / 投资平台 [15]

	Artha（+InvestAmericas 和 BarakaNeworks）	巴西影响力投资交易所	影响力资产 50 家	Impact Base	影响力合作伙伴	Maximpact	社会证券交易所（Social Stock Exchange，简写为 SSX）	社会创业交易所（Social Ventures Exchange，简写为 SVX）
网页	www.arthaplatform.com; www.investamericas.com; www.barakanetworks.com	www.briix.com.br	www.impactassets.org	www.impactbase.org	www.impactpartners.asiaiix.com	www.maximpact.com	www.socialstockexchange.com	www.svx.ca/en
类型	发起平台（直接）/ 网络	数据库（直接）	数据库（基金）	数据库（基金）	私人配售平台（直接）/ 网络	发起平台（直接）/ 网络	发起平台 / 交易平台（直接和基金）	数据库（直接和基金）
概要	以 BoP 为重心的网上投资圈和可搜索的数据库，包括印度（Artha）、拉丁美洲（InvestAmericas）和医疗投资（BarakaNetworks）。平台促进了联合 / 独立尽职调查，并对接当地的咨询顾问	网上数据库，为事先筛选过的巴西社会性企业寻找投资	影响力资产 50 家是线上的数据库，介绍了 50 个私募股权和债权影响力投资基金经理人。他们的 AUM 超过 1 000 万美元，有 3 年以上相关经验。经理人向影响力资产提交申请，并通过财务和影响力进行系统式审查	线上数据库，包括 380 多个影响力投资基金和产品。所有信息经由网站管理员审核和上传	线上的私人配置平台 / 网络和影响力投资网络，帮助投资者对接事先筛选过的亚洲社会性企业。投资者负责尽职调查，影响力合作伙伴帮助对接当地的咨询顾问。投资范围：20 万 ~200 万美元	线上可搜索的交易数据库；定制的交易搜索服务；提供企业、媒介和投资者间的社交网络；Maximpact 提供各种咨询服务，包括共享 / 非共享的尽职调查专家团队	线上平台，提供经由 SSX 筛选过的上市和私人影响力产生公司和基金。SSX 促进私人配置，将投资者与 SSX 的 ISDX（证券交易所）对接。拟在 2016—2017 年进行首次公开募股	线上可搜索的数据库，提供事先筛选过的社会性企业和影响力投资基金。现在的重点放在位于安大略省的社会性企业和基金；投资范围：2.5 万 ~1 000 万加元

续表

	Artha（+InvestAmericas 和 BarakaNeworks）	巴西影响力投资交易所	影响力资产 50 家	Impact Base	影响力合作伙伴	Maximpact	社会证券交易所（Social Stock Exchange，简写为 SSX）	社会创业交易所（Social Ventures Exchange，简写为 SVX）
投资 / 资产类型	对以影响力为目的的公司的直接私募股权 / 债券投资	对以影响力为目的的公司的直接私募股权 / 债券投资	主要为私募股权基金，也有一些私募债券基金	多样化（没有直接的投资或权益类基金）	对以影响力为目的的公司的直接私募股权 / 债券投资	对以影响力为目的的公司直接私募股权 / 债券投资	私人投资（股权 / 债权）；股票；IPO	对社会企业的直接私人股权 / 债权投资
区域重点	Artha：印度 InvestAmericas：拉丁美洲 BarakaNetworks：全球	巴西	全球	全球	亚太地区	全球	全球	加拿大安大略省
行业重点	多样	多样	多样	基础服务、金融、绿色科技 / 环保科技、创造就业机会、环保市场和可持续房地产、可持续消费产品	农业、医疗健康、水、教育、能源和科技	农业、仿生学、清洁科技、社区、建筑、生态旅游、环境、森林、海洋、可再生能源、垃圾处理、水和妇女权益	生态、社会经济、教育和艺术、健康	多样
路径 / 会员资格 / 缴费	需要注册 / 会员免费，适合经认证 / 合格的个人或机构投资者和捐赠者	开放。适合经认证的个人和机构投资者	开放。适合经认证 / 合格的投资者（直接）和散户投资者（通过捐赠基金）	需要注册 / 会员免费。适合经认证 / 合格的投资者（美国金融业监管局 / 美国证券交易委员会规则）	需要注册 / 会员免费，适合经认证 / 合格的个人或者机构投资者（新加坡居民）	需要注册 / 会员免费。适合经认证 / 合格的投资者	开放 / 对投资者免费。适合经认证 / 合格的散户投资者	开放。适合经认证的 / 合格的投资者

23. 会议和事件[16]

印度活动论坛

印度活动论坛（Action for India Forum）将投资者、银行家、捐赠者、政府和企业与积极活跃的社会创新者聚集在一起。论坛的重点是建立知识和技能的根基，以及促进行业领袖之间的交流与沟通。

网址：www.actionforindia.org　印度

ANDE 项目

ANDE（详见投资者网）主办一系列的活动、培训和会议，重点在于对新兴市场快速增长的小型企业的投资与支持。

网址：www.andeglobal.org　美国

AVPN 项目

AVPN（详见投资者网）集合亚洲、北美洲和欧洲的风险慈善家与影响力投资人举办研讨会、工作坊以及年度会议，推广共享学习，最佳实践以及建立跨行业的关系网络，目标是创建亚洲的影响力投资社群。

网址：www.avpn.asia　亚洲

CEE 影响力日

CEE 影响力日是全天的闭门会议，汇集了全球组织、个人、机构投资人以及经挑选的影响力创业项目，目标是发展中东欧的影响力投资产业。

网址：www.ceeimpactday.org　中东欧

EVPA 活动

EVPA（详见投资者网）举办全年的一系列活动，包括国家会议、研讨会、实地考察和专项在线研讨会。EVPA 年度会议汇集了 EVPA 会员和影响力生态系统的相关参与者，促进共享知识与见解，为建设更加稳健、有效的社会组织体系共同努力。

网址：www.evpa.eu.com www.ceeimpactday.org　欧洲

影响力资本峰会

影响力资本峰会（Impact Capitalism Summit，简写为 ICS）为家族办公室、基金、资产管理机构、基金经理人与媒介提供两日的社交与教育活动。参与者可互相学习借鉴，以寻求回报与影响力的最大化。

网址：www.impact-capitalism.com　美国

安大略影响力

安大略影响力（Impact Ontario）会议汇集了安大略省的创业项目与投资者，以便通过推介会、一对一洽谈和专题报告促进影响力投资交易。

网址：www.socialfinanceforum.marsdd.com　加拿大

影响力论坛

影响力论坛（Impact Forum）是专为亚洲影响力参与方打造的影响力投资论坛，汇集了投资人、企业家、捐赠机构、研究机构和媒介，在论坛中分享知识，讨论最佳实践，并且建立跨行业的关系网络，以催化亚洲和世界的影响力投资。

网址：www.impactforum.asia　新加坡

影响力投资

影响力投资（Investing for Impact）的区域活动为志同道合的投资者与投资专业人士提供了学习与交流的平台，加深了对影响力投资的理解。

网址：www.investingforimpactevents.com　美国

拉丁美洲影响力投资论坛

拉丁美洲影响力投资论坛（Latin American Impact Investment Forum）促进当地的社会与环境企业、投资基金、商业媒体、基金会、非政府组织与商学院等之间的沟通和交流。

网址：www.inversiondeimpacto.org　拉丁美洲

变革伙伴关系

变革伙伴关系（Partnership for Change）是一系列会议和工作坊，汇集了社会性企业家、慈善家和投资者，旨在鼓励更多的个人、企业、公共机构、研究机构、慈善家与非政府组织共同创造可持续的正向社会变革。

网址：www.partnershipforchange.net　欧洲

做大（Play Big）

做大以邀请制汇集了寻求通过慈善和影响力投资将个人财富与价值观完全保持一致的财富持有者。

网址：www.renewalpartners.com/collaborations/conference　美国

Pymwymic 影响力日

Pymwymic（见本部分第 21 节）在阿姆斯特丹举办的年度影响力日长达两天，汇集了私人投资者、天使投资人、慈善家、企业家与影响力思想领袖，共同为社会和环境的进步做出贡献。除此之外，Pymwymic 也在成员国为投资人与企业家举办季度会议。

网址：www.pymwymic.com; www.impactdays.org　欧洲

桑柯普论坛

桑柯普（Sankalp）在印度举办的年度峰会，汇集了上千位来自世界各地的代表，包括社会性企业、影响力投资者、政府代表、企业家、媒体等。会议中，代表们就可持续发展路线进行讨论和商议。桑柯普论坛于 2013 年扩大至非洲。

网址：www.sankalforum.com　印度和非洲

SOCAP

年度 SOCAP 会议为企业家、投资者、基金会和其他机构提供了向全世界展示影响力投资理念的平台。

网址：www.socialcapitalmarkets.net　美国

TBLI 会议

TBLI 提供了一系列与可持续投资相关的会议。会议持续两日，为投资人提供与其他业内人士结识和交换信息的机会，尤其是社会责任投资和影响力投资的最新进展。

网址：www.tbliconference.com　欧洲、美国和亚洲

南非影响力投资网

南非影响力投资网（The Southern African Impact Investment Network，简写为 SAIIN）主办的影响力投资会议吸引了来自各个领域的参与者，包括各大银行、资产管理公司、DFI、国家和地方政府以及社会性企业家。

网址：www.saiin.co.za　南非

TONIIC 全球聚会

TONIIC 为活跃的影响力投资人创造了互相交流和分享最佳实践的机会，并提供了一系列的投资者工具、交易机会、流程支持、全球论坛以及同行专家群。TONIIC（见本部分第 21 节）还开发了

ImpactU 课程，一个由圣克拉拉大学孵化的影响力投资教育项目。

网址：www.toniic.com　全球

24. 加速器和孵化器[17]

阿格拉加速器

阿格拉加速器（Agora Accelerator）提供为期 6 个月的项目，旨在为解决社会和环境问题的高潜力的早期和成长期公司提供知识、关系网络和资本，以带来商业和影响力的增长，包括 1 周的企业家退休会，5 个月的咨询服务，以及投资者对接活动。

网址：www.agorapartnerships.org　拉丁美洲

尼日利亚联合创造中心

尼日利亚联合创造中心提供一系列的项目，旨在加速社会资本和科技的应用，以促进尼日利亚的经济繁荣。它为社会性创业企业提供开放的实验室和预孵化空间，包括建议、培训、指导以及通过本地和国际合作伙伴的关系网络和共享的工作空间来对接资金。

网址：www.cchubnigeria.com　尼日利亚

Dasra 社会影响力

Dasra 社会影响力（Dasra Social Impact，简写为 DSI）项目采取工作坊的形式和哈佛商学院的案例，专注于各方面的制度建设，例如战略、资金募集、影响力评估和人才管理。紧密的校友网确保了持续的学习，并促进了广泛的合作伙伴关系发展。

网址：www.dasra.org/DSI　印度

展翅

展翅（Fledge）是为期10周的加速计划，帮助有影响力的创业者把他们的创意和处于雏形阶段的公司变成现实。项目提供教育和指导，以及庞大而不断增长的支持性网络，包括过去的项目参与者以及数以百计的导师。

网址：www.fledge.com　美国

好公司风投

好公司风投（Good Company Ventures）是为期12周的加速项目，帮助社会性企业家将他们的创意进行规模化，完善执行计划，并捍卫他们的资本化战略。该项目包括了一系列专家和投资者小组、战术讲习班、对等批判、一对一教练，希望最终能为项目争取到更大的资金支持。

网址：www.goodcompanyventures.org　美国 / 全球

I2I 投资孵化器

I2I投资孵化器帮助种子项目启动，加强商业模式，并预备好接受融资的社会性企业加速计划。该计划提供了以创业者为中心的网络、多元化的企业专业人员的指导，以及通过直接介绍或商业推介接触影响力投资者。

网址：www.sowasia.org/accelerator　中国香港

霍特奖

霍特奖（Hult Prize）是集合了来自世界各大学的年轻社会性企业家的创业加速器。这项年度竞赛旨在创造并推出最具吸引力的社会性企业创意。获胜者将获得 100 万美元的种子资金，以及来自国际商界的指导和建议。

网址：www.hultprize.org　全球

影响力引擎

影响力引擎（Impact Engine）是为期 16 周的加速器计划，旨在为产生影响力的营利性初创企业成长为世界性的成功公司提供所需的资本商业资源和网络，包括一对一的导师、嘉宾演讲者、商业工作坊，并促进与其他项目参与者共同协作以及团队建设。

网址：www.theimpactengine.com　美国

准备投资

准备投资（Investment Ready）是为期 3 个月的项目，主要为中东欧的影响力创业公司加速能力建设，将影响力规模化，以及吸引合适的商业资金。该计划由维也纳的 3 个模块（每个为期 3 天）组成，并由波士顿咨询集团提供持续的指导。

网址：www.investment-ready.org　中东欧

墨西哥新风投

墨西哥新风投（New Ventures Mexico）是一个支持社会和环境企业家的平台，通过融资［来自奥多比资本（Adobe Capital）］、加速［通过可持续发展思想网（Sustainable Minds Network）］和推广来增强影响力投资生态系统。

网址：www.nvgroup.org　拉丁美洲

PIPA

PIPA 是巴西的加速器，为影响力驱动企业提供资本、导师、讲座和社交网络。

网址：www.pipa.vc　巴西

SE 外展加速器

SE 外展包括不同的加速器项目，旨在支持和促进全球社会性企业家的兴起。这些项目提供了新手训练营、研讨会、工作坊和辅导课程。

网址：www.se-forum.se　瑞典

社会影响力启动

社会影响力启动（Social Impact Start）为创业阶段（持续时间长达 8 个月）的社会性企业家提供奖学金计划，也提供对接投资者、教练及指导、技术援助、协同工作空间（在德国、奥地利和瑞士的不同城市）等。

网址：www.socialimpactstart.eu　德国、奥地利、瑞士

差异孵化器

差异孵化器帮助社会性企业实现经济的可持续发展，提供商业模型工作坊、能力建设和定制的投资预备项目，还提供定制的咨询服务，让社会性企业和影响力投资者对接。

网址：www.tdi.org.au　澳大利亚

不合理机构

不合理机构（The Unreasonable Institute）为早期的影响力驱动公司提供 3 个加速器计划：全球不合理机构、东非不合理机构和墨西哥不合理机构。同时为公司提供知识、指导、联结和融资等方面的支持。

网址：www.unreasonableinstitute.org　美国、东非、墨西哥

印河无限

印河无限作为孵化器，为早期社会性企业家启动创业项目提供了完整的生态系统，包括种子基金、孵化支持和合作空间。

网址：www.unltdindia.org　印度

乡村资本

乡村资本（Village Capital）为创业家群体提供广泛的以行业为中心的教育项目。社交网络聚集了志趣相投的投资者，并提供了寻

找顶级创业者的路径、培训和投资资金。

网址：www.vilcap.com　全球

维格罗种子

维格罗种子（Villgro Seed）资助并孵化以创新为基础的早期阶段营利性社会性企业，在很大程度上提升了印度贫困群体的生活品质。

网址：www.villgro.org　印度

25. 推荐的阅读资料

以下的清单提供了更多的阅读推荐，并按不同的主题进行排序。更多关于影响力投资的资源可以在 GIIN 知识中心的网站中找到（www.thegiin.org）。

通识书籍

Brandenburg, M. and Rodin, J. *The Power of Impact Investing*, 2014.

The Case Foundation. *A Short Guide to Impact Investing: A Primer on How Business Can Drive Social Change*, 2014.

Clark, K., Emerson J., Thornly, B. *The Impact Investor: Lessons in Leadership and Strategy for Collaborative Capitalism*, 2015.

Credit Suisse. *Investing for Impact: How Social Entrepreneurship is Redefining the Meaning of Return*, 2012.

Social Impact Investment Taskforce. *Impact Investment: The Invisible*

Heart of Markets, 2014.

The World Economic Forum. *From the Margins to the Mainstream: Assessment of the Impact Investment Sector and Opportunities to Engage Mainstream Investors*, 2013.

基金会

Charlton C., Donald S., Ormiston J., Seymour R. *Impact Investments: Perspectives For Australian Charitable Trusts And Foundations*, 2014.

Mission Investors Exchange. *Community Foundation Field Guide to Impact Investing*, 2013.

Mission Investors Exchange, Arabella Advisors, and Exponent Philanthropy. *Essentials of Impact Investing: A Guide for Small-Staffed Foundations*, 2015.

家族办公室 / 个人投资者

ImPact. *Impact Investing: Frameworks for Families*, 2016.

Triodos Bank. *Impact Investing for Everyone: A Blueprint for Retail Impact Investing*, 2014.

World Economic Forum. *Impact Investing: A Primer for Family Offices*, 2014.

家族生意

EVPA. *Corporate Social Impact Strategies: New Paths for Collaborative Growth*, 2015.

Gradl, K. and Knobloch C. *Inclusive Business Guide: How to Develop Business and Fight Poverty*, 2010.

Porter M. and Kramer M. *'Creating Shared Value,'* Harvard Business Review (Jan), 2011.

Volans Ventures. *Investing in Breakthrough: Corporate Venture Capital*, 2014.

市场 / 绩效 / 调查

Cambridge Associates and GIIN. *Introducing the Impact Investment Benchmark*, 2015.

EVPA. *European Venture Philanthropy and Social Investment 2013/2014 Survey*, 2014.

GIIN. *ImpactBase Snapshot: An Analysis of 300+ Impact Investing Funds*, 2014.

Global Alliance for Banking on Values, *Strong and Straightforward: The Business Case for Sustainable Banking, 2012, and Real Economy — Real Returns*, 2015.

J. P. Morgan and GIIN. *Eyes on the Horizon: The Impact Investor Survey*, 2015.

Sonen Capital. *Evolution of an Impact Portfolio: From Implementation to Results*, 2013 (updated 2015).

The Financial Times Family Office Research. *Investing for Global Impact 2015*, 2015.

Wharton Social Impact Initiative. *Great Expectations: Mission Preservation and Performance in Impact Investing*, 2015.

战略 / 投资组合整合 / 风险管理

Bridges IMPACT+ and Bank of America Merrill Lynch. *Shifting the Lens: A De-risking Toolkit for Impact Investment*, 2014.

Cambridge Associates. *Impact Investing: A Framework for Decision Making*, 2013.

Emerson, J. and Smalling, L. *Construction of an Impact Portfolio*, 2015.

Global Investor Coalition on Climate Change. *Climate Change Investment Solutions: A Guide for Asset Owners*, 2015.

J.P. Morgan. *A Portfolio Approach to Impact Investment: A Practical Guide to Building, Analyzing, and Managing a Portfolio of Impact Investments*, 2012.

The Parthenon Group/Bridges Ventures. *Investing for Impact: Case Studies Across Asset Classes*, 2010.

Social Impact Investment Taskforce. *Allocating for Impact, Subject Paper of the Allocation Working Group*, 2014.

Tellus Institute, TIDES and Trillium Asset Management. *Total Portfolio Activation: A Framework for Creating Social and Environmental Impact Across Asset Classes*, 2012.

World Economic Forum Investors Industries. *From Ideas to Practice, Pilots to Strategy: Practical Solutions and Actionable Insights on How to Do Impact Investing*, 2013.

World Economic Forum Deloitte Touche Tohmatsu. *Charting the Course: How Mainstream Investors Can Design Visionary and Pragmatic Impact Investing Strategies*, 2014.

影响力投资流程

Allman, K. and Escobar de Nogales, X. *Impact Investment: A Practical Guide to Investment Process and Social Impact Analysis*, 2015.

EVPA. *Practical Guides to Planning and Executing an Impactful Exit, 2014; Adding Value Through Non-Financial Support, 2015; and to Venture Philanthropy and Social Impact Investment*, 2016.

Toniic Institute and Duke University. *E-Guide to Early-Stage Global Impact Investing*, 2013.

影响力评估

Blumberg, G. The Good Investor: *A Book of Best Impact Practice*, 2013.

Brest, P. and Born, K. *Deconstructing Impact Investing*, 2014.

Business Council for Sustainable Development (WBCSD). *Measuring Socio-Economic Impact: A Guide for the Business World*, 2013.

Epstein, M. and Yuthas, K. *Measuring and Improving Social Impacts: A Guide to Non-profits, Companies, and Impact Investors*, 2014.

EVPA, *A Practical Guide to Measuring and Managing Impact*, 2015.

The Impact Measurement Working Group of the Social Impact Investment Taskforce. *Guidelines for Good Impact Practice*, 2015.

J.P. Morgan. *Impact Assessment in Practice*, 2015.

Purpose Capital. *Guidebook for Impact Investors: Impact Measurement*, 2013.

Root Capital. *Social and Environmental Due Diligence: Detailed Methodology Guide and Initial Results*, 2014.

G8 Social Impact Investment Taskforce. *Measuring Impact: Subject Paper of the Impact Measurement Working Group*, 2014. The report contains a list of further resources on impact measurement (pp.31-32).

The Social Investment Lab, Impetus-PEF, and Think Impact. *Delivering the Promise of Social Outcomes: The Role of the Performance Analyst*, 2015.

Toniic. *Toniic E-Guide to Impact Measurement*, 2012.

学习的东西 / 洞察

ANDE. *Impact Inventing: Strengthening the Ecosystem for Invention-Based Entrepreneurship in Emerging Markets*, 2014.

E.T. Jackson and Associates. *Accelerating Impact: Achievements, Challenges, and What's Next in Building the Impact Investing Industry*, 2012.

EVPA. *Learning from Failures in Venture and Social Investment*, 2014.

Koh, H., Hegde, N. and Karamchandani, A. *Beyond the Pioneers: Getting Inclusive Industries to Scale*, 2014.

Monitor Group. *Promise and Progress: Market-Based Solutions to Poverty in Africa*, 2011.

Next Billion/Citi Foundation. *Impact Investing Insights: A Next Billion E-Book*, 2015.

Omidyar Network. *Priming the Pump: The Case for a Sector-Based Approach to Impact Investing*, 2012.

Pacific Community Ventures, Impact Assets, and Duke University's Fuqua School of Business. *Impact Investing 2.0*, 2013.

区域报告

请参考本指南第 16 章的内容。

特别事项 / 资产类别 / 结构

The Aspen Institute. *The Bottom Line: Investing for Impact on Economic Mobility in the U.S.*, 2014.

Center for Global Development and Social Finance. *Investing in Social Outcomes: Development Impact Bonds*, 2013.

Impact Assets, Issues Briefs, (www.impactassets.org).

Monitor Group & Partners and Citi Foundation. *Bridging the Gap: The Business Case for Financial Capability*, 2012.

Monitor Group and Acumen Fund. *From Blueprint to Scale: The Case for Philanthropy in Impact Investing*, 2012.

The Rockefeller Foundation and the United Nations Global Compact. *A Framework for Action: Social Enterprise and Impact Investing*, 2012.

Social Finance. *Foundations for Social Impact Bonds*, 2014.

理财顾问

Center for Talent Innovation. *Harnessing the Power of the Purse: Female Investors and Global Opportunities for Growth*, 2014.

Capgemini, RBC Wealth Management, *World Wealth Report*, 2015.

EVPA. *Social Impact Strategies for Banks — Venture Philanthropy and Social Investment*, 2015.

Money Management Institute, Impact Economy. *Serving Client Demand for Impact Investing: A Hands-on Guide for Financial Advisors and Senior Managers*, 2014.

Nesta, Worthstone. *Financial Planners as Catalysts for Social Investment*, 2012.

U.S. Trust, U.S. *Trust Insights on Wealth and Worth®*, 2013, 2014, 2015.

26. 为什么投资经理和理财顾问需要关注

投资经理和理财顾问拥抱影响力投资并帮助客户获得成功，对该行业的成长和主流走向至关重要。虽然一些投资经理和理财顾问已经开始建立内部能力和投资策略，但是有更多人对影响力投资兴致勃勃，然而他们需要进一步的引导才能理解这个领域以及自身能扮演的角色。本节提供的论点有助于了解 / 参与影响力投资，并消除关于该投资方式的常见误解。

机会

客户人群的改变、数字化的创新、富有挑战的监管环境以及上一次金融危机期间普遍丢掉了信心的客户，构成了当今财富管理行业的大势。投资经理和理财顾问能熟悉影响力投资并且培养能力，以支持客户保持财富与价值观一致的愿望，是重大的市场机会。投资经理和理财顾问可以通过以下方式从影响力投资中获益。

扩大 AUM

私人客户对使用金融资产来应对社会挑战越来越感兴趣。获取专业知识常常被财富持有者视为参与影响力投资的主要挑战。积极响应客户的需求是理财顾问增加客户满意度和留住客户的手段。参与影响力投资的顾问纷纷表示，能否向客户提供与他们的个人价值观一致的投资机会是区分服务品质、鼓励客户忠诚度以及建立强大的顾问—客户关系的关键优势。下文总结了对财富持有者的调查结果，证实了他们对影响力投资的兴趣在逐渐增长。

客户对影响力投资需求的增长[18]

70%——相信他们肩负特殊的责任来帮助不太幸运的人。

58%——同意社会或环境影响力对他们的投资决策很重要。

43%——将他们的投资决策视为表达他们的社会、政治和环境价值观的一种方式。

60%——认为推动社会影响力极其重要（81%~91% 为新兴市场里的富裕人群）。

吸引新一代客户

发达国家和新兴市场正在发生前所未有的财富转移，企业家在进行财富积累，第二代客户正在出现。多项研究证实，千禧一代在他们生活的所有领域，包括财富管理方面，都表现出能产生正面影响力的潜力。根据美国的一项信托研究，85% 的千禧一代认为社会或环境的影响力对投资决策很重要，[19] 67% 的千禧一代把他们的投资视为表达他们的社会、政治和环境价值观的方式。[20] 在几代人中，他们也最不可能认为自己必须放弃经济回报来扩大社会影响力[21]（见下文的调查结果摘要）。了解并接受影响力投资和其他可持续的投资方式有助于理财顾问与下一代财富持有者交流，帮助他们在财富转移中建立良好的关系，从而提高客户留存率。[22]

千禧一代对投资的看法[23]

75%——40 岁以下的财富持有者认为，产生社会影响力是非常重要的。

45%——想利用财富帮助他人，并在投资决策时考虑社会责任。

29%——希望他们的理财顾问提供基于价值观的投资机会。

36%——认为商业的目的是改善社会。

87%——相信一个企业的成功不仅仅是衡量它的财务表现。

73%——相信有可能基于社会 / 环境影响力来投资公司，得到市场回报率。

加强与女性财富持有者的关系

影响力投资使理财顾问有机会通过帮助富裕女性把她们的投资与价值观相结合，并提供实现家庭特定目标的机会（如年轻一代的财富教育、遗产和价值转移），来与女性客户加强联系。女性控制了 20 万亿美元的资产，[24] 占全世界总财富的 27%。随着时间的推移，创业财富和继承资本的份额预计会逐步增加，女性私人客户的重要性将越来越大。在美国、英国、印度、中国和新加坡，66% 的富裕女性认为自己是家庭资产的主要决策者。[25] 多项研究得出的结论证明，这一群体对她们的投资与价值观相融合非常重视，并且相比男性对顾问有完全不同的期待（见下文的统计数据）。40% 的富裕女性对影响力投资感兴趣，相比只有 26% 的男性[26] 对此感兴趣，而 65% 的女性受访者认为通过对社会和环境的影响力[27] 的视角来看待投资是很重要的。利用钱包的力量（Harnessing the Power of the Purse）[28] 的研究结论表示，女性在财富认知方面与男性是不一样的。而跟男性一样的是，她们认为财富为自己提供了安全感和独立性。但是，一旦这些需求得到满足，女性就会寻求用财富来提供更广泛的福利，不仅仅是为了自己和家庭，而且是为了整个社会。全球样本中有90%的女性表示，对社会产生积极影响力是很重要的。这项研究的结论是，女性真正想要的是被服务，而不是被推销；她们想要确信自己被聆听和被理解。了解和尊重女性的财富、个人和社会优先事项的顾问更能赢得她们的信任、满意和忠诚。

富裕女性对投资的看法[29]

90%——认为对社会产生积极的影响力是重要的。

71%——认为社会和环境影响力对于投资决定很重要（相比49%的男性）。

67%——感到被理财顾问误解。

53%——对环境责任的投资感兴趣，另有47%对社会负责的投资感兴趣（各相比33%的男性）。

区别

在当今的全球化商业环境下，在传统产品提供和财务表现上的竞争愈加激烈。影响力投资通过产生社会影响力，为投资者提供了另一个维度的收益。如本部分的“影响力投资表现”所述，影响力投资可以产生有竞争力的收益，并且能在一些案例中减少TP的波动性。例如，基于金字塔底层的投资解决了关键的社会需求问题（在经济萧条时期的表现更为明显），降低了投资的周期性波动。SIB的收益只和达成事先约定的社会结果（不一定要与传统投资基准相关，或与其比较）有关。[30]

吸引人才并恢复信任

影响力投资有潜力成为开发社会问题长久解决方案的主力军。金融机构在投资分析和方案设计上的专业知识、金融创新的能力以及运用机构平台的能力，使其在发展健全的影响力投资市场上扮演着独特的角色。将影响力投资整合到理财顾问的核心商业活动，与传统的以拨款为基础的 CSR 方法相比，更能扩大社会影响力，不仅能帮助赢回客户和社会的信任，还能吸引和留住追求工作的深远意义的人才。

不作为的后果

尽管未来的财富人口趋势非常明确，普华永道全球财富管理调查[31]发现，目前只有 8% 的受访者在区分客户群的时候考虑了性别，而且有极少数的人使用更复杂的技术和行为分析来开发应对财富人口现实问题的解决方案，因此不能充分利用代际和性别机会。

这一反馈得到了一般调查结果的印证。调查发现，67% 的女性感觉被她们的理财顾问所误解，或者不认为顾问对她们感兴趣。[32]波士顿咨询集团发现，73% 的女性对投资提供方的服务不满意，71% 的女性对她们的金融服务提供方的产品不满意。[33]与影响力投资相关的是，财富持有者把来自顾问的阻力视为她们参与这一领域的主要障碍（参见下面访谈中的引述）。年轻人，尤其是女性财富持有者经常提到，顾问不支持她们对影响力投资的兴趣。一位受访者甚至反馈，顾问把他的女客户当作“需要被保护的孩子”。

这些统计数据以及客户人口的构成变化表明，重要的是如何把对财富持有者的价值观和期望的了解转化为财富管理哲学，以及理财顾问不仅需要调整产品，更需要调整与客户的沟通方式，来满足客户需求。[34]

从积极的一面看，在作者组织的访谈中，财富持有者不断提及，他们更愿意从现有的投资顾问那里获得更多的支持，而不是寻找其他顾问。他们认为，来自顾问的最初阻力可能是因为顾问缺乏对影响力投资领域的广泛认知，又担心丢了面子，同时受到来自以产品为中心（而不是以客户为中心）的财富管理文化的内部阻力，以及缺乏相关的支持机制。

在过去，即使顾问不愿意或对影响力投资感兴趣，财富持有者也只能被迫接受他们；然而，现在兴起的影响力投资专家和在传统银行中的专业团队为财富持有者提供了可替代的选择。从本指南的案例研究可以看出，现在，许多参与影响力投资的财富持有者由于顾问在影响力投资领域缺乏相关的能力，已经决定更换顾问。一位年轻的超级富裕家族成员回忆道，他花了几年时间游说自己的私人银行（一家总部位于美国的全球型银行）接触影响力投资，最终还是选择与一位独立影响力顾问签约，帮助家族制定使命一致的 6.5 亿美元的家族财富投资政策声明（Investment Policy Statement，简写为 IPS）。他们专门为财富管理举办了一场“选美比赛”，时任的私人银行顾问因无力展示影响力投资的能力而惨败。

这桩轶事证明了财富持有者挑选的顾问是能帮助自己达到财富管理目标的。为了更好地帮助和支持客户建立有影响力的价值型投资组合的抱负，理财顾问朝着对影响力投资加深认识、制定投资策略的方向成长的需求变得尤为迫切。

财富持有者自己说

“传统的顾问试图劝阻你，主要原因是人们普遍认为，当你积极进行影响力投资时，会降低财务回报。”

“当我们有兴趣让我们自己的信托基金参与影响力投资时，我们向自己的财富管理机构求助，但是他们对该领域并不熟悉，所以我们必须自己弄清楚该如何从事影响力投资。”

“几年来，我一直在游说投资小微金融，但总是受到强烈的阻拦。我不得不亲自操盘，它的表现远远超过我在银行的一般投资组合的表现。”

“我不得不转投独立的理财顾问，因为我的私人银行无法满足我的需求。”

“我们尝试了让银行参与影响力投资的一切方式，我们带顾问参加会议，与他们的管理层会面。最后，我们不得不离开。”

“当我们提出影响力投资的话题时，他们嘲笑我们，并建议我们关注慈善事业，然后将投资决策留给他们。”

关于影响力投资的常见误解

下面列举了关于影响力投资的常见误解，这些误解阻碍了投资经理和理财顾问参与生机勃勃的影响力投资领域。下文还提供了一些反驳的论据和其他信息链接。

误解：“客户不感兴趣。”

理财顾问经常报告他们的客户从未咨询过这类投资，因此一定不感兴趣。

现实：虽然理财顾问可能声称，他们的客户对价值一致的投资不感兴趣，但实际情况往往是理财顾问自己没有表现出足够的兴趣。

理财顾问与客户的初步对话以及基于这些对话的客户分析并没有包含对客户个人价值观或财富管理的非财务目标的讨论。由于这些疏漏，许多客户没有意识到可行的影响力投资机会，可能会将其与慈善事业混淆（顾问的情况也差不多，见下面的小节）。

上一节提供的研究案例证实，财富持有者对通过投资产生影响力的兴趣与日俱增。这一需求解释了可持续银行（如 GLS 银行、特里多斯银行和 Vancity）以及专注影响力投资的资产管理公司［如动态金融（Finance in Motion），responsAbility 和 TriLinc 全球］的 AUM 在不断增长。为了响应客户需求和日趋成熟的影响力投资，一些全球和本地的传统理财顾问正在建立影响力投资能力，其中包括美国银行、瑞士信贷、德意志银行、高盛（Goldman Sachs）、隆奥（Lombard Odier）银行和瑞银等。CA 和贝莱德（BlackRock）也宣布它们将更多地参与到这个领域中。

查看有关如何与客户展开对话的更多建议，请参见下节内容。

误解：“客户将损失金钱。”

理财顾问认为，追求社会目标与财务回报之间是不相容的。基金会和慈善家的积极参与导致了影响力投资被误解成慈善事业的一种强化形式。

现实：越来越多的影响力驱动企业在使用市场化解决方案来应对关键的社会挑战，同时实现财务和影响力目标。更多证据表明，投资者在追求社会或环境目标的同时，不必牺牲财务回报。[35] 如本指南中提供的富裕人士案例研究和投资组合摘要所示，影响力投资可以实现与传统投资近似的甚至更高的回报。至于其他类型的影响力投资，即使目标收益率低于市场收益率或需要对高风险的承受能力，对优先考虑产生特定影响力的私人投资者仍然有吸引力。

有关客户的影响力投资组合的财务业绩信息，请参见本部分第 5 节。

误解：“我们无法帮助小型风险投资的客户。”

影响力投资被错误地限制在向社会性企业提供风险资本（主要是新兴市场的早期投资）里。由于该领域不属于理财顾问的范畴，他们无法帮助客户，因此，客户参与影响力投资就意味着从银行撤资。

现实：越来越多的影响力投资产品出现在绝大多数的资产类别里，可以将它们整合到传统的投资组合中而不偏离 SAA。虽然客户确实经常通过对风险投资直接配置资金来启动影响力投资，但是资金规模也非常小。此外，当意识到直接投资所需的复杂程度和付出的努力，许多人很快就会寻找合适的银行产品来补充或代替直接投资。另一个增长趋势是 TP 方式，它要求对所有资产类别进行负面和正面筛选以及主题投资和影响力投资，以便让整体财富与资产所有者的价值观保持一致。当然，这些策略由理财顾问执行。

跨资产类别的投资案例，请参阅本部分第 1 节。后文提供了将影响力投资整合入传统投资组合的进一步的信息。

误解：“这是违反信托义务的。”

理财顾问通常认为，向客户提供财务回报为首要目标的信托义务和影响力投资之间互不相容。当理财顾问运用自由支配权来代表客户做投资决策的时候，或者在基金会的捐赠管理中把资产（或者基金）回报用于核心慈善活动（提供赠款）的时候，这点表现得尤为明显。

现实：信托义务的问题是复杂的，本节并不试图解决它，只是强调和讨论相关的一些观察。信托义务在本质上并不排斥参与影响力投资，而是要求理财顾问谨慎地投资委托资金，并仔细考虑投资的个别参数（如风险、回报、多元化、流动性、税收和成本等）以及它们对 TP 的影响。许多影响力投资的设计就是为了保障市场收益率。在某些情况下，它们的财务状况可以通过基金会或政府提供的第一损失或其他形式的增信来降低风险。影响力投资越来越能满足传统的治理和报告要求，并且在很多情况下表现出较低的 ESG 风险。顾问在将影响力投资纳入投资组合时，要尊重客户的风险回报需求。与传统投资一样，影响力投资并非没有风险。但是，通过专业和严谨的方法来选择和开发相关的投资工具，也可以满足理财顾问对风险的把控，并允许其参与到影响力投资当中。例如，一些财富持有者和基金会修改了他们的投资政策以及对信托义务的定义，特别加入价值一致性的内容，正式要求理财顾问和投资经理将影响力投资纳入他们的投资组合。

误解：“我们是不可信的 / 没有产品。”

理财顾问认为，传统财富管理机构在为客户提供影响力的投资产品或相关建议上并不可靠，因为它们与使命不一致。理财顾问还担心，缺乏内部产品或解决方案会导致 AUM 的外流。

现实：对影响力投资感兴趣的财富持有者的谈话表明，他们不期望自己的理财顾问能在一夜之间发生观念上的转变。他们希望顾问尊重他们的价值观，并愿意建立能反映这些价值观的投资组合。然而，尽管客户明白不能期待即刻的观念改变，但他们会更多地要求理财顾问从以产品为中心转变为以客户为中心，后者更侧重客户的需求，并积极寻找最佳的内部或外部方式来满足这些需求。在本指南中，美国最富裕家族的成员在接受采访中表示："我不希望整个银行像我一样思考。无论如何，顾问通常会自我选择，而你倾向于与理解和尊重你的价值观的人打交道。但是，如果银行的内部结构阻止我的顾问建立与我的价值观相符的投资组合，我会毫不犹豫地更换银行。实际上，我已经多次这样做了。"因此，即使只是知道一些影响力投资但愿意支持客户探索该领域，或者将他们引荐给特殊顾问甚至是资产管理人，也比尝试阻止他们参与影响力投资更有成效。

> **误解：**"这对银行来说是无利可图的。"
>
> 理财顾问担心，进入影响力投资领域会导致理财顾问的赢利能力下降，因为机构预计影响力投资产品和服务只能收取较低的/不收取费用。

现实：虽然参与影响力投资的许多理财顾问仍在尝试各种商业模式，甚至出钱补贴他们的学习曲线，但他们的长期战略基于这样的假设：影响力投资活动将导致 AUM 的更高增长，加强资产负债表并创立更忠诚的客户群，降低整体风险。本书撰写过程中采访的财富持有者和理财顾问都同意，理财顾问需要将影响力投资作为核心创收活动的一部分，以便得到组织的认真对待。现有的证据还表明，重视银行活动中的积极社会结果并不会拖累财务业绩。GABV[36] 的研究表明，可持续银行已经提供了更好的资产回报、相同的股东回报、更低的回报波动率和更高的增长率。后面的内容还提供了可持续银行特里多斯银行的方法和业绩示例。

有关 GABV 研究的摘要，请参见本部分第 8 节。

基于价值的银行能否获利

背景：特里多斯银行于 1980 年在荷兰成立，使命是“为积极的社会、环境和文化变革而赚钱”。它在荷兰、比利时、英国、西班牙和德国设有分支机构。特里多斯的私人银行部门管理高净值人士、基金会、协会和宗教机构的 10 亿欧元资产（截至 2015 年年底）。特里多斯投资管理公司是特里多斯的全资子公司，从 20 世纪 90 年代初开始，一直站在影响力投资的最前沿，为有机农业和新兴的可再生能源产业提供融资，逐步扩展到包容性金融、有机食品、艺术和文化以及可持续的房地产领域。截至 2015 年，特里多斯投资管理公司的 AUM 达 31 亿欧元，其中 18 亿欧元用于影响力投资，13 亿欧元用于社会责任投资。

方法：特里多斯开发了一种完全整合的影响力驱动型商业模式，只向有利于人类、社会和环境的组织提供借款 / 投资，并衡量和评估其产生的影响力。为了保护使命免受投资者情绪波动的影响，它的股票由特里多斯银行股份管理基金会（Foundation of Administration of Triodos Banks shares）的信托基金持有，该基金会发行存托凭证。存托凭证持有人获得股票的经济利益，例如股息，但不实行任何控制。在长期合作关系的基础上，特里多斯与投资对象密切合作，在提供资金之外更注重为它们增加战略价值。该银行将所有投资的详细信息公布在网站上，以便客户查看特里多斯资助了哪些组织，以及实际取得的社会效益。特里多斯私人银行部门的特殊之处在于，主要向客户提供内部的影响力产品，它认为这些产品的使命一致性很重要。特里多斯对所有的产品和服务收取商业费用，目标是每年 3%~5% 的股本回报率。

表现：下表提供了特里多斯的主要财务数据摘要。存托凭证（截至 2015 年年底）在过去 5 年中为投资者带来 4.8% 的年回报率，进一步展示了银行的赢利能力，证明了影响力驱动的银行模式不仅可以产生持续强劲的财务回报和业务表现，而且与传统模式相比，还可以带来更强的韧劲儿和更低的波动性。

（百万欧元）

	2015 年	2014 年	2013 年	2012 年	2011 年	2010 年	2009 年
总 AUM	12 298	10 632	9 646	8 045	6 786	5 617	4 861
增长率	16%	10%	20%	18%	21%	16%	30%
账户数量	707 057	628 321	556 146	454 927	363 086	278 289	228 030
增长率	13%	13%	22%	25%	30%	22%	35%
收入	211.6	189.6	163.7	151.6	128.7	102.7	88.3
增长率	12%	16%	8%	18%	25%	16%	20%
净利润	40.7	30.1	25.7	22.6	17.3	11.5	9.6
增长率	35%	17%	14%	31%	50%	20%	-5%
一级资本比率	19.0%	19.0%	17.8%	15.9%	14.0%	13.8%	无*

注：* 比率截至 2010 年。

成功因素：对关键行业的专注使得特里多斯建立了知识和经验丰富的专业团队以及战略合作伙伴关系。与投资对象的长期合作使特里多斯与他们建立了牢固的关系，有助于管理投资（债权和股权）并提供最佳的投资机会。银行的价值驱动模型已经灌注了信任，带来了从传统银行流入的客户，并为新的创新产品提供了更多支持。

挑战：在早期发展阶段，特里多斯不得不挑战可持续银行相比传统银行不够稳健且风险更高的偏见。特里多斯希望为新兴的可持续发展先锋提供资金，项目的融资规模通常较小，交易成本也高于传统投资。特里多斯 PB 仅提供内部产品的策略限制了客户可选择的投资范围，随着越来越多的传统银行进入可持续银行业务和影响力投资，特里多斯需要更多的努力来维持独特的商业模式。

27. 投资经理和理财顾问在实操中的关注点

构建影响力投资的案例

财富管理机构通过各种方法开展影响力投资活动。很多时候，该过程是由对该领域充满热情的内部冠军发起的。本节介绍了财富管理机构面临的主要挑战，并列举了相应的缓解技巧。这些技巧来自访谈、行业报告以及作者与几位财富管理者的项目合作。

挑战

获得认可往往是一个漫长的过程：尽管商业态度发生了根本变化，那些经历过“为盈利做尽一切”的商业环境和更严峻的市场条件的高级管理层仍然不愿意进入不够成熟的新兴投资领域。需要一位资深的、坚定的内部冠军积极支持影响力投资，以消除常见的误解，并为企业在影响力投资方面的执行能力提供保证。

让客户经理参与其中：充当看门人（甚至对银行高管）角色的客户经理，在理财顾问主导的影响力投资中发挥了关键作用。即使是拥有影响力投资小组的金融机构，在开发产品报告里也表示，让客户经理对影响力投资感到舒适和兴奋是一场艰苦的战斗。对于对影响力投资感兴趣的客户来说，他们的客户经理是主要障碍。

了解客户的兴趣并将其转化为投资策略：如何就影响力投资与客户展开对话，或者在对话过程中，如何将客户对不同的影响力主题的关注点、复杂程度和感兴趣的程度等转化为产品或标准化的解决方案，理财顾问常常不知所措。

应对监管和合规问题：传统投资建议往往受制于越来越严格的监管要求以及相应的内部合规程序。财务回报的承诺使影响力投资建议与传统投资建议保持一致。在没有修改的情况下（例如，最低投资跟踪记录或 AUM），直接应用标准的尽职调查程序来进行影响力投资通常是非常受挫的。由于投资者的法律地位（例如慈善基金会）或投资对象的法律地位（例如资产锁定的社会企业），影响力投资可能会引发具体的税务和监管问题。

解决这些问题的方法

内部教育：培训高级管理人员和客户经理对影响力投资至关重要。具体方法包括与影响力投资的同行进行非正式讨论，邀请嘉宾演讲以及聘请外部的影响力投资顾问参与特别设计的研讨会。一些理财顾问已经为客户经理组织了内部活动或是由顾问主导的研讨会，另一些则鼓励客户经理参加影响力投资峰会和相关活动。

将影响力定位为商业驱动力：证明以下的论点非常重要：影响力投资是一种基于强大商业逻辑的价值创造和差异化战略。通过展示同行的成功方案，使用主流机构［摩根大通、瑞士信贷、世界经济论坛（World Economic Forum，简写为 WEF）等］的影响力投资报告来证明影响力投资可以作为一种商业驱动力来使用。

有关获得认可的建议，请参阅第 8 章，这些建议与财富持有者有关，但也可能对理财顾问有用。

证明客户的需求：没有什么比客户自发参与影响力投资更能够证明该领域的价值和客户的兴趣。利用你的客户作为影响力投资的倡导者，他们很可能希望分享，希望被倾听。请考虑综合使用以下措施。

- 客户意见调查。了解客户对影响力投资的看法、兴趣水平、感知的风险以及首选的主题和工具。该调查不仅可以帮助你了解客户的需求，还可以作为证据向高级管理层证实他们应该着手开发内部产品。

- 展示具体案例。检查客户是否已经要求进行影响力投资，并向客户经理和高级管理层展示这些要求。使用同行的客户需求研究来强化你的证据，收集同行的成功案例，展示在影响力投资方面取得成功的客户经理或其他财富管理机构。
- 使用激进的私人投资者。在影响力领域有过投资经验的财富持有者可能愿意与金融机构会谈，甚至已经召集过此类会议。在你的客户群中找出他们，并让客户经理和高管向他们发出影响力投资大使的邀请。

客户经理的激励结构：考虑客户经理的薪酬结构，因为这将影响他们销售影响力投资产品的积极性。同时可能需要建立平行的奖金结构，避免过多的偏重使得客户经理愿意销售更多熟悉的传统产品。

自上而下的承诺：同行认为，高级管理层参与影响力投资的承诺对赢得客户经理的注意力非常有效。然而，重要的是自上而下的目标应与适当的激励相结合，从而突破桎梏和建立声誉。

与客户的早期接触：确保在与客户建立关系的初期，了解客户的价值观和非财务目标。尽早交流，而不是在销售影响力投资产品时才与他们联系。

为客户和潜在客户举办研讨会、活动和圆桌讨论会，使他们了解该领域并与同行建立联系。除了为客户建立声誉并为影响力投资做好准备之外，此类活动也有助于说服客户经理，让他们明白客户对影响力投资是感兴趣的。我参与过，也为许多理财顾问组织过此类活动，例如在瑞士信贷的年度慈善论坛中，为其主要的亚洲客户组织了一场实践研讨会。这些活动都获得了客户的极大好评，即使主办的理财顾问并没有提供全面的影响力投资服务，但是客户欣赏的并不是推销的产品，而是点对点的教育和实践分享环节。

在欢迎新成员或者年度资产组合 / 战略回顾时可使用的问题清单，可参见“调整投资组合的建立框架”部分。

专用资源：授权现有员工或团队探索影响力投资，并制定投资策略或者聘请额外的人员关注该领域，可帮助理财顾问在影响力投资中创造良好的势头，为组织的认同铺平道路。

合作机会：寻求在合规环境下绕过内部官僚机构的机会，通过与可靠的外部组织合作，启动影响力投资活动。例如，瑞银与经验丰富的影响力基金公司 Obviam 合作，后者还负责管理瑞士政府的发展任务。双方开发了第一只影响力 FoF。该基金凭借外包 FoF 管理的能力以及 10 年以上的业绩记录，缩短了产品的开发周期。瑞士信贷也采用了这种方法。

基金会是实验室和领域建设者：金融机构的企业基金会和 CSR 部门可以在孵化和支持影响力投资发展中发挥关键作用，同时促进自身的深度参与。许多参与者通过这些部门了解影响力投资市场的知识，试行新战略，或为影响力投资提供技术支持。关于美国银行采取的方法，请参阅“决定战略的实施”部分。

利用更广泛的平台：另一种选择是先提倡用公司的资产负债表来测试影响力投资，然后再向私人客户开放产品 / 策略。高盛旗下深耕影响力投资多年的城市投资集团（Urban Investment Group）的业绩记录显示，高盛在 2014 年募集了 2.5 亿美元的社会影响力基金。同样，德意志银行在 2011 年创建了 1 000 万英镑的影响力投资 FoF，目标是了解新兴的影响力投资市场并开始建立业绩记录，并为影响力投资的发展做出贡献。该基金由德意志银行资产和财富管理条线的私募股权部门负责管理。[37]

确定制度方式

参与影响力投资的投资经理和理财顾问在活动范围及定价结构方面采用了不同的影响力投资方式。投资方式没有对错，而是要根据组织的总体目标和能力做出选择。许多尝试尚处于初步阶段，理财顾问仍在不断试验。此外，影响力投资方式不会永远不变，而是随着投资者对该领域的能力和参与度的提高而发展。

活动范围

理财顾问通常综合使用下列投资方式。

支持客户寻找专家：投资经理或理财顾问可以为客户和自己提供影响力投资的切入点，通过获取足够的知识来衡量客户的兴趣程度以及深度参与的潜力，然后将他们介绍给专门的影响力理财顾问或影响力投资经理。一些私人银行通过教育活动和向同行及专家介绍，帮助他们的客户了解新兴的投资领域。

咨询服务：下一步可以是建立内部能力，为客户提供有关影响力投资策略的制定和实施的建议。

第三方产品：客户咨询通常与提供一系列第三方产品的能力相结合，这些产品通过了内部尽职调查流程，并已被投放到产品平台上。该策略允许理财顾问向客户提供投资解决方案而收取报酬，但需要建立分析此类产品的能力，并将其整合到传统投资组合中。

内部产品：一些理财顾问专注于开发影响力投资产品，并提供给他们的客户（参见后文瑞士信贷银行采用的方式）。

整合：一些理财顾问将影响力作为其活动的核心维度，向客户只提供可持续 / 影响力的解决方案。相关案例包括 Quadia、Sonen 资本、特里多斯银行和 Veris 理财顾问。

地点和定价

理财顾问通常会首先把影响力投资与慈善事业或 SRI 战略进行结合。随着参与度的增加，理财顾问开始建立专业团队，或将影响力投资能力整合到他们的传统团队中。

参与影响力投资的大多数理财顾问表示，虽然他们打算让这项活动在财务上可持续，但是进入市场往往需要临时补贴。一些理财顾问将咨询服务（至少在最初阶段）视为成本中心（认为这是对自身学习曲线的投资，和 / 或通过提升客户满意度和 AUM 来获得回报）。其他理财顾问设法向客户收取类似传统咨询服务的费率，或者为超高净值人士提供一揽子的咨询服务。在产品方面，理财顾问采用的方式也很不一样。因为额外的管理工作和更小的初始规模，这些产品的价格通常与纯商业的相当，甚至还要更高。还有一些补贴影响力投资产品的例子，这可能是进入该领域的有效方法，但仍然不代表没有风险（见下面的方框）。

留意永久性补贴

那些以免费模式提供影响力咨询服务的理财顾问警告说，他们很难停止向客户提供免费服务。此外，通过免去影响力投资产品的传统收费来证明自己对该产品的承诺的私人银行警告说，这一举措可能会产生适得其反的效果，导致客户经理的高度抵制，并造成了影响力投资是 CSR 而非商业行为的认知。

建立或购买

虽然许多金融机构已逐步建立起影响力投资的能力，但替代这种模式的方案还包括收购独立顾问 / 资产管理人。2015 年，高盛通过收购印记资本（Imprint Capital）开创了先例，印记资本是一家拥有 17 名员工和 5 亿美元 AUM 的专业影响力投资管理机构。[38]

关于影响力投资策略的更多信息，请参阅 EVPA 报告《银行的社会影响力策略》(*Social Impact Strategies for Banks*)，2015。

以产品平台为主导

背景

瑞士信贷于 2002 年参与影响力投资，在当年联合创立了总部位于瑞士的 responsAbility（目前最大的影响力投资公司之一），并将 responsAbility 全球小微金融基金纳入自己的产品系列。从那时开始，该银行的战略已经从一种产品和一家提供商的方式演变为一个平台，在小微金融、公平农业、教育、BoP 和环境保护等领域提供覆盖各种主题和资产类别的产品，整体 AUM 为 31 亿美元（2015 年第 3 季度）。

方法

在财富管理方面，瑞士信贷为客户提供了不同主题和资产类别的内部（及第三方）影响力投资产品系列，并辅以影响力咨询服务。影响力投资产品的开发和管理集中在瑞士，设置在瑞士信贷财富管理组织的慈善服务和责任投资（Philanthropy Services and Responsible Investment，简写为 PSRI）部门内。2015 年，瑞士信贷成立了为私人客户提供服务的影响力咨询部门。一些影响力投资产品由区域级财富管理团队发起，例如由瑞士信贷新加坡私人银行发起的亚洲影响力投资基金。瑞士信贷的基金管理和投资银行部门也参与到影响力投资中，为影响力基金提供托管和基金行政管理服务，同时帮助影响力驱动企业进行 IPO 以及提供企业融资服务，如 MFI。除了目前向客户免费提供的影响力咨询服务外，所有产品和服务均收取商业费用，另外银行也正在探索将影响力投资纳入私人客户服务包的方式。

主要挑战

将第三方和内部产品纳入银行的尽职调查流程非常困难，特别在业绩记录的时长方面。产品规模小，开发成本高，客户感兴趣的领域多样化，也使得产品的开发更加复杂。如果没有强大的高级冠军作为推手，就很难获得高层的关注。

经验教训

- 利用客户的需求在内部推动。瑞士信贷使用客户调查和特定客户需求来了解他们对特定主题的偏好，从而指导产品开发（主题和风险概况），并获得高层的支持。
- 关注财务可持续性。补贴影响力投资产品会适得其反，通过收费获取直接收入的产品更有可能获得内部支持。
- 鉴于某些影响力投资产品的复杂程度，团队之间的内部协作是有必要的。例如，3 个团队（私人银行、投资银行和瑞士信贷基金会）参与了 Higher Education Notes 的发展（更多信息见本部分第 6 节）。
- 与专家的战略合作关系。为了帮助内部的产品开发和合规流程，赢得客户的信任，大多数影响力投资产品是与外部组织（如非政府组织、社会性企业或专门的资产管理经理）联合开发的，以带入深度的行业专业知识和实体。案例包括 Local Currency Microfinance Note（与 FINCA 合作）、Higher Education Notes（与 Prodigy Finance 合作）、Nature Conservation Note（与 Althelia 合作）以及亚洲影响力投资基金（与大华银行合作）。
- 与客户经理建立信任。让客户经理参与是建立长期信任的过程，包括证明该领域的可行性、合作伙伴的可信度和内部能力，并指导客户经理的产品选择。
- 构建流动性 / 下行保护。Higher Education Notes 发生超额认购的关键原因是瑞士信贷提供了二级市场（退出选择权）流动性并建立了第一损失保护。
- 产品和费用结构的透明度。对于大多数创新产品而言，结构和费用的复杂性对客户来说是一个问题。瑞士信贷的政策是让客户了解幕后的情况，包括费用结构，这反而能加深与客户的信任。

决定战略的实施

一旦理财顾问决定参与影响力投资，公司就必须制定决策框架、尽职调查流程和构建投资组合模型，以应用于影响力投资和TP。

如第3章所述，在投资组合中纳入影响力投资有两种常见方法：

- 整合影响力投资，将其添加到各个资产类别的传统投资中。
- 建立单独配置或剥离其中可能包含各种资产类别的投资。

整合通常被认为是扩张影响力投资的最佳方式，越来越多的客户采用TP方式。例如，百分百影响力集团组建了部分TONIIC网络（更多信息参见本部分第21节），以满足资产所有者日益增长的兴趣，充分利用所有的投资组合产生积极的影响力。目前，TONIIC网络包含80多位资产所有者，累计资本为45亿美元。

对于整合式影响力投资项目，影响力投资通常由相关资产类别的团队负责执行，这些团队必须建立或获取在评估和监控影响力方面的能力。战略也要符合将ESG因素纳入投资评估的整体概念，并使传统团队能够执行这些战略。

支持单独配置的论点是，许多投资策略仍然缺乏长期的业绩记录，使得对风险回报的假设不太有把握。将影响力投资放在单独的资本池里能够更好地执行投资流程，更充分地试验并制定相关的影响力投资策略。此外，若客户需要，这种策略可以更容易地整合影响力优先的投资机会。为了执行这种方式，理财顾问需要建立具备双重技能（财务和影响力）的专门团队。

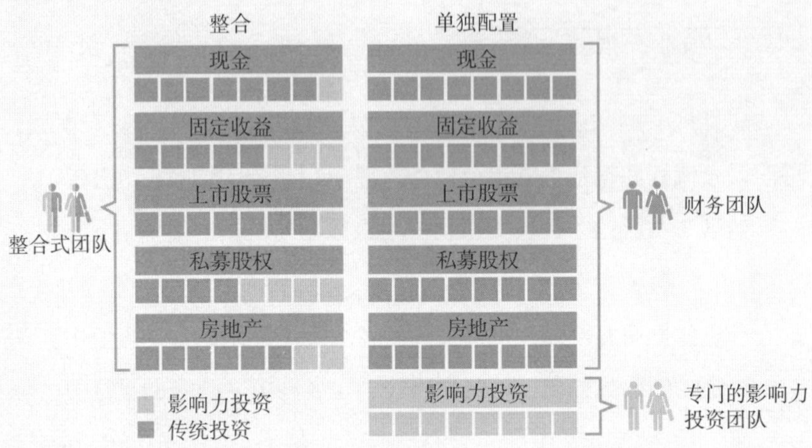

资料来源：改编自G8社会影响力投资专题组。

把影响力纳入传统的客户投资组合

背景

早在2012年，作为美国银行1 250亿美元规模的环境业务的一部分，美国信托和美林财富管理（Merrill Lynch Wealth Management，美林的全球财富管理业务）公司对客户可能感兴趣的能产生积极环境影响力的投资选择进行了研究。研究发现，客户对环境和社会影响力抱有强烈的兴趣，进一步促进了ESG和影响力投资策略的发展。

方法

采取的方式不是在空白区域里设立单独的影响力策略组，而是将影响力意图整合到客户的传统财富管理决策和投资组合中。为了实现这一目标，美国银行使用了广泛的投资策略（影响力优先、可持续/主题式和责任投资）和专注在上市股票和更广泛的固定收益中的影响力产生方案。对于寻求把投资组合与个人价值观、信念和慈善目标更广泛地结合起来的客户，美国信托开发了一系列的独立管理账户（一种社会式创新的投资组合），允许为配合客户的个人价值观和信念将股票和固定收益投资组合定制化，基于400个变量，如薪酬公平、碳排放和公司慈善等优先事项。对于出于道德原因而排除特定行业的客户，美国信托提供了专门的投资组合，例如无碳排放投资组合，特别强调环境管理和可持续性，还排除了使用、提取、排放或精炼碳的相关公司。此外，美林和美国信托联合开发了多种资产的影响力投资组合，为客户提供获取最优秀资产管理人的外部方案的广泛途径，这些方案旨在产生不同行业的积极主题式影响力，包括社区发展、环境保护和医疗保健。美国银行还积极鼓励第三方经理对主题式影响力投资的报告。至于影响力优先的投资策略，美林证券为客户提供了绿色债券，而美国银行是主要的承销商之一。针对退伍军人问题和社区发展领域的影响力优先解决方案正在开发中。

为了支持顾问对上述有影响力的战略进行整合，美国银行制定了一份内部指南，详细说明了广泛的影响力战略和可供客户选择的基金情况。所有的解决方案按照 ESG 因素和 8 个影响力主题（新能源、水、医疗保健、工作场所安全、性别平等、收入不平等、可持续资产和教育）对标基准进行衡量和评分。最后，根据各自对应的影响力风险，解决方案将被授予 3 种影响力等级：非常重要、重要和类基准。

影响力解决方案 / 产品的定价与传统策略一致，影响力报告的额外成本由美国银行承担。鉴于整合式投资方式，尽职调查和影响力战略的审批交由同时负责传统战略的团队。2013 年成立的影响力投资委员会，负责协调解决方案的开发、思想领导和内部教育。美国信托基金还指定了区域级的影响力投资领袖，作为区域的知识中枢来推行美国银行的方法。

主要挑战

机构标准（规模、跟踪记录）和模型（例如产品的数量）限制了影响力投资产品的数量。顾问受到过多的信息轰炸，因此获得他们的注意力并不容易，让影响力投资具有战略意义需要高层和内部领袖的大力支持。

经验教训

- 顾问教育至关重要。注重证实该方法的财务可行性；从对影响力充满热情的顾问开始；将理论培训与影响力投资经理人的实践操作相结合；知名的商学院组织培训（美国信托已将影响力投资纳入沃顿商学院现有的顾问教育模块）。

- 帮助客户入门。当顾问将影响力投资定位为创造不同的额外工具时，注重慈善事业的客户往往会受顾问的价值观引导而参与影响力投资。至于其他客户，谈话可以从关键的经济趋势和主题机会开始。一旦客户尝试了一种产品，通常会对探索更多潜在的解决方案感兴趣。无论最初的动机如何，产品的性能和长期跟踪记录都非常重要，影响力策略需要在这方面为客户提供更大的保证。
- 现实核查。跟踪客户的资金投向，这并不总是与他们所关注的领域相符。
- 使用基金会和合作伙伴。美国银行基金会赞助了影响力投资风险的缓解策略研究，[39]深化员工对该领域的了解，并为新产品的开发铺平道路，例如为英国的艺术组织提供无抵押贷款的艺术基金。美国银行与成熟机构（如加利福尼亚妇女基金会和人权联盟）的合作伙伴关系促进了美国信托公司发展影响力解决方案，增加了专业知识，提升了信誉。

调整投资组合的建立框架

将影响力投资纳入产品供应 / 客户投资组合需要理财顾问审查，甚至调整他们的投资决策框架，包括合规和尽职调查流程。由于这个过程非常耗时，通常需要理财顾问各部门间的更高程度协作，因此建议尽早开始与各部门对接，即使你的初始影响力投资服务范围可能有限。

一些金融机构已经对主流投资框架进行了调整，这些框架仍然遵循金融风险回报评估、流动性和多样化的最佳实践。请参阅下页方框中的资料以获取一些示例。下表是对建立影响力投资组合框架的摘要以及需调整的关键要素。

建立包括影响力投资的投资组合框架：

客户目标	资本市场假设	投资策略和SAA	投资组合构建	投资组合监控
• 总体目标（财务、影响力、个人） • 影响力战略（主题、影响力类型） • 回报期望、流动性限制、风险承受能力 • 投资期限	• 对每个资产类别和影响力资产类别在财务收益、波动性和流动性方面的前瞻性假设	• 投资策略、关键的投资组合参数（主题、工具、地区等） • 资产类别权重 • 根据目标将影响力投资配置到不同的资产类别 • 投资标准	• 筛选投资项目；积极寻找影响力投资 • 对经理人、安全和投资组合的分析建立风险模型 • 经理人选择/投资结构	• 持续监测财务业绩影响力评估 • 绩效报告（财务和影响力） • 战略投资组合评估 • 风险管理和投资组合的再平衡

主流框架的调整

Allocating for Impact— Subject Paper of The Asset Allocation Working Group (Social Investment Taskforce, 2014); *The U.K. Social Investment Market: The Current Landscape and a Framework for Investors' Decision Making* (Cambridge Associates, 2012); *Impact Investing: A Framework for Decision Making* (Cambridge Associates, 2013); *A Portfolio Approach to Impact Investment* (J.P. Morgan, 2012); *Align Your Portfolio with Your Values: A Straightforward Approach to Fixed Income Impact Investing* (RBS, 2014).

第 1 步：客户目标

目标和期望的方法：除了确定客户的整体财富管理目标之外，了解他们把影响力投资纳入投资组合的动机是制定合适的投资策略的第一步。此外，需要了解客户端是关注特定问题的小规模配置（剥离）还是 TP 方式。这个步骤有重大的战略意义，除了整合影响力投资之外，可能需要整合 SRI 战略。请参阅下面的方框，以获取客户的问题清单。

影响力战略：了解客户希望实现哪种类型的影响力（例如，增加接受中学教育的途径，或减少废物及温室气体的排放量），以及影响力的位置（全球、本地或特定地区）。讨论投资与影响力之间可接受的分离程度——客户是否只希望接触实现特定结果的影响力企业，还是可以接受多元化的 FoF 方案？了解客户希望如何实现影响力也很重要，例如，通过资助已经验证的解决方案直接接触大规模人群，或投资新的商业模式，如果成功，再由其他公司如法炮制。如果某客户在影响力投资中取得了成功，深入研究背后的原因将有助于在建立投资组合阶段评估影响力投资机会的适合程度，并确定后续衡量影响力的重点。虽然一些客户已经发展了完整的影响力战略或主题，仍然需要顾问的支持来表达它们的影响力目标。此外，客户的影响力目标需要反映市场的现状和合适投资机会的可获得性。

财务目标和限制：与传统投资组合类似，需要建立投资者的通用财务档案，并衡量他们接受较低回报或较高风险的意愿，以实现（更高 / 特定的）影响力。

投资期限：与影响力配置相关的投资期限可能与整个投资组合的期限不同，取决于影响力目标和个人动机等。例如，基金会或家族下一代在决定是否更大程度地参与影响力投资之前，用小规模的影响力投资配置来测试影响力的可行性。相比之下，这类投资可能会比有经验的私人投资者的耐心投资更快地产生结果。

有关影响力投资方法的摘要，请参阅第 3 章；有关制定影响力主题的更多信息，请参阅第 9 章；有关制定短期和中期目标的更多信息，请参阅第 10 章。

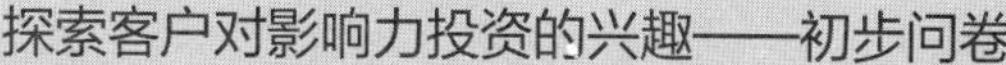

探索客户对影响力投资的兴趣——初步问卷

1. 你希望留给孩子的遗产是什么？你热切关注哪些社会问题并希望能帮助解决（气候变化、贫困、性别问题等）？你是否希望影响特定的地理区域（祖国、特定新兴市场等）？你是否有感兴趣的行业 / 主题（教育、医疗保健、就业、社会住房、环境保护等）？

目标：了解价值观和影响主题 / 地区偏好。

2. 你更希望：

（1）只在慈善层面解决这些问题。

（2）看到你的一些投资项目积极参与到这些问题的解决中去。

（3）优化整体投资组合的影响力。

目标：了解兴趣程度和抱负程度（剥离和整合，更多细节见第 3 章）。

3. 你希望你的投资产生何种程度的影响力？

（1）确保没有造成伤害。

（2）在广泛的问题上产生积极影响力。

（3）产生非常具体的影响力（例如促进非洲的普及教育）。

目标：了解抱负水平（SRI 和影响力投资及对特定影响力主题的偏好）。

4. 你与你的家人是否愿意亲自参与此类投资（参与选择、增加价值或访问投资对象）？你想从中得到什么？

目标：确定个人动机和希望参与的程度。

5. 你希望这种影响力有多直接？原则上是否可以接受投资基金、直接投资、项目或 FoF？

目标：了解首选工具（直接投资和基金或 FoF）。

6. 你对此类投资的期望回报是什么？与传统投资相比，你是否愿意为影响力投资接受较低回报 / 承担较高风险？

目标：确定财务优先、影响力优先或 SRI 机会是否有意义（更多细节见第 1 章）。

第 2 步：资本市场假设

为了将影响力资产类别纳入 SAA/ 投资组合，需要开发每个影响力投资资产（子）类别的资本市场假设（capital market assumption，简写为 CMA）。你可以把传统资产类别的预期特征作为基准，决定是什么构成了合理的财务回报和流动性。一个资产类别接着一个资产类别，对个人影响力投资（相对于同一资产类别里的传统投资）和 TP（相对于传统的 SAA）都是如此。[40] 一些影响力投资可能与同一资产（子）类别的传统投资具有相同的特征，而其他影响力投资必须根据以下考虑因素进行调整。

财务回报：投资者应考虑影响力投资相对标准工具在同一资产（子）类别中的财务回报潜力。它们可分为 3 类：经证明可产生有竞争力的财务回报的投资；可能产生 / 锚定有竞争力的财务回报的投资；锚定低于市场的财务回报的投资。投资者投资后两类的意愿取决于他们对获得某种类型或规模的影响力的重视程度，即使以牺牲财务回报为代价。由于为某些影响力投资寻找合适的基准可能比较困难，故用绝对回报来表述这些投资可能更有利。

自下而上和自上而下的投资选择

鉴于难以预测特定影响力投资机会的风险 / 回报情况，大多数投资框架都提示不要过度依赖自上而下的筛选过程和 CMA。通常建议加强自下而上的（交易或安全相关的）筛选过程，以确保安全相关的风险 / 回报预期与 CMA 框架下的风险 / 回报预期保持一致。最后，从自上而下的角度，建议在多个交易或基金中，甚至在每个资产子类中进行分散投资。

风险和分散：与财务回报类似，一些影响力投资与同一资产类别的传统投资表现出相同的风险状况。然而，有较少的经过验证的新型商业模式的影响力投资可能需要更高的风险评估，因此，投资者可以根据所处的发展阶段对影响力投资进行进一步分类。例如，可分成经过验证的投资和实验性的投资，后者可能承担更高的风险，更适合早期采用者，除非他们从信用增进机制中受益，例如通过第一损失资本来改善整体的风险状况。财务回报与预先商定的社会结果挂钩，例如 SIB 或 DIB 将表现出与同一资产类别中的其他策略不同的风险类型（混合 / 绝对回报）。一些影响力投资可能与传统的商业周期驱动型投资之间存在较弱的相关性。

请参阅本部分第 4 节的 SIB、第 3 节的分层结构和第 13 章的增信机制。

流动性：虽然大多数资产类别都存在投资机会，但它们集中在流动性较低的投资领域。顾问需要决定对其他领域进行更高的配置是否有需要 / 合理，无论是影响力层面，还是投资组合层面的配置。

有关跨资产类别的影响力投资机会的更多信息，请参见第 1 章；有关详细的表格内容，请参见本部分第 1 节。

第 3 步：投资策略和战略性资产配置

关键的投资组合参数：考虑到客户目标和 CMA，需要制定影响力投资策略，包括建立关键的投资组合参数。对于配置影响力投资，相关参数包括影响力主题或行业、区域重点、公司发展阶段、影响力资产类别、多样化目标、工具等。

影响力投资的资产配置：除了制定整体 SAA 外，还可以建立与每个资产类别的影响力投资目标。投资组合中的影响力投资权重受投资策略和机会可获得性的影响。至少在最初阶段，建议不要为每个资产类别中的影响力投资配置制定硬性的、自上而下的目标，而是采取更机会主义的方式，因为可能需要时间来确定或发展合适的投资机会，并且该类投资机会对 TP 风险回报的影响比较难预测。

投资标准：在确定投资组合应包括哪些影响力资产类别后，需要建立影响力机会的关键投资标准，以指导建立投资组合的过程。

有关制定影响力投资战略的更多信息，请参见第 10 章。

第 4 步：建立投资组合

如前几节所述，自下而上的分析可获得的影响力投资机会，将对投资组合中影响力投资的最终组成和权重产生决定性影响。

为了把影响力投资纳入投资组合，需要调整传统的尽职调查内容，增加对影响力潜力和影响力风险的评估，并且在许多情况下，更加注重对投资机会和管理团队的定性分析，因为影响力投资的业绩记录比传统投资的更短。理财顾问可以考虑聘请专家顾问来加强他们在寻找投资、尽职调查和设计方案方面的内部能力。

影响力投资的风险状况通常与相同地区或行业的主流投资的风险状况相仿。但是，如上所述，影响力投资可能会带来一些特定的风险，这些风险需要个别考虑，并纳入投资组合整体风险的计算中。这些风险可能包括影响力失败导致的声誉风险，市场发展的初级阶段限制了业绩记录、投资选择和流动性，混合式的资本结构把金融资本与慈善资金融合在一起，以及取决于社会结果的财务回报。[41]一旦识别出风险，就可以通过一系列的风控措施对其进行管理，包括选择合适的工具、设计投资条款、使用增信机制等。

理财顾问需要在较高的尽职调查成本与通常规模较小的投资机

会 / 产品之间取得平衡，特别在制定投资策略，决定是直接投资还是通过中介投资，以及向客户经理和客户解释更高的尽职调查成本时。

对影响力投资机会进行个别分析时，需要综合考虑该投资机会与 TP 的匹配度和作用力。这将有利于考虑更广泛的影响力投资机会，其中一些可能不完全符合目标参数，但总体而言，可以实现影响力投资配置的绩效目标。

第 13 章讨论了直接的影响力投资流程的特征，第 14 章讨论了影响力投资基金经理人的选择。

第 5 步：投资组合监测

必须监测和衡量影响力投资的表现，包括财务和影响力表现。影响力评估的重点和深度将取决于客户的需求和理财顾问采用的总体方式。

有关影响力评估的更多信息，请参见第 11 章和第 13 章的相关部分。

第三部分

项目的设计和执行

准备踏上这段旅程

现在，你应该对影响力投资（第一部分）是什么以及同行如何运用影响力投资（第二部分）有了更清晰的认识。你若是已经决定参与影响力投资，就应该着手准备这趟投资之旅了。第三部分将带你走进这段旅程。

对很多财富持有者来说，第一步是从家族里获得内部投资，这也被证明是极具挑战性的一步。第 8 章会向你讲述其他继承者是如何得到家族的投资和支持的。如果这与你无关，可以选择跳过这一章。

根据投资项目的大小、地点、方式以及规范程度，每个家族在进行影响力投资前需要准备的工作也是不一样的。通常来讲，这个过程包括 4 个步骤，本指南也有 4 个章节对其予以分别阐述。首先，你要设立影响力投资项目的整体愿景（第 9 章）。在这个基础上，投资者要创建项目目标和关键指标（第 10 章）。之后，你要建立一套投资方针和工具（第 11 章），以及最后建立团队来执行你的项目（第 12 章）。

对于不希望运用资源来设计正式的投资项目，而希望立即开始投资的读者，可以跳过本部分，直接阅读第四部分——影响力投资流程。

试水

虽然之后的章节会详细介绍建立规范的投资策略和执行计划，值得注意的是，很多影响力投资者并不是以正规军的身份开始（甚至继续）他们的影响力投资旅程的，而只是简单的试水。这意味着，通过完成一项或者多项投资来帮助你熟悉市场，继续监督这些投资的表现，如果发现投资业绩还不错，才会逐渐追加资本。

好处：让投资者了解市场，认识个人对社会问题、商业模式、地区等的偏好，从而更好地使自己准备进入投资策略阶段。也可以帮助大型/多代人的家族培养对影响力投资的热情，安抚有疑惑或者规避风险型的家族成员。

坏处：最大的危险是在项目筛选和管理上缺乏必需的严谨性。投资组合里仅包含少数几个投资项目，任何单一项目的失败都可能对影响力投资产生整体的负面影响。此外，投资类型的选择可能造成投资领域的不平衡。

小贴士

1. 以你的才华和技能为导向。选择你热爱或者熟悉的领域，这会让影响力投资更有趣和更有价值，而且在后面的情况下，风险更小。

2. 严谨地分析影响力投资。诚实地评估自己的技能；如果有需要，寻求顾问或内部员工的支持。

3. 管理风险。分散投资，从规模较小、风险较低的投资开始，投入你能承受的资本。

4. 设定切合实际的期望，包括影响力、财务回报、投资主张的成熟度以及持股周期等。

5. 联合投资。加入同行小组以获取机会，减少尽职调查成本并从更有经验的人那里学习投资（参见下文和“工具和资源”部分第 21 节的例子）。

6. 做好犯错的准备。让自己去尝试，去犯错误，并从中吸取教训。

瑞士的约翰·艾利夫和卡西·艾利夫

有目标的影响力投资

在 2008 年以超过 1.25 亿美元卖掉了医疗技术公司精准医疗（Precimed）后，约翰·艾利夫接下来想致力于减少全球贫困，但希望按照更适合自己的方式。他承认：“以更具创业精神的方式来帮助他人会符合我的背景，这是我的优势，也是我喜欢的。”约翰和他的妻子卡西一起环球旅行了一年，研究了不同的扶贫方法。在了解了 MFI 运作方式的基础下，艾利夫夫妇决定成立基金会，为三级 MFI（在服务欠缺的地区运营的小型机构）提供担保，帮助它们借到钱和扩大在贫穷国家的活动。

除了负责基金会活动之外，约翰和卡西已经将超过 10% 的个人财富配置于专注扶贫的社会企业以及中后期影响力投资基金。他们在旅途中遇到了一系列初创企业，这重新点燃了约翰的创业情怀，尤其是一些在他熟悉的医疗器械领域的公司。“我在医疗工业制造领域有 20 年的经验，我们的基金会提供金融服务，因此基于产品的影响力投资更适合我。”除了医疗健康，约翰对清洁能源、废物管理、分销和技术等领域也感兴趣。

约翰和卡西想要把创新、体验和快乐带入影响力投资之旅，约翰认为这些元素都是创业过程中的重要组成部分。“虽然是投资资金，但要带着‘有乐趣’的眼光来展望。”他指出，“虽然有些事情会出错，但我们会坦然面对并及时调整，从错误中吸取经验，然后继续前进，而不是过度研究却终日一事无成。”在他的带领下，基金会完成了超过 20 笔交易。约翰还成立了一家私人投资者俱乐部，向其他财富持有者非正式地介绍自己的项目。“这是个实验。但如果成功了，我们就会把积极的经验进行复制。”他兴奋地说。

荷兰 / 美国的弗兰克·范·博伊宁根和玛格丽特·范·博伊宁根

为私人影响力投资者建设社群

> 我们希望投资的对象是为最紧迫的问题创造解决方案的公司：产生“破坏性”影响力。我们投资创新的思维模式，创建新的系统和新的互联方式。当我们相信影响力、模型和管理时，我们就敢于承担风险。这是值得的！
>
> ——弗兰克·范·博伊宁根（Frank van Beuningen）

1963 年，弗兰克·范·博伊宁根只有 17 岁，他的父亲在一次车祸中去世了。随后，在家族企业中属于父亲的部分很快被卖掉了。但是凭借对帆船的热爱和家族的创业传承，弗兰克和他的兄弟收购了一家小型荷兰帆船制造企业嘉仕堡（GAASTRA），乘着冲浪市场的第一波浪潮，兄弟二人将其打造成蓬勃发展的全球性运动时尚品牌。

甜蜜的开端变得愈发丰富多彩

1990 年，在出售嘉仕堡之后，弗兰克已准备好迎接新的商业挑战，但尚不清楚具体是什么。4 年之后，他在美国参加了 SVN 会议。该会议召集了希望“通过商业创造价值驱动的和可持续发展的世界”的企业家们。弗兰克被这个概念深深震撼了，他与朋友发起了对 Pymwymic 的挑战。他们成立了一只小型社会风险投资基金，向社会性企业进行投资。事实上，Pymwymic 是欧洲的第一只社会风险投资基金。但是，在 20 世纪 90 年代，想找到这样的公司是非常具有挑战性的，所以他们的第一笔投资是美国的本杰瑞（Ben & Jerry）冰激凌。

投资了大约 15 家企业后，影响力投资成为弗兰克的一项家族事务。在 2001 年的 SVN 欧洲会议上，他遇到了媒体企业家、纪录片制作人玛格丽特，后来成为他的妻子。几年前，玛格丽特从旧金山湾区经营多年的渐进式媒体业务中退出，住在苏格兰的生态村中学习可持续性发展。她正在把自己优厚的财富逐渐调整为与价值观一致。她从小处着手，投资符合商业伦理的房地产基金，并向当地农业合作社提供贷款。

SVN 会面后，她和弗兰克共同投资了一家符合商业道德的小型英国媒体公司。他们的友谊深化为爱情和婚姻，玛格丽特搬至阿姆斯特丹。在看到很多家族负责人来 Pymwymic 询问指导意见后，她积极参与到影响力投资社群的发展中，认识到为影响力驱动型私人投资者开发催化平台的机会。

志趣相投的投资人社群

快进至 2015 年。Pymwymic 资助了 56 个来自可持续发展领域的早期和成长期的任务驱动型公司，涉及了从农业、包容性金融到锂电池行业。Pymwymic 社群在不断扩张，旗下的投资人俱乐部由 130 多位私人投资者组成，共同分享一支专业的项目筛选团队，每年投资 10 个预选公司。新加入影响力投资的家族通过 Pymwymic 举办的年度家族影响力日活动，跟同行会面和学习，仅限 40~50 个受邀请的家族参加。范 · 博伊宁根夫妻和一些 Pymwymic 的家族投资人计划在 2016 年中设立 Pymwymic 影响力投资公司。通过该公司投资的影响力项目将由成员共同决定。

Pymwymic 近期还推出了非营利性投资机构捐赠者影响力涉及基金（Donor Impact Involve Fund，简写为 DIIF），利用慈善家族的捐款向破坏式影响力创业公司提供可转换债，例如为医疗设备提供海绵的海洋养殖企业，为 6 岁儿童解决性别刻板印象问题的计算机游戏开发商。Pymwymic DIIF 也会让捐赠者学习影响力投资的第一手资料。玛格丽特还是女性财富问题小组的领袖，该组织帮助富裕背景的女性“通过按照自己的方式部署自己的资本，找到自己的声音和目标”。

追随他们的投资热情

Pymwymic 的成功与弗兰克和玛格丽特把个人财富和价值观关联的承诺紧密相关。直到最近，弗兰克还共同投资了 Pymwymic 的绝大部分交易（56 笔交易中的 50 笔），并且把整体资产超过 50% 的部分都配置在社会责任初创企业上，虽然弗兰克也认为这样尝试需要承担很大的风险，但是这些企业创造出的影响力和包含的乐趣让他甘之若饴。

玛格丽特也独立完成了数笔风险投资，包括健康食物系统和女性创业企业等她感兴趣的领域。但是，鉴于玛格丽特更倾向于规避风险，并且拥有较少的财富，她将资产配置在不同的资产类别上以分散风险，并影响弗兰克也如此操作。这对夫妇处置了他们继承的石油资产，截至 2015 年年底，51% 的财富都是和使命相关的，投资组合在过去 10 年的平均年化收益率约为 5%（关于投资组合表现的更多信息，请参阅“工具和资源”部分第 5 节）。

在过去的 15 年里，通过 Pymwymic 推广影响力一直是玛格丽特和弗兰克生活的中心，即便是他们一直支持的世界前八强的球队纪念章也被搁置在他们家的地下室。不过，Pymwymic 的增长已经远远超越了创始人的初始愿景。这对夫妻引入了新的职业管理层来负责具体工作，他们则在战略层面继续参与。最后，他们希望有一个适当的假期，再做一次远途的帆船航行，并带回一些新的想法来帮助和促进更多家族将财产投入到能发挥个人价值的影响力投资领域中。

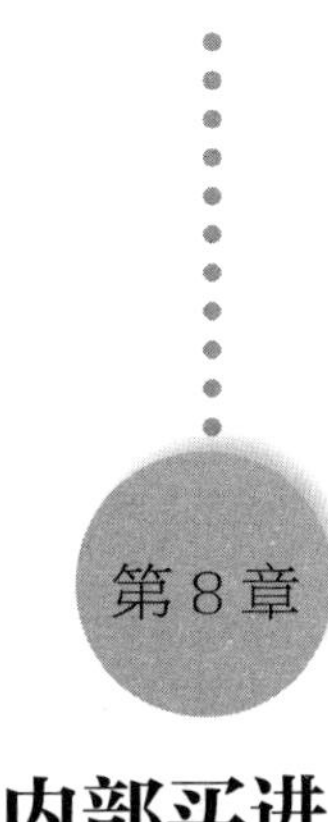

内部买进

8.1 争取家族的认同

一个家族是一个复杂的实体，且关于其财富、业务和 / 或基金会的管理决策并不总是直截了当的。本节旨在帮助那些仍然需要从家人 / 组织那里获取支持，或者只是想让其他家族成员加入投资的人。本节会提供来自同行的实用经验和作者与家族接触过程中总结而来的实用建议和技巧。如果内部买进与你无关，请跳过此部分。

奠定基础

思考在影响力投资决策中需要包含哪些家族成员或组织成员，以此作为开端是有好处的。可能不仅包括决策者自己，也包括能够影响他们的人，比如顾问。你的下一步是确保他们对影响力投资以及影响力投资与组织（家族）目标的相关性有清楚的认识。在培养和引导家族成员的知识水平和兴趣方面，可以考虑以下内容。

出版物：从一篇发人深省的文章开始，或者分享本书和／或近期出版的从不同角度阐述影响力投资的相关书目。

会议：建议参加相关的会议（见“工具和资源”部分第 23 节的例子）或者财富论坛［查看猫眼石（Opal）、全球慈善论坛、坎普登（Campden）、家族企业网以及 WEF 等］的影响力投资讲座。

研讨会／课程：为了更深入地接触，一种方法是考虑聘请专家为家族举办定制的研讨会，介绍概念、同行采用的方法和广泛的机会。另一种方法是参加为财富持有者定制的项目（例如澳大利亚慈善的下一代计划或者 Pymwymic 的家庭日）或者大学的（行政）课程（查看哈佛大学、牛津大学、圣加伦大学、开普敦大学等）。

实地考察：与家族成员参观一家社会影响力企业。通过与影响力驱动企业家交谈，了解他们的执着和热忱，聆听他们在解决社会问题中使用的商业方法。

荷兰的胡伊博·范·德·格里斯帕德

时而快，时而慢

胡伊博是荷兰船东家族的第三代成员，该家族在 1921 年开始建立自己的商业企业。自从胡伊博在 2013 年继任了家族办公室的主席职务后，他开始渴望进入影响力投资领域。家族的合一是家族办公室的核心原则之一，所有投资都必须经过家族成员的多数投票审批，因此胡伊博需要争取他们的认同。

虽然家人对影响力投资的概念并不陌生，但他们仍然表现得犹豫不决。胡伊博说：“人们对影响力投资的风险程度、交易质量和财务回报持怀疑态度。”他必须找到一条道路来向家族展示影响力投资的可行性，因为其承担的投资风险会让家族觉得不舒服。“这意味着一步一步地先从有良好业绩记录的高质量基金开始，再比较回报率。眼见为实。”他的第一笔交易是对特里多斯有机成长（Triodos’Organic Growth）基金投资 50 万美元。这种方式让他克服了家族的迟疑：“特里多斯有信任基础，且投资金额也小。所以，我告诉我的家人，让我们开始吧！我们如果不尝试，就永远不会知道结果。”

胡伊博准备了更多基金来等待家族的批准，并且希望切入直接投资。虽然他希望更快行动，但他明白这个家族还没准备好。渐进的、安全的间接方法是最佳途径。

然而，作为一名企业家，胡伊博没有必要等待家人的批准才开始着手进行更直接的影响力投资。他创建了社会性企业科内克西（Koneksie），在非洲提供既安全又可靠的最后一公里运输，给成千上万的年轻人在运输行业提供微创业的机会。公司在肯尼亚开发了一套完整的商业解决方案：专门为非洲运输而设计并生产的本地摩托车品牌基博（Kibo），同时结合了融资、车辆维护和司机培训等服务。科内克西不同于胡伊博以前的创业企业：“影响力是驱动我前进的泉源。为被社会忽略的人们创造机会和拯救生命，我无比激动。即使是小小的胜利也很重要，因为它提高了生命质量。”

这也是胡伊博向他的家人证明影响力驱动企业可以取得商业成功的另一种方式。而且，这仅仅是一个开端：“我知道我的家人最终会完全支持我的，只是需要时间、耐性和坚持！”

将影响力投资提上议程

根据家族情况和治理结构的不同，获得家族成员和重要高管的认同可能像午餐谈话一样简单，也可能需要漫长的幕后工作。但是，在大多数情况下，你需要在适宜的时候将影响力投资纳入家族（董事会）会议的正式议程。而这个时间点应该是提出战略性话题的时刻，可以是一年一度的家族退休会或者是家族企业或基金会的董事会上。这样的时机（场合）会帮助人们调整好心态来讨论愿景和战略，而不是仍然陷在日常事务中。在许多家族企业里，下一代成员已经发起了造势运动，借助深入探讨家族业务的机会，带动家族成员对影响力投资的参与。除非你收到了强烈的信号表明董事会成员已做好准备即刻跟进，你可能还需要一个中间步骤，即创立一个工作组来研究该问题，然后再向董事会或高级成员 / 小组提出正式提案。

寻求正式的决定

当影响力投资与家族的相关性研究（这是一个巨大的成功）获得许可的时候，你要为正式批准进行准备工作。这个阶段要制定家族的影响力投资愿景（参见下一章关于制定愿景和投资策略的指导）。让董事会里的高级决策者参与筹备过程，这会促进方案得到最终的正式批准。此处可以采取多种形式：提供非正式的阶段性信息更新，寻求具体的建议或意见，进行正式访谈或战略董事会研讨会，最后，让工作组的高级成员参与到研讨会里。无论你选择哪条路径，了解决策者的态度、偏好和关注点并有针对性地准备方案是至关重要的。

小贴士

1. 积极地构建你的论点。目前，影响力投资作为传统慈善事业、商业或投资的补充工具，无法替代家族正在进行的事务。不要抨击家族的当前做法，这样往往会适得其反，还可能伤害家人的感情。专注在影响力投资

如何帮助家族 / 组织实现目标上。

2. 展示现有的投资。全面了解当前的家族投资 / 业务组合并找出其中产生（有意或无意的）重大社会影响力的部分。你可以直截了当地提出继续寻找类似的机会。同样，如果你是通过基金会开始进行影响力投资的话，看看是否有借款人已经接受了贷款，或者已经建立了可供投资的社会影响力企业。

3. 与潜在的批评者沟通。联系那些可能会反对影响力投资的家人，详细询问他们的想法，加深他们对影响力投资的理解，直至获得他们的赞同。请注意反对的意见不一定来自家族成员，也可能来自值得信赖的顾问。

4. 聘请外部专家。（年轻的）家族成员经常难以让家人听取自己的意见。通过顾问和专家来解释影响力投资的概念和优点将有助于化解家族的差异性和代沟问题，以便影响力投资以更客观的方式呈现在家族成员面前。

5. 提供成功的证据。让家人相信影响力投资并不是“另一种赔钱买卖”。提供关于影响力投资表现的事实类信息，尤其是同行的投资策略以及投资案例研究。更多数据，可参阅“工具和资源”部分。

6. 分阶段的方式。谨慎推行，特别在你感觉到家族的犹豫不决时。从试点开始，如果业绩表现优秀，可继续追加投资，和 / 或从低风险的投资入手，例如将现金储蓄转移至信贷联盟，购买绿色或小微金融债券，再逐渐过渡到更复杂或高风险的领域。

8.2　如果你的理念遭到拒绝该怎么办

许多家族内部的影响力投资倡导者在首次尝试内部沟通，并且没有得到“同意”的回复时，必须尝试不同的策略来赢得家人的认同，包括以下要点。

把投资机会放到桌面上：如果家人是财务或者商业驱动型，让他们知道影响力投资机会能够满足他们对风险 / 回报的要求，这将引起他们的注意并减少抵触心理（见后文塞思 · 塔巴茨尼克的故事）。如果你试图说服基金对传统的拨款追加投资，就寻找催化影响力优先的投资项目来证明市场化解决方案的好处。

不要放弃：对家族成员或其他决策者适应影响力投资的时间与能力要有切合实际的预期。继续教育他们，尝试新的策略，不断分享关于影响力投资的文章或同行的故事。不要过早放弃，可能你只需要最后一步的努力来达到目标。在某些情况下，赢得家族成员的认可需要数年时间，但最终还是成功了。加入正在努力解决或已经解决类似问题的群体，可以帮助许多继承人。如果没有赢得战斗，至少不要放弃（见“工具和资源”部分第 19 节和第 21 节关于影响力投资网络和俱乐部的例子）。

证明你的选择：用一小部分资金建立影响力投资的“投资组合试点”。这不仅能帮助你说服家人接受关于影响力投资的可行性以及你的认真态度，还能帮助你学习影响力投资。另外一个选择是组建专业团队，设立种子基金，并向其他投资者筹集资金（参见第 12 章本 · 戈德史密斯的故事）。该方法的好处是从外部验证战略的有效性，如果成功执行的话，可以说服你的家人对基金进行投资。

走自己的路：一些财富持有者在受到来自家族的阻力后，决定追求适合自己的影响力投资之路。他们的个人资产部分可以与家族财富分开，并以不同于其他家族成员的方式管理（关于丹尼 · 阿尔马戈和贝里 · 利伯曼，以及陈恩怡的故事，请见第 4 章和第 12 章）。其他人决定将影响力投资作为自己的职业（关于安东尼奥 · 内托的故事，请见第 7 章）。走自己的路的坏处也是显而易见的：会造成家族内部的紧张。

美国的莉莉·施蒂费尔

跟随儿女的脚步[1]

莉莉·施蒂费尔在 27 岁的时候，她的父亲突然去世。莉莉出售了自己在家族制药企业的部分股权后，继承了大量财富。莉莉对环保充满热情，于是和她的母亲玛丽建立了家族基金会，最初只专注于对环保机构的资助。“一年之后，”莉莉回忆道，“我们发现可以通过影响力投资来支持环保企业家。”作为基金会的负责人，她开始把基金会的金融资本以及她的个人资本用于影响力投资。截至 2011 年，基金会的绝大多数捐赠和莉莉的个人财富被配置在跨资产类别的影响力投资机会中，影响力投资和家族基金会已经成为她的全职事业。

尽管莉莉自己积极参与影响力投资，但她很难说服母亲理解关于影响力投资的优点，因为玛丽很“老套”，对财富管理的观点非常保守，而且她已经负责管理家族资产 20 年了。莉莉说：“我将环保科技介绍给她，并反复提起，她了解我对影响力投资的热情。但是，因为我不具备投资背景，我也不认为自己能够说服她同意影响力投资是很聪明的投资。”因此，莉莉向她的投资顾问求助。作为麦肯锡的前分析师，投资顾问具有投资背景，与她母亲的沟通更为顺畅。“父母这代人拥有 30 年的成功经验，不愿意抛弃他们所学到的一切。寻找跟我母亲同一年代的成功的投资顾问和基金经理，可以与她坦诚地沟通影响力投资，会让她感到宽慰。”

莉莉花了 5 年的时间，通过不断抛出影响力投资的话题，带领她与投资顾问和投资对象会面，终于赢得了母亲的认可。随着时间的推移，玛丽开始追随女儿，将自己的投资组合的一部分转移到产生影响力的机会上。她与一些影响力基金经理人建立了友谊，（影响力投资）甚至改变了她的生活方式：她建造了太阳能发电的生态住宅并驾驶混合动力 SUV（运动型实用汽车）。“有时候，跟随孩子的脚步是很重要的。”玛丽回应。

英国的塞思·塔巴茨尼克

知行合一的力量

任何人都有影响力，你只需要设定明确的意图并说出真相。

塞思·塔巴茨尼克住在萨默塞特郡的小农场里，到伦敦有几个小时的车程。这片占地约 20 万平方米的森林是塞思所有的可持续地产的一部分。塞思刚刚建造了一个 50 万瓦特的太阳能农场和生物燃料锅炉，为这块地产提供可再生能源发电。出于对气候变化的担忧，他有 3 年没有飞行了。最近，他放宽了这项自我约束，允许自己每年乘坐一到两次航班。这听起来极端吗？对我们大多数人来说，或许是的，对塞思却不然：“我越是思考环境以及我们的生活方式，就越觉得这是我可以选择的唯一出路。”

发现严重的偏差

塞思是托尼·塔巴茨尼克（Tony Tabatznik）的儿子。托尼·塔巴茨尼克是一位出生于南非的成功企业家，也是几家仿制药公司的创始人。2009 年，在托尼的建议下，家族信托（家族办公室）成立了家族基金会伯莎，旨在支持各种形式的变革行动，包括环境保护。

2011 年，塞思在伯莎基金会待了几个星期。在其他活动人士的影片中，伯莎支持了一部名为《原油》（*Crude*）的纪录片。这部纪录片揭露了雪佛龙石油公司在厄瓜多尔钻井工地的漏油事故是如何影响亚马孙流域的土著居民的。在那次旅行中，他还得知家族信托投资了一家大型石油勘探公司。塞思对这种偏差感到惊讶，感觉“好像基金会的工作被家族投资的项目破坏了 10 次”。他相信还有其他办法，但他没有话语权，不仅因为他年轻，在投资方面缺乏经验，而且因为信托基金的受益人在法律上是不允许直接参与管理的。

同年，一位家族顾问向塞思问询，他是否愿意学习财务知识并参与到投资事务当中。塞思抓住机会说：“我想，那肯定很有趣。我可以学习财务来证明我可以赚钱，同时也能产生积极的影响力。”

聚焦环境

他从伯莎基金会借了 500 万英镑建立了贝尔蒂（Berti）投资，以股权和债权的形式投资致力于降低碳排放的商业企业，并向家族信托和其他投资者证明这些企业的商业可行性。他专注于可再生能源发电、能源效率和生态系统服务领域的成长期英国本土企业。

在接下来的几年里，在家族顾问的支持下，塞思进行了 11 笔投资，对该领域有了深入的学习，并证明了他寻找有吸引力的投资机会的能力。

接下来，他开始把影响力投资机会带到家族信托面前。他的理由很简单：“受托人最终并不是反对影响力投资，他们只是想确保自己不会赔钱。”贝尔镇电力（Belltown Power）公司就是这样的机会。该公司负责建设、持有和运营英国可再生能源资产。塞思的家族信托基金投资了第二批发电站。这项投资的预计年化回报率在 10% 以上，没有技术风险，非常适合家族信托的投资策略。但是，若是没有塞思对这个行业的了解，信托基金不可能进入这个全新的领域。

塞思的建议并没有被全部采纳，但他没有气馁，而是学习信托基金的投资知识，并调整了自己对交易的选择标准。

他还主动与管理家族信托投资组合的各个投资团队接触。例如，针对房地产投资组合持有的欧洲城市中心的旧物业，他建议采用太阳能板、热泵等方式对建筑物进行改造，并将一些物业出租给初创型企业，举办影响力活动。房地产团队也在认真研究这些想法。

为了让基金会的使命与资产保持一致，他提出想法，进一步扩大可再生能源投资组合，并将产生的回报全部用于再投资。

塞思还和妹妹拉腊一起成立了一家影响力驱动企业，为社会领袖组织高端的、变革性的退休会，填补基础款退休会和精品酒店之间的市场空白。塞思负责物业在环境方面的可持续发展，而拉腊负责内容开发和综合管理。

在承诺中获得信任

一步一步走来，塞思忠于自己的价值观，谦逊而开放。现在，他已经成为一名领袖，受到家人和身边人的尊重和信任。当受托人从与家族信托基金的价值观不一致的投资策略中抽身而出，将接下来的投资关注点重新放在影响力投资上时，塞思赢得了最终的成功。这意味着所有的投资至少都具备环境意识，然后积极寻找能带来强劲财务回报和可衡量影响力的投资机会和投资策略。

塞思的家人认为，影响力投资是展示“我是谁的自然表达”。塞思也认同这一观点：“做这些投资成为我的热爱。我关心的是创建可持续的、可扩展的事务，并为世界带来改变！财富是一种特权和责任，我真心热爱我的工作。”

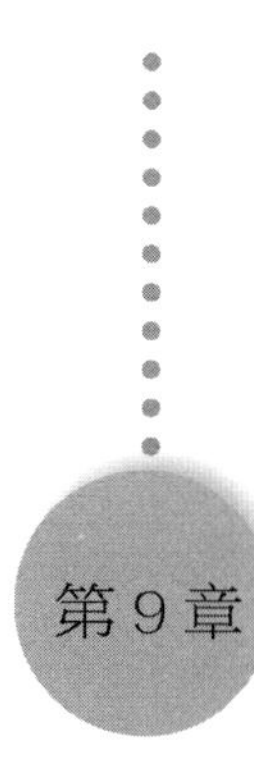

愿景

9.0 章节概览

目标和位置 → 扫描市场和投资组合 → 制定影响力主题 → 财务状况

本章将致力于帮助读者梳理关于影响力投资的核心思想。本章包含进入影响力投资领域所需要建立的个人动机和/或战略动机；发掘家族结构中履行影响力投资的实体，以及通过扫描市场和投资组合来全面理解影响力投资和当前的投资组合。建立愿景的重要步骤是决定你对“影响力”概念的独特解读以及实现影响力的策略；最后，你要对自身的财务状况有清晰的认识，包括对金融风险容忍的能力。

为什么愿景很重要

清晰且详实地描述你的目标后，才能使你把目标转化成具有影响力又实用的策略，进而提高成功的概率。本章的愿景部分包括建立系统框架，即把影响力投资项目与驱动家族精神的价值相融合，最终指向行善的方向。在建立愿景的过程中，你必须从战略性的角度来挖掘影响力项目里暗藏的更具野心的长期目标，同时还要考虑如何在项目生命周期中获取最大的影响力。

挑战

让家族成员对价值观和投资动机达成共识是极富挑战性的任务。确实，家族成员间有时候会刻意省略对个人及战略目标的探讨来避免冲突，这意味着后期制定的战略可能没有公平地反映出家族所有成员的想法和目标。有了对愿景的深度解读和共识，影响力投资才能获得全体家族成员的支持；因此，在愿景建立的阶段可借助外脑，比如说在投资及投资机遇组合领域中引入有强大专业技能的顾问。

9.1 明确动机和“落户安家”：我们的目标是什么？影响力投资在哪里最适合？

目标和位置 → 扫描市场和投资组合 → 制定影响力主题 → 财务状况

为影响力投资项目建立愿景的第一步是清楚诚实地回答为什么你、你的家族或者你的机构要进入影响力投资领域，同时也需要在家族的生态系统里为影响力项目找到合适的位置。

观察个人动机

我们清楚地明白产生积极的影响力将会是主要的驱动力之一，但是它极少单独存在或成为唯一的驱动力。我们大多数人也在寻求特定的个人目标，有些人可能为了更好地管理财富而学习投资知识；有些人可能想通过自身丰富的商业敏感来寻求兴奋和满足而支持创新型社会性企业。你可能也想提高个人的声誉，向家族证明你的能力，或者在家族企业之外探索更令人振奋的职业发展新道路。

清晰诚实地陈述个人或战略动机，虽然在影响力投资进程中常常被忽视，但确实是决定成功的关键因素，因为它允许这些目标在建立投资方法时被考虑在内，以保证结果与初衷相符。

落户的选择

正如之前讲到的，影响力投资可适用于家族生态系统中的各种部分。正因为影响力投资策略的众多决定因素与投资主体在家族生态系统中的位置直接相关，所以影响力投资活动应尽早“落户为安”。落户的选择取决于个人情况及家族的目标。但是要如何制订最优方案呢？影响力投资的落户选择是与家族生态系统中不同部分的战略目标及家族成员的个人目标紧密相连的。下面方框中的问题可用来帮助决定影响力投资和战略目标的匹配情况。

项目落户的主要考虑因素

- **家族办公室**。将财富管理与家族价值观相关联重要吗？影响力投资能吸引对传统投资管理兴趣寥寥的年轻一代并帮助财富的转移以及家族办公室的管理传承吗？影响力投资项目会让家族的不同代系联结得更紧密吗？

- **家族基金会。**基金会是专注在以市场手段有效解决问题上吗？影响力投资能有助于家族的慈善使命，并使其与当前的捐赠计划相匹配吗？虽然基金会的规模较小，通过项目资源的循环利用能否增加影响力的总量呢？对家族而言，基金会的捐赠是否在支持慈善使命？在没有仔细分析捐赠带来的影响力（积极或消极）之前，家族是否面临声誉风险？基金会延伸到影响力投资领域能否吸引年轻的家族成员加入家族基金会？
- **家族企业。**对家族企业来说，通过核心活动产生强大的积极影响力是否重要？通过为相对薄弱的传统行业带来增长点，建立强大的供应链，增加企业的品牌价值，从家族内外吸引人才等手段，家族的共享价值能否加强企业的核心业务？与核心活动不相关的新型影响力业务，是否成为商业组合多元化的组成？
- **职业生涯。**对于一些家族成员来说，影响力投资能否成为具有吸引力的、可行的个人职业选择？如果能，它存在于家族生态系统的内部（通过上述可选项）还是外部？

家族的决策方式

除了将“落户”与个人/战略目标相连接，家族可以用一些其他标准来帮助做选择。一些人通过项目规模化后的潜在影响力来决定项目的“落户”，意味着目标落户地是资源或财富的聚集地。其他人则选择更安全的地方进行试验，把基金会当成内部孵化器来开展影响力投资活动，即便他们随后把项目转交给了家族办公室或者家族企业。还有一些资产所有者通过可获得的技能和资源来做决定，即把影响力投资放在家族办公室的运营下，如果他们认为传统的投资技能是有必要的，或者如果家族企业或基金会判断产业及与影响力主题的相关经验将发挥引导作用，他们会这么做。把影响力投资理念带进家族并说服其他成员接受的影响力投资引领者，可能会承担发展影响力投资的责任，并在他所在的家族结构中继续履行。最后，在某些情况下，创造影响力最高效的方式是去传统家族结构的外部开拓项目。家族生态系统中的其他部分也是有可能参与影响力投资的（参见下述案例）。

沙特阿拉伯的阿卜杜勒 – 哈米德 · 穆哈伊迪

由家族价值驱动

阿卜杜勒 – 哈米德 · 穆哈伊迪是沙特阿拉伯颇具威望的穆哈伊迪家族的第三代成员，是 ACWA 能源的执行官。ACWA 能源是能源产业和海水淡化产业的开发商和运营商，由穆哈伊迪集团控制。穆哈伊迪集团成立于 1946 年，初始阶段关注于食品商品贸易和建筑材料行业。目前，公司作为国内领先的商业集团，控制了众多大型企业。围绕家族核心价值，穆哈伊迪集团日益壮大。穆哈伊迪家族的核心价值包括道德、团结、企业家精神、谦逊、尊重以及社会责任感。这些价值观引导穆哈伊迪家族不单追求商业回报，还在商业所及之地积极探索社会影响力。阿卜杜勒解释道："每当我们创建或收购一家公司，我们必须保证该公司的价值观和家族价值观一致，因为我们所拥有的公司最终会成为家族姓氏的标志。"

实际情况是公司及子公司批准任何一项投资计划都必须审核有关投资行为带来的社会责任等内容，因为这是带动投资向前的重要保证。例如，2013 年，当 ACWA 能源在南非博克波特（Bokpoort）地区开发 50 兆瓦太阳能发电项目的同时，投资了附近村庄的太阳能发电，用以替代价格昂贵且有健康隐患，还污染环境的煤油灯照明方式。项目公司还向偏远地区的村庄提供太阳能板，并培训居民安装、操作和维护等技能。

为了鼓励家族中的年轻人延续企业家精神，家族理事会开始组织一年一度的社会性企业计划竞赛。优秀的胜出者将获得社会认可和资金支持以继续发展业务。有意思的是，在 2013 年，3 项评奖中的 2 项均由女性家族成员获得。其中的一项获奖项目是在贫困地区建立小型托儿所，为低收入女性提供更好的教育和就业机会。在家族的投资支持下，小型托儿所已经发展为一所出色的学校，在不到 3 年的时间里，向约 200 名学生提供了教育。在穆哈伊迪家族里，女性常常被鼓励加入家族企业。但是，从过往历史来说，她们没有表现出多大的兴趣，相反，她们更倾向于医疗和教育事业，因为这是沙特地区的文化传统。阿卜杜勒说："企业当中的影响力部分已经鼓舞了其他女性家族成员勇敢尝试创业，发挥她们的热情，并且最终成长为家族企业的一分子。它也逐渐改变了家族理事会对女性在商业中扮演角色的看法。"

穆哈伊迪家族正在筹划在国内外扩大影响力驱动的风险投资项目。最近建立的家族基金会将会包含一只投资基金，致力于向影响力项目提供资金和向其他商业家族分享最佳实践方案。家族基金会是由穆哈伊迪家族的第二代掌门人创立的。阿卜杜勒表示："他们曾和我们的祖父母生活在一间屋子里，经历了很多事情并且活出了家族的价值观。创立社会投资基金是保持和传播家族价值观的重要手段。"

9.2 进行市场和组合筛选：评估选择及发现起始点

目标和位置 → 扫描市场和投资组合 → 制定影响力主题 → 财务状况

在项目"落户"后，我们需要更好地理解影响力投资的格局、可投资机会的集合以及决定现有投资或者商业投资组合。这将通过扫描市场和投资组合来实现。

市场扫描

市场扫描可检查现有的影响力投资机会的范围和种类，并识别出潜在的投资者和商业伙伴。它将加深你对影响力投资的理解并促进影响力分析和策略的制定。你可以通过浏览电子交易数据库的投资清单进行市场扫描（参见“工具和资源”部分第 21 节），参加会议，阅读特定的产业报告（参见“工具和资源”部分第 23 节及第 25 节），会见其他影响力投资人，并且 / 或者进行更细致的市场分析。

投资组合扫描

投资组合扫描意味着通过回顾当前组合的配置来决定社会影响力所处的位置。你可以根据它们产生的影响力把组合分成不同的类别，例如积极的、消极的或者中立的。另外，你还可以缩小任务范围，只寻求产生积极影响力的投资。

投资组合扫描的用处是多重的。许多财富持有者并不了解投资组合的精准配置，也就不知道背后带来的社会影响力。清楚地识别那些与家族价值和 / 或家族基金会使命产生冲突的投资可能会触发进一步的行动，包括股东积极主义或者最后的投资剥离。投资组合的可追溯性分析也能揭示出数项投资或者战略带来的积极影响力。识别出所持的影响力投资作为财务可行性的依据，可减少怀疑者的抵制，因为抵制者担心锚定某项积极影响力会对组合的风险 / 回报带来消极影响。

投资组合扫描也能通过积极锚定可能的影响力领域来促进影响力主题和对应的战略制定（例如资产类别、地理、影响力关注点）。

投资组合扫描也需要建立基准，使你更容易设定影响力投资的目标，并且测量你所能达到的程度。例如，通过扫描，你发现资产组合里的 10% 处于积极影响力分类，70% 处于中立分类，20% 处于消极分类。这项基准将帮助你在 5 年内建立切实可行的投资组合的目标配置，并且追踪锚定目标的过程。

小贴士

市场扫描小诀窍

1. 先和同行讨论。充分发挥市场合作的精神，许多影响力投资者都乐于分享他们的市场洞见及战略眼光。

2. 收窄范围。寻求可靠的深度数据是非常消耗时间和资源的。应根据地区、部门或者特殊情况来收窄范围，通过和顾问的讨论设定切实可行的目标；不要期望他们有现成的相关信息。

3. 验证工具。在制定投资策略后，可通过市场扫描来验证你的假设。

投资组合扫描小诀窍

1. 寻求简单的胜利。从容易的开始着手，挖掘自己在煤、石油、炼化以及非其他可持续性产业上的经历。同时，从积极的角度挖掘有影响力的产业和行业，比如医疗服务、教育、农业或者水资源等。

2. 避免冲突。制定简单而清晰的投资配置条件。若是心存疑惑就选择略过，以避免被怀疑论者攻击。为资产配置做自我辩护的能力远比投完所有的钱更重要。

3. 不要寻求完美的方案。如果资产组合非常大或者不够透明，就专注在所持资产中最大的部分。即使你所管理的资产中仅有一半配置于影响力投资，也会提供可观的价值。

9.3　制定影响力主题：我对影响力定义的理解及我应该怎样获得它

目标和位置 → 扫描市场和投资组合 → 制定影响力主题 → 财务状况

下一步是阐明你的影响力主题。对于你的投资项目，你希望产生哪种影响力以及你将如何实现它。这个过程通常被称为改变原理或者通往影响力的路径，并且通常会以不同的方式和不同程度的形式呈现。

为什么要制定影响力主题

影响力主题可以应用在影响力投资项目里的任意阶段。它会帮助你分析战略的优劣势，并让你通过举例向内外利益相关者说明你提议的概念及方法。当你开始构建投资组合时，它将帮助你设置投资条件，并协助你对潜在投资对象进行影响力分析。你的影响力主题将会引导后续的投资管理及影响力评估方法。

具体过程

建立影响力主题可分为 4 个步骤，如图 9.1 所示。首先，你自己要对影响力进行定义（步骤 1），这与你的价值观和核心信仰紧密相关。然后，你要制定你的影响力战略，意味着为达到后期的目标，你需要投入的精力和资源（步骤 2）以及你在投资中扮演的角色（步骤 3）。最后，你要充分了解可能投资的组织、潜在的 / 期望的影响力，这将引导你制定项目的锚定结果（步骤 4）。

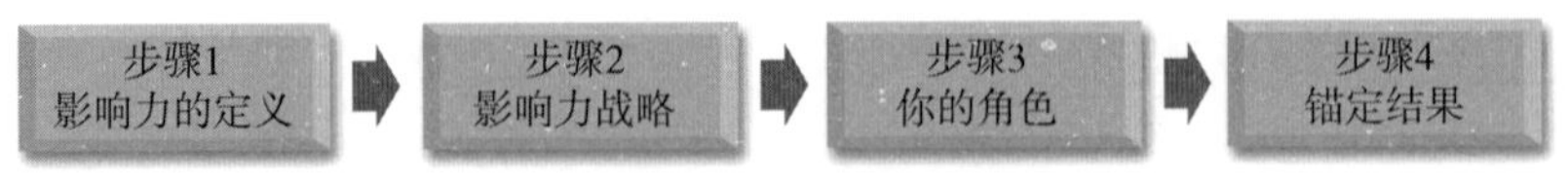

图 9.1　制定影响力主题的过程

步骤 1：影响力的定义

你想获得的影响力目标是什么？哪些社会和环境因素对你最重要？影响力的定义没有对错之分，它是深层次的个人决定，与（家族）价值观、中心信仰和 / 或组织文化紧密相连。因此它需要表达出家族的主要价值观。虽然听起来简单明了，但实操起来对家族极富挑战，特别是在不同的家族成员和不同代人的价值观需要进一步提炼的时候。许多家族聘请咨询顾问参与到这项旅程中。

明确核心价值观能帮助你决定投资项目中计划产生的社会效益。你个人对影响力的定义是什么呢？这通常是根据你尝试应对的社会 (或环境) 挑战来表述的减少贫困，建立基层医疗保障，或者帮助残疾人更好地融入社会。最常见的两种方式是专注在你最关心的事情上，或者专注在你最熟悉的领域。

从你关心的社会事务着手：你对非洲或者拉丁美洲的脱贫、英国的犯罪审判或者全球气候变迁感兴趣吗？你是一位成功的企业家吗？你相信企业家精神并想要去培养其他人吗？

优势：专注于你所热衷的事物会让影响力投资对你个人更有意义，并且在面临困境的时候让你更从容，例如在处理实际投资或者面对来自家族的抵制时。

劣势：学习曲线可能会很陡峭，一些紧急事件可能暂无市场化的解决方案（例如，人权主张或者提高残障儿童的生活质量）。

从你的知识 / 经验着手：找出你充分了解的行业 / 问题，这些会成为基金会的主要关注领域（例如健康卫生）、家族业务（例如食品和农业），或者家族办公室的所持资产（例如房地产）。

优势：利用你对行业 / 问题的专业知识以及关系网，这是你发掘投资机遇和分析管理项目的主要优势。作为行业专家，你对投资对象注入的不仅有资本，还有战略价值。如果该项目与家族生态系统的当前活动 / 关注领域有关，它可能具备更高的战略重要性，因此更有机会规模化。

劣势：特定产业的投资机遇或者影响力可能较为有限。

澳大利亚的卡罗尔·施瓦茨

倾尽所有对女性赋能

卡罗尔·施瓦茨是澳大利亚贝森（Besen）王室的后裔，但她并不依赖家族的财产或者家族公司的职位。从莫纳什大学（Monash University）法学专业毕业后不久，卡罗尔在墨尔本中部建立了自己的有氧运动工作室，作为创业的开端。如今，卡罗尔（和她的丈夫艾伦）是管理着 5 亿美元的资产投资和咨询公司开利达（Qualitas）的联合创始人及董事，也是众多澳大利亚公司［包括斯托克兰德（Stockland）、墨尔本银行、亚拉资本合作伙伴（Yarra Capital Partners）和特拉瓦拉］集团的董事。

然而，虽然传统的商业运营已经让她积累了经验及技能，但是卡罗尔怀揣着对社会意识的热忱，也在同时帮助其他女性获得类似的独立性，这逐步形成了她在慈善及影响力投资方面的道路。

2004 年，卡罗尔和她的丈夫共同建立了特拉瓦拉基金会，旨在投资具有社会影响力和促进女性领导力的社会性企业和非营利性组织。卡罗尔也是澳大利亚女性领导力协会的创始主席，该非营利组织帮助有才干的女性扮演优秀领袖的角色。

卡罗尔和她的委托人认为特拉瓦拉基金会应为获得的捐赠资金建立有抱负的投资策略。性别筛选被应用于所有的投资中，排除了那些在董事会中女性占比少于 25% 的公司，作为对澳大利亚为女性提供商业领袖职位的支持。

同样，影响力投资战略也被澳大利亚女性经济独立的思潮影响，其中一个案例就是对连锁日托早教机构良好开始早期学习的 100 万澳元投资。如今，良好开始早期学习已是澳大利亚最大的社会性企业之一，通过 660 个服务中心向约 72 000 名儿童及家庭提供日托服务，雇用了约 13 000 名员工，其中大部分为女性。在 2015 年年末，22% 的特拉瓦伦基金会捐赠用于影响力投资，包含由慈善社会为活力家庭项目发行的社会影响力长期债券，以及在线请愿平台 Change.org（详情请见“工具和资源”部分第 5 节的投资组合细节及表现）等。

“当你的投资证明了营利性和使命驱动的双重概念时，你获得的是双倍的回报。”卡罗尔说道，“你把目光专注在商业运营中的社会影响，同时，你的慈善捐款还带来了投资回报。”

卡罗尔用同样的原则来管理自己的私人财富。例如，在这对夫妻的私人投资组合里，一项私募股权投资——小型的搬运公司通过招募和培训女性作为司机来鼓励员工的多元化。在 2012 年，卡罗尔帮助成立了女性财富持有者网络规模投资者（Scale Investors），专门投资女性领导的企业。该网络目前包含 80 多名成员，并完成了 6 笔投资。大部分由女性领导的企业包含了强大的社会成分，例如，外包劳务公司雇用老年人，以及因为家里有小孩而无法全职工作的合格女性。“这个组织在培养女性的自信、勇气和承受风险的能力。看到这些女性投资者能够完成尽职调查[1]并用投入的资金来捍卫自己的信念，实在令人激动不已。现在是我们掌握财富管理之道的时候了。”

卡罗尔相信家族办公室和家族基金会是用来证明社会性企业精神并鼓励未来的影响力投资者的最好方式：“把我们自己的财富投资于影响力，我们是可以更富冒险精神的，同时，也希望能成为他人的榜样。”

步骤 2：影响力战略

在确定你锚定的影响力之后，你要考虑怎样通过投资来获取影响力。此处，你需要决定你想要解决的问题、想要影响的人群、你将支持的商业模型，以及你希望从投资对象那里获得的使命联结的程度。

你要重点关注哪些事情

那些影响后续战略选择的关键决策是你需要关注的重要事情。也就是说，你需要理解导致问题的根本原因或者你选择步骤 1 的原因。例如，如果你的抱负是减少贫困，你可能会发现在许多新兴市场里，50% 的穷人是小农场主，他们不尽如人意的农业产出导致了较低的家庭收入；你也可能把贫穷和缺乏足够的基础教育或者卫生条件联系起来，并关注这些领域。你的选择可能取决于你对重要程度的判断、潜在的影响力、你自身的专业素养和能力，以及你对全球或者本地问题的偏好。

投资对象的关注点对你重要吗

正如我们在第一章所讨论的，各种组织类型都可以产生影响力，因此，不同的类型都应该被影响力投资者关注。你可以决定是否只投资使命驱动型组织（比如社会性组织和社会性企业），或者也愿意考虑寻求影响力企业，甚至是使命关联程度更低的传统型企业。

谁是最终受益人

你想直接或间接影响哪些人的生活？可能是印度尼西亚的小农场主，美国的无家可归者，或者巴西的低收入家庭的小学生。你需要对受益人所在的地理位置和社会人口特点进行决策。你的选择可能会基于包容度、收入水平或者受益人的地理位置。[2]

包容度：边缘人群（例如残疾人、无家可归者、有犯罪前科者），难以得到足够服务的群体（例如中小型企业、女性企业家、低收入人群等）。

收入水平：金字塔底层人群或者中低层人群（新兴市场），发达市场的低收入人群等。

地理位置：农村人群，发达国家欠发展地区或新兴国家，未开拓市场。

你支持哪类商业模式

哪些市场化战略或者方式可用来解决问题？哪些是当即可用，且在过往案例中已被证明是行之有效的？你会投资雇用残疾人的企业吗？你会投资为低收入人群提供产品或服务的公司，或者通过将其纳入供应链体系来增加他们的收入吗？你也可能想专注于建立基础设施或者利用其他参与方资源的组织。你可能会根据产生影响力的企业如何整合目标人群来做出选择（详情可参见第 1 章）。另外，你还可能看到由图 9.2 总结的影响力渐进流程的商业模式。

地点	过程	产品	典范
企业在欠发达地区进行商业活动（以地点为基础的影响力投资）	通过运营提供社会福利（供应链或者劳动力）	企业提供有内在积极影响力的产品和服务	企业颠覆行业，创造了具有影响力的新型商业模式

图 9.2 商业模式的种类

资料来源：改编自特雷斯塔德（Trelstad，2013)。

步骤 3：你的角色

在帮助投资对象和其他参与方产生影响力的过程中，你希望扮演什么角色？除了资本以外，你还打算投入哪些资源？显然，投资项目的影响力是取决于投资对象产生的社会价值，但作为投资者，你可以产生额外的价值——投资影响力及非财务性影响力。追问自己以下问题，可帮助你找准自己的角色。

额外性

你希望自己的资金对投资对象是何等重要程度？一些影响力投资者希望他们的资金对投资对象在产生影响力的过程中是至关重要的。这种欲望通常被称为额外性，意味着如果其他资金来源是可获得的，或者需要“买断”其他投资者，这类投资者不会投资这门生意。因为这种情况下，投资者的资本无法带来任何影响力的增项。所以，孵化一家影响力驱动企业比起购买绿色债券有更高的“额外性”，特别在二级市场中。

杠杆

在投资对象吸引更多资本的过程中，你愿意扮演催化剂的角色吗？如果你愿意，可以考虑尽早认购资金，因为这会对其他投资者释放投资需求的信号（参见第 10 章卡罗尔·纽厄尔的故事）。你也可以通过你的人际网络或者与拟投方共享尽调报告来帮助投资对象发掘更多的投资者。一些影响力投资者愿意用他们的投资作为第一损失资本[9]，并愿意承担更高的风险和更低的回报为影响力驱动企业调动更多资金。一些投资者也利用杠杆，把核心的影响力策略扩大化（参见接下来的鲁宾·瓦尔达尼扬和薇罗妮卡·索纳本德的故事）。

战略价值

你愿意并能够付出你的时间和技能来帮助投资对象吗？你的支持可采取非正式指导、参与董事会或者提供人际网络和市场进入等方式来实现。特别是当你选择的影响力主题与家族的商业活动、家族成员的产业经验或者基金会所关注的领域有关，就会出现很多机会来利用这些资源。正如前文所述，战略价值的额外性对影响力投资是特别重要的。

系统影响力

你想要拥有更广泛的产业/系统性的影响力吗？你可以和合作伙伴协作，共同发起政策制定和其他战略活动。另一种方式是参照已经验证的投资项目，专注于联合其他市场参与者将商业模式进行规模化复制。通过传播影响力评估的结果以及投资组合的表现数据，以及建立其他投资者的投资能力和验证影响力投资的可行性，带来额外的影响力。最后，一些影响力投资者用拨款和投资资金为产业基础设施注资（评分系统、媒介、市场研究等）。

投资项目的影响力

一个投资项目的影响力由三个部分组成[3]：组织影响力、投资影响力和非财务性影响力。

组织影响力是指投资对象产生的影响力。它涉及投资对象的产品和服务的社会价值（例如太阳能发电导致的产品合格率上升）和企业运营的影响力（例如小农场主被纳入供应链体系）。

投资影响力是指你的资本产生的影响力。它计算了通过你的投资，对投资对象产生的社会价值的数量和质量的提升。这也被称为额外性。

非财务性影响力是指投资人对投资对象在非财务性资源上的贡献，如技能、人脉网络或者声誉，还包括通过验证创新的商业模型、释放投资需求的信号或者建立更广泛的影响力投资基础设施，投资人建立更广泛的产业或者生态系统的影响力。

亚美尼亚的鲁宾·瓦尔达尼扬和俄罗斯的薇罗妮卡·索纳本德

专注于国家的转变

> 我喜欢打破“有些事情是不可能的”的观念。改变亚美尼亚的发展模式——从慈善发展到可持续性投资发展，正是我想做的。
>
> ——鲁宾·瓦尔达尼扬（Ruben Vardanyan）

鲁宾·瓦尔达尼扬是亚美尼亚人，因在1991年建立投资银行三方对话（Troika Dialog）并担任CEO而在俄罗斯商圈里颇为有名。鲁宾当时为了创造“更具可持续性且更多被社会接受的银行”，准备成立一家价值驱使型机构，愿意放弃厚利的传统交易。该战略虽然被很多人诟病缺乏足够的进取心，但在接下来的20年里，三方对话银行已成长为俄罗斯领先的精品投行，获得的成绩是有目共睹的。三方对话在 2011 年被出售给俄罗斯职数储蓄银行（Sberbank），该交易为鲁宾带来了超过 8 亿美元的回报。

构建愿景

在积累巨额财富之前的很长时间里，鲁宾和他的妻子——为了抚养 4 个孩子而离开商界的前银行家薇罗妮卡共同决定，不再把任何财产传给下一代，而是回馈社会。现在的问题是如何有效地回报社会。这对夫妻认识到，虽然对孤儿院、残障人士和文化活动的传统捐赠在俄罗斯和亚美尼亚很受欢迎，但是在系统性改变社会方面收效甚微。他们都被大规模变革式可持续项目吸引，因为这类项目可以从根本上改变社会问题。鲁宾的一个投资案例是莫斯科管理学院斯科尔科沃（SKOLKOVO）。该学院创建于 2006 年，是俄罗斯第一所商学院。它的使命是“训练人们去发展他们自己、他们的国家以及他们的世界”。建立俄罗斯管理学院无论在投资规模（鲁宾募集了 6 亿美元）还是合作本质（让主流商业大亨为一项慈善项目共同协作，在俄罗斯是首次）方面，都是俄罗斯的标志性事件。

在三方对话银行被出售后，鲁宾和薇罗妮卡需要为自己的慈善抱负规划方向。他们想专注于自己的祖国俄罗斯和亚美尼亚，并相信人力资源的发展、对忍耐和创造力的培养以及新机遇的提供会带给社会积极的变革。这条通向影响力的道路给了他们 3 个核心主题：教育、亚美尼亚复兴以及俄罗斯慈善事业的发展。在他们年富力强的 40 岁年纪里，满足了企业家精神和商业经验。这对夫妻不只是想付出金钱，也希望贡献出他们的商业智慧和时间。他们决定主动开发富有企业家精神的、能产生影响力的创意并付诸实践，而不是把钱直接交给第三方企业和项目或者有需要的人。在认识到改变需要时间后，他们决定关注周期在 10~20 年的项目，并决定按照多个步骤逐步实现。这对夫妻对项目筛选的另一个决定性因素是项目在运营中要包含影响力，即对当地的广泛人群产生积极的影响力并显著提高他们的生活水平。他们也彼此约定：为了取得成功，投资对象在变革进程中要主动纳入受益人，逐步成为受益人生活中的有机组成部分。

创造灵活的结构

愿景帮助他们完成了机构的创建工作，并让他们专注在影响力活动上。他们看到了资产和项目的分离对变革的目标产生了不良影响，他们也在挑战传统的西方捐赠模式。他们决定在有生之年，倾尽所有资本，让影响力使命再上一层台阶。对愿景的执着精神让他们寻求更灵活的投资工具，即催化性捐赠、对社会性企业的影响力优先债券以及对能够产生社会和经济影响力的企业进行股权投资。为了摆脱现有司法的限制，他们选择不建立基金会，而是建立更灵活的结构——RVVZ 平台。该平台从影响力和财务回报两方面管理家族财富，并且在金融工具和组织形式之间完全拥有决策权。

关注杠杆和系统性解决方案

即使他们可支配的资金超过 8 亿美元，可采用的投资手段多种多样，这对夫妻也非常清楚靠一个慈善家是无法独自引领变革的。在构建 RVVZ 的前景时，鲁宾和薇罗妮卡认为运营资金和技能来放大影响力是非常重要的。他们的战略目标是在以下 3 个阶段发挥杠杆效应。

自我维持的、可复制的模式

无论 RVVZ 是否决定提供拨款或者进行投资，它都会支持在经营上能够自我持续的模式，即不依赖持续的外部资金注入，拨款也只是覆盖了为产生收入的初始资本支出。为了进一步扩大影响力，鲁宾和薇罗妮卡决定以仅 300 万人口的亚美尼亚作为“实验室”来发展和试验包容性经济的新型模式，后期可以在其他地区进行复制。

合作伙伴和资金调动

鲁宾和薇罗妮卡的目标是建立真实的合作伙伴社群，致力于深度参与 RVVZ 的项目。这些人包括通过 RVVZ 的活动来塑造（慈善）家族传承的富人，或者把 RVVZ 作为终身事业的聪明人。其他合伙伙伴包括公共及私人领域的代表、社会和国际组织以及教会。为了撬动额外资金，RVVZ 孵化创业想法，覆盖了所有的初始成本和持续的行政成本，并从具有相同理念的富裕家族筹集更多资金。虽然合作伙伴目前参与到每个独立项目中，RVVZ 正在成立一只基金，拟把鲁宾和薇罗妮卡的资金以及其他合作伙伴的资金放在一起，通过拨款、软贷款和财务优先资本等投资方式来发展规模更大的项目。这只基金旨在为投资人提供 4%~6% 的混合型财务回报。

通过赋能基础设施而产生的乘数效应

获得杠杆效应的另外一种方式就是投资能产生乘数效应的基础设施。可以采取区域性开发项目结构的形式，比如下述塔特夫（Tatev），或者以赋能的角色参与的小型投资。例如，RVVZ 公司对菲林（Phillin）公司投资 500 美元的种子资金作为支持。作为一家影响力驱动公司，菲林专注于俄罗斯慈善市场的开发，向当地慈善组织提供后勤服务的外包解决办法，像会计、IT 和报告等。通过提供服务，菲林公司帮助这些组织提升资金筹集和经营活动的效率，增加产生的社会影响力。

仔细审视塔特夫复兴计划

塔特夫计划是杠杆效应的案例，也是复兴亚美尼亚战略的一部分，旨在建立旅游和其他产业基础设施，为地区整体的可持续发展奠定基础。

该复兴计划包含修复文艺复兴时期的著名修道院，建设空中电车，开发地区基础设施以创造就业、发挥企业家精神以及推广旅游业。塔特夫计划的资金来自混合拨款（修道院的重建）、资本支出（空中电车）以及低利率的债券和权益资本（通过为当地人口带来新增收入的方式对经济发展做出贡献）。该项目直接创造出许多新的就业机会，衍生出20多项新的创业商业模式，例如提供睡床和早餐的供应链体系，制造环境友好的手工制品和建立当地农产品市场等。当地旅游产业基础设施的开发也获得了与教育培训相关的支持，包括引入世界级的执行指引、提供由RVVZ参股的银行小额贷款融资渠道。

自塔特夫空中电车项目在2010年正式运行以来，塔特夫修道院已经吸引了近40万游客，相比6年前的数字翻了10倍。11家酒店在该地区营业，新的旅游体验项目吸引了更多游客，包括导游、攀岩和自行车骑行。这些项目促进了国家旅游业的发展，旅游总收入提升了近20%，塔特夫附近村庄地区失业率降低了30%，大区域失业率降低了2%，税收增加了超过350万美元。来自18个不同国家的145位合作伙伴参与到该项目的开发中。

对的地方和对的时间

俄罗斯和亚美尼亚在私人财富方面的过往导致了民众对企业家和慈善家的消极看法。他们的慈善捐赠常常受到质疑，被认为是公关行为，甚至和洗钱联系在一起。鲁宾和薇罗妮卡站了出来，通过努力获得了公众和同行的信任。他们为什么能成功呢？他们的愿景引人注目，他们的激情颇具感染力，而且他们的谦卑赢得了其他富人的信任。但是，他们成功的核心因素是颠覆式创新的影响力战略，主要基于以下 3 个特征：严谨的计划和系统性变动的设计，有效利用财务和人力资源的能力（通过投资结构和人才池），使复杂的影响力项目落地的能力。

看到他们的计划渐现雏形，鲁宾和薇罗妮卡也被激励着，尽管工作时间表很紧张，但他们表现得更有活力和全神贯注。“我们想要开创包容性经济发展的新模型，能对整个地区，乃至整个国家的商业特征进行改变。这些模型给了人们对将来的期盼，因为命运掌握在他们自己手中。这使我们由衷地感到欣慰。”

鲁宾和薇罗妮卡的经验分享

- 动机明确。坦诚地决定你的动机，并决定项目将如何反映你的动机。
- 管理你的预期。为了避免失望，根据你能够产生的影响力层次和所需的时间来制定切实可行的目标。
- 不要有个人英雄主义。影响力投资是商业行为，若只是抱着做善事的初衷，不意味着每一个人都会张开双臂来欢迎你和帮助你。
- 协作。为实现真正的影响力，你需要与合作伙伴协作，不仅仅是慈善家 / 投资人，也包括专家和当地的社区。政府的参与也很重要，但需要小心对待，有效的公共—私人合作关系应该创造出对外赋能的环境，而不只是提供资金。

- 简单很重要。为了避免过度设计和过度支出，设计或者选择行之有效的、简单的解决办法和商业模型是关键。
- 追随你的价值。如果交易不符合你的价值观，就不要找借口来进行特殊化操作，你会为此付出代价。

步骤 4：锚定结果

你如何判断自己的战略是否成功？你可以在项目后期，决定核实影响力所需要的外部证据（参见第 11 章），但是，简单来说，你需要决定哪些指标（数量上和质量上）会确保你的投资项目正在完成制定的社会目标。你只需要回溯你的战略并设定相应的参数，或者可以采取结构性方式，通过逻辑性模型来对影响力主题进行压力测试和微调。该逻辑性模型代表了用实证分析来诠释影响力的方法，以及更系统严谨的表述战略的方式。它将帮助你更好地理解关于投资项目所需投入的资源、筹划的活动以及你期望达到的成果之间的关系。你将看到在第 1 章以图表形式呈现的影响力价值链。现在，你可以将其应用到你的项目中，而不再停留在分析投资对象的阶段。

开始从目标着手

写下你的初始目标以及通过步骤 1 概括的影响力定义。

计划的工作

接下来，你可以根据曾计划的工作，决定项目所需的投入以及活动。投入包括影响力投资项目所需的人力资源、资金和组织资源（投资资本、团队、办公室、合作伙伴等）。项目活动是指项目运用资源的活动，包括战略制定、投资工具和指引、参加会议、投资管理（从始至终）、影响力评估、能力构建等。对于投资于共享价值初创项目的家族企业来说，这还包含员工培养、原材料采购、生产设施建设、市场渠道开拓等。

预期的结果

现在，你可以从计划的工作来到预期的结果，决定主要的产出和验证成果的指标，并把它们和你的初始目标进行关联。作为投资项目活动的直接产物，产出是很容易被识别的，可能包含投资项目的个数、投资资金的金额和组织能力建设研讨会的数量等。对于家族企业而言，产出还包括影响力驱动企业产生的服务和产品，或者员工和供应商的数量。结果是产出的可视效果，是随着时间的推移，由投资项目活动产生的特定的社会或者环境发生改变的结果。正如步骤 3 所示，结果可分为企业影响力、投资影响力或者非财务的影响力。

企业影响力结果：企业影响力结果与你的投资对象有关，例如，提供可负担的医疗服务，或者向 10 万个低收入家庭提供教育机会，提升 5 000 个小农场主的产能，向有犯罪前科的人士提供劳动机会。

投资影响力结果：投资影响力结果与你的资金有关。例如，为影响力驱动企业调动来自第三方的 5 000 万美元的融资，帮助其吸引 10 位新的投资者。

非财务影响力结果：非财务影响力结果与你对投资对象和产业的战略价值有关。例如，帮助验证可用于产业复制化的商业模型，促进全球影响力评估或者评分系统的开发，通过支持二级投资交易平台来增加投资的退出机会。

回到目标

一旦你明确了计划实现的影响力结果，就要确保其与目标的实现是紧密相关的。

可登录 www.wkkf.org 查找 W.K. 凯洛资基金会的逻辑发展指南。

影响力价值链如图 9.3 所示。

图 9.3　影响力价值链

哥伦比亚的马里奥 · 圣多明戈基金会

包容性融资模型先锋

> 我们是冒险家。我们推广可持续的概念，服务被边缘化的金字塔底层民众，证明商业模型的可行性，最后让市场推进规模化。接着，我们会转移至下一个尚未涵盖的产业。
>
> ——基金会总干事胡安 · 卡洛斯 · 佛朗哥（Juan Carlos Franco）

1960 年，哥伦比亚成功的企业家马里奥 · 圣多明戈成立了以自己名字命名的基金会马里奥 · 圣多明戈基金会（Mario Santo Domingo

Foundation，简写为 MSDF)。基金会最初关注的是教育类创业项目。1984 年，MSDF 将策略关注点延伸到哥伦比亚未被覆盖的边缘人口，并成立了小微金融机构 Yo Prospero。在那段时间里，小微金融市场刚具雏形，并被传统金融机构视为高风险领域而敬而远之。MSDF 独自向低收入家庭以及小微创业者提供信贷支持，试图证明其在金融上的可行性。如今，小微金融行业已日趋成熟，大型金融机构也纷纷提供小微金融业务。MSDF 已转向为新的未覆盖的底层群体提供可负担的住房以及自有住房的金融服务。

问题与需求

根据 IDB 的数据，在拉丁美洲和加勒比海地区，每 3 个家庭中就有 1 个居无定所，且无法享受公共服务，因无力负担而被迫栖居于城镇边缘的非正式居所。大部分家庭通过非正式雇佣关系获得的月收入不足 600 美元，更无法获得住房贷款。这类社区非常容易产生疾病传播、意外怀孕、中途失学等社会问题。大部分这类居住项目亦无力提供维系社区发展所必需的公共设施（如学校、诊所等）。

假设与目标

MSDF 相信，可承受的完整的正式居住解决方案能够提升低收入家庭的生活水平，增加家庭财富，并包含相应的公共设施、社区赋能以及住房信贷。如果居住方案和住房贷款被证明是有财务回报的，该项目就可以被复制到哥伦比亚和拉丁美洲地区，提高数百万弱势人群的生存条件。

解决方案

MSDF 和哥伦比亚住房部展开合作，建立了创新的“有购买选择权的租赁”（Rental with the Option to Buy，简写为 ROB）模式。MSDF 建立了投资工具（基金），向其注入资金，专门用于为优质住房和社区公共设施建设提供融资。只要房产进入施工阶段，基金就与低收入家庭签署租赁合同。政府会提供租房补贴，使租房开支占家庭收入的比例不超过 30%。租赁合同还包含家庭房产和 MSDF 投资提供保证的保险，具备储蓄功能（后期可获相当于房产价值 3% 的权益）。在签署 ROB 合约的同时，合作银行会对这些家庭的抵押贷款额度进行预核准，并帮助他们开设储蓄账号。如果该家庭可以在 18~24 个月中履行合同条款，银行可以办理抵押贷款延期，国家也会为该家庭提供补贴。贷款由银行负责，保单 3% 的权益部分加上政府补贴为基金提供 7% 的资本回报。

期望的产出和成果

基金拟对哥伦比亚的卡塔赫纳（Cartagena）和巴兰基亚（Barranquilla）地区 1 200 个居住单位的建设提供融资，支持和维持这些新社区的整体发展。通过对社区发展的整体模式进行财务可持续性的验证，基金希望将该商业模式在拉丁美洲地区的（商业）投资者中进行复制，为超过 20 万的低收入人群提供有品质的居所，帮助 6 万个低收入家庭获得自有住房。

MSDF 的 ROB 模型之影响力价值链

投入

- 人力资源：基金团队、合作伙伴资源。
- 资本：MSDF 的投资、政府补贴、银行住房贷款。
- 合作伙伴：建筑公司、政府、银行。

活动

- 模式开发。
- 房屋及社区设施建设。
- 市场营销、签署 ROB 合约、收取租金。
- 住房贷款的批准和服务，开设储蓄账户。

产出

- 建设 1 200 个住房单位、ROB 合约延期。
- 在两个地区建设 4 所学校和 2 个健康中心。
- 住房贷款的偿付比例达到 100%。
- 投资人（引导阶段为 MSDF）获得 7% 的投资回报率。

结果

- 为 20 万人提供有品质的住房和社区服务。
- 帮助 6 万个低收入家庭获得自有住房。
- 在拉丁美洲地区进行商业模式复制，使 700 万的低收入人群受益。

影响力

- 提高了低收入家庭的生活水准和家庭财富。
- 针对“居者无其屋”的问题提供完整的可持续解决方案。

9.4　确定财务状况：我的金融性目标和限制条件

目标和位置 → 扫描市场和投资组合 → 制定影响力主题 → 财务状况

一旦你明确了影响力目标，你应该对投资回报、风险偏好以及其他财务限制做出诚实、彻底的评估。

财务回报

我们应该锚定哪个阶段的财务回报？财务回报是最重要的吗，还是应该和产生的影响力一起作为整体考虑？又或者项目的首要考虑因素应该是使命，因此，你是否必须灵活地接受低于市场的财务回报？你需要考虑以下事项。

法律限制 / 信托责任：在产生市场回报上，你需要承担信托责任吗？或者你正在把它放置于基金会核心活动（项目）之中，如果回报太高，你会陷入麻烦吗？

目标需求：你正在把毕生的积蓄放在影响力投资中吗？你的生计取决于你的投资回报吗？

战略利益：你瞄准的是可能适当放宽财务回报的战略利益还是个人目标？

校正概念 / 描述效果：你是否正在向你的家族 / 组织证明影响力投资能够产生可观回报？那是项目规模化的条件吗？影响力目标之一是投资于可复制的项目吗？如果是的话，对财务表现的验证是通向市场化复制影响力的必经之路吗？

文化：家族对通过影响力投资产生市场回报有何意见？他们会

担心以影响力驱动的创业项目产生市场回报而受到指责吗？

流动性

一部分比例的资金应该投资于流动性高的项目吗？这项要求必须用在影响力投资项目还是可以通过投资组合里的其他项目就能达到目的？多少资金可用于长期投资？未来，你有可能将该笔资金用作他途吗？

风险

你的风险偏好是什么？此处，风险意味着投资无法达到期望的财务目标及/或影响力目标。你能承受多大风险？你愿意承受多大风险？以下因素会影响你的选择。

内容：在传统的风险投资组合里，你能承受部分损失吗？还是你关注更安全的但回报较低的投资？对于你的整体资产配置，你配置了很大比例还是只隔离了小部分资产用于影响力投资？

声誉/文化：一次彻底失败的投资会给家族成员对影响力投资的可信赖度产生致命打击吗？你对名誉风险敏感吗？你会对集中违约债务或者向低收入人群销售产品产生疑虑吗？

分散化投资

在战略制定中，不要忘记考虑分散化投资。一定程度的分散化投资能让投资组合达到健康平衡，避免“把鸡蛋放在同一个篮子里”。但是过度的分散是需要避免的，因为它会削弱你的投资专注度并稀释影响力。你的投资组合可以根据资产类别、地区分布、产业、公司的成长阶段、交易数量来进行分散投资。

德国的伊泽·伯施

用资产使性别问题的影响力最大化

> 我们的目标是把基金会的所有资源用于达成使命。就德雷林登这样的小基金会而言，在最初的12年里，对风险、回报和实操等各方面的考虑对投资策略的形成非常重要。
>
> ——伊泽·伯施（Ise Bosch）

伊泽·伯施是著名的德国企业家罗伯特·伯施（Robert Bosch）的孙女。从1990年开始，她就逐渐将自己和家族的资产转移至社会责任投资。在2006年，她用了4 000万欧元的自有资金建立了德雷林登私人基金会，为了“帮助女性和少数性别群体，支持主流的性别问题”。这个关注点来源于她个人的同性恋经历以及对女性问题常年得不到经济支持现状的反应。

传统的路径到激进的结局

在最初的12年里，伊泽曾打算用传统的基金会模式，利用基金会的投资收入来支持项目活动。对于伊泽来说，同样的价值观应当贯穿于整个基金会，投资就是为了完成使命。作为慈善有限公司，德雷林登在德国法律下，比受德国基金会法约束的私人基金会更灵活，所以德雷林登一开始就选择了使命必达的投资策略。

虽然在监管方面有一定的灵活度，伊泽仍然决定投资策略要包括产生影响力和稳定的经济回报双重目标。为了平衡两个不同的目标，她将大部分（83%）的资金投入 SRI 领域的固定收益和上市股票，剩下的 17% 通过私募股权和债权投资于发展中国家的影响力项目。

投资组合的目标回报为 4%，由固定收益的 3%、上市股票的 6%、影响力投资的 0.5%~1.5% 加权平均而得。伊泽对影响力投资的财务回报目标设置得偏保守是有原因的。最重要的原因是，她最想要得到的是影响力优先的机会，这让她能接受更低的回报率。出于保守考虑，伊泽希望实际的表现是优于预期的。从来没有任何投资经验的她知道自己要进入极富挑战的学习阶段，所以她有意放大了容错的尺度。

伊泽把风险分为 3 类——商业模式、团队和国家，并决定只投资风险不多于一类的项目。她更容易接受国家风险，因为她认为即使政治和货币的不稳定性会带来不尽如人意的财务回报，但国家风险高的项目仍然可能产生正向的社会影响力。她也决定专注于对基金的投资，以便获得投资分散的好处以及接触有投资能力和当地资源的机会。伊泽独自掌管德雷林登并且立志于投资新兴市场，她并不认为直接投资个体公司是明智的选择。

向核心问题前进

投资基金的主要挑战是缺乏直接赋能少数性别的投资产品。德雷林登不得不接受现实产生较少的直接影响力，并专注于寻找合适的、赋能女性的发展中国家基金。为了扩大影响力，德雷林登还得向基金管理人员加深和拓宽性别平等以外的主题，例如建立反对性取向歧视的政策等。这对于很多基金来说是全新的领域，而且这个过程也很缓慢。但是伊泽坚信，将话题进行公开讨论就能够对主流的性别话题带来积极的影响力。

在投资组合建立的方面，比如 responsAbility 全球小微金融基金、Oikocredit 和妇女世界银行资本合伙人（Women World Banking Capital Partners）等高质量的小微金融基金在性别问题上的影响力已经得到验证，这是伊泽的首要选择。德雷林登也会考虑在投资策略上明显偏重性别平等的基金（例如 BPI 莫桑比克 SME 基金要求投资组合中 30% 的项目需由女性主导），或者能间接产生性别影响力的基金（例如媒体发展投资基金，在新兴市场中投资独立的媒体公司来帮助弱势群体和女性群体）。为了达到更大的影响力，德雷林登正在寻找能替代早期投资的小微金融基金（伊泽判断这些基金所处的发展阶段已经过于成熟），比如发展中国家的中小企业投资基金（已建立或待建立以关注性别的投资策略）。

面对未来的开放态度

目前的投资策略让德雷林登取得了 6.17% 的年化回报率（5 年），其中影响力投资的年化回报率为 1.51%（参照“工具和资源”部分第 5 节的基金业绩）。还有 3 年，第一期基金的 12 年存续期将结束，而伊泽也将思考接下来的步伐。“所有的事情都是公开的，”她说，“我可能会沿用现在的办法，并让德雷林登更专注于影响力投资。”

无论她的决定如何，可以确定的是，伊泽会在性别问题的影响力投资上越走越远。

设计投资项目

10.0 章节概览

既然你已经制定了清晰的愿景，是时候着手设计影响力投资项目了。本阶段包括从个人、影响力和财务角度为项目设定短期和中期目标，并找出项目的主要参数（例如规模、地域以及你锚定的投资类型）。

为什么项目设计很重要

建立完整的投资策略使你可以通过结构化的方式让投资项目落地，允许你提炼目标并专注在资源利用和培养专业知识上。它为调和影响力和财务目标提供了平台，允许你对投资优先级和投资标准进行进一步设定。投资策略还能帮助你制订执行方案，寻找项目所需的资源，设定短期和长期的目标。

主要的挑战

设计切实可行的投资项目包括处理从互相冲突的资源方获取信息，做出艰难的选择。对影响力投资的范畴/本质的误解会使影响力投资被限制在特定的产业或者资产类别里（例如小微金融或者风险投资）。对不同的影响力主题和地理位置的投资机会，家族通常缺少相应的知识储备，可能会带来不现实的期待。对项目的财务和影响力参数的选择也众说纷纭。

谁来掌权

至少在初始阶段，战略的制定可能发生在家族内部，特别是如果内部团队拥有影响力投资市场的必要技能和知识。如果选择内部解决，在广泛的选择范围下，家族内部需要在财务、影响力和个人目标之间进行平衡，因此你需要珍惜内部团队付出的时间和努力。

你也可以选择雇用有经验的影响力投资专家或者咨询公司来帮忙应对这些挑战，特别是在投资策略需要众多家族成员一致同意的情况下。资产所有者发现，专家不仅能够带来相关的产业知识，也能在不同的家族成员之间扮演协调人的角色。

一些家族已经选择把专业人员或者团队带进家族结构，协助投资策略的制定以及其他事项的落实。这样的选择对于那些专注于某个特定领域的影响力或者慈善诉求，但不参与实际经营和管理的影响力投资人是最有效的。

10.1　设立你的短期和中期目标：成功是什么样子

你期待要达到什么样的效果，才能确定自己的影响力投资项目是成功的？你需要把个人的动机、影响力目标和财务情况（第 8 章和第 9 章）转化为投资项目的短期和中期目标（例如，1 年以后和 5 年以后）。这些应该作为具体可执行的指标，以达成你个人、投资策略和财务相关的目标。虽然听起来非常简单直接，但这个步骤常常被投资者忽略。表 10.1 提供了家族基金会、高净值人士、家族办公室和家族企业的投资目标示例。

表 10.1　短期和中期目标示例

	短期目标（1~2 年）	中期目标（5 年）
家族基金会	个人 / 策略： • 吸纳两位第三代家族成员参与家族基金会的工作 • 让不同代际的家族成员参与到基金会投资策略的制定中，并达成共识 影响力： • 学习关于基金会核心工作的市场化解决方案 • 寻找有共同使命的合伙伙伴 财务： • 投出 3~4 个与基金会使命紧密相连的项目 • 投出 2 个与捐赠要求相符的项目	个人 / 策略： • 在管理使命不一致的捐赠方面，减少声誉风险 • 增加年轻家族成员在基金会的参与度，并至少让一位加入基金会管委会 影响力： • 通过影响力投资，为 100 万儿童提供受教育的机会 • 将捐赠和家族价值联系在一起 财务： • 收回 25% 的项目预算 • 影响力优先投资的财务回报达到 2% • 将 1 000 万美元的捐赠资本投向可持续和影响力项目，以接近市场的投资回报率，覆盖不同的资产类别

续表

	短期目标（1~2年）	中期目标（5年）
家族办公室	个人/策略： • 财产拥有者和他的孩子共同参与“有趣”投资的机会 • 向家族证明影响力投资的可行性 影响力： • 对影响力驱动企业提供资金和指导 • 两只影响力基金的融资到位 财务： • 将100万美元用于高回报/高风险的风险投资 • 将500万美元配置到风险回报稳健的债券基金	个人/策略： • 增加家族的凝聚力 • 培养年轻一代的投资技能 • 促进职业选择（加入家族办公室，创立公司）；财富持有者的成就感和满足感 影响力： • 达到目标影响力成果；从股权分离转换到影响力投资融合 财务： • 将5000万美元投资在不同的资产类别 • 达到4%~5%的收益率
家族企业	个人/策略： • 熟悉金字塔底层市场和SVB • 提升对家族业务的自豪感 影响力： • 向1 000个低收入家庭提供保险 财务： • 孵化3个SVB • 筹备一家在内部规模化的创业公司	个人/策略： • 提升在新兴市场的品牌价值 • 留住人才，吸引创始人的子女加入家族企业 • 通过纳入中低收入者/农村人口达到客户类型多样化 影响力： • 验证SVB的可行性 • 提高10万人的生活水平 财务： • SVB达到2 000万美元的营业收入和类似业务的利润率

10.2 确定项目的关键参数：我的投资策略

设计影响力投资项目意味着制定关键的参数。之前的步骤帮助你了解个人、影响力以及财务相关的目标，现在你需要考虑切实可行的投资策略以达成目标。接下来的章节将会带领你进一步了解投资项目的关键参数。“工具和资源”部分（第 10 节）包含更多关于参数之间的相关性信息，第 11 节则提供了皮埃尔·奥米戴尔和帕姆·奥米戴尔的慈善投资机构奥米戴尔网关于投资策略的总结。

投资期

在影响力和财务回报方面，你希望项目在何时能产生结果？这个决定与投资人对产生影响力的预期期限或者发起创业项目的家族成员的个人偏好有关。如果你正在计划建立具有试验性质的投资组合，你可能期待更快达成结果。

和其他家族组织 / 活动的紧密关系

你的投资项目和家族企业、基金会或者家族办公室的紧密关系很重要吗？例如，一个基金会应该向初创的影响力驱动企业提供拨款吗？或者把更成功的，因此也更具投资价值的企业作为可规模化的影响力投资项目吗？家族企业应该向影响力投资项目的投资对象提供市场渠道、建立经营企业还是全面接管呢？

行业 / 影响力主题

你想把影响力投资项目专注在一个或少数几个具体事项上，还是乐意接受更宽泛的主题？有专注度的策略优势在于发展专业知识的能力以及与行业相关的关系网络，劣势是通过多元化投资分散风险的能力被削弱了，因此，特定的行业风险也降低了。另外，你可能感到缺少足够的投资机会。

项目的规模

你计划对影响力投资配置多少资金？决定可接受的初始投资额度。

对地区的关注

你会投资哪些区域？关注一个或者少数几个区域会帮助投资人积累当地的关系网络、法律知识、文化洞见等。这对于直接投资非常重要，也会在很大程度上降低投资伴随的风险。劣势是对地区的经济环境发展的高度依赖，从而带来投资机会减少的可能性。

直接投资还是通过媒介

这取决于你和影响力驱动企业之间理想的分离程度。放手型的投资人更需要分散投资，刚开始接触影响力投资的投资者在前期会比较谨慎，可能更倾向于通过金融媒介（基金、社区银行和资产管理公司）投资。已经具备或者正在建立内在能力或者资源的投资者通常会选择直接投资。建立混合型投资组合往往也是可选择的解决方案。

工具 / 资产类别

你需要决定是否把影响力投资限制在特定的资产类别里（例如

私募股权或者债券）或者使用混合的投资工具 / 资产类别。

财务回报预期

根据你对财务目标和局限性、影响力目标以及项目其他参数的初步评估，进一步决定投资组合的回报预期。如果你决定配置多个资产类别，你需要对每个资产类别的回报预期分别进行设置。

方式

你要决定采取剥离、整合还是杠杆式方式（参见第 3 章）？一些财富持有者的决定也取决于对财富以及家族价值的深入探讨。即使你决定采取剥离式作为（初始的）方式，你也应该探索对积极影响力的期待是如何影响其他的资产管理方式的。

投资对象的信息

根据不同的发展阶段、组织形式和商业模型，你要决定对哪种机构进行投资。在这个阶段，不要对投资主题进行过度限制，不然会导致投资机会的匮乏。

投资数量

你需要根据投资策略对分散投资的要求，决定投资组合里的项目数量。这与执行成本、影响力主题和潜在投资机会等因素有关。

小贴士

1. 建立灵活性。在制定投资策略的阶段，能发现可能的投资机会是不容易的，所以不要设定过高的参数；开始投资后，你需要进一步熟悉相关的领域以及找到合适自己的方法，因此你需要对投资策略的调整保持一定的灵活性。

2. 检查矛盾之处。本步骤的关键风险是设定参数间的矛盾可能会导致无法达到项目的目标。应交叉比对项目的特征，验证整体的匹配度（详见“工具和资源”部分第10节）。

3. 循环设定优先次序。为了应对上述风险,从既定的关键参数着手（可能是影响力主题、区域的关注和／或项目的规模）。当延伸到其他特质时，将其与关键参数进行比对，如果发现矛盾之处，尽快做出修正。

4. 获得支持。向有经验的顾问寻求帮助，发现互相矛盾的目标，指出每次选择的背后意义，帮助影响力投资落地。如此，在理想和现实之间，增加投资策略取得平衡的可能性。

5. 寻找折中办法。是直接投资还是通过金融媒介投资？如果你非常看重直接投资的好处，但尚不具备直接投资的能力，你可以进行折中的选择，像种子资金、定投基金，或者加入投资联盟。请参见附录2。

6. 验证。如果你的投资策略需要冗长的审批流程，你可以通过一定的市场扫描来验证你的项目特征来确保投资策略的可行性。然后，你的投资策略就可以顺利实施了。

7. 执行团队的加入。如果你的执行团队尚未正式组建，你只能把投资策略限制在核心特征之内，这样也会帮助你了解自己希望寻求的人才。在团队组建成功后，你就可以全面落实投资策略了。

8. 保持参与度。即使你把投资策略的制定交给团队或者外部顾问，你也应该保证足够的参与度，以确保制定的过程能充分反映你的价值观，并充分考虑你个人的偏好和对策略的偏好。

加拿大的卡罗尔·纽厄尔

投资可持续的未来

> 金钱有刺激成长和提供助力的能力。我想勇敢地使用我的财富来发挥这份潜力，帮助生态平衡的修复。
>
> ——卡罗尔·纽厄尔（Carol Newell）

1992 年，卡罗尔·纽厄尔已经从父母那里继承了纽厄尔家族企业，所持的股权价值超过 3 000 万美元的估值。如今，家族企业已登陆资本市场，并更名为纽厄尔·乐柏美（Newell Rubbermaid）。通过转让股票、再投资收益以及后期的收入，她的个人资产已经达到约 6 840 万美元（7 600 万加元）。[4]

用财富为改变“注资”

卡罗尔认识到除了维持现有生活品质所需的资金外，她还有大量的富余资产，这使她想用这些资本为环境改变而“注资”，但是她不认为传统的慈善是最好的方式。“我们可以永远做慈善，但无法改变问题的本质，”她说道，“最重要的是把资本同时注入慈善和商业中，通过提供长期的解决方案，带来系统性的改变。”

在美国完成地质学专业后，卡罗尔搬到了加拿大不列颠哥伦比亚地区。1991 年，她决定用 1 000 万美元来支持她选择的生活方式，并把剩下的资金用于支持可持续项目，以帮助提供解决社会问题的长期有效的方案。为了达到目的，卡罗尔创建了两家机构：好结局（Endswell）基金会（配置了大约 1 700 万美元）和风险投资基金

RP（先期投入了 700 万美元，后期追加到 1 200 万美元）。在初始阶段，在专业顾问和律师的帮助下，她选择匿名管理基金会。不久之后，她就意识到自己需要一支专注的团队。她通过门槛（Threshold，探讨财富继承并用财富行善的见面平台）认识了乔尔·所罗门（Joel Solomon），并邀请他负责基金会的投资端。

制定全面的投资策略

1994 年，卡罗尔和乔尔组织了持续数日的基金会愿景和战略研讨会，以决定如何才能更好地达到卡罗尔的目标——“将商业侧重点从季度财务报表转移到关注人类社会和自然世界的长期目标上”。为了更好地利用资本，他们在早期做出了两项重要的战略决定。第一项是把地理聚焦压缩到一个地区——加拿大不列颠哥伦比亚。第二项是采取“生态系统方式”，包括 3 个方面：投资、拨款和协作，目的在于“对地区的思想、计划和经济等维度建立可持续性标尺”。针对这 3 个方面的投资策略是在研讨会上总结而来的，并随着时间的推移不断演化。

投资

RP 是加拿大的第一只影响力投资基金，为初创企业提供股权和债权融资。它追求的是影响力优先策略，关注创新模型，提供超过 10 年期的“耐心”资本，获得的所有财务回报再次投入到项目中。投资计划包括能产生 10%~12% 财务回报的投资项目（针对特定行业规模较大的项目）以及收益与成本持平的创新型项目，包括有机食品、可持续金融、社区发展、社会目的的房地产项目以及新媒体等。RP 也投资了众多影响力基金，以帮助发展这一新兴的投资领域。

除了 RP 参与的风险投资项目，为了使影响力最大化，卡罗尔和她的团队决定激活整个资产组合。好结局基金会是加拿大第一家尝试 MRI 和 PRI 的私人基金会，前者通过社会目的房地产项目和资源保护等项目，后者通过社区银行的固定利率资金，对可靠的非营利企业放贷，以及用纽厄尔·乐柏美股票为社会性企业做贷款担保。好结局把现金存放在大型的信用联盟 Vancity 中，为工薪阶层和移民家庭提供住房贷款的服务。在投资上市公司股权方面，好结局管理的所有基金都是经过 SRI 筛选的。在 20 世纪 90 年代，鉴于加拿大没有 SRI 基金，RP 建立了加拿大第一家 SRI 基金研究机构扬茨持续分析（Jantzi Sustainalytics），并为加拿大第一个 SRI 基金产品提供了种子资金。

卡罗尔的个人投资组合的投资策略更为保守，资金的 20% 配置在现金上（在信用合作社和社区银行储蓄），40% 配置在固定收益上（经过 SRI 的筛选），剩余的 40% 配置在上市股票上（经过 SRI 的筛选）。卡罗尔也为许多其他当地企业提供没有商业回报预期的资金注入，目标是稳定企业的经营活动并扩大商业范围。

拨款

好结局基金会专注于催化性质的慈善事业，并且在 20 世纪 90 年代成为不列颠哥伦比亚地区为环境保护提供资金支持的最大的私人基金会。基金会采用支出性模型，卡罗尔认为“金钱应在今天花出去以解决问题，而不是让未来的几代人处理指数型增长后的遗留问题”。基金会为不断搬迁的非营利性组织提供托管设备，并为各式各样的相关活动提供支持，且报销参与者的费用。

合作

在乔尔的领导下，RP 开展了一系列项目和大型会议，吸引了众多关注社会事务的积极分子、企业家和有思想的领导者。创业项目包括社会创业机构（Social Venture Institute）和霍利霍克（Hollyhock）影响力学习中心，为社会企业家提供社交渠道，并提升其专业技能，也举办各种创新型的大小会议。他们清楚地明白，公共政策对可持续的未来非常重要，RP 的战略是支持为长期的社会和生态可持续发展创造新工作的新经济体。他们认为，可能的影响力结果是产生明智的、影响深远的可持续社会基础，并反映在公共政策中。2004 年，在潜心运作 10 年后，卡罗尔开始发表公众演讲，并启动了“做大事”项目，鼓励高净值人士将自己的财富与价值进行关联。

创建有效的执行方法

在这些年里，团队成长为 2 位永久编制员工及 5 位专业顾问，由 CEO 乔尔 · 所罗门领导。团队在 3 种活动中共同努力。卡罗尔制订远景计划，招募高级团队，负责预算和重大项目；她把投资策略的发展和实际经营决策授权给乔尔，乔尔在约定好的大框架和预算范围内领导团队前进。在一年举行两次的团队投资策略会议中，卡罗尔会与团队频繁地展开一对一的对话。核心团队是性别平衡的，包括卡罗尔、乔尔、一位组织性专业顾问和一位高级咨询顾问。核心团队成员履行受托人 / 董事会的角色，卡罗尔有最终决策权。

团队内部有充足的法律和会计资源，在特定的时间 / 任务中聘请外部咨询专家。例如，一位交易结构专家先期来指导和协同乔尔的工作，后期则负责更复杂的投资结构。一位组织发展顾问则帮助团队在人际关系的挑战中胜出，并指导战略计划。乔尔负责投资筛选和管理，卡罗尔会收到投资项目相关的所有对话，并有权在 3 天之内提出否决意见。如果她没有在有限的时间内行使这项权利，那么团队则认为她已经批准，会继续推进。这样的决策系统使得基金会运营得非常顺利，也保证了负责人的全权控制力。

制定使命相关的投资流程

RP 通常是第一个对项目提供资金支持的机构投资，条件是成为项目的劣后资本。这种投资策略具有许多好处，它让 RP 吸引其他投资人，在打投资款之前，在某些程度上可依赖于外部的尽职调查；在投资创新领域方面，因为调动其他可用资本，减少了 RP 的投资金额。更重要的是，通过对每一笔交易配置最小的投资金额，把创造成功和改变社会作为目标，而不是追求财务上的全垒打。通常来讲，可转换债可以帮助加速投资决策并减少尽职调查成本。

评估交易提案的首要原则是与关注领域的匹配度，然后是动机和企业家使命的可信度。接下来是审核财务计划。对于大型交易，内部和外部的尽职调查都需要用上。对于规模较小的交易开展较轻松的尽职调查，只关注核心问题，例如专业顾问团队的审核，在新兴产业或行业中的定位，对完成使命的投入，以及其他与工作或者员工相关的事务。一旦项目通过了财务筛选，主要关注点就落在了影响力分析上。

跨地区拓展成果

总体来讲，卡罗尔将超过 1 亿美元的资金用在配置和部署可持续的使命上。这些资金由卡罗尔继承的资产和循环使用的投资回报构成，投向了 180 多起影响力投资，支持了数以百计的对社会影响力有贡献的产业先锋。即使社会目标被作为优先级考虑，但是影响力投资组合的财务业绩的表现也非常亮眼，RP 的主要投资组合产生了 12.2% 的 IRR（详情可参见“工具和资源”部分第 5 节），同时也为众多试验性的影响力投资基金铺设了道路。目前，这些基金已经在地区内开花结果。

好结局公司在许多初创项目中起着重要作用，促进了当地社会改变的深度和广度。其中，规模最大的初创项目是加拿大潮汐（Tides Canada）。作为年度慈善支出超过 3 000 万美元的国家级公共基金会，加拿大潮汐旨在加拿大发展有效的战略性慈善事业。

温哥华成为加拿大社会性金融创新的中心，也是加拿大新思潮的孵化者，比如全球首个二氧化碳赋税政策、全球最大的支持土著居民的保护型金融模型，或者为自然资源的使用制定政策。2008 年，这个地区见证了 RP 曾经的投资对象格雷戈尔·罗伯逊（Gregor Robertson）当选为温哥华市长。他提出雄心勃勃的“百分百可再生能源”目标以及“终结街头无家可归现象”的计划，他的“世界最绿色城市”战略促进了温哥华的经济再增长。2014 年，格雷戈尔第三次当选了温哥华市长。

卡罗尔的突出贡献广为人知，她获得了 BC 金融女性（BC Women in Finance）颁发的终身成就奖，还荣获了加拿大最高荣誉之一加拿大勋章。现在，在她把大量个人财产用于慈善性支出以及 RP 公司的资金之后，卡罗尔和乔尔正在通过获得其他家族的资金支持来继续完成他们的使命。他们帮助成立了加拿大最大的影响力驱动 VC 公司更新基金（Renewal Fund），募得超过 9 800 万美元的资金，由 RP 的老同事保罗·理查森（Paul Richardson）带领。卡罗尔还关注提升公共意识并且鼓励财富持有者，特别是女性，“充分运用在钱袋里被埋没的潜力，催生出巨大的变革”。

卡罗尔感到自豪，因为她的大胆创新重新定义了该地区 25 年以来扮演的可持续发展的商业角色。“我的动力并不是产生利润，”她解释道，“而是重新定义如何使用资本来进行改变。”她不断在投资项目中产生良好的财务回报，同时又不辱使命，用实际行动证明了影响力投资的可行性。这种再生式模型随着时间不断演变，就像影响力投资本身也在发生巨大的改变。卡罗尔表示，她的“最殷切的希望就是让更多富人为了共同利益加入影响力投资”。她相信，在不久的将来，他们会再创辉煌。

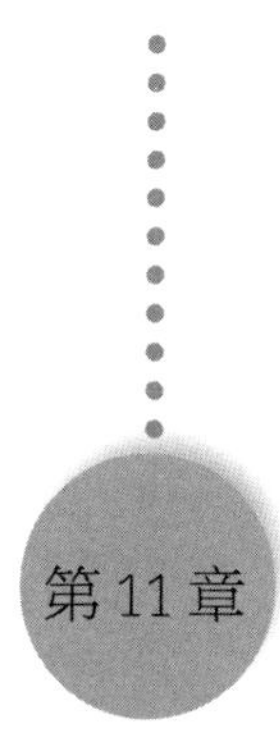

投资指引和工具

11.0 章节概览

既然你已经确定了影响力投资项目的主要筛选标准，就可以开始思考运营相关的事务了。下一个合理的步骤就是发展影响力投资指引，即把影响力投资策略转化为可落地的执行方案。这些指引可从投资原则的整体框架到一整套的投资规则（通常被称为投资政策声明）。指引描述了投资哲学，并决定了风险偏好、资产类别配置、绩效目标、基准、风险管理和治理。你还需要制定你的投资流程，特别是在你计划直接投资于创业性企业、私募股权或者债权基金时。根据你的投资资源和投资策略，你可能会建立或者选择（随着时间推移）一系列的工具和模板，以促进建立影响力投资组合的流程。

发展投资指引的核心是形成你的影响力评估方法并将其整合到投资流程中。

指引的重要性

对团队在投资工作中应该遵循的原则，影响力投资指引提出了正式的框架结构，保证投资执行能严谨、一以贯之且行之有效，并让新的成员更快、更好地融入团队。投资指引还能让资产管理人、顾问和员工更清晰地了解投资目标和限制条件，促进良好的沟通，增强责任感，为了目标共同努力。

主要的挑战

投资指引的开发过程极为耗时费力，特别是在某些投资方法和投资模型尚需测试的时候。预先设置参数是不可行的，因为现实情况可能与你预先设定的投资目标不吻合（例如，一些发展中国家的投资对象可能规模太小、风险很大，故不能接受大规模的投资）。对影响力投资而言，财务和影响力的双重目标会让投资流程比传统投资的流程更复杂。

11.1　制定投资指引：如何进行投资和管理投资

现在，决定投资团队应该如何执行投资策略的时候到了。清晰的投资指引会促进建立投资组合的流程，让资产管理人 / 内部团队在整合影响力投资时承担起应有的责任。

正式的投资政策

影响力投资指引的形式和程度是多种多样的，这取决于项目的规模、配售和选定的执行方式。通常来说，会制定正式的影响力 IPS，特别是在由外部团队执行项目的情况下。IPS 通常包含以下组成部分。

- **使命和目标声明。**声明投资政策的目标，并与组织的使命相关联。
- **项目参数。**根据不同的组织、地区、行业、工具来描述项目的主要特征。
- **资产配置目标。**决定影响力投资对不同的关键资产类别的配置比重。一些投资者不设定投资目标，而是让机会组合来引导资产配置的决策。
- **回报目标。**概述项目的整体目标回报率或者不同资产类别的具体目标，可采取每个资产类别的绝对数字（例如私人借贷 8%）或者相对目标（相对于特定基准）的形式。抑或，至少在初始阶段，按照实际情况决定回报目标。
- **风险指引。**明确可接受的风险类别、风险程度和风险管理流程，通常包含分散投资指引和集中投资限制（例如，对一家公司或者基金的投资不超过 20%）。
- **影响力投资流程。**见下一部分。
- **报告（财务和影响力）。**决定哪些财务和影响力参数应该被跟踪、测量和报告（按年度或者半年度）。影响力评估方法可以放在投资政策里，也可以独立成文（详情参见下一节）。

想了解 F.B. 赫伦基金会关于 IPS 的案例，可登录 www.heron.org；关于其他影响力投资指引，可登录 www.missioninvestorsexchange.com。

影响力投资流程

这一步骤包含团队进行分析、结构化和管理影响力投资的方式，以保证持续严谨的投资运营规范以及新成员更好地融入。关于影响力投资流程的具体描述，请参见第 13 章和第 14 章。你需要在整个投资周期考虑以下流程。

- **获取和筛选投资。**决定你寻找投资机会的主要方式以及主要的投资标准。
- **尽职调查。**分析经过筛选的投资机会是否与投资目标（社会、财务和策略）匹配。该流程可根据不同的资产类别而进行调整，可能需要进行大量的内部分析工作及大量使用外部的专业顾问。
- **治理。**决定谁有影响力投资的决策权，描述不同委员会，比如投资委员会、（顾问或者家族）董事会等的参与程度。
- **投资结构。**识别可接受的 / 可能的结构，使用外部 / 司法顾问等。设置最低的 / 期望的财务和影响力条款。
- **监督、增加价值和报告。**为投资管理设定指引，包括董事会的参与，在投资中使用拨款（如相关）等。决定内部报告的时间和内容，如果可行的话，也撰写对外的财务和影响力报告（更多关于影响力评估的内容，请参见下一部分）。
- **评估和策略调整。**在投资流程中，加入结果评估和调整环节。

投资工具

为了促进投资流程并降低执行成本，一些团队开发了投资工具，例如筛选模板（参见第 13 章）和尽职调查表，这些工具对直接投资和间接投资来说不尽相同，并且需要根据特定的资产类别做调整。一些投资者（特别是直接投资早期项目的时候）开发了标准的法律模板，来降低在每项交易中寻求法律顾问的成本。

参见附录 5 的尽职调查清单。

独立还是整合

如果你决定把影响力投资按资产类别整合到当前的投资组合中，或者激活整个资产组合来产生影响力，那么整体的投资政策 / 指引需要进行调整，即纳入影响力投资的部分。如果你采用的是剥离式 / 设定独立的投资项目，那么影响力投资政策可能是一份独立的文件。

参见“工具和资源”部分（第 27 节）关于把影响力投资整合到传统资产组合中的相关资料。

小贴士

1. **严谨性和一致性**：财富持有者在投资过程中缺乏严谨性被认为是失败的主要原因。开发投资流程和工具能提高投资执行环节的专业性，降低风险。

2. **根据规模和实际情况调整**：在小型团队里，特别在由财富持有者驱动或者由其他投资者带领时，投资流程相对缺少规范。随着投资者在影响力投资领域的经验积累，投资流程会逐渐变得正式。大型家族结构内的专门团队或小型内部小组把投资流程整理在运营手册里，以阐明专业的执行能力。

3. 检查服务提供商的流程：如果由外部团队执行，对资产管理人的投资流程和投资工具的充分审核应该成为任用经理的标准程序。

11.2 建立影响力评估方式：如何衡量我的投资影响力

跟任何投资一样，影响力投资的表现必须是能被持续衡量和监测的。然而，与只关注财务指标的传统投资不同，影响力投资的表现由财务和影响力两部分组成。投资行业耗费了几十年的时间来开发有效的衡量财务表现的工具，因此，我们不应该怀疑影响力的衡量和评估方式在不断改进。

为什么评估影响力

影响力评估是影响力投资实践的中心，对影响力投资市场的成长起着重要作用。衡量意味着这些投资正在形成社会影响力，同时也使得影响力投资的实践更合法合规。有效的影响力衡量为影响力投资的所有利益相关者带来了价值，能调动更大规模的资本，并增加已产生的影响力的透明性和可靠性。[5]

流程

影响力评估可分成 4 个步骤。首先是决定你为什么要使用评估（步骤 1），然后是建立完整的方法，把你要衡量什么以及如何衡量解释清楚（步骤 2）。接下来，决定如何实施影响力评估（步骤 3），最后把投资评估整合到投资流程中（步骤 4）。具体如图 11.1 所示。

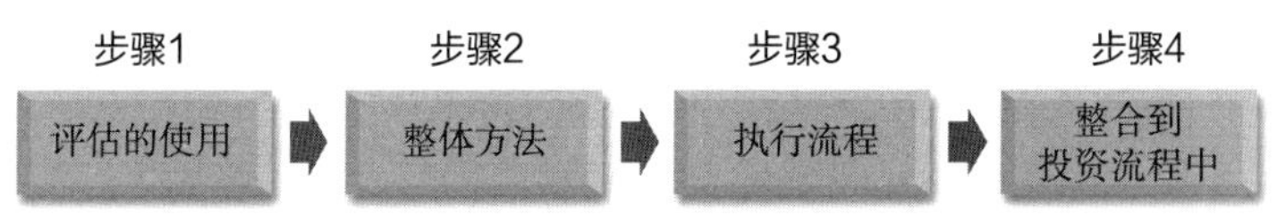

图 11.1　开发影响力评估方式的流程

步骤 1：评估的使用

你用影响力评估来做什么？影响力评估可用于企业生命周期的不同阶段，也可用作不同的用途。理想的情况是，你在整个投资流程中都使用影响力评估。

筛选的工具

在决定投资机会是否匹配时，投资者将项目和投资对象的目标结果进行对比。详情可参见第 13 章和第 14 章的影响力评估部分。

投资管理的工具

在持有阶段，影响力评估通常被用来监测和驱动影响力的表现。影响力评估能揭示需要提高的领域，评估管理的质量和商业模型的成功要素；在使命发生转移时，提升团队的警觉性，同时允许你采取纠正措施，比如资产剥离（如果可行）。

公司管理的工具

投资对象把影响力评估作为管理工具来掌控使命执行的过程，帮助分析已完成的工作，并制定企业的战略决策。

投资策略的工具

整个项目的影响力评估可以帮助你评判投资策略是否成功以及评估后续调整的需求，例如重新根据主题、行业、组织类别、资产类别来配置资金。分享影响力评估的结果和学到的经验教训可以成为证明影响力投资可行性的方式，还创造了额外的影响力。

步骤 2：整体方法

在影响力评估中，你应该关注哪些方面？你需要决定所需证据的类别和深度。另外，你将会追踪哪些指标，使用哪种系统？

决定你的关注点

你需要决定哪些信息对你特别重要。这取决于你如何定义影响力以及项目的社会目标。你可能会投资非洲的乡村电气化，将其作为你对气候变化（用太阳能替代煤油）和减少碳排放的关注；而另一位投资者从品质更高和价格更低廉的光源看到了由此产生的教育和经济效益，就把重点放在评估孩子的在校表现上，或者通过减少煤油灯的使用以及延长的工时带来的家庭收入增长上。

所需证据的类别以及深度

重要的一步是决定你所需要的证据类别，这意味着你有多想系统地证明投资或者项目已产生的影响力。一些投资者只想知道他们帮助创造了多少个职位，而其他人则想得更深远——这些工作是否提高了目标人群的生活质量。从务实的角度出发，你需要决定是否要衡量产出、结果或是影响力。衡量结果通常需要做大量的数据收集和分析工作，还要建立对照组，对时间和成本的要求特别高，而衡量影响力的要求更高。即使你已经为深度的影响力评估做好了准备，你仍然要小心后勤上的挑战。对数据的使用和解释可能会很困难，尤其在新兴市场里。例如，通过调查问卷来收集小农场主的产量数据是非常艰难的，因为农民一般不会衡量产量，即便他们这样做了，也不太记得上一年的数字。一些指标，例如幸福感的提升，是非常主观的，并且 / 或者可能有很强的时间滞后性，增加了衡量任务的困难。因为产出对于积极的改变不能算作有意义的指标，再加上影响力评估本身就很棘手，大多数投资者会选择把产品和结果指标放到一起看。

选择关键指标

决定你会评估哪些指标。如果你计划建立多元化的投资组合，为了抓住地区、行业和商业模型的特征，你的 KPI 也会变得多元化。投资组合层面的影响力归拢和不同投资之间的可比性对你是否重要？可跟踪投资组合之间的共性指标（例如被影响的人数）或者把分散开来的特定影响力汇总成一个数字，例如 SROI（参见“工具和资源”部分第 15 节）。虽然你可能很重视标准化，但要小心的是标准化是无法呈现影响力的复杂性和特殊性的。因此，一些投资者做了折中考虑，选择追踪整个投资组合的一小部分 KPI（例如创造的工件数），并且设定一些特殊的结果指标。虽然一些投资人更关注社会性 / 环境性的 KPI，另一些投资人则认为经济性和会计性（税务）指标也能衡量社会性影响力，也可以选择性纳入。

选择 / 发展评估体系

现在，你可以决定是否要开发一套影响力评估办法了。独立开发的优点在于它将充分反映你特定的内在需求和所关注的领域；缺点在于投入的努力和成本。另一个选择是直接接受投资对象所采用的办法，只要它包含了你的评估需求并且被证明是有效的即可；而该选择的缺点在于对资产组合的任何合并分析都变得很困难。折中的办法是在众多可获得的影响力方法中进行选择，其中一些根据特定投资者的需求做适当的调整。这类评估体系可以不同的形式出现，同时也可以用来对投资进行评级，以及评估影响力和/或管理社会表现。此外，还有一些其他的通用的方法，可作为统一的方式进行跨行业评估，也可以评估具体的某个行业、产业或者事项。评估体系的选择取决于评估目的、影响力目标以及锚定的投资领域。

关于影响力评估体系和工具的案例可参见“工具和资源”部分第15节，关于跨影响力主题的结果示例，可参见“工具和资源”部分第14节影响力主题的结果。想了解关于本话题的更多内容，请参见“工具和资源”部分第25节。

步骤3：执行流程

影响力评估该如何执行并由谁来执行？评估的结果需要再次鉴定吗？谁来为此买单？

由谁衡量

谁会负责实际的衡量工作呢？最常见的方式是交给投资对象来完成影响力衡量工作。这种方式的挑战是投资对象缺乏潜在的资源，另外，自我评估的主观性也可能会导致过度乐观的评估结果。如果你具有内部的分析资源和专业知识（可能来自你的基金会），你可以选择由自己来负责影响力评估。如果你不愿意让投资对象为了衡量影响力而把资源从影响力产生中抽走，同时又缺少内部的资源/技能，你可以选择第三方服务提供方，通过专业人士对投资的影响力表现提供更可靠的回馈。若做了上述选择，务必认清完成任务所需的努力程度以及执行过程的复杂程度。

谁来买单

许多投资对象不具备深度衡量影响力的人力和财务资源。你愿意为投资对象和 / 或实际的影响力衡量支付开发影响力评估流程的成本吗？影响力投资者通常同意支付（一部分）成本，特别在他们对衡量的指标类别和深度有特殊要求的时候。

决定鉴定的需求

当你让投资对象衡量其影响力表现的时候，可以通过抽样调查、审查评估的假设和条件等手段来验证结果的真实性和有效性。影响力鉴定通常是由当地的专业第三方服务商来实施的。为了节省鉴定的成本和减轻投资对象的压力，鉴定通常每 2~3 年进行一次。

步骤 4：整合到投资流程中

在你的组织中，谁会负责影响力评估？你需要外部专业顾问的协助吗？你需要回答上述问题并把影响力评估方法与投资流程相关联，决定在尽职调查中如何操作影响力评估，以及在什么时候由谁来确定影响力的目标、评估和报告，是否要把经理人以及公司团队的薪酬与影响力目标挂钩。

小贴士

1. 从简入手。少数有意义的指标好过众多不相关的参数。从简入手，随着经验的积累，逐步开发你的方法。

2. 优先级。把影响力评估方法与影响力主题和战略目标关联起来，只需衡量重要的部分。

3. 实事求是。理解投资对象的压力，关注有意义的且有助于投资对象进行企业管理的指标。

4. 面对现实。对影响力评估的成本/时间要求要切合实际并与投资项目的目标规模相称，衡量影响力的成本与投资规模相近的情况是不太可能发生的。

5. 不要重复劳动。使用/调整现成的方法，而不是白费力气做重复工作。选择与 IRIS[1] 可比的 KPI 能帮助投资对象满足众多投资者的要求。

6. 支持你的投资对象开发实用的且有意义的影响力评估方法。许多影响力投资者用拨款来评估和鉴定影响力。

美国/奥地利的莉萨·克莱斯纳和沙利·克莱斯纳

激活整体资产组合，引领影响力投资

> 作为资产持有人，我们必须要挑战现状，为共同创建我们想看到的世界而担负起领头的责任。
>
> ——沙利·克莱斯纳（Charly Kleissner）

莉萨和沙利相识在 30 年前的夏威夷——莉萨的家乡。那时候，沙利还是从奥地利来的交换生。二人后来搬至加州，并在那里获得事业的成功。沙利是技术专家，莉萨是建筑师。当艾瑞巴（Ariba，

沙利帮忙建立的网上电商平台）在 1999 年上市时，这对夫妇发现自己几乎在一夜之间成为亿万富翁。

战略的进化

这种突降的财富为他们提供了重新审视家族价值观的机会。“这对我俩来说是把企业家精神和我们的热忱、价值观相融合的机会，也让我们能充分利用金钱来行善。”沙利说道。在价值驱动的财富顾问纳维达斯（Navitas）的指导下，二人决定用 30% 的财富来支持他们的生活方式，并将剩下的部分用于设立更多的慈善项目，包括资产规模为 1 000 万美元的 KLF 基金会，旨在帮助社会性企业在全球范围的可持续成长，并推广影响力投资。数年后，莉萨和沙利决定将自己的余生都用来达成使命。

KFL 最初以传统的方式运作，即在项目端向社会性企业提供拨款，仅从财务回报方面管理捐赠资金。莉萨第一个对资产和项目的分离管理提出质疑。“资金的使用对基金会和项目的发展都会产生深远的影响，我们不想让基金会的捐赠成为毁灭地球的帮凶。”同时，在拨款端，二人也看到了从孵化器里走出来的社会性企业对耐心的投资资本的需求，这类企业除了拨款之外没有任何资本来源。

这样一来，他俩对基金会资产管理的整体方法就越发渴慕。他们开始从项目预算中为早期的初创社会性企业提供贷款和股权，也在印度、奥地利和夏威夷建立了社会性企业加速器。想在捐赠端获得突破被证实更有难度，因为他俩很难找到超越 SRI 的经验丰富的顾问。最终他俩找到了劳尔 · 波马雷斯（Raul Pomares），他愿意协助他们制定影响力投资的策略。

2005 年，在劳尔的支持下，他们决定采用 TP 方式。这意味着把所有的捐赠都用来达成使命，同时对资本进行保值和增值，以保证基金会未来的拨款能力。为了达成目标，他们越发认识到建立专业的影响力投资经理人的重要性，于是在 2011 年对 Sonen 资本进行了种子投资。

对 KLF 捐赠端的改变花费了二人大量的时间并且充满挑战（参见下一部分）。在 2006—2014 年的 8 年时间里，基金会对影响力投资的比重从 2% 提升至 99.5%，自成立以来的净收益率为 3.76%，对比产业基准的加权收益率为 2.51%（参见“工具和资源”部分第 5 节）。二人证明了，影响力驱动的投资组合可以媲美传统的投资策略，甚至超过传统的投资策略。一些投资影响力的家族信托基金，常常与 KLF 联合投资，但采取的是更为保守的投资策略。

在他们的资产组合转变过程的初期，克莱斯纳夫妇得出结论：通过验证影响力投资组合的财务表现来向其他财富持有者发送重要的信号，可调动更多的资本，充分利用小型基金会的影响力。他们决定对自己的影响力投资表现持非常开放的态度，并且愿意贡献时间和精力来宣传影响力投资。他们在 2010 年共同建立了全球性交易分享和学习平台 TONIIC（参见“工具和资源”部分第 21 节）。最近，克莱斯纳夫妇在 TONIIC 旗下发起了 P2P（点对点）关系网络百分百影响力网络平台，参与的资产所有者承诺随着时间的推移将全部所持资产与影响力挂钩。

他们还有许多远大的计划：“我们希望将现代投资组合理论重新定义成 TP 理论，这需要把积极的影响力纳入投资组合，并重新评估现有的风险回报假设。当我们把 KFL 成功运用于其他几个资产组合（5 亿美元）的时候，我们就能把 TP 理论推荐给资本持有者机构了。这将促进整个金融系统的变革。”

从整体资产组合方法中所学到的

影响力投资准则和资产配置：一旦决定使用 TP 方法，就需要在财务和影响力之间保持平衡，保持投资的多元化以分散风险。一套综合的影响力投资政策已经被开发出来了（参见 www.klfelicitasfoundation.org），这套政策将影响力条件融入资产组合的建立过程中，采用负责任的、可持续的、主题式的以及影响力优先的投资方式，以支持全世界范围内的社会性企业的使命以及创始人的可持续性价值。为了促进影响力投资的整合，设立了绝对资产配置目标以及允许的范围（详情参见“工具和资源”部分第 5 节）。同时制定 SAA 以在不同的资产类别间进行分散投资，来降低波动率和风险并获得有竞争性的回报。通过严谨的财务分析以及对宏观经济因素的持续评估，该投资组合在市场周期的表现是稳健且适应能力极强的。

克服早期的挑战：在早年的转变期间，为了达到设定的 SAA 目标，他们在所有资产类别和主题中仔细寻找，缺乏可获得的或者适合的影响力投资机会。虽然在众多资产类别中寻找气候变化主题里的高质量投资机会是有可能的，但与社区发展策略相关，且有可接受的业绩记录的投资机会只有一部分经理人才能获得，主要存在于影响力优先的固定收益和现金存款。另外，小型基金有时候会很难满足投资的最小规模。为了解决最小规模的问题，KLF 和其他家族信托进行联合投资。他们决定投资影响力优先的机会，这些投资资金不仅来自项目端的预算，也包括在固定收益、私募股权、不动产和现金等价物中的捐赠资产。有时候，KLF 发现自己对固定收益或者现金产品的配置过重，而这些投资工具覆盖了大范围的影响力主题。在这种情况下，KLF 将使命凌驾于投资组合最优化的目标之上。

与市场一同成长：影响力投资市场逐渐趋向成熟，提供了更多有吸引力的财务优先的投资机会以及更全面的投资选择，这使得 KLF 的投资组合重新向 SAA 平衡，同时也在更大程度上增加了影响力投资的比重。私募股权、风险创投和不动产投资策略是 KLF 的核心工具，KLF 对影响力主题进行直接投资，例如清洁能源和科技、社区发展、可持续林业、生态保护、可持续农场以及金字塔底层的社区金融服务。另外，作为 ESG 的领导者，KLF 通过向公开市场发行股票和债券产生了广泛的影响力。

KLF 的影响力投资流程

沙利和莉萨的角色：沙利对他们的资产组合亲力亲为，他不仅仅评估每一笔投资，还主动参与到投资的发起、分析和监测过程中。这种亲力亲为的方式保证了投资与自身价值观的吻合，因为沙利有时候会否决财务顾问的建议，坚持纳入财务回报较低的投资机会，或者放弃对社会或环境产生消极影响力但财务回报丰厚的投资机会。紧密地参与到投资组合的建立当中，使二人培养了对大多数股权投资的长期眼光，也给予了社会性企业足够的时间来扩大以及宣传影响力。

尽职调查：KLF 遵循严格的标准化流程来识别、评估和监测所有的影响力投资项目。KLF 的第一个筛选标准是保证任何潜在的投资机会与负责人的价值观、KLF 的慈善使命以及项目端目标（从某种程度上来说）相匹配。投资必须符合基金会的 SAA 并达到投资政策的具体标准。如果潜在的投资项目满足以上条件，就填写投资评估表，完成细致的财务和影响力尽职调查（可于 KLF 官网下载）。除了基础的财务分析，KLF 也评估潜在投资对象的影响力策略、影响力报告能力以及和基金会使命的匹配程度。影响力尽职调查会根据特定的资产类别进行“剪裁”，并包含产业和地区的不同特征。

公共策略（公开交易的股权 / 债权）：Sonen 采取全面尽职调查，从审查 300 多个公共基金经理人开始，未达到影响力最低标准的投资选择会被立刻排除。投资机会被分为负责任的、可持续性、主题性和影响力优先四大类。定量的筛选方法会进一步缩小名单的范围。在特定的资产类别上，经理人如果没有达到财务标准或者缺乏足够的业绩记录，会被搁置在一边并继续接受筛选。针对已通过筛选的投资机会，Sonen 会继续做更深入的影响力评估，包括检查基金经理人的影响力策略以理解投资决策的流程，以及 ESG 或者影响力因素是如何被纳入投资策略的。主题性策略不会根据产业或者关注点被自动归类为具有影响力。例如，在以水为主题的投资策略中，更倾向于选择有效使用资源的运营商和提供干净水源的渠道商。

私人策略（私募股权 / 债权、不动产）：在大部分配置集中于基金投资的情况下，只是偶尔参与直接投资，这时影响力因素就变得更加重要。为了帮助投资对象建立自身的能力，KLF 提供拨款以及影响力投资，大量的财务和影响力尽职调查会同时进行。莉萨和沙利会与其他专业顾问一起，专注于影响力尽职调查（特别是针对直接投资、影响力优先的投资机会），以及投资与使命的一致性评估。Sonen 关注于财务尽职调查，保证影响力和金融目标在资产组合中的平衡。对于影响力优先的投资机会，首先执行影响力尽职调查，再将通过筛选的交易交由 Sonen 进行财务尽职调查。如果是财务优先的机遇，则顺序相反。

影响力衡量：KLF 员工每年都会对投资组合的影响力优先和主题部分进行社会表现分析，Sonen 负责公共策略的评估，并重点关注可持续性投资。KLF 会对投资组合（投资对象或者企业的影响力）以及建立影响力投资的工作（投资者影响力）进行影响力分析。2015 年，沙利委任 NPC 独立负责影响力鉴定工作。

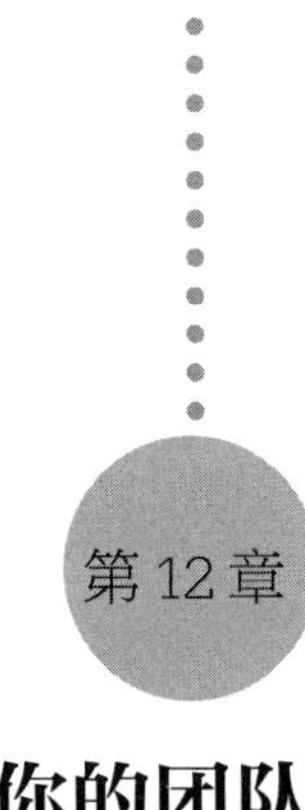

你的团队

12.0 章节概览

方法 > 内部能力 > 外部专家 > 合作关系 > 学习文化

在你完成了对投资策略和投资流程的开发后，你需要决定由谁来建立并管理投资组合。这个决策过程取决于投资策略和现有的资源，因此，尽早决定家族成员在项目执行中的主动参与程度非常重要。通过对资源的审视，你可以决定哪些内部资源可以利用，哪些在影响力项目中暂时空缺。然后你可以决定从哪里以何种方式来获取稀缺的资源——你有许多选择，包括对项目执行进行外包，成立内部团队，以及雇用专业顾问。建立合作伙伴以及与其他影响力投资者合作也是增加资源和降低风险的有效方式。在组织里营造学习的氛围非常重要，鼓励家族成员、内部员工、外部团队和专业顾问丰富与影响力相关的知识，积极分享，不放过每一个成长机会。

为什么团队很重要

跟任何投资方式一样，影响力投资的成功需要严谨和专业的执行力。在整合财务和影响力目标，投资创新型但尚未被证实的商业模式等方面，对管理团队定性分析能力、判断和经验的要求较高。因此，无论影响力投资项目由个人、财富持有者、内部团队还是由第三方管理，这些都属于日常工作，需要由专员负责。

挑战

寻找并吸引那些价值观一致的、在影响力投资领域有相关经验的专业顾问是非常有必要的，也是极具挑战性的。寻找有竞争力的当地顾问也不是一项轻松的任务。财富持有者经常高估他们能投入到影响力投资的时间和专业技能，所以他们会精减人员配备或者降低对投资的严谨性要求。决定在何时暂停最初的（自主）策略开发，转而雇用团队来完成策略的制定，也不是一件简单的事。

12.1　设立你的方法：如何管理项目

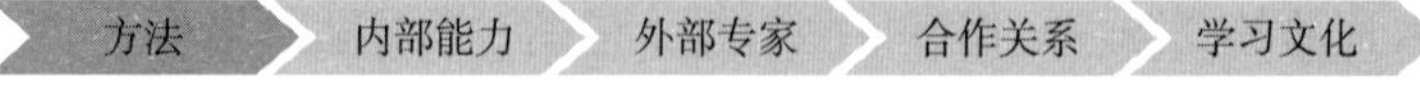

通过建立能力来执行项目的第一步——审视所选择的投资策略并评估执行策略过程中所需的资源的数量和种类。在完成第一步后，你就可以开始考虑获取资源的不同方式了，从建立内部团队到把项目执行完全外包给第三方。

决定所需的资源

你需要决定是否把大量的资金投向新兴市场的创业企业，或者从固定收益的资产组合开始，逐渐过渡到通过媒介进行投资，或者采取 TP 法。你会关注某个特定产业还是更广泛的投资策略？你会选择领投还是追随更有经验的合作伙伴？早期制定的投资策略（第 10 章）会影响执行所需的资源。投资流程还需要考虑是直接投资还是通过媒介间接投资，选择的资产类别以及聚焦的地区。你需要在投资成本和倾向 / 控制分散投资及分散地区之间进行权衡。

所需的技能

- 金融知识以及投资技能。
- 影响力主题的知识。
- 开拓投资机会（直接交易或者基金）以及结交投资伙伴的能力。
- 投资尽职调查、设计交易结构以及谈判的技能。
- 附加投后价值的能力（如果是直接股权资本 / 债权投资）。

评估执行策略的可选项

如果投资所需的资源是非常充分的，就不要再考虑资源过剩的问题了，你不必从内部建立所有资源。在执行你的影响力投资策略时，你其实有很多可选项。每一种执行方案的成本应该结合当前的投资项目的规模以及你的战略目标来综合考虑。项目的规模越小，或者未来的发展越不确定，建立专业的团队或者吸引高标准的人才的难度就会越大。以下示例是私人影响力投资者采用的执行策略。

由资产持有人亲自驱动：一些超高净值人士决定由自己领导并

执行影响力投资项目（参见本章关于斯蒂芬·布伦尼克迈耶的故事）。如果他采用TP的方式，通常会把流动性高的部分外包给外部经理人和专业顾问，并按照投资者价值观和影响力预期等要求执行。随后，投资者会亲自参与到私募股权和债券投资中——直接投资和/或把资金配置给投资基金。虽然上述选择大多是有大量富余时间和精力的财富持有者才会考虑的，但是工作忙碌的人士也会主要选择领投。这样的选择能节省成本，提高决策效率，及时纠错，也能带来极大的满足感和珍贵的个人投资经历，并提高个人的声誉。核心的风险在于低估执行所需的时间，错误判断投资所需的技能，或者在第一个交易遇挫时就选择放弃。

将执行过程外包：特别是在刚开始的时候，一些个人投资人在执行影响力投资项目时，采用了最简单的方法——把项目管理外包给外部咨询专家。你可以为了获取影响力投资的能力而选择采用专业咨询机构、个人顾问、专注该领域的资产管理经理人或者银行的服务。这个选择给了你许多灵活性，可以运用在小规模的配置上，而且如果有必要的话，它也能很容易地终止。至于缺点，除了成本，财富持有者认为自身的学习是非常有限的。另外，缺点还包括由外部经理人偏好/经验带来的选择性偏差。更多关于和专业顾问合作的内容，可以参阅下一章节。一些私人影响力投资者以联合投资的方式或者以影响力投资基金（参见第13章乔希·梅尔曼以及维克拉姆·甘地的案例）的方式为其他家族打开了影响力投资的大门。

专门的内部团队：根据项目的规模，以及家族/超高净值人士对影响力投资的专注度，建立一支专门的内部团队也是一个可行的选择。

对于类似卡罗尔·纽厄尔（参见第10章）的人来说，他们希望更少地参与到项目的执行中，同时又想保证完全的价值匹配。一些将较少资金配置给影响力投资的家族办公室只雇了一个人来运营影响力投资，并且依赖传统的投资结构来获得其他支持。

与现有的组织融为一体：另外一种方式是，分离一小部分资产并且让家族办公室、基金会或者企业的现有员工来管理。这样操作的优点是不仅能节省成本,还能验证影响力投资的概念。缺点是缺乏可靠性，受投入精力的限制，可能导致进程的滞后。另外，重要的是，团队可以经历影响力投资的过程，或者请有经验的外部专业顾问作为支持。

围绕投资策略建立完整的组织：一些决定将影响力投资融入他们的财富、商业或者基金会管理中的财富持有者，根据他们的影响力目标建立了完整的组织（参见本章皮埃尔·奥米戴尔和帕姆·奥米戴尔的案例）。

建立种子基金：为影响力投资基金开发投资策略的另一种方式是，吸引有经验的专业人士来管理影响力投资，并成为团队的主要队员（参见下面的故事）。这种方法可使用个人或者家族财力为基金提供种子资金，好处有很多，你已经拥有投资专业人士，你可以对投资策略给予决定性意见，并且吸引第三方资金来撬动更多资金。这种方法也促使家族成员获得创业和投资经验，并在后期投资中为家族内部继续扩张影响力投资的活动。

当然，你也可以将上述方法整合在一起。

英国的本·戈德史密斯

建立一家成功的绿色投资企业

2002 年，本刚满 22 岁。他的叔叔爱德华·戈德史密斯（Edward Goldsmith）建议他尝试有利可图的“绿色产业革命”。本自小就是自然世界的爱好者，主张环境恢复和保护，这次他终于有机会完成从小的志向来创立企业了。

戈德史密斯家族是英国最富裕的家族之一，在很早的时候就建立了现在由本主管的 JMG 基金会来支持环境保护活动。实际上，本的叔叔爱德华是英国绿党、《生态学》（*The Ecologist*）杂志和许多环境组织的创始人。在他的叔叔和其他家族成员的支持下，本领投了一系列环境科技创业企业项目，旨在家族的投资端开创自己的基金。遗憾的是，家族办公室没有共同的愿景，也不愿意支持高风险投资。

本没有放弃。2003 年，他会见了经营 WHEB 公司的罗布 · 怀利（Rob Wylie）和金 · 海沃思（Kim Heyworth），该公司是服务于环境科技产业的咨询公司。由于对二人在新兴市场的知识、经验以及关系网络印象深刻，本选择与罗布和金合作，一起把 WHEB 的业务重点从咨询转到投资。2004 年，WHEB 风险投资发行了英国第一只以环境科技为重点的基金。本和戈德史密斯家族的其他成员也为这个基金认购了 500 万英镑作为基石投资，后期该基金又从其他 UHNWI 和家族办公室募集到额外的 2 000 万英镑。第一只基金完成投资后，WHEB 又发行了另外两只私募股权基金，并制定了绿色股权策略。截至 2014 年年末，WHEB 的资产管理规模达到 3 亿英镑。

2014 年，本联合创立了蒙哈登资产管理（Menhaden Capital Management，简写为 MCM）公司，管理一只在伦敦股票交易所交易的投资信托。MCM 完成了 20~25 项能源和资源效率相关的全球投资，主要关注的领域包括上市绿色股票、再生能源、废物和污水处理基础设施以及环境类的私募股权基金等。

在 WHEB 风险投资基金的出色表现验证了最初的投资策略后，戈德史密斯家族办公室对投资本领导的其他影响力投资项目感到放心，并将 3 000 万英镑配置给本的基金。本赢得家族以及其他投资者支持的方式既简单又实际：向他们展示财务上的成功。“我的家族的参与程度在逐步提高，因为他们看到我们开始获利。”本解释道，“我们不想让人们认为我们的目的只是改变世界。我们告诉他们，这是一个非常伟大的商业机遇，并且他们可以为了财务回报参与进来。我们让他们亲自去感受和发掘，而在这个过程中，他们正在为这个世界做出极大的善事。”

12.2　评估 / 建立内部能力：我和团队的角色

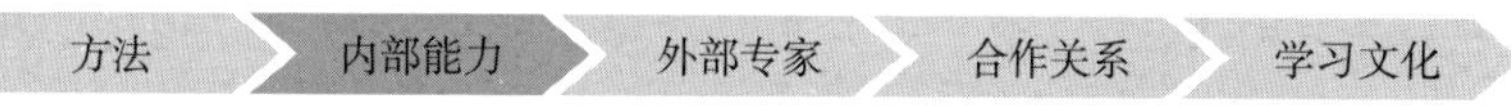

在决定执行项目时所需的资源以及执行方式的范围后，你需要对执行方式进行选择。在大多数情况下，一些内部能力是必备的，特别是在策略监督方面。接下来，你需要决定你自己 / 家族期望的参与程度，评估你的组织 / 家族生态系统的技能和资源，如果有必要的话，你应该挑选 / 雇用团队成员。

决定个人的参与程度

对你的影响力投资策略，你想要掌控还是放手？一些投资者决定亲自参与项目并管理他们的影响力投资组合。其他投资者因为缺乏对投资领域的兴趣 / 技能，或者更专注于家族企业，又或者忙碌于其他事项，会参与得更少。影响力投资对投资组合的建立和监控采用了严谨而专业的方法。如果家族成员对影响力投资并没有做好投入足够时间（50%~100%）的准备，那么他们需要专门的职业人士来管理项目。

评估内部资源和技能

你要仔细审查自己的技能、家族或者组织的技能。你是有经验的投资者还是投资新人？你具备能促使你进入影响力投资领域的支撑体系吗？你能够充分利用家族办公室、家族企业以及家族基金会成员的时间和技能吗？

将你的战略目标铭记于心

评估你的执行方法是否能最大限度地满足你的战略目标或者个人目标。例如，如果你想学习影响力投资或者在初始阶段后对你的影响力投资活动进行拓展，你可能需要花大量的精力培养一支内部团队来为将来的投资活动做准备。无论你的目标是什么，一定要始终保持专业的执行力。

决定吸纳和聘用新成员

根据上述结论，基于你的战略目标、项目的规模和目标以及成本方面的考虑，你需要对是否打造具有必备技能的长期团队做出决定。

小贴士

1. 随心而行还是充分思考？团队应该具备必要的投资技能、对影响力主题的充分理解，以及与项目保持一致的价值观。家族成员的投资哲学各不相同，投资决策也因情况而定，如果资产所有者正在积极管理投资流程，还需要技术支持和价值观的匹配。虽然这些方面都很重要，但如果你把所有的投资管理决策交给其他管理公司，整个执行过程肯定会轻松得多。如果你是影响力投资的新手，你需要额外的帮助来评估管理候选人是否具备资深的经验和技能。

2. 认识到高质量的代价。如果你想要吸引专业技术卓越的且与你的价值观匹配的专业人士加入，你必须为此付出代价。这些专业人士也是被其他人看好的，也有自己的想法。不要错误地认为追求使命和有竞争力的薪酬是无法共存的（参见本章关于皮埃尔·奥米戴尔和帕姆·奥米戴尔的案例）。如果项目的规模较小，你无法给予市场化的薪酬，则可以考虑与其他家庭合作。

3. 积极参与。即使你有一支专业的团队，财富持有者也应该主动参与到投资过程当中，特别在早期接触的阶段。这使项目使命得以完整保留，战略 / 个人目标得以实现，并让团队感受到投资活动的战略重要性。

4. 个人要专业。你也要通过专业性、公平和对团队的支持来赢得团队的信任。对于许多投资界的专业人士来说，为超高净值人士、家族办公室或者私人基金会工作并不是最好的职业选择。通常提到的弊端（除了报酬）有主导者的古怪性格、临时改变战略、不明就里的沟通。

中国香港的陈恩怡

成为解决方案的一部分

> 亚洲的社会与环境问题已经发展到了无法忽略的地步。我希望我的投资能为应对这些问题做出贡献，而不是成为问题的一部分。
>
> ——陈恩怡（Anne Chen）

在加入家族办公室以前，陈恩怡在美国学习法律，并从事律师职业有 10 年之久。她原本考虑把自己的时间和资源投入到改善社会与保护环境相关的慈善事业中，直到她在 2008 年的一场会议上接触了影响力驱动型企业以及有社会责任的投资，这些投资理念与陈恩怡的个人信条产生了共鸣。她当即决定要让自己的投资项目与价值观念形成一致。为家人安排好足够的资产后，她决定将其余资产投入自己的影响力驱动型项目。

奠定基础

起初，陈恩怡只是尽可能自行研究关于影响力投资的知识。然而，当她走出办公室与其他影响力投资人会面时，她才意识到这些投资机会是触手可及的。陈恩怡和她的兄弟姐妹的财产分别存放在个人信托里，因此，他们不但能够追求个人的财富理想与慈善目标，还能受益于共享的家族办公室。然而，陈恩怡也意识到自己的家族办公室团队需要有经验的影响力顾问指导。她原本希望能在本地找到合适的人选，但最后还是决定委托总部位于瑞士的 onValues 公司。onValues 帮助陈恩怡的家族办公室团队制定了投资策略框架，并且负责选择并监督投资经理，而她的本地团队则负责直接投资。2011 年，陈恩怡将自己的信托重组为独立的家族办公室 RS 集团。同时，团队也迎来了位于美国的顾问杰德 · 埃默森（Jed Emerson），帮忙系统性开发影响力投资策略。

构建整合式策略

当陈恩怡与团队在开发投资策略时，他们最初决定把陈恩怡的资产分成两部分，一部分作为陈恩怡与她的家族成员未来的财务储备，另一部分则配置于影响力投资。然而，随着对融合价值的深入学习，陈恩怡越发对这种“分隔式”管理的合理性产生疑问。

她最后决定采纳 TP 法，在个人财富的管理中结合财务与慈善目标，把捐款、影响力投资与社会责任投资等投资策略进行融合。

在影响力方面，投资策略的重点是关注亚洲的可持续发展，支持广泛的社会和环境改善计划，包括气候变化、大中华区司法公正，以及发展中国香港的社会性企业。在财务方面，采用 SAA 的方法，对每个资产类别和投资组合都有明确的财务预期（详见“工具和资源”部分第 5 节）。投资策略的目标是选择既能产生确切影响力，又不会对投资组合的整体风险回报产生实质性影响的投资策略（大部分通过机构基金执行）。团队决定投资组合应以社会责任投资为主，并在每个资产类别内配置影响力投资（包括直接投资与基金投资）。每一位基金经理都被要求遵循联合国责任投资原则（UN Principles for Responsible Investment，简写为 UNPRI）。

陈恩怡积极参与了构建资产组合的过程，包括设定整体远景与影响力主题，寻找投资与合作机会，审批投资项目。除此之外，她还参与 RS 集团对投资和捐款机会的筛选过程，以及关注对管理团队的尽职调查。

克服挑战

陈恩怡也非常希望造福家族财富的发源地。在慈善端，机会到处可见。她支持了关于影响力投资的研究与会议、爱创家（Ashoka）的巡回演讲、中国格莱珉（Grameen）基金会的工作以及两个与气候变化相关的机构［碳追踪计划（Carbon Tracker Initiative）和 ADM 资本基金会（ADM Capital Foundation）］。然而，在投资端，寻找合适的本地机会则相对困难。“我们发现我们花了大量的时间组织与影响力投资领域相关的活动，以带动该领域的增长以及寻找新的交易、基金和中介机构。”陈恩怡说。她和团队决定在帮助开发本地市场的同时，把投资地域拓展到国际市场，特别是全球气候变化方面，这也与自己的投资主题更为契合。久而久之，陈恩怡在市场中有了名气，投资机会也源源不断地找上门来。然而，过多的机会反而带来了新的挑战。她回想道："在家族办公室中，我们有限的能力和知识让我们无法对每个项目进行充分的尽职调查。不仅如此，因为时差和距离的关系，我们也无法与欧洲顾问建立密切的联系。因此，影响力投资组合的建立过程比较缓慢，但这也是一个优势，令我们的投资能与亚洲的影响力市场同步。”

得到验证

尽管成长的道路充满荆棘，陈恩怡和团队仍然成功地建立了强大的投资组合。资产的 90% 都与陈恩怡的价值观保持一致（截至 2015 年 6 月 30 日，61% 用于社会责任投资，30% 用于影响力投资）。自 2009 年创立以来，投资组合达到了陈恩怡的财务预期，5.5 年来产生了 5.0% 的年化净收益率（详见“工具和资源”部分第 5 节）。这证实了影响力投资，尤其是陈恩怡与团队采取的策略在回报上的可行性。陈恩怡曾为自己的选择烦恼，如今用实际行动证明了自己的选择，因为她相信自己的投资组合在财务上的出色表现必然会激励其他财富持有者加入影响力投资的阵营。

“我感觉我和我所做的投资是相连的，投资赋予了我力量，”陈恩怡解释道，“利用资本来创造社会改革是给下一代的美好传承。我希望其他家族办公室和投资者能跟我们携手，通过投资解决环境和社会问题。”

12.3　与外部专家合作：顾问能帮助我填补资源上的空白吗

方法　内部能力　外部专家　合作关系　学习文化

在确认可获得的内部资源以及执行方法后，你或者你的团队可通过与外部专家共事来填补投资策略或者执行能力上可能出现的空白。他们参与的本质和时长取决于你的需求，从一个特别具体的任务（像举办策略研讨会）到团队的拓展，甚至是对项目管理的整体外包。

外部专家的角色

财富持有者在影响力投资流程的不同阶段都可使用外部专家顾问。

愿景及策略：帮助家族 / 组织理解影响力投资，为内部买进做准备，协调家族成员以对愿景达成共识，并转变成一种投资策略。

投资流程：协助 / 负责专业投资流程并且开发切实可行的影响力评估方法，以应对家族的不同需求和抱负。

能力建立：在特定关注的领域，团队建立必要的技能，例如投资和 / 或影响力尽职调查、影响力评估、投资文件结构化、有效的投后监管，以及对目标国家和行业提供有洞察力的见解。

执行：为帮助投资项目的执行提供特定的服务，例如资产配置、经理人筛选、获取投资机会、分析与设立直接投资的方案、投资组合的监测和报告、影响力衡量 / 鉴定服务等。另外，根据事先商议的投资指引，把整个项目的执行外包给外部资产管理团队或者个人顾问。

监管：外部专家可通过参加投资委员会或者内部团队的咨询会议，或者作为投资公司的顾问 / 董事会成员，加强项目的管理以及填补专业技能的空白。

和主流的专业顾问合作

对于许多家族来说，他们获取第一手信息的渠道就是他们信任的专业顾问。即使主流的专业顾问在影响力投资方面的经验有限，他们却能在财务方面为影响力投资提供有力的支持，财富持有者可负责影响力投资评估或者可以决定是否寻求额外的外部支持。对许多资产持有人来说，让主流的专业顾问对影响力投资产生兴趣是一个不小的挑战。如何让他们参与到影响力投资的流程中，我们提出了以下建议。

小贴士

1. 态度坚定。准备应对可能来自主流专业顾问的抗拒，坚定你进入影响力投资领域的决心。

2. 审查他们的专业能力。在给主流专业顾问委派任务时，要确保专业顾问的能力与任务范围相匹配，特别是在影响力方面。

3. 明确信托责任。主流专业顾问通常把他们的信托责任诠释得太过狭隘，或者他们害怕影响力投资的出现会让他们为信托义务承担负责。因此，一些家庭修改了 IPS/ 投资要求，目的是将价值匹配的目标正式纳入建立投资组合的流程中，重新定义了信托责任。

4. 考虑更换专业顾问。如果你现在的专业顾问没有出色的表现或者不愿意支持你，你应该考虑换一个专业服务提供商，选择那些愿意并有能力提供必要帮助的专业顾问。

吸引影响力投资专家

5 年前，许多家族经常渴望得到那些传统顾问所不能提供的专业能力。现在则更容易找到一位专业的影响力顾问，因为许多组织已经在该领域发展了自己的咨询能力。这些顾问一般来自以下几个领域。

独立的顾问：现在可以提供策略建议和帮助执行影响力项目的专业公司及个人顾问的数量在逐渐上升［例如 JBJ 咨询、onValues 以及总影响力资本（Total Impact Capital）］。许多影响力投资的关系网 / 社群（例如 Artha、Impact Partners、Mission Investors Exchange 和 MaxImpact）建立了当地的顾问名单 / 关系网，可用于单个交易的尽职调查和投资结构设计（参见“工具和资源”部分第 21 节）。

专门的资产管理人：专注于 SRI、影响力投资的产品和服务的资产 / 投资管理公司（例如卡尔弗特基金会、影响力资产、Quadia、RSF 社会金融、Sonen 资本、Symbiotics 公司、TriLinc 全球、特里多斯投资管理和 Veris 财富合作伙伴）。

主流的银行 /MFO：许多主流的银行和 MFO 已经具备了影响力投资的能力（例如蒂格鲁夫银行、美国银行、摩羯座、瑞士信贷银行、高盛、摩根大通、隆奥、桑德利和瑞士联合银行）。

主题性研究服务商：如果你想详细了解某个特定地区或者行业，可以对接关注该领域的研究机构［例如达尔贝格全球发展顾问（Dalberg Global Development Advisors）、海恩特（Hystra）或者德勤摩立特（Monitor Deloitte）］。也有许多公司在特殊领域，比如影响力评估方面有专业特长［例如桥梁影响力 +（Bridges Impact+）或者影响力价值（Impact Value）］。

注意，上述机构仅作为示例出现在本节，不做任何推荐。

小贴士

1. 检查能力和文化。了解专业顾问的过往经验，包括执行类似要求的案例、合适的技能、关系网和能力等。

2. 注意利益冲突。确保他们的建议是没有偏向性的，这意味着他们在推荐基金 / 投资时不是受了激励，这里指的是接受其他公司的报酬来推荐投资，或者他们与产品提供商有关联。同样，一些组织既提供策略性建议又提供资产管理建议，这可能会使他们在执行方法的选择上具有偏向性。

3. 设定明确的期望。清楚定义投资顾问的角色、所需的技能和经历，以及参与的程度和范围。这将帮助你找到合适的人选并避免后期产生的误解，同时又能够保证你可以独立获得其他服务（例如税务和法务）。

4. 设定合适的薪酬 / 激励。确保透明的薪酬与你的目标是相匹配的，同时也要保证资产管理人的薪酬计划与财务和影响力的表现以及影响力的长远考虑是挂钩的。

5. 保证知识的转移。如果你希望从你的专业顾问那里学到知识，你在雇用他们的时候就要明确这个目标，并且你也要组织你们之间的关系，包括激励和设计流程两方面（例如培训、研讨会和共同执行交易等）。

德国的斯蒂芬·布伦尼克迈耶

获取正确的建议

> 影响力投资需要耗费许多时间及精力，你需要找到合适的顾问团队来分担你的重担。
>
> ——斯蒂芬·布伦尼克迈耶（Stephen Brenninkmeijer）

斯蒂芬是布伦尼克迈耶家族的第五代成员，他的德国家族在1841 年建立了西雅衣家（C&A）品牌服装零售连锁店。西雅衣家是科法集团旗下的公司，而科法集团为布伦尼克迈耶家族所有。2001

年，在家族企业里度过了 25 年职业生涯后，斯蒂芬开始寻求新的挑战。在考虑慈善活动的时候，影响力投资的理念吸引了他的注意。他回忆道："当时，吸引我的是以创业形式在新兴市场产生影响力的机会。"

在金字塔底层市场开创投资先河

2002 年，斯蒂芬创立了社会风险投资基金 Andromeda，并且成功获得了来自科法集团的 700 万欧元资金。Andromeda 是第一只关注金字塔底层投资领域的私人基金，向"在金字塔底层市场中具有催化作用的、影响力驱动的、商业上可行的公司，或者与之有供应关系的公司"提供资金支持。斯蒂芬投资了数家企业，其中之一的 responsAbility 随后成长为大型的影响力资产管理人，AUM 超过 29 亿美元。除了重要的社会影响力，Andromeda 基金产生了 23% 的 IRR（投资组合的细节可参见"工具和资源"部分第 5 节）。

2007 年，在家族的投资重心转移到快速成长的可再生能源平台后，斯蒂芬设立了自己的影响力投资公司 Willows 投资，并继续关注金融、教育、医疗和社会性企业家精神。Willows 公司一共投资了 15 个项目，包含人民之树（People's Tree）、桥梁社会企业家基金（Bridges Social Entrepreneurs Fund）、社会股票交易所（Social Stock Exchange）、草根商业基金（Grassroots Business Fund）、阿南达风险投资（Ananda Ventures）、格布吕德·斯蒂奇（Gebrüder Stitch）等，实现了利润非常优厚的退出。

2012 年，斯蒂芬帮助设立了目的（Skopos）影响力基金。这是一个由家族基金会捐赠支持的私募股权影响力投资基金，旨在通过影响力投资方式推广人性尊严和社会公正。另外，斯蒂芬还作为该基金顾问委员会的成员继续支持其活动。

从你需要的地方提供帮助

在过去的12年里，斯蒂芬一直独立运营着Andromeda和Willows，因为其规模不足以支撑一支专门的团队。另外，斯蒂芬本人对凡事亲力亲为也乐此不疲。

对于Andromeda，responsAbility的创始人克劳斯·蒂施豪泽（Klaus Tischhauser）帮助斯蒂芬建立了影响力投资基金的构想并在后期继续帮助他发掘和分析投资机会。斯蒂芬解释道："我们做了一笔交易，我答应成为他的第一个投资人，他答应在运营Andromeda过程中帮助我，一切进展得非常顺利。"布伦尼克迈耶家族也在科法集团内部创立了企业家基金，为Andromeda以及其他家族成员发起的私募股权基金提供专门的法律和分析资源。另外，企业家基金的负责人也是一位经验丰富的私募股权基金投资者，斯蒂芬也能够向他学习请教。

Willows是斯蒂芬在企业家基金平台以外首次独立管理的投资公司，家族办公室同时也在法务方面向斯蒂芬提供帮助。2011年，他雇用了我。斯蒂芬和我在投资方面保持着紧密的合作关系。斯蒂芬负责交易的获取以及最终的投资决策。我负责投资分析、方案设计以及谈判。斯蒂芬回忆道："我每时每刻都在接触投资建议书。尤莉娅帮助我说'不'，并且保证投资方案的专业性，负责那些更技术的工作，平心而论，我不喜欢也缺乏经验。另外，我更感兴趣的是共同讨论战略相关的事宜。"

帮助家族的想法成形

2012年，另一位家族成员也在探索影响力投资与家族慈善事业的相关性。在斯蒂芬和另一位家族成员的共同推荐下，我受布伦尼克迈耶家族委托，帮助其发展影响力投资公司。最重要的是，在家族的主要决策者做出赞成的决定时，仍然有对影响力投资持保留意见的成员。在我和家族的一些高级成员和行政层的共同努力下，他们弄清楚了对影响力投资持保留意见的观点，也举行了针对性的策略（董事会）研讨会。在此期间，家族对影响力投资的愿景逐渐成形，向家族董事会呈报的正式方案也确定了。

在获得家族董事会的同意后，他们建立了专业化的团队。该团队接受不同领域的外部专家的支持，比如开发影响力评估方法由桥梁影响力 + 支持。目的基金的投资管理委员会包括家族成员斯蒂芬、家族办公室高级执行层以及外部专家。

下一个阶段

如今，斯蒂芬也从 Wilows 的全职工作中逐步退出来，专注于支持现有的投资对象，留了更多的时间和空间给热爱的音乐及数家慈善董事会。“这是一趟振奋人心的旅程，教会了我许多道理，给我带来许多朋友，也让我经历了很多，甚至让我成为更好的人。”

12.4　考虑合作关系：合作如何帮助我达成目标

方法 > 内部能力 > 外部专家 > 合作关系 > 学习文化

一种提升你的执行能力以及成就更远大、更多种类的影响力的方式，就是考虑合作，比如与其他私人影响力投资者、专业管理的影响力投资

基金以及 / 或者更广泛的影响力投资生态系统参与者等合作。对于基金会而言，项目端以及捐赠端之间的非正式性内部合作也非常重要。

合作关系的种类

联合投资：针对特定的投资机会，通过个人合作伙伴关系（参见下面的故事）或者非正式的聚焦于交易的投资群体和俱乐部（参见“工具和资源”部分第 21 节的清单）与其他影响力投资者进行合作。

联合经营：正式的合作伙伴关系，包含建立共同所有的法律实体，目的在于影响力投资或者发展影响力驱动型企业。

共建领域：和其他市场参与者共同参与到影响力基础设施建设的特定项目中（参见下面的故事）。

合作关系以及联合组织的好处

获得机会或减少成本的途径：合作伙伴关系可以提供单个组织无法获得的新的投资机会，降低投资分析和项目管理的成本。

缓解风险以及提供学习的机会：和有实力的合作伙伴联合投资会降低失败的风险，共享最佳实践办法和更陡峭的学习曲线。

更远大的影响力：联合行为通常在充分利用可获得的资源 / 资本总和之外，达到更系统或者更具催化作用的影响力。

美国的洛克菲勒基金会

洛克菲勒基金会自 1980 年就开始参与影响力投资，帮助调动私人资本来为穷人谋福祉。旗下的 PRI 投资组合作为基金会的项目端，由 3 人组成的投资团队管理。洛克菲勒基金会有能力把影响力优先的资本配置在最需要的地方：通过中介（基金或者金融机构）间接投资和直接投资，为企业提供债务、股权以及担保。洛克菲勒基金会服务的区域包括美国、撒哈拉以南的非洲、南亚以及东南亚地区。

洛克菲勒基金会决定把 PRI 投资与一些更成熟的项目关联起来，以保证拨款和融资在解决社会问题方面共同发挥更大的影响力。这样的整合也促进了负责拨款的项目负责人和 PRI 团队之间的密切合作。拨款负责人从财务知识以及严谨的尽职调查过程中获益，而 PRI 团队收获了拨款负责人关于区域和行业的专业知识。洛克菲勒基金会也和美国的金融开发公司海外私人投资公司（Overseas Private Investment Corporation，简写为 OPIC）建立了联合投资的合作关系，为洛克菲勒基金会获取了 OPIC 庞大的交易途径、投资团队的支持、美国政府的资源以及信息渠道。OPIC 从洛克菲勒基金会的专业知识、关系网络、灵活的资本方面受益颇多，这些都是完成交易和创造期望的社会影响力的重要因素。除了 PRI 活动，洛克菲勒基金会也通过建立当地影响力投资的基础设施来支持影响力市场基础设施的开发。2007—2013 年，洛克菲勒基金会主导了 4 200 万美元的拨款项目，主要关注以下几个方面。

- 为投资者搭建平台和关系网，包括创立 GIIN 和 ANDE 等平台，支持使命投资者交易所和投资者圈等组织。
- 支持上规模的投资媒介的发展，像卡尔弗特基金会、草根资本（Root Capital）以及聪明人基金（Acumen Fund）。
- 建立产业基础设施，以促使投资者更广泛、更高效地参与到影响力投资中，例如 GIIRS 以及其他社会股票交易所。

- 支持和促进影响力投资的研究和推广工作。

12.5 打造学习文化：怎样持续提高自己

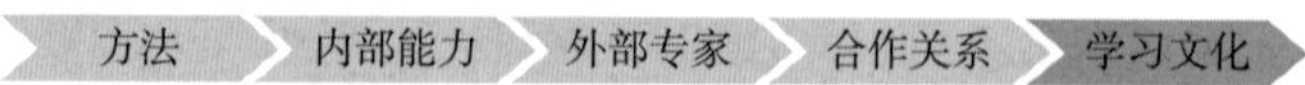

在你的影响力投资之旅中，根据你的学习和经历，市场的发展以及你对影响力、策略和个人目标更深刻的理解，你的愿景、投资策略和投资流程需要不断进化。

一个学习型组织能够从实操经验、产业创新和发展中总结并运用知识。影响力投资属于快速变革的领域，许多概念、实际运用、方法论等都在持续发展和测试，因此学习能力对影响力投资至关重要。

影响力投资的持续进化形成了循环模式（如图 12.1 所示）。你将会根据最初制定的愿景、策略和流程等投资方针进行投资运营。在结合你的经验总结、产业的变革趋势以及你个人的目标的基础上，你需要重新审视你的前景和投资策略，并确定它们是否需要调整。同样，当你获得知识并调整投资策略的时候，投资指导方针以及资源也会相应发生改变。

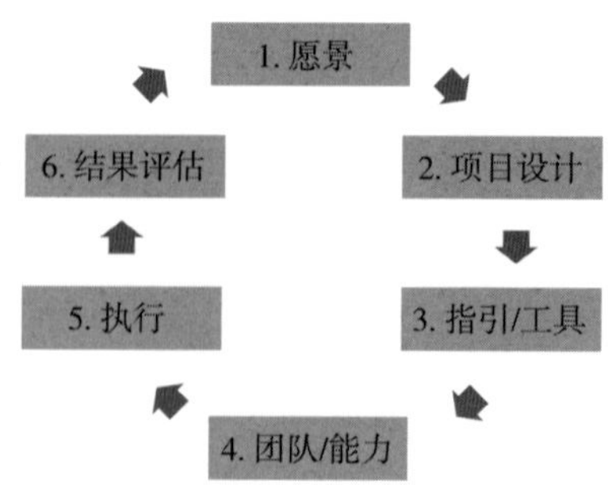

图 12.1　影响力投资的循环模式

每一个家族都必须根据组织的特征和目标来开发属于自己的方法论。虽然方法会改变，但是他们会特别关注文化的建立，鼓励获取以及共享知识，同时发展促进持续学习和流程的提升。请参考以下示例。

文化

对于来自投资对象、团队成员以及联合投资者的反馈持开放态度，同时对修改投资流程和投资策略保持灵活性。

让团队成员参与到投资策略的开发过程中，提供实操的学习机会，以及鼓励对现有技能和未来教育需求进行切实可行的评估。

鼓励试验并且给你自己和员工承担（计算出的）风险或者犯错误预留的空间，并从中吸取教训；在组织里，应该没有人惧怕试验或者进入未知的领域。

流程

正式的持续性教育。提供接受第三方教育项目的途径，并且 / 或者邀请专家参与特定话题的内部研讨会，或者直接让内部专家来领导研讨会。

向同行 / 专业人士学习。通过加入投资者网络，参加同行大会，与同行和 / 或专业基金联合投资来学习投资流程。

根据调整后的战略目标、影响力投资市场的发展现状以及学到的经验教训，通过举行年度研讨会或静修，和团队一起来审视 / 修改投资策略、指导方针以及投资流程。

把从投资流程中学到的重要经验教训（下一轮的投资、成功退出、债务违约或者使命偏移事件）进行制度化总结。把影响力评估流程的重点放在你实际提升的方面。

在团队中分享经验。如果团队分散在不同的地点，这就变得尤其重要。

寻求投资对象和联合投资者对你的投资策略、流程和附加价值方面的常规式的反馈信息。

美国的皮埃尔·奥米戴尔和帕姆·奥米戴尔

12 年的影响力投资经验

> 我们在过去的 10 年里学到了很多，也尝试了许多路径，但是我认为我们的工作才刚刚开始。我们继续致力于试验创新、分享经验和开拓领域，并与更多的人协作。
>
> ——皮埃尔·奥米戴尔（Pierre Omidyar）

1995 年的劳动节是一个周末，皮埃尔·奥米戴尔用程序代码写下了如下的话——易贝（eBay）将成为美国历史上规模最大的企业。易贝在 1998 年首次公开募集资金，在第一个交易日结束时，易贝的股价从 18 美元上升到了 47 美元，使皮埃尔的身价超过了 10 亿美元。

慈善的第一步

当皮埃尔和妻子帕姆发现他们远比自己想象的还要富有的时候，立刻开始考虑如何使用这些新资本为世界带来积极的改变。这些钱的数量比他们所需要的多了很多，并且是突然而至的，所以他们深深地觉得需要处置好这笔钱。刚开始他们采用传统的慈善方法，建立家族慈善基金会来支持非营利项目。他们的使命是“在世界范围内为人们提供为自己、家族和社区做出改变的机会”。这个使命反映了奥米戴尔夫妇的共同信念：“人们本身都是有能力的，缺少的是机遇。”

利用商业的力量

在最初几年里，奥米戴尔夫妇对他们的工作是不正规但有求必应的方式，即把金钱捐赠给“这个慈善机构或者那个慈善机构”，但不久以后，他们意识到自己需要把基金会专业化并更具战略性。皮埃尔同时也对基金会模式面对的障碍无计可施，因为基金会天生就无法利用私营行业的原则和市场力量。用他的话来说：“我看到了易贝作为私营企业而具有的社会影响力。我们大约有一亿用户，为数以百万计的人提供新的工作和生计（他们中有许多都不属于正式经济的一部分）。我开始想，如果当初创立的是一家非营利性组织，制定的 10 年目标是创建 1 亿人使用的可信赖的关系网，我除了初始的 1 万美元之外没有其他资金来源，它还会成功吗？很可能不会。但是不管怎样，仍然有企业在更短时间里用更少的外部资金达到同等程度的社会影响力。”

奥米戴尔夫妇充分相信：“商业可以成为一种善良的强大的力量，商业也会成为一种促进社会改变的积极驱动力。”奥米戴尔夫妇决定将基金会重组到奥米戴尔网里，这是一个既包含营利性有限责任公司又包含拨款式基金会（501c3）的混合型组织。这种结构提供了接触各种社会公益工具的路径，同时使奥米埃尔网灵活地定制解决方案，例如产生最大的影响力，运用最合适的资本（股权、拨款及介于二者之间的任意形式）来支持非营利性组织或者营利性企业。“我们决定放弃所有等级制组织结构模型，建立一种合伙人制的领导和治理关系，类似于风险投资。”皮埃尔解释道。他们也找来了帮助易贝建立国际业务的易贝前高层，皮埃尔信任和青睐的工作伙伴马特·班尼克（Matt Bannick）。

2004 年，奥米戴尔网主要关注的是小微金融、社区发展以及赋能科技领域，反映了奥米戴尔夫妇在那个阶段的个人偏好。几年后，他们关注的主题进化成 5 个核心领域，也是奥米戴尔夫妇及奥米戴尔网深信的“繁荣、稳定以及开放的社会基础”——消费者网络及移动网络、教育、包容性金融、治理及市民参与、财产权利。通过这些投资领域，奥米戴尔网络旨在推动社会影响力规模化发展，以改变成千上万的人的生活。

截至目前，奥米戴尔网在使命达成上投入了 8.79 亿美元，其中 4 亿美元用作影响力投资，剩余的用作催化性拨款，支持了超过 400 个营利和非营利机构以及众多产业平台。在成为领先的影响力投资者后，皮埃尔把组织的成功归因于试验、学习以及纠错。

学习放大影响力

奥米戴尔夫妇和奥米戴尔网络管理团队在组织内部已经营造了学习性文化氛围，鼓励员工不断反思学到的东西，并运用到战略和运营上。这是如何实现的呢？首先，创始人的创业精神允许团队创新而不必害怕犯错：“这个精神在于：我们坚忍顽强，允许试验和不确定性，我们会犯错、学习并不断成长。”一位奥米戴尔网的管理层回忆道。皮埃尔也进行了回应：“在尝试中失败了，意味着你们已经学到了东西。”

为了保证组织学习的高效进行，奥米戴尔网创立了智慧资本团队（有专门负责学习和影响力的主管）作为内部智库，通过定义投资策略和指挥市场研究分析来引导奥米戴尔网的付出和资源投入，达成社会影响力的最大化。奥米戴尔网以正式和非正式的方式，向慈善家、投资者（高净值人士、基金会、家族办公室）、学者、规则制定者不断地分享知识，来帮助影响力投资产业的快速发展。这支专门的团队不断开发投资机会、战略伙伴和思维领导力。

奥米戴尔夫妇学到的东西

1. 才干很重要。奥米戴尔夫妇学到的第一个东西是寻找有经验的营利性投资专家共同制定混合模式下的新愿景。早期的影响力投资通常是由基金会成员负责的，他们习惯于提供拨款，这为高质量交易的执行制造了障碍。后期，奥米戴尔网开始雇用在风险投资、银行、咨询、科技等领域有着丰富经验的高级投资专家，这些专家对社会影响力的承诺是真心实意的，他们逐渐看到了强大的成果。皮埃尔回忆道："找到既有专业技能的又愿意献身于使命的人花了我们数年的时间。"奥米戴尔网用创新的薪资结构来吸引在传统投资领域有极高报酬的个人。皮埃尔夫妇不认为奥米戴尔网络的使命是提供低报酬的正当理由，这只会导致招不到最优秀的员工。为了设计有效的激励政策，奥米戴尔网络对科技、风险投资以及金融服务公司的员工报酬做了深入研究并设置了相应的对标。

他们学到的第二个东西是：在全世界范围内建立强大的、对市场有深刻专业知识的团队。虽然在某些市场的做法可能成本高昂且耗费时间，但产生了丰富的交易流，在当地建立了可靠的声誉，增加了在当地联合投资的机会，保证了更好的尽职调查。公司还在分阶段进行地域扩张的阶段，付出了大量的时间和精力进行前期调研，以决定哪一个城市最适合建立正式的地区办公室。

2. 问题第一，结构第二。建立合一的团队并能把握营利和非营利的投资机会，是奥米戴尔网成长的重要目标。由混合型结构和用人模式带来的灵活性也提升了财务能力。在考虑交易的时候，团队会首先分析公司或者组织的需求，然后决定哪一种融资是最合适的：股权、债权还是可收回或有条件的捐赠。奥米戴尔网的核心投资策略是寻求高社会影响力和一定范围的财务回报，而不是公司的结构。他们认为影响力投资和战略慈善之间具备强大的互补性。他们的营利性投资为企业家提供早期风险资本，旨在帮助他们开发可规模化的创新型商业模型，为传统服务不到位的人群提供产品和服务。他们的拨款主要用于支持提供公共产品及关注行业基础设施建设的非营利性机构，因为这类机构也需要足够的资源来支持产业的增长。

3. 以行业为基础的方法。最初关注支持可扩张的企业，奥米戴尔网最终意识到创造“启动和扩大创新和新兴行业的条件”的重要性。这使得奥米戴尔网重新把“促进发展”作为投资策略，或者通过投资支持整个产业的发展，包含产业基础设施建设。例如，在小微金融领域，奥米戴尔网总共投资了 28 个组织，超过 1 亿美元。其中，奥米戴尔网用营利性投资支持为穷人提供小额贷款的公司，用拨款和让步式营利性投资支持促进市场基础设施建设的组织。具体的例子包括投资信用报告机构和 MFX，帮助小微金融机构降低在借外币和本币过程中的外汇风险。使用这种互补的工具让奥米戴尔网通过产业提速可以更快地接触更多的受益人。

奥米戴尔网采取以行业为基础的深度积累，同时保持对五大影响力主题的专注度。皮埃尔说：“你不能在所有事情上满足所有人。”奥米戴尔网意识到，在主要关注的领域，有纪律地建立行业知识是成功的关键。因此，他们在这些领域雇用有深度专业知识和强大关系网的高级人才，建立与推动行业发展的产业参与者的合作伙伴关系。奥米戴尔网也积极发展由下至上的主题性策略，寻找相关行业，识别能通过投资和拨款的方式催化变革的行业支点。

4. 不仅仅是金钱。皮埃尔相信，对于企业的发展，金钱不是最重要的。在创建易贝的过程中，他接受风险投资，因为那些合作伙伴能为他提供有价值的知识，而他从未把一家公司规模化。跟最优秀的风险投资基金一样，奥米戴尔网为确保投资对象的成功投入了大量时间，即对一系列话题提供咨询和建议，包括战略、市场和人才管理。奥米戴尔网的员工在资产组合中超过半数的公司里担任董事会成员，还有专人来帮助投资对象招募高管团队，组织定制的学习型会议，提供大量的实操指导。这样的策略产生了效果："我们发现，最成功的投资项目是我们付出了最多人力资本的。"一位奥米戴尔网的高管表示。对于企业家而言，2011 年高效慈善事业研究中心（Center for Effective Philanthropy）的调查显示：超过 40% 的非营利性投资对象认为奥米戴尔网给予的非资金性贡献"与财务贡献等值甚至超过财务贡献"，这种评价也经常从营利性投资对象的口中听到，背后的假设是资金是最重要的投入因素。

好戏才刚刚开始

皮埃尔和帕姆在驱动积极改变方面持续创新，他们积累投入的慈善资金也超过了 10 亿美元。除了奥米戴尔网团队，他们的家族企业奥米戴尔集团也支持其他使命驱动的营利和非营利机构，包括乌鲁波诺倡议（Ulupo Initiative，提升夏威夷的食品供应、能源和排污系统性能）、人类联合（Humanity United，应对最迫切的人权挑战）、希望实验室（Hope Lab，通过游戏和科技提高孩子们的健康）以及民主基金（Democracy Fund，为独立媒体提供支持，促进更有效的选举和治理机制形成）。

皮埃尔和帕姆表示："当前我们参与的所有事情都是对影响力的承诺。我们将继续支持和拥护在前线驱动社会改变的人们，也是他们在鼓舞我们。"

第四部分

影响力投资的实践——流程

采取行动

一旦你确定了投资策略，建立了团队，并开发了你的运营流程，是时候开启你的投资之旅了。本指南的第四部分叙述了影响力投资流程的特征。考虑到影响力投资主要通过私募股权和债权投资的形式，我们将着重关注这两大投资方式。另外，私人影响力投资者趋向于在投资中保持更密切的关系以及更高的个人参与程度。第 13 章将重点论述直接投资。第 14 章将重点论述间接投资。例如投资基金。第 15 章将对私人投资者经常犯的错误（以及如何避免错误或减少错误）进行总结。最后的第 16 章阐述了新兴市场的影响力投资的特征，即当地投资者和发达市场的投资者都密切关注的领域。

注意如何应用第四部分：可能需要用一本书来解释影响力投资流程的各个细节。因此，本书第四部分着重讲述了影响力投资的特殊性以及影响力投资者的实操建议以及在实践中学到的东西。为了帮助影响力投资领域的新手，让他们从专业程度较高的第四部分中受益，读者需要经常参照附录（本书末尾）列出的传统投资流程基础概念释义。对于想要深入了解影响力投资流程的投资者以及 / 或者准备在实践中应用的投资者来说，“工具和资源”部分（本指南的中间内容）会提供更多信息和资源。

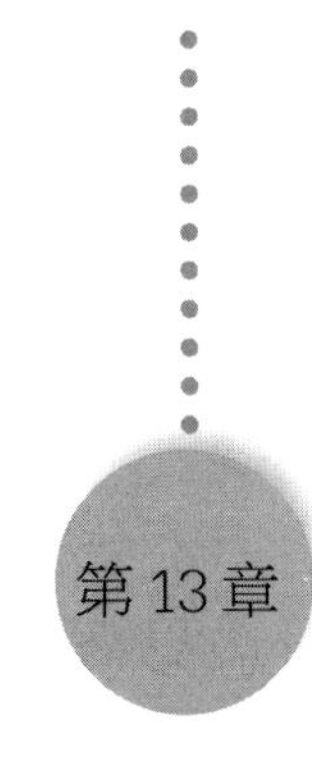

直接投资

13.0 章节概览

正如我们在第 1 章讨论的，影响力投资可以应用于各种资产类别并且覆盖了广泛的投资工具，包括定期大额存款、贷款担保、长期债券以及房地产投资等。许多影响力投资产品不依赖于财富持有者的主动参与。但是，对于许多财富持有者来说，通过债权和股权直接投资于关注社会性挑战的企业仍然是最令人兴奋的影响力投资方式（参见后文乔希·梅尔曼的故事），同时也是进入影响力投资领域的入口。因此，初始经历是很重要的，若能成功地达到投资者的社会和财务目标，这种经历会转化为对投资人的一种情感激励。

影响力投资的成功和投资流程的稳健性密不可分，跟传统的风险投资遵循的逻辑步骤相同。主要的步骤都在图 13.1 里进行了罗列，并与本章的各节内容相对应。投资流程开始于挖掘有前景的投资机会并确认是否符合投资标准（交易的寻找和筛选）。符合标准后，投资者对项目进行细致分析，确认在财务和影响力两方面（尽职调查）都有吸引力，再决定 / 评估投资结构和协商条款。完成投资后，对该笔投资（主动）管理数年，帮助公司发展和壮大。最后，投资者通过出售他们的股权或者清偿贷款的本金和利息（退出）来实现回报。

寻找/筛选	尽职调查	结构/条款	投资管理	退出
• 通过各种寻找渠道，发掘或者开发影响力投资情况 • 筛选这些机会，确保投资策略与影响力和财务性回报的一致性	• 评估企业的影响力和财务 • 分析管理层和联合投资者，包括使命一致性和商业/投资敏锐度	• 设计投资结构和谈判条款，包括影响力相关的条款 • 执行交易	• 追踪你的投资在财务和影响力方面的表现 • 为你的投资对象增加战略价值；对使命偏移时刻保持警惕	• 为退出做准备，出售/变现投资 • 在退出前保护使命，或退出到使命一致的其他投资主体 • 总结学到的经验教训

图 13.1　影响力投资流程总结

不同投资人对投资流程的关注深度和领域不尽相同，也受到许多因素的影响，比如战略关注点、团队规模、对独资还是联合投资的偏好以及投资经验等。虽然投资流程没有绝对的对或错，但是我们也需要考虑以下重要原则。我们将在本章做深入讨论。

严谨性：用专业的方法分析、设计和管理投资是成功的关键因素。

全面分析：影响力投资流程需要综合一般商业投资的财务分析以及平常适用于慈善拨款的影响力评估。在投资流程的各个阶段，我们需要同等关注这两个方面，但这会让影响力投资变得更加复杂，特别是当两方目标有冲突的时候。

非财务性支持：为投资对象提升战略价值 / 帮助投资对象建立能力，往往与投资资本同样重要。

创新与合作：在发展影响力投资生态系统（投资结构、增信机制、技术援助等）的道路上，与不同的参与者（例如基金、政府、孵化器等）共同努力，为影响力投资者赋能，降低投资风险，并促进投资对象的社会和财务表现。

美国的乔希·梅尔曼

为初创公司提供资金，开展运动

> 影响力投资是能促进社会公正的资本。投资对象是一家互惠贸易公司、一项提供给穷人的医疗健康服务，或者是一家由女性领导的企业。但不是一笔拨款，而是一项投资——我想赚钱并改变世界。
>
> ——乔希·梅尔曼（Josh Mailman）

梅尔曼公司是美国最早的企业集团之一，乔希·梅尔曼是梅尔曼家族的子嗣。在 25 岁时，乔希收到了自己的遗产信托，这让他很早就踏上了属于自己的道路。由于在高中时期参加反战以及社会公正的演讲，乔希很快就意识到与许多同伴相比，自己拥有一定的特权。这让他萌生了一个想法，即联合跟自己类似的富有年轻人，通过实践理想来为社会改变做贡献。1981 年，他建立了门槛基金会，一个为年轻继承人创办的平台，旨在将他们的财富形成改变社会的力量。

传播财富和影响力

乔希热衷于利用他的财富为社会做善事，但是，他认识到"需要像企业一样办事"。"无论你是将钱花在自己身上还是花在社会事务上，都需要搞清楚如何挣钱，否则就是在消磨自己。"所以，乔希在完成学业后，就开始投资非传统商业。1977 年，乔希花了 5 000 美元投资了第一个项目秋之诗（Autumn Harp），一家生产草本药膏的公司。最终，这家公司成为美体小铺（The Body Shop）的供应商。他逐渐发现商业可以成为社会变革的动力，乔希在二十世纪八九十年代花费了大部分时间建立了以影响力为中心的产业以及投资者关系网络，包括 SVN、企业社会责任以及投资者圈，这些网络至今活跃在影响力投资的第一线。

1983 年，乔希投资了有机农产品公司石田农场（Stonyfield Farms），公司使命是保护环境并帮助美国小型家庭农场的发展。15 年后，该公司成为美国最大的有机酸奶品牌，并被达能以 3 亿美元收购。在认识到电信行业在新兴市场中的社会影响力后，乔希投资了俄罗斯电信公司 SFMT 和孟加拉格莱珉电话（Bangladeshi Grameen Phone）。早期投资的成功经历让乔希相信自己和影响力投资挂上了钩。孟加拉格莱珉电话的低收入客户群超过了 5 000 万，乔希的投资回报达到了 15 倍；SFMT 最终在纽约证券交易所上市并为乔希带来了更大的回报。在接下来的几年里，乔希投资了 BKash（孟加拉国的移动支付公司）、Alsis（墨西哥的保障性住房基金）和 Baltix（美国的绿色办公家具公司）等知名企业。他在 50 余家使命驱动型创业企业一共投入了超过 3 000 万美元（超过乔希个人财富的 75%），其中第七代（Seventh Generation）、全球电信系统（Global Telesystems）和孟加拉格莱珉电话都成为行业领军企业。

乔希把影响力投资看作传统风险投资和慈善事业的完美结合，他也积极参与这两个领域。虽然他在影响力投资领域有出色的投资记录，但是他的投资路途并不是一帆风顺的。乔希回忆说："在此之前，我没有任何影响力投资的经验或者必要的专业知识积累，我犯了所有的错误——从投资有伟大创意但缺乏正向资金流的企业，到投资错误的人，再到缺乏退出途径的投资，我在一些投资上损失了不少钱，但在另一些投资上也赚了不少钱。同时，我从这些经历里学到了很多。"

做出认真的改变

2006 年，一个朋友想让乔希以影响力为目标管理他的部分财富，于是，乔希的投资之路有了新方向。乔希创立了风险投资基金重大变化投资（Serious Change Investment），为 60 个影响力驱动公司和基金提供了超过 1 亿美元资金，比如改变生态食品（Alter Eco Foods）、网外电力（Off Grid Electric）、马赛克太阳能（Mosaic Solar）、Schoolzilla、社会印记、纳波制药公司（Napo Pharmaceuticals）以及 Ecovative。

投资石田农场的 30 年后，乔希已然成长为影响力投资的“老兵”，他的早期投资经历可以追溯到领先的行业关系网以及“改变游戏规则”的企业。乔希表示，很多人认为影响力投资是他刻意追求的人生计划，但是他只不过是实践了自己的信念，因为他相信商业本身能为本地和全世界的社群带来进步。乔希说：“我没有提前计划过。我仅仅认为，如果你的金钱足够多，你就应该做些事情。我的父亲曾经告诉我，金钱就像一种肥料，如果你只是堆积肥料，它会变臭；如果你把肥料分散撒在土壤里，它会带来丰收。不管我是从事慈善拨款还是投资，我都跟随直觉并向着使我振奋的人和想法前进。我是一名慈善家，但平心而论，比起我投入的资金，我的影响力投资可能带来了更多的社会改变。”

乔希的经验之谈

- 决定你的方法。“确定自己是适合风险投资的，如果不确定，和熟悉这一领域的人联合投资。”
- 聚焦在你熟悉的领域。“避免投资不熟悉的领域，否则更有可能犯错或者忽略重要的因素。”

- 建立投资组合。“如果你只做了一笔投资并且投资失败的话，你可能就放弃了；你应该投资 10 个项目，即使其中 6 个失败了，剩下的 4 个还会给你带来盈利。”
- 要避免自己成为交易的唯一投资者。“如果企业需要更多的资金，你会迫于压力向企业提供资金来保证企业的运转。”
- 相信你的直觉并果断行事。“如果经过了数月的尽职调查，你还是不确定，你应该放弃这笔交易或者审查你的投资标准。”
- 有耐心。“我挣得的大部分钱来自投资了 10~15 年的公司，企业需要时间来走向成熟。”

13.1 寻找和筛选投资机会：发掘合适的投资机会

寻找/筛选 → 尽职调查 → 结构/条款 → 投资管理 → 退出

影响力投资流程始于建造“投资管道”，通过在市场上获得交易信息，或者利用关系网络以及联合投资的方式组成一单交易。交易筛选是根据具体的投资标准进行投资评估的第一步，目的是检查投资机会的合适程度。至于那些对直接投资不熟悉的人，可以参见附录 3 对交易筛选的总结。

影响力投资的特殊性

即使在传统的私募股权 / 债权投资中，开发健康的投资机会管道也不是简单的任务。在影响力投资中，额外的挑战是中间媒介以及基础设施还没有配备好。家族以及他们的顾问曾使用的传统交易资源通常不包括影响力投资，但是影响力投资者也能对接上专注的交易资源渠道。鉴于影响力和财务回报的双目标，能够满足双重目标的高质量交易 / 团队的被动流入还是不够，这使得主动产生和开发投资机会的能力对成功至关重要。影响力投资市场的另一个特征是合作的本质。许多投资者不仅愿意分享他们的交易流，甚至还把带领新投资者进入这项产业作为自我目标之一。

从哪里发掘交易

影响力投资者使用的最常见的原创渠道总结如下。直观来说，混合使用原创渠道才能创建出健康的投资机会管道。表 13.1 对不同渠道进行了对比。

以互联网为基础的交易平台 / 数据库：在过去几年里，网络上诞生了许多交易平台，目的是把影响力投资者、交易以及影响力基金联系在一起。交易平台以不同形式出现，一些平台仅仅列出筛选角度不同的投资机会；另外一些则是或者计划成为一种交易平台，通过该平台，投资人不仅能浏览不同的投资机会，还能买入和卖出影响力投资项目。

参见“工具和资源”部分第 22 节交易数据库 / 平台的案例。同时你也可以查看聚焦行业的搜索式数据库，比如 CDFI 社区投资中心（Community Investing Center for CDFIs，www.communityinvestingcenterdb.org）以及小微金融混合市场（Mix Market for microfinance，www.mixmarket.org）。

表 13.1 影响力投资机会获取渠道的优势及劣势

	优势	劣势 / 风险
交易平台	低成本，交易数量大	低质量的交易流或者竞争多（公司已经看到了许多投资者）
投资者群 / 俱乐部	降低尽职调查成本，可信任的资源，预筛选交易	投资规模通常较小。各投资者的关注点以及投资标准不一致
家族关系网	可信赖的资源，更少的竞争，低成本	需要提高认识以及激励措施，交易数量较少
自下而上的原创资源，个人关系网	高质量的交易，竞争少 / 条款好，增值的能力强	付出更多的时间 / 资源。交易流产的概率大（投资对象不是主动寻求资金）。领投方应具备投资能力
投资者 / 企业家关系网	可以看到许多交易	不是所有的交易都是可投资的。各个投资者的关注点以及投资标准不一致
会议及活动	可以一次性看到 5~10 个交易 / 企业家	低质量的交易流，竞争多（公司已经看到了许多投资者）
孵化器、加速器以及众筹平台	低付出，适合小规模投资	早期阶段的交易，规模小。各投资者的关注点以及投资标准不一致。被动的角色（众筹平台）
专业顾问及中间人	有聚焦的交易流，经过预筛选的投资，信息完整	成本高（预付费或项目成功费），中间人的知识技能有限，选择性偏差
与影响力基金联合投资	高质量的交易（预筛选），低风险（专业投资队伍），更低的尽职调查成本，可以挑来选去，能够跟基金经理人学习投资流程	通常需要向基金投资，导致直接（联合投资）和间接（通过基金）参与交易。一些基金可能要求支付管理费 / 附带收益。交易的数量少（交易规模小），可能会带来逆向选择偏差（高风险的交易才会联合投资）

正式的影响力投资者群 / 俱乐部是聚焦于分享投资机会的影响力投资者群体。这个群体不仅仅代表了强大的交易渠道，同时也提供了向其他投资者学习取经的机会。俱乐部也可以帮助个人投资者降低尽职调查成本和提升审查程序的效率。值得注意的是，一些俱乐部只关注投资初创公司的项目。

具体案例请参见“工具和资源”部分第 21 节积极的影响力投资群 / 俱乐部。

个人 / 家族关系网络，自下而上的原创项目：个人关系网络作为最有力的寻找交易的渠道之一，不仅包含企业家和中间人（例如会计师、律师等），最重要的是，还包含其他影响力投资者。寻找与影响力相关的交易比传统的交易更具挑战性，因为影响力交易需要额外的知识。因此，个人关系网络会随着知识储备以及与不同投资者的熟识程度的提升而逐渐壮大。聚焦行业的影响力投资者经常自下而上研究项目和行业，识别具有吸引力的投资对象 / 解决方案；然后，影响力投资者会直接或者通过关系网来接触它们。总的来说，家族生态系统（基金拨款团队或者家族办公室人员）是提供投资机会以及洞悉市场的珍贵资源。

投资者 / 企业家关系网络和协会：影响力投资者关系网可以提供许多宝贵的原创机会，虽然不只关注联合投资项目（而投资者俱乐部则是这样的）。一些关系网络拥有对潜在投资机会的搜索式数据库，能促进同行之间的交流，还能把你和专业咨询顾问以及潜在投资伙伴联系起来。行业聚焦的交易机会可通过对接产业实体和协会来发掘，例如清洁科技领域的清洁技术集团（Cleantech Group，www.cleantech.com），小微金融领域的 CGAP（www.cgap.org）。一些社会性企业关系网和基金，比如施瓦布社会性企业家基金会（Schwab Foundation for Social Entrepreneurship）和斯科尔，在各自的官网上都列有社会性企业家 / 企业的数据库。虽然不是所有的投资者关系网络或协会都考虑对外融资（许多是非营利企业），不得不说，这些投资的“渠道”的确是非常好的额外资源。

请参见“工具和资源”部分第 19 节和 20 节投资者 / 投资对象关系网络的案例。

会议 / 交易活动：这些活动关注影响力投资以及社会性企业家精神，能帮助你识别和评估影响力投资领域中的潜在投资机会以及交易。同时，也会有具体的寻找交易的会议和活动，关注影响力投资以及行业 / 地区聚焦。

参见“工具和资源”部分第 23 节影响力投资会议活动的案例。你也可以访问 www.thegiin.org 查看近期的会议 / 活动。

企业孵化器、加速器以及众筹平台：如果你关注早期阶段的投资，那么不断增多的社会性企业孵化器和加速器提供了许多有意思的当地交易资源。由大学、基金会以及政府组织的社会商业竞赛为初创企业增加了曝光度。同时也有许多专注影响力的众筹平台，特别是对于投资规模较小的投资人来说，众筹平台成为新的原创交易获取渠道。一些影响力投资者大力支持当地企业孵化器的发展，这种孵化器为它们获取投资机会提供了渠道。

参见“工具和资源”部分第 24 节的孵化器和加速器列表。

专业顾问 / 中间人：影响力投资者授权中间人或者专业顾问，要求他们开发符合投资者标准的交易管道。另外，一些专业顾问开发了专属的投资机会搜索数据库，该数据库可通过两种途径使用，作为更大的咨询项目的一部分，或者单独收费。投资对象还可以通过其他私募中介或者投资平台筹集资金，这也是交易的重要渠道之一。值得注意的是，当雇用专业顾问来搜寻交易时，要检查是否有利益冲突。

与影响力基金联合投资：影响力基金的投资者可通过谈判获得联合投资权来参与直接投资。除了联合投资，一些私人投资者会选择投资委员会放弃的交易项目进行投资，意味着他们准备承担更高的风险。然而，这种策略对于投资经验有限的财富持有者来说，通常是不推荐的。

筛选影响力投资

筛选代表高水准的初期分析，目的是决定特定投资机会产生影响力和财务回报的潜力是否与你的投资关注点匹配。

筛选阶段始于通过对商业计划的快速浏览判断匹配程度，这个步骤就像在你的“必要”清单上打钩一样简单。对潜力的评估则需要更复杂的分析和判断，特别是在影响力方面。关于匹配和潜力的标准如下所示。

筛选标准的示例

匹配

- 行业或者影响力主题，最终受益人。
- 地域（企业 / 客户的位置）。

- 投资规模。
- 投资对象的发展阶段。
- 投资工具。
- 最低的财务回报。

潜力

- 强大的影响力主题，影响力的规模 / 种类，使命锁定。
- 强大的竞争优势以及快速成长的潜力。
- 管理团队的才能和经验。
- 具有吸引力的财务回报。
- 良好的治理。
- 相关的、可应用的科技以及稳健的商业模式。
- 在影响力和财务目标之间没有紧张关系。
- 清楚可靠的退出策略。

为了有效清理不合适的交易，许多影响力投资者开发了筛选模板或者检查清单。根据投资者的影响力以及财务目标，通常在清单中罗列出一套标准。

在影响力投资中，由于市场和许多模型还在发展，在纪律性和灵活性之间取得平衡是不容易的。一方面，由于详尽的影响力投资尽职调查比传统投资更昂贵且更复杂，坚持“必要”的标准来淘汰不合适的交易就显得尤为重要。另一方面，既然在特定市场里发掘可投资的交易有一定难度，那么你的筛选标准就不必设置得太苛刻。避免你在证据不足的情况下，对那些具有吸引力的投资机会打低分。

小贴士

1. 认真寻找投资机会。私人影响力投资者经常低估开发健康渠道所需要的时间和付出的努力。如果你的资源有限，就应该使用合作性质的渠道，例如同行的关系网络，通过基金联合投资等。风险投资行业的名言“最棒的交易是做出来的而不是找出来的”更适用于影响力投资。

2. 将你的战略聚焦在少量的重点主题以及地区上，促进一定范围内的知识扩展以及自下而上的分析，让你成为更有吸引力的联合投资者，为你带来额外的高质量交易。

3. 聚焦当地的关系网络。在投资地区内提高你在当地的存在感，或者至少与当地关系网联系，建立健康的交易渠道。

4. 打造声誉和建立关系网络。证明你是可以为投资对象增值的建设性投资者，在影响力投资群内建立长期的合作关系，这对于成功构建投资机会起着重要作用。

5. 清楚地设置投资标准。当投资标准的含义和归类不清晰时，交易的筛选过程将变得耗时和更加昂贵。

澳大利亚的约翰・麦金农

寻求有影响力的投资机会

> 发掘投资机会是非常耗费精力的过程，但随着你逐渐熟悉这个领域，与其他投资者开展合作，以及影响力投资市场的成熟，使这个过程会变得更容易些。
>
> ——约翰・麦金农（John Mckinnon）

10 年前，约翰・麦金农与其他企业家在澳大利亚共同创立了全球投资管理机构格兰瑟姆・梅奥・范奥特鲁（Grantham Mayo van Otterloo，简写为 GMO）公司。10 年后，约翰开始觉得自己在金融行业的传统职业生涯无法满足个人的野心，而且他目前的角色“帮助富人变得更富有，同时没做太多来让世界变得更好”和个人价值观不符，他决定采取行动，围绕影响力投资来改变他的工作和生活。

新的方向

约翰的第一个行动是加入一家国际性的中介机构。随后，约翰和他的妻子休共同创立了家族基金会（在澳大利亚把私人基金会称为“私人辅助基金”），通过把出售 GMO 股权的收益用于支持环境保护、减少贫困和社会性企业的发展。为了寻求基金会资产的社会影响力最大化，约翰开始尝试 SRI，但对其产生影响力的潜力不甚满意。

在这个阶段，约翰也同时攻读博士学位，主要研究社会性企业的发展课题。通过分析社会性企业的众多成功案例，他对影响力投资的理念愈发感兴趣。2012 年，约翰和休决定将他们所有的工作时间放在基金会的管理上。夫妻分工协作，约翰负责捐赠端，休负责拨款端。

挖掘投资中的“钻石”

约翰开始寻找那些主动应对社会问题的企业。基金会的首批投资项目是约翰根据个人关系开发的。其中，对 Lismore Soup Kitchen 的投资来源于约翰的同事利斯莫尔。利斯莫尔想购买一家酒店，并打算将其改造为无家可归的人们的容身之处，只是他只能从银行筹到一部分所需的资金。约翰的基金会为他们提供了剩下的 25 万澳元借款，约定的利率为 3%，并拿出基金会的另一项资产作为银行贷款的抵押物[1]，让项目从可能变成现实。另一个有价值的交易资源来自他们的拨款活动，主要支持新经济以及社会性企业的发展。

支持中间人

约翰支持在澳大利亚发展中间市场，并乐于通过基金投资，比如 Social Enterprise Finance Australia 和 Foresters，它们为社会性企业提供贷款支持。约翰耐心解释："我的风险通过分散投资减少了，同时，我又能采用联合投资的方式，这减轻了我的工作负担，因为基金会负责尽职调查以及投后管理的工作。"这些债权型基金接受政府提供的风险担保，财务表现非常出色，产生了近 7% 的年回报率，与约翰对绿色地产基金的投资互为补充。该地产基金的年收益率超过 10%，整体回报率接近 30%。

澳大利亚的影响力投资社群的内部互动极为频繁，虽然在很多方面颇具吸引力，但是非商业性的操作也悄悄渗透进来。"你跟所有人都是朋友，"约翰解释，"你要在分析时保持客观和在谈判中保持强势，又要维护彼此的关系，这是很伤脑筋的事情。"因此，约翰希望看到专业的影响力咨询公司的出现，比如澳大利亚影响力投资者（Australian Impact Investors），该公司在专业尽职调查和交易谈判中发挥着带头作用。约翰也热衷于扩张澳大利亚私人影响力投资者的关系网络，不断带入新的交易、资源和联系人与众人分享。

学习经验教训

随着约翰投资经验的积累以及影响力市场的成熟，他寻找和筛选交易的方式也在不断演化。"在刚开始，"他说道，"我周围只有很少的交易，如果发现了合适的机会，你会非常高兴跳进去。我们对新生市场的领导者地位有强烈的渴求。过去，我们没有正式的筛选标准，只能聚焦在'大框架'上。我刻意与潜在的联合投资者分享一笔交易，或者他们也会跟我分享另一笔交易（在那个时候，我们的人数很少）。我会广泛听取意见，并相信他们的分析和判断。在数次碰壁后，我学会了不要过多依赖‘可信赖的渠道’，而今我会亲自参与到决策过程中。”

另外，如今的影响力市场更加生机勃勃，约翰也完成了超过 25 笔交易，他开始考虑采用整体资产组合方式，不仅分析投资机会的个体优势，同时也检查它与整个投资组合的匹配程度。“我现在变得更挑剔了，只聚焦在我们想要获得的影响力种类上。我们更偏好环境保护类的项目，同时，由于已投资了很多房地产项目，我们不太可能在地产上再投入更多资金。”

下令试验

投资组合中的许多交易都是麦金农基金会和家族办公室的联合投资项目，但是约翰发现基金会配置的收益型债权太多，而家族办公室配置的高风险权益投资又太少。大部分投资发生在澳大利亚本土［其中的特例是联宇生活基金（Unitus Livelihood Fund），该基金聚焦亚洲地区但是管理团队位于美国］。约翰希望基金会能增加对国际市场的投资，但是本地市场的投资在管理上更加容易。

目前，基金会捐赠端的 15% 以及家族办公室资产的 10% 都在影响力投资中（参见“工具和资源”部分第 5 节资产组合的细节及表现），但是约翰和休希望将全部金融资产逐步与个人价值保持一致。正如约翰解释的那样，他们认为自己处在优势位置。“在家族办公室里，我们没有其他委托人，这是我们家族第一代积累的金钱，所以我们在财务管理上非常自由，愿意尝试新的投资策略和方法，也有能力承担风险。”

13.2　尽职调查：评估投资机会的价值和风险

寻找/筛选　尽职调查　结构/条款　投资管理　退出

在完成筛选并确认交易符合投资标准后，接下来的尽职调查是对潜在交易进行深入分析及调查的过程。附录 3 总结了传统流程以及主要方法。

影响力投资的特殊性

综合分析：影响力投资的尽职调查比传统投资的内容更广泛，因为它包含了对投资对象产生目标影响力的能力的详细评估。财务分析在深度和广度上遵循了传统投资的流程，但还需考虑影响力投资市场和模式的实际情况。投资管理以及联合投资者分析包括影响力和财务两方面的信息，在影响力投资领域尤为重要。

复杂程度 / 成本更高：影响力投资尽职调查是大量消耗资源和时间的过程。对影响力的分析增加了工作范围，创新型商业模式提供的信息量非常有限，再加上投资规模较小，这使得对详尽分析以及控制尽职调查成本之间的平衡非常微妙。

使用外部帮助：鉴于影响力投资流程的范围广，影响力投资者之间的差异大，一些投资者选择将尽职调查过程中的重要部分交由外部服务商处理。例如，基金会通常会把财务尽职调查外包，而家族办公室则可能把影响力评估外包。另外，正如传统的风险投资一样，专家顾问也可能会参与到尽职调查的某些具体环节（例如科技、税务或者法务等）。

合伙人方式：许多影响力投资者认为，即使投资者的最终决定是不投资，尽职调查也始终被认为是帮助投资对象提升的机会。他们花时间进行头脑风暴来思考解决方案，在他们力所能及的领域主动伸出双手，推荐企业家给其他的投资者，因为投资者把这个过程看作为影响力驱动企业建造生态系统的贡献。

关于影响力投资尽职调查的四个重点领域（影响力、财务、管理以及联合投资者）将在接下来的几页详细阐述。

小贴士

1. 严格对待：许多私人影响力投资者回忆，如果没有详尽的尽职调查，那么项目的失败率会很高。在尽职调查过程中，投资者应该像对待传统投资（财务方面）或者传统拨款（影响力方面）一样严格来对待影响力投资。

2. 熟悉该领域：特别是在投资新兴市场时，你需要熟悉文化、政治以及监管相关的知识。虽然"桌面"研究和分析很重要，但更重要的是花时间实地考察，会见管理团队和潜在客户。

3. 尽早将重要事项提上议程：识别破坏交易的风险并即时向管理层提出。例如，许多影响力投资者表示一些社会性企业反对向投资者支付合适的回报，尽管这些企业是赢利状态，因此投资者应该在尽职调查之前就把这些风险提出来。

4. 协作：协调联合投资者参与尽职调查能降低投资成本并减少对投资对象的压力。同时，投资者应该在尽调过程中保持诚信，争取与企业家建立信任的关系，使他们愿意跟你讨论棘手的事项，而不是简单的自我推销。

5. 跟随直觉：当你对投资感觉不太妙的时候，应该再仔细验证。许多投资者表示，尽管尽职调查的结果是好的，若直觉认为该投资可能会失败，最终的结果很可能会如此。

6. 保持客观：与影响力投资机会"坠入爱河"非常容易。因此在投资过程中，投资者应该保持纪律性，建立有效的管理系统（例如，委任没有直接参与交易的团队成员或者外部的投委会成员来审视投资过程）。

荷兰的威利米恩·盖尔多普

不太可能的天使

你不必在变得超级富有之后，才开始投资影响力。你需要与内心深处的感动保持一致，寻找与你的投资能力和技巧相匹配的机遇。

——威利米恩·盖尔多普（Willemijn Geldorp）

威利米恩·盖尔多普在荷兰的村庄长大，她的父亲在那里拥有一家工业企业。家族并没有直接让威利米恩在家族企业中任职，她和她的兄弟需要先到外面接受历练。大学毕业后，威利米恩加入了壳牌，并去了厄瓜多尔工作。在那里，她投资了一家手工家具出口生产商，并成为该公司的合伙人。

梦想的职业

随着时间的流逝，威利米恩始终在纠结是否要加入家族企业。她一直认为，把自己奉献给家族财富的制造机器是因继承家产而附带的一种责任。但是经营成熟的企业不会为她带来兴奋感，她的偏好是具有活力的初创型企业，有足够的空间来开拓和创新。同时她也不太确定与已经参与管理家族企业的兄弟共事是否有助于家庭关系的维系。经过仔细的思考，威利米恩决定不加入家族企业。

在她的 MBA（工商管理硕士）学习中，她被社会性企业的理念深深吸引。加入有社会使命的企业看起来是一份梦想中的职业，但是她仍然被“推迟的生命计划”牵绊。“我感觉自己应该先挣钱，然后再专注于社会活动，”她解释道，“我需要赢得我的权利，才能开始做我真正想要做的事情。”她计划以后再转到社会事务上，所以她加入了眼镜巨头陆逊梯卡（Luxottica）公司。3年后，她发觉离自己的使命越来越远，她意识到自己没有理由再继续等待了。她离开公司，并开始来回奔波于社会性企业的事务和关系网络的建立。

投资是一种实现目标的方式

在伦敦生活的那段时间里，威利米恩参加了有关社会性企业家的众多活动。在那里，她认识了父母第一（Parents 1st）的创始人（一名护士），该组织旨在为脆弱的怀孕夫妻提供帮助。该组织需要资金以及指导，这激发了威利米恩的兴趣。威利米恩以非执行董事的角色加入公司，帮助创始人重新修改商业计划，最终为项目筹集了更多资金。威利米恩表示："我可以贡献更多的时间，因为我有足够的资金来支持我自己，又能重新改造我的职业生涯。"

威利米恩也决定加入CSA，该组织将志趣相投的、关注早期项目的影响力投资者聚集起来（更多信息请参见“工具和资源”部分第21节）。出于对继承财富的负罪感，威利米恩加倍投入到成为好的投资者行列中，并努力为公司增加价值。所以，威利米恩惊讶地发现，当她花时间学习投资专业术语时，她比那些有财务背景的同事更能捕捉到公司的主要驱动力，她的商业背景已经让她预备好为年轻的影响力驱动企业增加价值了。

寻找她的梦想

视力矫正者（Eyejusters）就是一家年轻的社会性企业，旨在为缺少验光师的发展中国家提供更多的买得起的眼镜。同时，视力矫正者开发了一种可调整聚焦的特殊镜片，这种镜片适用于所有正常的眼镜镜架。威利米恩向该公司投资了约 2 万英镑，并最后决定加入该公司。二者的偶遇带来了完美的结合，视力矫正者公司有着强烈的社会使命感，而威利米恩又对眼镜产业非常熟悉。在加入科技驱动的创始团队后，威利米恩用她的商业经验来加固商业模式，使公司变得更有价值。与此同时，威利米恩的父亲听说了视力矫正者，并对公司的商业发展潜力以及公司使命印象深刻。尽管威利米恩的父亲很少投资初创企业，但是他加入了下一轮投资并投入了 40 万英镑。这对于威利米恩本人及其创始团队来说是非常震撼的，因为整个团队在此之前并不知道她的家族背景。

适度管理财富以换取影响力

威利米恩将其年薪的 25% 拿出来继续投资影响力领域，这个金额是她认为自己能够承受的。她在社会性初创企业的薪水也不太高，所以她用了家族企业的部分分红来支持自己的选择。现在，威利米恩已经投资了 5 家初创企业，每笔投资额为 10 000~25 000 英镑。在撰写本篇案例的时候，威利米恩的剩余财富还不到 75 万英镑，她选择以保守的方式配置在其他投资工具中，与自己的个人价值基本保持一致。

虽然威利米恩的投资能力是有限的，但是通过结合自身的技能和经历，她希望做出真正的改变。最后，威利米恩成功挑战了她早年的分裂想法，她感觉不需要在社会影响力和财务成功之间做出绝对的选择，同时她不再对她的财富感到羞愧，而是感到光荣和幸福。“影响力投资让我在使用继承而来的财富时更坦然，也把我领向了梦寐以求的职业。我非常激动能够参与到社会风险投资中。我真心相信！”威利米恩说道。

影响力分析

作为尽职调查的重要部分，影响力评估分析了投资产生的潜在影响力以及发生的概率。潜在的投资对象很少能提供完整彻底的目标影响力报告，所以你需要亲自完成影响力评估工作或者将这项任务交给专家。在尽职调查阶段，影响力分析包含了以下几个重要方面。

影响力主题

投资对象预期的影响力是什么以及如何达到这种影响力。在分析过程中，你首先要了解拟投资对象的使命，希望达成的影响力，以及计划如何达成。你需要彻底理解拟投资对象的影响力价值链，从使命开始，到投入、活动、产出、结果和影响力。

参见第 1 章和第 9 章关于影响力价值链的分析。

影响力风险

影响力风险是指不能获得预期影响力的风险。很多原因造成了这种情况，改变理论可能有瑕疵，管理可能与使命背道而驰（使命偏移），或者就是因达不到目标而失败。投资者需要评估是什么阻挡了公司达成使命及其可能发生的概率。分析的主要领域如下所述。

影响力主题的强度：一旦你理解了影响力计划，你需要评估计划是否具有吸引力及其切实可行性。你应该尝试寻找影响力主题可靠且正常运作的证据。挑战在于你面临的可能是一种新奇的模式和/或组织没有对目标影响力的产生进行跟踪和记录。如果是这样，你就需要来研究这个模式是否曾运用于其他市场，以及这种模式取得过哪种程度的成功。

最好的选择：了解曾尝试解决相同问题的竞争性方法，以及每种方法能完成目标成果的可能性。

与商业模式的一致性：为了完成影响力目标，公司的商业模式具备符合现实条件的机制吗？在完成财务表现和产生影响力之间，可能存在的张力有多大？如果这些目标很不寻常，管理团队将很难背负来自市场和投资者的压力，为了财务表现而妥协影响力目标。一些影响力投资者会觉得张力过大而放弃交易，其他投资者会选择接受并在投资后对张力进行有效管理。

使命保护：保护公司的使命是非常重要的，特别是影响力和财务目标之间存在很强的张力的时候。使命的保护可以体现在公司章程、治理结构以及 / 或者品牌策略上。

更多的信息可查阅社会影响力投资小组的任务协调小组的主题文章《目标业务利润》(*Profit with Purpose Business*，2014)。

与退出路径的一致性：返还给投资者本金并产生回报的目标路径会对公司的使命造成威胁吗？将股权出售给传统的私募股权基金或者交易型买家，如果交易对手方对产生影响力不感兴趣，那么潜在的交易会对公司的使命造成伤害。但投资者若选择偿还贷款或者把股权出售给管理层，则不会产生这样的风险。

与管理团队 / 联合投资者的一致性：管理层努力追求目标影响力吗？另外，联合投资者也是如此吗？这些事项将在本节的后续部分做出讨论（管理评估和联合投资者分析）。

非计划的影响力 /ESG

除了预期的影响力，评估投资对象在经营活动产生的影响力也很重要。此处的关注点在于评估公司在 ESG 的实践情况，主要是投资者想要避免的情况，例如，社会性企业向员工支付较低的薪酬，供应链中暴露出使用童工的问题，或者生产中采用对环境不友好的方式。除了经营上的影响力，投资对象的商业模式本身也存在导致非计划性结果的风险，例如，引入的补贴型产品或者服务会扰乱当地产业或者市场秩序。汤姆布鞋（Toms Shoes）就是一个很好的案例，汤姆布鞋的经营模式是买一送一，意味着在发达国家每卖出一双鞋，厂商会在发展中国家送出一双鞋。虽然这样做的意图是好的，并且能够产生积极的影响力，但是汤姆布鞋受到了批评，认为这种销售模式会对发展中国家的当地厂商产生非计划的消极影响力，即免费鞋的流入让本地的鞋业逐渐消失。

影响力的目标以及衡量

在理解公司的影响力主题后，你需要决定计划产生影响力的可能的规模（人数）以及深度（生活提升的程度）。你可以继续使用在第一步开发的影响力价值链表格，输入目标的产出和成果（数字）。现在，你可以判断影响力的种类 / 规模对你是否有吸引力，是否符合投资项目的影响力目标。我们曾在第 9 章对这部分内容做过具体解释。

如果你选择以不干预的方式进行投资，那么你有可能把分析的关注点放在投资对象的影响力上（企业影响力）。至于重视额外性的主动投资者，也会对自己在投资对象和更广泛的产业上的影响力（投资影响力和非财务性影响力）进行评估。表 13.2 总结了投资分析的相关问题。投资对象在建立影响力目标后，你也会跟踪公司是否在计划衡量影响力或者如何衡量影响力，并对公司在这一阶段的评估方式表示默许。

表 13.2 单项投资中的影响力评估问题

企业影响力	投资影响力	非财务性影响力
受益人的脆弱：哪里体现了受益人的脆弱和被驱逐 / 排除？他们的需求有多大规模？ 资金的紧张度：会接触到多少个受益人？接触每个人的成本是多少？ 影响力的深度：对他们的生活水平提升会带来多大的影响？ 更广泛的影响力：投资对象会通过建立感知、推广以及示范效应产生额外的影响力吗？或者投资对象会促进当地乃至国家经济的发展吗？ 经营影响力：经营活动中关于环境足迹和人员雇用的情况如何	投资规模：你的投资规模有多大（相对于本轮投资或者公司的规模）？ 能力建设：投资会壮大组织和影响力，并改善财务情况吗？ 接触其他 / 额外的资金：投资对象有其他资金来源吗？这是一种新型的投资吗？这种投资会吸引额外的资金吗？	对投资对象：你能够提供在财务和影响力方面的宝贵建议吗？你能接触到相关的关系网络吗？ 对产业：通过释放需求信号或者建立更广泛的影响力投资基础设施，你的投资对行业 / 产业会带来更深远的影响力吗？

资料来源：改编自《好投资者：最佳影响力实践手册》（*The Good Investor: A Book of Best Impact Practice*，2013）。

请参见第 11 章影响力评估方法的开发、“工具和资源”部分第 14 节投资成果列表以及第 18 节桥梁风险在影响力评估方法论上的案例。有关本专题的其他阅读建议可参见“工具和资源”部分第 25 节。

小贴士

1. 对影响力的达成要切合实际。挑战变化理论，这将帮助企业家认真思考他们的主张，避免事后的失望。

2. 证据的力量。投资者要注意创新与你从潜在投资对象收集到的证据数量是负相关的。

3. **ESG 投资是价值的驱动力。**影响力投资者常常会过于关注投资对象的社会使命，以至于他们会忘记投资对象在经营活动中产生非计划的后果。当进行 ESG 分析时，寻求增加商业价值的投资机会，例如，关注糟糕的雇用条件可能会降低劳工流失率以及人力成本，提升对受益人的服务质量。

财务分析

投资分析对于核实影响力投资策略的财务可持续性起关键作用。本部分对商业模式、市场、经营以及风险分析进行了总结。财务、法务以及税务分析跟传统投资非常像，因此，我们将不在这里展开描述。

商业模型

评估投资对象的商业模式让影响力投资者理解公司的价值主张和关键的商业驱动力，同时将其与影响力的产生联系起来。与传统的投资分析类似，价值链的每个元素都要进行可行性（合适的功能）、为公司带来的价值以及风险（破坏公司正常运作的可能性）评估。图 13.2 总结了主要的尽职调查问题。影响力投资者通常需要处理以下事务。

开拓者挑战：从 0 到 1 开发解决方法或者商业模式的过程是烦琐的，也是有风险的。一个产品可能要数年时间才能获得公众 / 顾客的青睐，还常常需要为客户教育和市场推广划拨专项资金。这可能会拉长投资持有期并限制潜在的投资回报。对投资对象的开拓风险进行评估，并将其与预计的时间期限以及风险偏好匹配。

配送对于金字塔底层市场来说是重要的课题，因为传统的商业服务配送渠道通常不包括偏远 / 农村地区。

是商业还是项目：弄清楚商业模式源自市场的真实需求还是非政府组织的脑力产物或发展项目。若是项目通常与市场基础隔断，则很短视且缺少全心投入的团队。即使在短期内取得了成功，很少能规模化，因此不太具备可持续性。

关注“进口”商业模式 / 产品：审查是否根据当地的基础设施、天气情况以及商业文化进行了调整，如果没有，它们注定会失败。即使产品的研发和生产来自本地，也要核实该公司是否与目标客户建立了合作关系和 / 或经受了大量的客户检验。

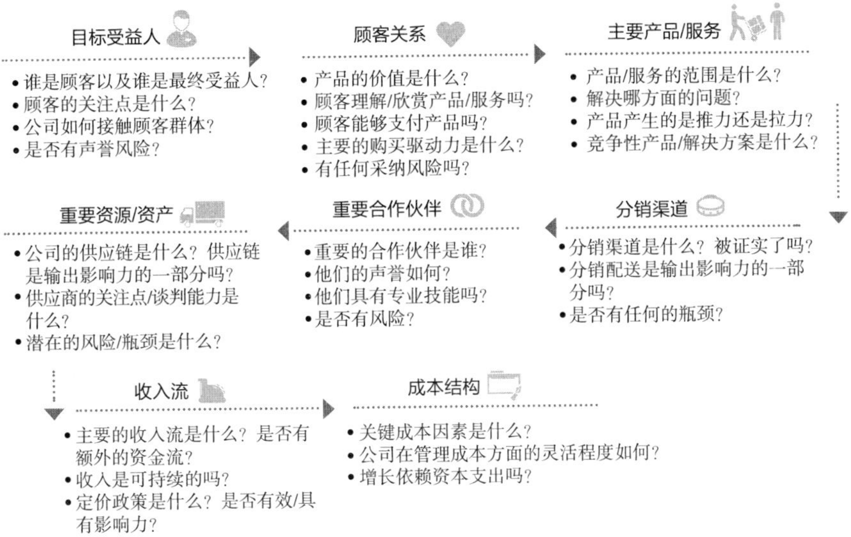

图 13.2　商业模式分析

市场与竞争

市场机遇以及商业竞争地位是影响力投资尽职调查的重要领域。关于影响力投资的具体内容如下所述。

规模化：投资对象规模经营的能力，并最终反映在影响力增长上。对于许多影响力投资者来说，规模化是重要的投资标准。来自资本强度、管理能力以及向邻国拓展的监管挑战常常被低估，因此，对投资对象的成长预测务必要切实可行。

采纳：投资者特别想看到市场规模大或者快速增长的迹象，但这对影响力投资极具挑战性，因为许多公司都闯入了新的市场，关于这些市场的信息是不完整也不准确的，或者本身就很难获取。另外，潜在的市场规模可能很大，但是当前对产品和服务（预防性医疗、干净的火炉、卫生等）的需求可能是有限的，因为大部分价值还没有被客户发现或接受。这会导致采纳的挑战以及客户教育的需求。

先发优势：能够早早进入市场，被许多影响力驱动企业看作一种竞争力优势。但从长远看，先发优势并不足以保护市场份额，因为优秀的商业模式通常会吸引更多竞争进入市场。

经营和治理

运营分析须评估人力资源、组织结构、治理、运营资产以及生产制造等，也会关注公司执行战略计划的能力。关于影响力投资分析的具体内容如下所述。

与影响力计划关联：如果公司的影响力战略基于将弱势群体整合到劳动力或者供应链当中（例如，加工小农场主的农产品或者雇用残疾人群体），那么运营分析会更为复杂，应该和影响力分析相结合。

与成长计划关联：影响力投资者常常会低估生产能力的瓶颈以及商业扩张的资本支出需求。影响力驱动企业的快速成长常常会面临运营方面的挑战，例如质量控制、人员短缺或者使命的稀释。

单位经济效益：许多影响力驱动企业的经营没有采用单位经济

效益原则，意味着他们会以低价或者负边际效益的价格卖出单位产品。即便在最好的情况下，这也会低估盈亏平衡所需的时间和资本；而在最坏的情况下，这会导致经营模式不可持续。

投资需求的关键评估：深刻理解商业的真正投资需求以及投资资本的使用计划。例如，工厂应该使用昂贵的西方设备还是价格低廉且更适合当地情况的解决方案。

治理：除了传统的分析方法，也需要对影响力目标的监管以及使命一致的管理方式进行评估。

风险

任何投资都有风险。采用创新型商业模式的影响力驱动企业通常在未知的领域和具有挑战性的商业环境中经营，这使得风险分析更为重要。分析的主要领域包括公司、国家、投资风险以及外币风险。虽然（预见的）风险可能会更大，但是我们可以通过投资结构以及增信机制来缓解风险。关于影响力投资的具体内容如下所述。

法律限制：法律监管问题往往非常复杂，因此要详细分析特定国家的法律环境以及对投资者可能产生的法律限制等。更多细节请参见第 16 章关于新兴市场的法律限制。

闭口不谈投资退出：对那些害怕被认为只对财务回报感兴趣的投资者来说，主动提出投资退出的需求一直是他们的挑战。在影响力投资的尽职调查中，分析退出风险非常重要，因为其往往与具体的投资结构有关。

名誉风险在影响力投资中需要谨慎评估，该风险与易受伤群体以及使命偏移风险会相互作用。

管理评估

在任何风险投资中，对投资对象的管理团队进行优劣势评估是尽职调查的重要领域，同时，考虑到社会和商业的双重目标，管理评估在影响力投资中也非常重要。

影响力投资的特殊性

范畴：评估内容包含使命一致性，以及完成商业 / 影响力计划所需的商业敏锐度和组织能力（参照下一部分管理分析的关键领域）。

优先性：寻找商业和影响力领域皆擅长的团队非常困难。影响力投资者需要明确哪个方面对他们更重要。一些管理层更偏好商业敏锐度，通过合同保护使命的方式，他们认为不能通过后天习得成为企业家。另一些投资者则把使命放在首位，然后才是帮助建立商业技能和增加资源。

独角戏：许多影响力驱动企业更依赖魅力型创始者。评估他是否愿意建立强大的高管团队和接任计划很重要。

许多影响力投资者非常关注价值匹配和文化匹配，即使投资对象不属于使命驱动型企业。特别是在司法环节薄弱的新兴市场，如果发生管理层不诚信或者使命偏离的情况，合同是无法对投资者进行有效保护的。

管理分析的关键领域

对使命承诺：是什么驱动企业家 / 关键团队成员？他们是否对使命全力以赴？

商业 / 行业经验：团队成员了解产业吗？有合适的经验和技能来达成影响力吗？

企业家才干：企业家有过创业经历吗？如果有，他从中学到了什么？

领导力：企业家管理过团队吗？他的管理方式是什么样的？他的自我价值感有多强大？

管理团队的诚实和正直对任何的风险投资来说都是核心条件。

充沛的能量和充足的动力：企业家的身体健康吗？他是否有充沛的能量和充足的动力来建立强大的企业？

与投资者共事的经验：企业家能否倾听和采纳投资者的建议，并与投资者协作？

团队分析：管理团队是否一起共事过？在技能 / 岗位方面有什么空白吗？

如何对管理进行评估

管理层会议以及实地考察。这会让未来的投资者有大量的时间与管理层相处，进一步了解管理层的技能、动机以及管理方式，仔细观察团队成员之间的交流。

非正式讨论。不要把与高管的互动限制在安排好的会议里。作为潜在投资者，你应该和那些看起来不是团队成员的人共进午餐或喝咖啡。对高管的愿景、价值观、目标和文化的反馈进行一致性核实。自发陪同团队成员对客户进行访问。观察团队和客户之间的交流，寻找客户的反馈（甚至是非言语性的回馈）。这会给你留下客观的印象，用以印证公司是否如其所倡导的那样在进行实践活动。

背景调查。对管理团队做大量的本地背景调查。注意不要把这项任务限制在企业家提供给你的信息渠道上。特别是对于新兴市场来说，当地的调查反馈非常重要。

过往经历。向管理层索要细致的简历，评估其过往的管理经历以及与企业现状的相关性。

激励／风险共担。检查高管是否投入了自己的资金，财务激励是否合适，是否与投资者的利益保持一致。确保他们把大部分的时间投入到企业中，而不只是兼职。

不避讳疑难问题。对治理结构、投资者角色、董事的权利及构成进行讨论。管理层在这些事务中的态度会在与投资者的未来合作中产生积极作用。另外，与创始人讨论继任计划，当公司的规模扩大时，创始人可能不再适合领导公司。

一些投资者也用（非正式）的心理测试对管理层进行评估。

联合投资者分析

对联合投资者以及你自己在愿景、动机和管理方式方面的一致性进行评估是影响力投资尽职调查中非常重要，但容易被忽视的领域。

为什么要对联合投资者进行评估

影响力投资的一项挑战是不同的联合投资者的财务和社会目标可能不尽相同。因此，在管理投资时，投资人会出现不同的期待和优先考虑。联合投资者之间的一致性对公司的共同管理非常有必要。

联合投资者分析的额外好处有促进投资分析的信息共享，在投资过程中互相学习，在谈判投资条款时形成合力，并在其他投资机会上建立合作关系。

联合投资者分析的关键领域

投资的愿景及理由：联合投资者在公司的价值以及愿景上保持一致吗？我们是为了共同的目的而投资的吗？公司的使命对联合投资者来说有多重要？

最低回报：对于投资者来说，他们的回报预期以及最低可接受的收益率是什么？与你的回报预期以及最低可接受的收益率一致吗？

投资期限：他们的投资持有期有多长？他们是否迫于压力而选择退出？

投资管理方式：他们的声誉如何？他们在困境中如何做出回应？他们能否与管理层建立信任？他们能否快速做出决定？

增加价值的能力：投资者能 / 愿意在投资持有期内提供增值服务吗？他们的技能和资源情况如何？该投资项目对他们来说重要吗？

协作的能力：联合投资者的文化氛围能否彼此契合 / 产生化学反应？他们愿意和其他投资者共同协作吗？是否存在强大的自我价值感？

小贴士

1. 基金寿命。与基金联合投资，要特别留意基金的投资期是否临近结束（可能意味着退出的压力），以及基金的部分资金产生的任何名誉问题。这是非常重要的，因为一些影响力投资要求基金的持有期更长。

2. 使命偏离。使命偏离通常发生在投资者的施压下，因此，应充分了解由投资者引发的影响力风险，并在合同里包含相应的影响力条款来缓解这种风险。

3. 大多数的使命一致性。因为联合投资者的目标各不相同，所以，与所有的投资者协作，并保证使命一致的联合投资者拥有大多数的投票权。

菲律宾的里科・冈萨雷斯和诺诺・冈萨雷斯

为学习提供资金

处于早期阶段的社会性企业最需要的是承担风险的空间。优秀的企业家会利用这个机会来改变世界。我们的工作是为他们提供承担风险的空间，并在他们前进的路上帮助他们不走偏。

——里科·冈萨雷斯（Rico Gonzalez）

里科和诺诺相识于1992年的中国香港。那时，二人都在金融行业工作。

里科在菲律宾出生长大，在马尼拉雅典耀（Ateneo de Manila）大学学习哲学后，留校任教数年。他非常喜欢这段经历，但是他也有感到困扰的地方，因为他发现学生们认为在工作和公益之间不存在完美的平衡，不是接受相对贫穷的生活而为社会发展工作，就是一心一意为了牟利而工作。他决定，他需要从另一个视角来看待事物，于是他成为股票经纪公司的分析员，尔后又加入一家国际性银行。

诺诺是一名年轻的菲律宾华裔，曾在一家私募股权机构工作，并在工作之余创立了一家移动端内容公司。里科参与了她的企业，"起初只是为了赢得她的芳心"，随后诺诺和合作伙伴邀请里科正式加入公司。里科最初的任务是让公司变得专业化。2002年，这对年轻人步入了婚姻殿堂，他们一同从中国香港搬至马尼拉，并全职经营这家快速成长的创业公司。在两人的共同努力下，该公司运行得非常成功并取得了丰厚的财务回报。因为共同的天主教信仰背景，里科和诺诺有着非常强大的价值观基础，二人非常热衷于改变社会。

用财务知识为社会做好事

2008年，诺诺参加了社会性企业家精神的入门课程并大受启发。她决定通过基金投资影响力驱动企业，她的私募股权背景意味着她偏好“运用财务原则做善事”的理念。这个时机非常合适，因为这对夫妇在几年前就出售了该企业（虽然在那个时候，他们仍然负责企业管理工作）。为了创办一家财务可行的有社会影响力的企业，二人已经找到了一条切实可行的道路，并为新的挑战做好了准备。

这对夫妇拿出了财富的一小部分，并决定投资给成规模的、可赢利的社会性企业。他们并没有为自己索取分红，而是将这些利润重新投资给其他社会性企业，让他们的投资得以持续。“我们曾经的设想是，将一些资本投入一些我们相信的概念和公司，并让它们每 6 个月向我们报告一次进展，如此，我们既挣到了钱又产生了社会影响力。我们曾认为我们在余生都会做这类事情。”

需要新方法

遗憾的是，现实和理想非常不同。里科解释说：“我们开始在周围寻找其他机会，我们意识到在菲律宾尚没有任何社会性企业能接受我们的投资资本。这些社会性企业在合理使用资金方面很不成熟，很容易与原来的使命发生偏离——我们可能在用钱来摧毁它们。”原来的策略需要修改。两人曾考虑把资金投向更成熟的影响力投资市场，例如印度或者非洲，但最终还是选择了菲律宾，那里更需要他们的资本，也更与他们的商业经历相关。所以，他们决定创办一家孵化器 xchange，用于投资初创型企业，希望通过小额的投资来抵消较高的风险。鉴于许多投资对象缺乏相关经验，二人决定将自己在孵化器的参与程度提升至全职角色，使他们能够为投资对象提供更充分的指导。

xchange 的影响力主题非常简单：使社会性企业准备好接受来自影响力投资机构的更大规模的资金。里科说：“我们本质上是为社会性企业‘陪练的升级外挂’。我们理解财务管理的谨慎性原则以及吸引结构性资本的需要。但是作为本地人，我们也非常清楚这些初创企业的情况。因此，我们的角色是在两者之间建立桥梁。我们提出要坚持所有能让机构放心提供资本的事情，包括更完整的报告和更合规的会计记录。”这种亲力亲为的合作方法为 xchange 奠定了良好的声誉。现在，许多企业家以及投资基金都向经 xchange 孵化的创业企业抛出了橄榄枝。

支持正确的人

为了寻找投资机会，里科覆盖了当地的所有会议线路，与学生交谈，参加社会性企业家分享论坛。孵化器对团队正在使用的联合办公室进行了战略投资，里科通过该联合办公室和菲律宾的企业家社群建立了联系，向他们学习取经。这让里科和年轻的企业家建立了信任关系，当他们开始寻找外部投资的时候，xchange 成了他们的第一个选择。在里科做出投资决定之前，他并没有举办竞赛或者呼吁写计划书，而是花时间与企业家相处，真正去了解他们以及他们的商业模式。

在评估潜在投资对象上，里科花费了大量时间。首先也是最重要的一点，他寻求企业家的承诺：“我们想要选择那些为企业‘流过血’、砸过钱，并花时间发展公司的企业家——这是我们能发现他们做出承诺的唯一方式。如果他们是兼职创业，我们就不太确定他们会不会突然改变想法了，因为创业维艰。”

里科在审查年轻企业家的承诺时，会观察他们的工作习惯，还会尝试了解他们如何做出或者即将做出关键战略决策的。例如，孵化器正在考虑食品饮料产业的一家社会性企业，该企业已经走在财务可持续性的道路上，并通过向当地的贫困农民购买原材料来产生影响力。另外，当地最大的基金会拥有该企业 1/3 的股权，并计划把未来的分红用于为企业提供资金。虽然这家企业简单又直接的业务模式颇具吸引力，但当里科询问创业团队时，一些事情开始使他产生困扰。

在几次密集会议后，一项隐藏的议程出现了：管理层希望把产品卖给穷人。这意味着出现两个根本性问题：首先，该产品属于休闲食品，对贫穷社区的人们毫无营养利益，这会减少社会影响力；其次，这需要对企业战略做出调整，因为产品需求从高级品类变成大宗品类，会导致毛利率降低。因此，里科中止了这项交易，并告知创业团队，他认为公司战略是错误的。然而，里科没有将这座投资大门向该公司永久性关闭；里科告诉创业团队，如果他们能重新考虑现有的方法，里科会准备好再次聆听。当里科对潜在投资对象进行评估时，他表现得非常谦卑并愿意向那些拥有伟大商业经验的企业家学习，同时，他也意识到必须给予企业家足够的空间来实践自己对公司的判断和指令。这样的策略是有价值的，一段时间过后，创业团队重新思考了他们的战略，并与里科进行积极讨论。

虽然承诺及商业诚信是关键，但里科也知道商业经验对管理团队非常重要，“不管它是买来的，创立的，还是借来的”。这在企业家中通常是缺失的，所以里科通过吸纳积极主动的团队成员或者接触高级专业顾问来引入经验和能力。

从投资环境中学习经验

里科和诺诺对采用投资工具非常灵活，他们可提供债权及股权，也试验了一系列混合型结构，比如可转换债券，向种子期的企业提供拨款以及使用费模式。然而，出于文化和商业的原因，里科更倾向于使用股权作为投资工具。他解释："菲律宾社会存在许多的不信任，股权的使用向企业家传递了以合伙人关系共事的明确信号。"

作为影响力优先的投资者，里科愿意为有风险的、催化影响力的模式下赌注。他帮助投资对象建立了影响力衡量系统，但是他也承认公司的早期发展阶段使得影响力"难以捉摸并且新奇怪异"。里科也愿意做一些尝试来调整企业的模式，当然是在投资对象愿意持续承诺且愿意 / 有能力从错误中学习的情况下。

里科也学习到，退出的事情是需要谨慎对待的。"如果投资者太急于过早退出，比如说 5 年之内，则会打乱企业家的脚步，带来更多的干扰甚至公司的解体，"里科解释道，"我们对社会性企业深信不疑，我们准备永久持有这类企业，并通过分红获取回报。当然了，我们也接受传统的退出，只是不希望对我们的投资对象施加压力。"

从生活和企业中学习

里科看到 xchange 在帮助菲律宾建设有活力的企业家市场上扮演的角色。他发现这既富有挑战又有风险："我们的企业家在摸索中带领整个生态系统前进，"他承认，"他们还在学习，而必须有人为此付出。这对我们来说意味着，虽然投资回报的时间会更长，但是必须要这么做，只有这样才能让这个产业向前发展。"

在里科的工作生活中，他仍然保持了老师的身份。在菲律宾，他是所有投资对象和广泛的企业家社群的导师。他向非正式的社会性企业传授如何在专业的企业环境里经营的经验。作为一名投资人，里科愿意支持他所相信的人和事。每天的挑战让他保持忙碌。对于里科和诺诺来说最重要的是，他们找到了生命的目标，即保持心中的信念以及达成为世界做贡献的愿望。

投资案例

Rags2Riches：出售由菲律宾贫困艺术家制造的女式手包，提供给他们接触市场的路径，通过提升技能来增加毛利，提供财务知识的培训。

Four Eyes：以更低的价格在线售卖处方类眼镜，使得低收入人群能够负担得起。对于每一副购买的眼镜，公司都会额外向需要的人捐赠一副。

Good Food：这是一个消费者社群，消费者从当地小型农场主手中购买新鲜的有机产品。

Bagosphere：为失学青年提供职业培训以及安置服务。

13.3　投资结构和谈判：对投资条款达成共识

寻找/筛选 → 尽职调查 → 结构/条款 → 投资管理 → 退出

如果尽职调查的结果是积极的（至少在初始阶段），投资者将与拟投资对象就投资条款进行谈判。这个阶段包含对投资工具的类型、公司的价值评估、投资条款达成共识以及签署投资交易相关的法律协议。

选择合适的工具

作为企业投资的路径，影响力投资者通常能够影响融资或工具的类型。选择一般基于以下考虑：企业的需求以及发展阶段，监管限制以及投资者偏好。对传统财务工具的总结可查阅附录 3。所有投资工具都能用于影响力投资。另外，需充分考虑下面的具体情况。

更长的投资持有期以及退出的挑战导致了自我清算工具的广泛使用[例如固定股利政策/使用费结构以及混合型/夹层结构(参见附录3的解释],限制了投资者对退出的依赖并让企业将回报尽早返给投资者。另外,越来越多的投资者认为,传统的工业控股方式比传统的私募股权方式更适合影响力驱动企业。

估值挑战:鉴于对早期阶段的创新型影响力驱动企业进行价值评估有难度,一些投资者选择可转换债结构,使他们能够监督企业的表现,促进投资对象进化到下一个阶段,并能将债权以折扣的方式转换为股权来满足估值要求,前提是下一阶段的新投资者须对估值达成共识。

资产锁定条款:有资产锁定条款的影响力驱动企业的特殊法律形式以及交易结构可能会限制企业增资或者导致法律的约束,也制约投资的选择或使用必要的金融工程(例如收入分享计划)来合成新的股权结构。

新兴市场法规:可能对某些种类的投资产生限制。影响力投资者需要制定有说服力的并且与邀请国的司法结构相匹配的投资策略,同时也要根据当地的监管环境以及文化对投资结构做出相应的调整。

风险:鉴于一些影响力投资具有更高的风险,结构设计通常会涉及不同级别的增信机制(参见下文),例如担保和第一损失,根据不同的信用级别将交易结构化,来对应不同程度的风险并降低总体风险。

慈善资金/支持:鉴于基金会对影响力投资的主动参与,工具创新也会出现在他们的身边,例如使用包含拨款和投资特征的新型工具(可转换拨款、可免除贷款、慈善股权等)。虽然以上工具在大多数情况下不被认为是影响力投资,你在投资中仍然可以使用这类工具。另外,许多处于早期阶段的企业需要在能力建设以及指导上获得帮助，通常通过拨款来提供资金（普遍称为技术援助[1]的设施，参见下文）。

更多关于类慈善工具的信息可参见第 5 章。

实业控股方式和私募股权

在私募股权投资中，投资者依赖退出来获取投资回报，若是公司经营良好，投资者会在几年之后卖掉公司。而实业控股方式因其具备更长远的格局而被许多家族采用。投资者买入公司股票后会长期持有，通过一系列分红获得财务回报，减少了出售公司的压力。家族会认为持有表现优秀的公司股票更合乎逻辑，同时这让公司奠定了更稳定且使命匹配的投资者基础。

估值公司

如果投资工具是股权或者夹层资本，投资者和公司需要就公司的估值达成共识。同样的方法也适用于传统的私募股权和风险投资领域（参见附录 3 的方法总结）。

评估早期阶段的公司也会面临同样的挑战，因此投资者需要把特殊之处铭记于心。首先，投资者的不同动机以及回报要求常常会导致一种状况，即不同的投资者对公司的估值各不相同。另外，比起传统的风险投资家，企业家更希望影响力投资者给出更温和的投资条款，这就使企业家产生对估值的不切实际的期望。对于估值方法论，找到真正的同类公司对影响力驱动企业来说不容易，使得乘数法［市盈率、息税折旧摊销前利润（Earnings Before Interest, Taxes, Depreciation and Amortization，简写为 EBITDA）和收入乘数］的使用受到了限制。在使用收入乘数时，投资者应该记住影响力驱动公司的利润率与同类的传统公司的利润率是不一样的。

谈判投资条款

谈判条款旨在将投资者和投资对象的利益强有力地结合起来，有效的条款结构会减少投资的影响力和财务风险，细节如下。许多影响力投资者认为谈判投资条款很艰难，因为这被认为是一种对抗行为。不同国家的谈判文化是不一样的，这使得理解企业家的立场或者达成共识更具挑战性。另外，许多影响力驱动企业家不习惯与投资者接触，也对影响力投资者的理解有偏见（例如不在乎财务回报）。影响力投资者同时也注意到，虽然许多社会性企业家对他们的使命很热衷，但是相对于传统企业家，社会性企业家在谈判条约的过程中表现得更敏感和更情绪化，甚至更不愿意与其他人共享企业的控制权。

弱化财务风险。附录 3 对关键的股权和债权条款进行了总结，并详细解释了如何降低财务风险。为了吸引更多排斥风险的影响力投资者参与进来，影响力投资的特殊性在于影响力投资者和慈善组织吸收交易风险的能力。这个技术手段被称为增信措施，下框的内容对此进行了详细解释。影响力投资者既是增信的使用者又是提供者。

在影响力投资中使用增信措施

第一损失担保 / 级别：是一种提供增信的手段，第三方同意从资产池中补偿投资者预设金额的损失。如果基金会或者政府提供这种服务，第一损失可作为显性的担保形式（即不需要现金流出），或者以第一损失级别的形式，即资本的附属部分来吸收公司的财务损失（更多细节参见“工具和资源”部分第 3 节）。

让步资金：一些影响力投资者愿意根据优惠条款提供投资资本，增加了其他投资者的回报潜力。

政治风险担保 / 保险：更适合于大型的基础设施项目，不过一些影响力投资者也能获得政治风险的担保，保障投资者免受政治和监管风险。

技术援助：虽然从技术角度讲，以拨款为基础的技术援助被称为一种增信措施，但拨款也常常用于影响力投资以减少投资风险。在交易结构设计时，技术援助通常作为一种平行的举措，可用于投资之前（例如开发可靠的经审计的财务报表，或者修改商业模式）或者投资之后（增强企业运营能力，开发并执行影响力衡量系统，采用合适的报告，提供 ESG 或者治理培训等）。

缓解影响力风险。除了降低财务风险，投资者可用特定的条款来降低影响力风险（指没有达到影响力目标的风险）。

- **影响力里程碑**。在投资对象达到事先约定的目标后才支付资本，可降低尽职调查的风险，以及在里程碑达不到的时候，让投资人保留剩余资本，降低下行风险。然而，请注意，设定过于激进的里程碑可能会导致管理层“欺骗”影响力结果的测量。
- **管理激励**。通过将财务激励和达成影响力目标进行挂钩，把投资对象和投资者的利益相结合，包括年薪、奖金以及股票期权计划。
- **雇用 / 解雇管理层的权利**。如果使命发生偏移或者管理层未达到影响力目标，投资者将对管理团队和 / 或董事会结构做出改变。通过赋予投资者改变管理团队的权利，降低管理团队失职或者使命偏移的风险。

- **控制权变更限制 / 投资者批准。**即批准新投资者成为公司股东的权利，影响力投资者可阻止公司（股票）出售给不一致的投资者。
- **看跌期权。**如果达不到影响力目标，投资者有权将所持的股权以特定价格卖回给公司。降低使命偏移的风险以及名誉风险的方式包括：不需要把公司出售给另一方（另一方可能没有与使命保持一致）；如果商业模式发生改变或者未产生影响力，可选择撤资。
- **董事会代表 / 投票权。**影响力投资者可提名一个 / 数个董事会席位，审批董事会的战略决议，这些是阻止使命偏移的关键点。
- **资金的使用。**影响力投资者可以限制公司用投资资金从事非影响力的活动。
- **影响力驱动约定。**可能包含以下几个方面：为特定人群服务的承诺，保持影响力评级或认证，在章程里添加使命，转变成特殊的法律形式以及设置黄金股权等。
- **影响力报告。**责成管理团队衡量影响力，并对公司的社会表现进行报告。

小贴士

1. 保持估值的纪律性。在数月的尽职调查后，设定目标的评估范围是有难度的。可以考虑让没有参与尽调的团队成员来挑战你的估值范围。如果你不能和企业家达成共识，做好放弃投资的准备。另外，要认识到影响力驱动企业家可能在估值讨论中注入私人感情，让谈判过程更为复杂。

2. 推动公平的条款。私人影响力投资者通常会羞于谈判，并把谈判看作一种与使命驱动精神敌对的活动。这是非常危险的立场。低质量的协商条款不仅会降低你的回报率，阻止你对该公司的有效支持，也会影响其他轮次的资金提供。一些投资者可能会雇用专业顾问来代表自己参与谈判。

3. 通过交易结构 / 条款的设计降低风险。影响力投资通常需要一定的创造力来打磨最合适的结构 / 条款。选择 / 调整交易结构来应对公司的不同发展阶段 / 种类。研究可行的增信措施，谨慎对待创新型 / 夹层型结构，因为这些结构可能会低估风险以及 / 或者导致税务风险。

4. 对合同的可执行性要实事求是。特别是在司法系统薄弱的新兴市场，想省时又省钱地执行合同是很困难的。因此，严格的管理评估以及信任建立是非常重要的。

5. 与联合投资者形成合力。你需要抵制管理层鼓励你与其他潜在投资者相互竞争。在讨论条款的时候，你们应形成联合阵营，这将增加你们的谈判能力并帮助你理解联合投资者的方法。

6. 思考退出。风险投资的另一个通用规则是思考如何实现你的投资，同时把必要条款放入合同来帮助退出。

印度的维克拉姆 · 甘地

生命的第 3 个阶段

> 用商业原则来解决社会问题的渴望是引导我走向影响力投资的原因。这是一个演变的过程——现在，我正在把我的慈善资金投入到影响力投资中，并继续追加我的财务投资。
>
> ——维克拉姆 · 甘地（Vikram Gandhi）

在投资银行业（最近的职位是瑞士信贷银行的投资银行部门副主席以及财务机构部门全球领导人）拼搏了 23 年后，维克拉姆 · 甘地在他 50 岁的时候决定从纽约和中国香港的商业生活中退出并回到新德里，同时希望主动投入到祖国的发展与建设中。这个决定是他审视职业生涯的结果，意味着他的职业发展已经到达了一定的高度，甚至可能是顶峰。维克拉姆·甘地承认："一早醒来，你发现曾经的激情和动力已经不再。所以你会问自己，是否有一个机会能够让自己参与更多的社会事务，而不只是被商业动力驱动。"于是，他把自己的生活划分成 3 个不同的 25 年：第一个 25 年获得教育；第二个 25 年创立家庭、职业以及财富；第三个 25 年为传承创造价值。

投资与价值主张相结合

为了弄清传承的是什么，他开始思考自己的兴趣是什么以及他可以在哪里增加价值。这种自我探索引领他回到了他的根。他从小在孟买长大，他的父母还生活在印度。他敏锐地注意到，印度与其他新兴国家不同，面临着很大的社会挑战。鉴于他在瑞士信贷银行以及格莱珉基金会的投资背景以及小微金融方面的经历，影响力投资很好地匹配了他的技能。他决定关注 3 个关键领域：廉价住房、包容性金融以及能源的使用。这 3 个领域满足了他认可的成功的必要条件：当前存在的生态系统以及政府支持；产业足够大，有充足的可投资机会；对公共政策（不仅仅是投资）的需求来获得系统性影响力。

他设立了慈善信托阿莎影响力（Asha Impact），并通过与政府合作为产业项目提供拨款来帮助发展影响力投资生态系统。同时，在投资方面，他认为不应该只有自己参与，于是决定"把想帮助解决印度社会问题的富人聚合在一起，建立平台来催化资本、关系网以及专业技能"。"这个非正式的联合投资平台计划在未来的 2~3 年里投入 5 000 美元进行影响力投资。"投资者可以选择参与或者退出交易，同时他建立了 5 人团队来促成交易。浸淫投资圈多年的维克拉姆·甘地深知，影响力投资必须经过专业执行才能成功。于是，他准备投入大部分时间并聘请在投资领域有丰富经验的投资团队。通过让富裕的人经历交易执行的专业性，他就可以利用自有的资金来吸引更多的私人性投资者参与到支持社会性企业的过程中了。

第一笔交易是对班加罗尔地区的廉价住房开发商的 1 000 万美元股权投资，投资资金来自维克拉姆 · 甘地在内的 5 位投资者的等额资金。自此以后，他又直接投资了 5 家社会性企业以及两只基金，即联宇种子基金（Unitus Seed Fund）和嘉华资本（Gawa Capital）。

对风险投资的方式进行调整

专注的策略使团队建立起深度的行业知识，通过对这 3 个关注领域自下而上的研究，团队在 18 个月内挖掘了超过 100 个投资机会。核心的投资标准是高质量的管理团队以及可扩展的商业模型，为了给缺乏服务的人群带来生活质量的提升。另外，维克拉姆 · 甘地和他的团队重点关注需要战略支持的早期公司，帮助企业家扩张企业。

设计投资条款时，他用了类似于商业风险投资基金的方法，但是，该方法需要额外的影响力监控和报告，并在投资前就要决定。他相信，为了绑定双方的目标和利益，社会性企业家需要得到财务激励，并且他们要“亲自参与”，即把个人的资金投入到自己的公司。他通常会与其他影响力基金形成伙伴关系来共同协商条款，争取了更大的资本池，促进了战略资源的多样性，并为投资者提供了更大的杠杆。

印度的市场竞争非常激烈，但是维克拉姆 · 甘地和团队的声誉、广泛的关系网以及提供增值的能力使其成为颇受欢迎的合作伙伴，并且让他们在谈判中获得有吸引力的估值。维克拉姆 · 甘地表示：“管理建议和关系网络与资本一样重要。但是，二者是以不同方式运作的：根据实地的工作情况以及减少贫困的最佳实践方式，社会性企业家的经验将进一步被整理和收集，通过阿莎影响力与更广泛的社区以及相关的制度制定者们共同分享。”对投资对象来说，特别重要的是战略关系（客户、借款人、政府）的接触以及大规模的本地投资资本的监管优势（非银行类金融公司需要对国内的所有权保持一定的百分比）。

成长的潜力

维克拉姆·甘地非常享受他的影响力投资历程。“和伟大的社会性企业家一同共事，看到资本如何能够产生回报并通过让人们第一次拥有住房、获得银行贷款或者电力来提高生活水平，这实在让人着迷。”

然而，他承认，这只不过是开始，他会在今后的经历中继续学习。他向影响力投资投入了大量的时间以及来自传统投资组合和咨询业务的大量资金，而他的主要财富仍然配置在传统投资上。随着他的影响力投资组合受到外界更多的欢迎，他计划在影响力投资组合上配置更多的自有资金以及利用更多的外部投资。

13.4　投资管理：检测投资对象的表现并增加价值

寻找/筛选　尽职调查　结构/条款　投资管理　退出

在支付资金后，影响力投资者需要与投资对象保持紧密的联系，监测财务和影响力表现，并采用亲力亲为的方式主动为投资对象增加战略价值。

影响力投资的特殊性

对传统的投资管理过程的总结可参见附录 3。影响力投资由于财务回报以及影响力的双重目标，在管理上更为复杂，更需要大量的资源支持。影响力评估需要定期实施，也是耗时耗力的过程。另外，因为许多企业家来自社会性企业 /NGO，新奇的商业模式以及管理能力的巨大差距使得影响力投资者提供的非财务性支持弥足珍贵。投资者需要管理好影响力目标和财务目标之间的张力，若联合投资者之间的一致性比较弱，将会更具挑战性。如果投资对象正面临着业绩表现的问题，需要未经计划的资本注入、债务重组或者延迟退出，联合投资者之间的不一致会被放大。通过企业重振[1]的方式与影响力驱动企业共同合作需要付出很多资源、精神和判断，像管理层替换，允许 / 阻止使命偏移，甚至解散公司等重要问题会因为对公司和使命的感情投入而变得更加棘手。

影响力衡量以及评估

影响力评估会帮助你理解自己的投资在产生何种程度的社会价值，让你看到经营中哪些是顺利的，哪些不是；如果业绩表现不好或者发生使命偏移，评估会为投资者提供机会进行纠正。分析的重点以及证据的种类取决于许多因素，例如投资对象的类型 / 商业模式、投资规模以及第 11 章已阐述的影响力通用评估方法。影响力监测的关键步骤可参见图 13.3。

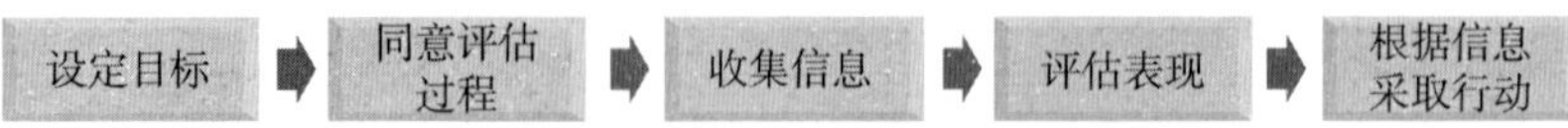

图 13.3　影响力检测的关键步骤

设定影响力目标：特定的影响力目标应该与投资对象达成共识，除非已经在谈判时指出。影响力目标包含一组 KPI，包括产出以及结果。

同意评估过程：通常在谈判时就要确定影响力报告的频率和形式，并在投资协议中列明。投资者对数据的采集方式要给出一致性意见。换句话说，衡量方法包含确定合适的基准，可能是当地艺术家的收入水平、本地小农场主的年平均产出，或者低收入家庭的女孩上学比例。如果报告的深度给投资对象在资源上带来较重的负担，投资者需要寻求外部专业顾问来建立 / 引导影响力的测量。

收集信息：公司或者第三方会对信息进行采集，并运用在给投资者的影响力报告中。

评估表现以及风险：投资者会对这些指标进行复查，将其与业绩表现的目标和基准进行对比，评估公司是否在产生影响力。与影响力尽职调查类似，你可能希望评估投资对象的影响力以及你自己的影响力。另外，持续性评估对影响力风险也非常重要。由于影响力的衡量工作通常是由投资对象负责的，容易产生自我报告以及正向偏差的问题。如果管理层的激励基于影响力目标的达成，那么这些问题就会相互作用。因此，你可能需要采用现场调研的方式独立取证和检验，或者每几年就进行一次全面的检验。

对信息采取行动：特别指出，影响力的表现应该在董事会以及管理层通话中进行讨论，并及时向管理层通知董事会的战略决定。如果影响力的输出没有被提上日程或者使命偏移的风险增加了，投资者应该采取纠正行动，包括从与管理层的非正式讨论到具体问题的询问，甚至还会调整管理团队。除了内部信息使用，你可能要与管理团队共同决定影响力评估的结果是否进行更广泛地分享，来帮助整个影响力投资产业加深对时间的理解。

参见“工具和资源”部分第 14~18 节的影响力评估，更多相关建议可参见“工具和资源”部分第 25 节。

小贴士

通用规则

1. 合理估计所需的付出。影响力投资者回忆道，他们对主动管理一项影响力投资所花的时间感到惊讶，特别是在遇到困难的时候。如果你没有时间或资源来监测自己的投资，要确保你和那些有能力并且准备亲自上阵的投资人一起投资。

2. 增加价值。把你的精力放在重要的事情上，询问管理层在哪些事务上需要你的帮助。另外，注意增值服务和微观管理的区别。

3. 及早识别问题并快速做出决定。通过与你的投资对象保持密切联系来了解实际情况，并迅速做出反应。如果你已经意识到管理层不合适，应当机立断，即使这会导致创始人 / 社会性企业家的变更。对于许多私人影响力投资者来说，这被证明是很有难度的。

4. 保持敏捷性。风险投资有一句俗语：第一个商业计划永远不会成功。这句话用在影响力投资上再合适不过了，因为影响力投资的商业模式较少经过论证，已建立的最佳实践也就更少了。支持管理层对战略进行持续评估，如果有必要，对其做出调整。

5. 监管烧钱行为。虽然这对许多早期的创业公司来说是一个事实，影响力驱动企业因为低估了获得市场接纳所需的时间以及成本，往往面临更高的风险。我们应灌输金钱使用的纪律性，保证充足的金钱储备，并早早开始筹集资金。

6. 知道何时止损。影响力投资者常常表示，不成功的投资对象就像“想拔却拔不掉的电源插头”。在决定投资更多资本或者收回债权时，遵守投资纪律。如果你没有做好重振企业的准备，你就应该通过基金 / 中间人投资，或者与强大的联合投资者共同投资。

涉及影响力评估的事项

1. 减少对投资对象的压力。与联合投资者协调影响力评估过程，以准备影响力报告。将影响力评估的深度和关注点与投资对象的类型和能力的容量进行匹配，支持你的投资对象开发出切实可行的评估方案。

2. 建立影响力评估文化。关注与投资对象相关的关键矩阵，使用影响力评估为战略决策塑形。鼓励报告企业的负面结果来驱动你的学习以及提升。了解企业的软性方面，包括企业文化，更能尽早发现使命的偏移。

3. 底线。许多影响力投资者表示，在投资时不要忘记在投资的时间点上进行基准评估，即建立对标的起始点，以便在未来的时点上进行衡量。如果投资在持有期间才开始评估，即使评估流程有效，影响力投资也会更加困难。

13.5 退出：实现投资回报（损失）

寻找/筛选 → 尽职调查 → 结构/条款 → 投资管理 → 退出

投资流程的最后一步就是实现回报，也叫退出。对于股权或者类资本的投资来说，这意味着在股票交易所卖出你的股票或者持有的公司股权。对于债权投资，这意味着收到投资的本金和剩余利息。

影响力投资的特殊性

与传统投资相比，退出影响力投资通常会消耗更多的时间和资源。影响力投资的关键特征在于投资者在卖出他们的投资之前，希望能保护投资对象的使命。现实情况是，除非投资对象的模式在影响力和财务目标上展现出完美的一致性，否则会出现新的购买者推动投资对象偏离原有使命的风险。另外，投资者对期望的回报和退出时间的期望不尽相同，会增加复杂性并产生冲突。出于投资对象的位置、规模以及商业模式的原因，一些传统的退出路线无法适用。直到最近，影响力投资仍然不具备开放的市场。目前，对于影响力投资者来说，市场基础设施正在搭建，为促进产生影响力的企业在使命一致的基础上持续增长，希望能尝试解决影响力投资者面对的退出难题。

在退出时保护使命

投资者退出后，即使无法对前投资对象产生影响力的能力再有任何影响，仍然能采取不同的方式来保护投资对象的使命。

选择使命一致的买家：一些影响力投资者会对潜在买家做尽职调查分析，并寻求使命一致的以及 / 或者珍惜已产生的影响力的投资者。消极的一面在于你可能需要排除不在上述范畴内的潜在买家。另外，一些影响力投资者也辩称，使命驱动型企业的成功标志就是吸引商业买家。

使命锁定：为了保护产生影响力的能力，另一种方式是让潜在买家强迫公司偏离使命的过程变得有难度。这或者可以通过将使命承诺写在内部章程里，或者选择能包含使命锁定的特殊法律形式或者证书种类。不过，记住这一点非常重要，即这些行为可能会限制公司未来的筹资能力。另外一种保护使命的方式是将使命承诺融入品牌建设。

选择一致的退出途径：其他退出途径包括自我清偿工具，出售给管理层或持股公司等。这样既为投资者提供了流动性，又不必担心危及公司的使命。

选择合适的退出路径

影响力投资者可以采取不同的方式出售 / 赎回他们的原始投资以及财务回报。

自我清偿工具：不同形式的债权 / 夹层结构用于影响力投资。它们可以提供有吸引力的退出选择，但是在投资时就需要结构化，同时也可能会受制于投资谈判。

大宗销售：如果实业买家能产生战略协同，那么将企业出售给实业买家通常会带来更高的价格，但是管理层可能会抵制，害怕降低独立性以及发生使命偏移。

出售给管理层 / 看跌期权：这是颇具吸引力的与使命一致的退出方式，但是会非常依赖公司产生现金流的能力 / 调动足够的贷款来回购股权的能力。投资对象的管理层可能会欢迎保持企业的更多控制权，但需要仔细研究这条路径在会计和财务上的可行性。看跌期权也因难以执行而闻名，因此，如果管理团队不认为估值是合适的，或者不想执行看跌期权，那么你逼其就范的手段或工具是有限的。

二级销售：将公司的少数股权卖给其他财务投资者，可以为需要流动性的投资者提供相对容易的退出方式。但是这可能引发随售权（tag-along right，少数股东有权按照多数股东的相同条款进行交易），也可能需要管理层 / 其他投资者对买家的批准。除非你卖给另一位影响力投资者，否则公司的使命可能无法受到保护。

IPO：公司的股票在公开的股票交易所挂牌，为公司的估值提升和股票的流通性提供了可能性。但是一些年轻的 / 更小型的影响力产生公司，特别是位于金融市场相对不发达国家的那些，尚无法想象能公开上市的一天。管理层也可能希望维持公司私有制来控制公司的使命。一个值得注意的市场发展的近期资讯是社会性股票交易所的出现，例如英国的社会性股票交易所，它为产生影响力的已上市公司以及未上市的影响力驱动公司提供上市的机会，同时计划在 2016 年年末为影响力驱动企业提供使命一致的上市路线。

持有公司：许多影响力投资者质疑传统私募股权方式的适用性，即通过在 3~5 年后退出公司来完成影响力投资。因此，他们准备采用实业控股方式或者常青方式，从分红中获取财务回报，并选择在很长一段时间里持有投资。

学到的东西

在退出投资后，重要的是对过往经历的反思并在组织内将总结的经验制度化。除了增加你和团队的知识，如果将学到的东西与更广泛的影响力投资社区进行分享，也能产生额外的影响力。影响力投资者正在持续试验新的模式，开发新的准则，拓宽影响力投资的疆域，所有的付出都是为了给彼此以及整个产业提供珍贵的持续反馈。这种经验分享可以通过非正式的方法完成，例如召集一群同行对过往的错误进行开放式对话，也可以出版白皮书或者公布独立的影响力评估结果，这些内容会被其他投资者用于验证特定的商业模式或者解决办法，实际上也在产生影响力。具体用来反思的问题请参见以下内容。

投资的学问——问题

- 如果投资获得成功：重要的成功因素是什么？这些因素回应了投资的最初问题吗？
- 如果投资失败：重要的失败因素是什么？这些因素能在尽职调查阶段被发掘吗？

- 在尽职调查阶段，我们对公司的评估准确吗？
- 在持有期内，我们改变过什么？
- 从投资中，我们学到了什么？
- 我们是否应该更新我们的投资流程、投资关注点、筛选模板、尽职调查流程、条款谈判以及投后监测？
- 我们所学到的对于更广泛的影响力投资社群有用吗？如果有，是否应该分享这些学问？

小贴士

1. 退出时间。在影响力风险投资中，保持耐心和能“预测风暴来临”是重要的成功因素，因为许多投资对象需要更长的时间才能逐渐成熟。

2. 对初始投资者的依赖。如果你是唯一的影响力投资者，你会因为感情的压力继续留在公司，并且对公司保持持续的信任。如果是联合投资者，则可以避免这个问题。

3. 在决定投资时设计退出路径。正如我们之前谈到的，在尽职调查阶段分析退出路径和设计退出结构对你的投资是至关重要的。

4. 使命保护不容易。因为缺乏一致性而放弃潜在买家，会导致更低的回报，加剧联合投资者之间的冲突，带来更微弱的示范效应。使命/资产锁定可以减少资本的进入，另外，看跌期权在实践中很难执行。因此，一些投资者会青睐在影响力和财务目标之间没有太大张力的商业模式。

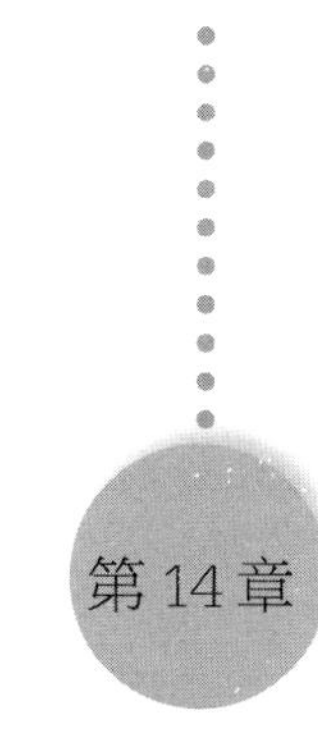

通过基金投资

14.1 基金经理分析过程：选择投资媒介

如果你决定以非直接的方式投资影响力，将资本投入到投资基金中，你的投资流程与直接风险投资则完全不同。同样，尽职调查的对象是传统的基金经理，关注点也会落在基金策略以及团队执行能力上。附录 4 提供了关键领域的分析总结。

影响力投资的特殊性

综合分析：影响力投资对基金经理人的评估包括传统的投资分析，基金影响力策略评估以及基金经理产生影响力的能力评估。基金团队必须证明对投资组合公司产生影响力的投资敏锐性以及分析和驾驭能力。更多关于影响力分析的细节请参见下一节。

尽职调查方法：传统的基金经理尽职调查过程非常关注对基金经理人的过往业绩的分析，因为这是对未来业绩的最好的预测方式。

然而，许多影响力投资基金是首期基金（意味着团队运用的是全新的基金策略），甚至是首期团队（意味着团队并没有合作过）。另外，基金中很少有成员会有个人的过往业绩记录，或者过往业绩与当前的基金策略不太相关。这就将尽职调查的关注点从对团队过往表现的定量分析，转移到对未来达到双重回报能力的深度评估上（年度投资策略和流程、顾问委员会、投资管道以及已执行的交易）。

小规模和增长上限：相对于传统的基金，许多影响力投资基金的规模非常小。对于影响力投资基金来说，基金规模一般为 200 万 ~ 300 万美元。由于管理费固定，用覆盖成本后的剩余资金吸引人才就变得很有挑战性，除非有拨款或者有规模更大的机构提供补助。另外，在私募股权投资中，附带收益是将投资者和基金经理人的利益进行捆绑的主要机制。在影响力投资中，附带收益池会更小，甚至根本不存在。虽然一些投资者把附带收益作为使命一致性的标志，但此举是非常危险的，因为基金团队在未来会缺乏财务激励来保证投资回报以及影响力输出。因此，分析基金的财务可持续性是非常重要的，研究基金的预算，保证对团队的财务激励是充足且公平的。然而，这不能降低使命一致性的重要程度。

当地的存在感：我们在之前的章节谈论过，对当地的知识了解以及存在感对确保直接影响力投资的成功是至关重要的，应该作为投资影响力基金的重要分析领域。很多基金的资源是有限的，部分基金的办公室是位于计划投资地区之外的。

首期团队：首期团队风险（指因为基金合伙人之间无法很好地合作，团队会面临解散的风险）是关键风险之一，需要谨慎评估。鉴于影响力投资策略的新颖程度，首次融资的比例远高于传统投资。另外，双重技能的需求更倾向于雇用有多元化背景的员工，但同时也增加了传统私募基金和传统社会行业之间的文化冲突。

影响力投资基金还是有影响力的基金

作为投资者，你需要决定你想支持的是影响力投资基金（主动寻求影响力），还是想要将你的投资组合扩展到与价值观一致的能产生影响力的基金（投资策略可能是产生你想要的影响力）。

无论你的选择是什么，要注意对基金的分类。在宣扬自我的影响力投资基金里，你可能会遇见纯商业驱动的团队，用影响力基金作为标签来募集资本。你可能会惊讶地发现那些真正的影响力驱动团队，并没把自己标记为影响力基金，因为他们担心会被认为是软弱的、不专业的、专注于退让性回报的。一旦你开始了影响力尽职调查，基金经理人的天性将显露无遗。

14.2　影响力尽职调查：评估产生影响力的意图以及能力

对基金经理人进行影响力尽职调查非常关键，因为产生影响力的任务交给了经理人。另外，和直接投资相比，投资者对影响力策略执行的控制力更少。影响力尽职调查寻求对经理人完成影响力目标的意图和能力进行评估。分析的主要领域总结如下所述。

团队 / 公司

分析的基础是对团队进行评估。

使命、动机和文化：评估基金经理人的使命和价值。一些影响力基金经理人有非营利性背景或者主体结构为非营利性质，这意味着使命的一致性，但仍然要进一步审查他们的投资经验，这对影响力输出很重要。讨论个人动机以及团队成员的驱动力，理解公司文化、管理方式以及总公司和当地团队之间的关系。你希望看到当地团队的独立性，公司文化和总公司采取的治理标准之间的健康平衡。参见第 13 章关于对直接投资进行管理层尽职调查的建议，大部分建议也与基金经理人相关。

技能、管理方式以及关系网络：评估团队的影响力技能与资质。他们是否投资过影响力，或者在 ESG 或影响力评估方面受过具体的培训？当地团队是否具备影响力专业知识，而不仅仅是总部团队？他们的投资管理方式是什么，以及他们能否与投资对象建立信任关系？他们知道 / 理解他们的目标市场和目标投资对象的文化特殊性吗？检查基金是否是（影响力）投资关系网、协会以及工作组（ANDE、GIIN、EVPA、TONIIC 等）的成员。

投资策略

评估基金投资策略以及变化理论的严谨性和可行性。与直接投资对影响力主题的分析相似，讨论预期的影响力以及获得影响力的最好方式。了解他们是如何建立策略的，是智力成果还是投资经验的成果？另外，对投资策略中影响力目标和财务目标之间的张力做出分析，检查对不同商业模式的偏好、目标人群和目标行业。与经理人讨论应对张力的解决方案。

基金 / 公司治理

评估公司 / 基金的治理来确认使命一致性，包含以下几点。

使命锁定：类似于影响力驱动企业，一些影响力投资基金经理人也将使命写入基金章程中。保持影响力评级（例如 GIIR）或者认证

（例如共益公司）是投入使命的其他标志。

政策：不仅要关注强制性的良好治理规章制度（反腐败、反洗钱、排他性名单等），还要对环境的可持续性实践（减少二氧化碳排放、废物管理等）、公平雇用以及性别多元化规章制度进行审查。一些影响力投资者想要看到相关的规章制度被严格执行，例如，只投资于关注性别多元化的基金经理人团队。

投资委员会 / 顾问委员会：基金投资委员会里是否有独立成员？他们是影响力专家吗？他们能否决定交易？如果能，这些交易是由于影响力相关的原因而被放弃的吗？如果可以，调阅投资委员会的备忘录和会议纪要，查考商讨交易时有关影响力和财务价值之间的比例，查看基金会是否有顾问委员会以及它的组成和角色构成。

影响力衡量以及报告：基金会是否有完整的影响力报告？它是如何衡量或者计划衡量影响力的？虽然影响力投资很复杂并具有挑战性，若是对投资对象产生的影响力缺乏评估和管理，可能表明基金会对影响力并不认真。

投资流程

尽职调查的基础部分是对投资流程的深入分析以及在每个阶段对影响力评估的整合，同时还要考虑流程的稳健性和实用性。检查交易获取（因为它决定了交易的质量）的优势以及增值性。分析团队是如何进行影响力评估的：他们是否使用外部专家？他们是否使用（专有的）工具，例如审查清单以及尽职调查问卷？如果是的话，应检查影响力分析是如何纳入这些工具里的。

团队如何为投资对象提升价值，以及他们如何管理财务目标和影响力目标之间的张力？基金拥有或者计划拥有技术援助设施吗？

在直接投资部分，我们谈过为投资对象增加价值的能力是影响力投资的关键成功因素。

激励

检查激励结构（年薪、奖金以及附加利益）是否与影响力目标相关联。如果两者之间没有联系，要告知经理人并观察其反应。但是，应重视目标设定的挑战，同时也要关注行业对影响力投资基金经理人的“合适”争论的激励。

投资

检查影响力承诺的最好方式是查看经理人在过去和当前的投资组合。检查项目的影响力档案，针对每个项目，理解是什么驱使基金经理做出投资决定的，以及经理人如何监管影响力表现并为投资对象增加价值。通过对个别投资的细致讨论（以及检查相关的文件），你能对尽职调查的访谈中基金经理人做出的大部分陈述进行检验。向投资组合公司打参考电话是另一种来检验管理层对管理方式、附加价值以及声誉做出陈述的高效方式。同时，询问投资渠道并检查公司所陈述的投资策略与影响力档案是否匹配。

关于基金影响力评估方法的案例，请参见“工具和资源”部分第17节。其他细节可参见《问题概要4：指标挑战》（*Issues Brief 4: The Metrics Challenge*，www.impactassets.org）以及《基于影响力的激励结构》（*Impact-Based Incentives Structures*，www.thegiin.org）。

基于影响力的激励

影响力投资者的目标是双重回报，他们中的许多人希望看到回报能反映在基金经理人的薪酬结构中，因为投资者清楚地明白激励措施会指引经理人的行为。基于影响力的激励结构可采取不同的形式——奖金或者附加利益，可以作为额外的激励（对经理人达到目标进行奖励），或者作为一种惩罚（如果基金经理人没有达到影响力目标，则减少附加利益）。

薪酬结构的有效性高度依赖于在投资之前对影响力目标和指标矩阵的清楚设定，以及投资之后对结果和表现的有效测量和认证。这很不容易，特别是在对未来的投资组合情况尚不知晓的情况下。同时，行业对于这些激励措施的副作用也有争议，认为激励措施可能会对基金经理人为投资者带来财务回报产生干扰，这对证明影响力投资的可行性是非常关键的。一些投资者更倾向于财务激励，同时在投资者协议中约定更严格的条款，对合适的投资对象的影响力档案进行详细说明。

小贴士

1. 对影响力做出承诺：决定你寻找的是影响力投资基金还是有影响力的基金，并对影响力分析进行相应的调整。花费时间与团队共事，不要仅停留在市场宣传上，要了解团队的真实想法和动机。

2. 投资经验是关键：虽然许多基金是首期基金，但是个人的投资经历也很关键。在过往业绩有限的情况下，对过去交易的定性讨论以及背景调查会产生更好的效果。

3. 本地资源：基金经理人的本地资源是关键，在尽职调查过程中应给予重点关注。检查他们的投资经历、关系网、声誉以及他们对目标影响力领域的理解。同时确保当地团队与母公司的关系、责任的划分以及企业文化是积极正面的。

4. 公平的激励：不要遗漏关于财务激励（年薪、奖金以及附加利益）的细节信息，要保证激励的公平性。不公平的激励措施是团队解散的常见原因。

14.3 核心投资条款：保证利益的一致性

和传统的基金投资相似，承担有限责任的投资人［有限合伙人（Limited Partner，简写为 LP）］对基金投资决策的影响也是有限的，这使得对基金经理人和投资者的利益捆绑变得至关重要。

基金结构

大多数的影响力投资基金遵循传统的 LP 结构（详情参见附录 4），但是需要考虑一些特殊性。

使命锁定：一些基金将自己的结构设计为非营利性基金。或者，这些基金被锁定在基金章程的使命里，阻碍了向纯商业型基金的发展。

更长的基金寿命：一些影响力基金的寿命比常规的 10+2 年还要长，也会使用其他模式，例如常青基金或者控股公司，以减少因提前退出而产生的压力。

更广泛的工具：影响力基金通常会为自己提供更广泛的可使用工具（债权或股权）来容纳影响力投资的特殊性。

技术支持设施：捐款资助的技术援助设施经常被用于资助投资对象的特定许可干预措施。它可以构建为对基金的简单捐款，也可以是由捐助者管理或报告的独立管理的单独设施。

关键条款

影响力基金偏离市场化条款（传统基金可普遍接受的条款）是

很平常的事情。附录 4 对关键的财务条款进行了解释。以下是对可能发生偏离的领域进行的总结。

管理费：由于基金的规模通常更小（低于 5 000 美元），如果预算通过的话，管理费会比标准的 2% 高。鉴于基金更高的费用以及更小的规模，赠款基金通常会补贴这笔费用。

回报目标 / 最低收益率：一些基金将低于市场的回报率作为目标，其他基金则将商业回报作为目标。前者寻求更低的最低回报率（4%~7%，而不是通常的 8%），投资者甚至会在特殊情况下同意放弃最低回报率的要求，例如在货币极为不稳定的时候。

附加利益：观点会有些分歧，一些人认为附加利益不需要作为使命驱动团队的激励措施，其他人则认为废除附加利益会妨碍影响力基金吸引对基金表现起关键作用的投资人才。对于非营利性基金经理人来说，附加利益的支付对象是公司，而不是团队。

影响力相关的条款：例如影响力报告应包含在投资者文件中。一些投资者将基金经理人的财务酬劳与财务目标和影响力目标挂钩。投资者可能也会将使命偏离作为终止基金的触发事件或者包含严格的影响力投资条款，来引导基金经理人专注在更狭窄的潜在投资对象上。

普通合伙人（General Partner，简写为 GP）出资额：在某些情况下，投资人会放弃该要求，例如基金经理人正处于非营利性状态，没有附加利益、特许回报等。然而，在基金状态不好时，这会变得很危险，因为经理人不再被激励。

小贴士

1. **推动一致性。**类似于直接投资，私人影响力投资者往往会回避投资条款的谈判。与其他投资者联合能帮助你实现杠杆作用，尤其是当你只投资了一小笔钱的时候。

2. **终止。**解聘基金经理人往往是棘手而漫长的过程。对无原因终止（Termination without Cause）条款进行谈判，并确保绝大多数投资者都是使命一致的。

3. **投资能力。**考虑到首期团队的高比例，通过独立的投委会成员来弥补投资能力的差距，要求投资者行使更大的监督权（争取投委会的一个席位）。

4. **联合投资者。**类似于直接投资，检查其他联合投资者的动机是至关重要的。试着争取一个席位（在顾问委员会），或者至少争取作为中小投资者 / 联合投资者的代表。

荷兰的 DOEN 基金会

达到使命一致性

> 因为 DOEN 的投资主要是影响力目标驱动的，对我们来说，保证我们自己和投资对象在文化和契约上的使命一致性是至关重要的。
>
> ——投资高管达恩·拉梅里斯（Daan Laméris）

DOEN 基金会是由荷兰国家邮政编码彩票（Dutch National Postcode Lottery）于 1991 年创立的，旨在支持组织往"建立更绿色、社会、创新的世界"的方向发展。基金会为可持续的并具有企业家精神的创新者提供资金，包括影响力驱动企业和企业性慈善组织[1]。DOEN 团队从 1994 年开始对影响力投资进行试验，并与一家金融机构建立了合作伙伴关系（参见下面的特里多斯案例）。随着时间发展，

DOEN 团队已经对最初的非正式方法进行了专业化调整，并在阿姆斯特丹建立了一支专门的小规模（4 人）团队。现在，影响力投资是 DOEN 基金会达成使命的主要工具之一，旗下的影响力优先投资组合的资产规模为 1.2 亿欧元，包含债权、股权以及夹层投资，在生产积极的影响力以及财务回报上都取得了满意的结果。

通过基金进行投资：投资原理

影响力投资组合的 30%，价值 3 400 万欧元的资产，配置在 10 笔基金投资中。DOEN 投资在广泛的主题和地区上，在判断基金投资是最有效的资本配置方式时，就会选择基金，例如，在国外投资时，或者投资荷兰的特定行业时（需要特定的行业知识）。

投资基金与 DOEN 的目标“资助并催化新的行业发展，帮助建立中间市场”是匹配的。DOEN 一般会自下而上地分析特定的行业或社会问题，形成该行业的投资基础以及拨款策略，也常常对深耕该行业的基金进行投资。1994 年，DOEN 首先建立了与特里多斯银行的合作伙伴关系，为小微金融机构以及公平贸易组织提供股权和债权融资。DOEN 对特里多斯管理的投资机构投资了超过 4 000 万欧元，通过对 100 多个小微金融机构提供融资，支持了超过 50 个国家为数以百万人口服务的中小企业家。除了直接的影响力，DOEN 还提供耐心的影响力优先资本向特里多斯赋能，孵化了特里多斯的小微金融战略，随后被扩展至 2.2 亿欧元。

保护使命

对于 DOEN 来说，达成社会影响力的目标要优先于效率和回报。虽然基金投资有许多好处，但需要承担更高的风险，传统的有限合伙结构使投资者来决定哪些公司获得融资的话语权很小。因此，与基金经理人的利益达成一致是基金会的关键目标之一。DOEN 用了一些方法来获得这种一致性，可透过投资对象媒体发展投资基金（Media Development Investment Fund，简写为 MDIF）的案例来阐述。MDIF 是一只超过 2 000 万美元的基金，旨在为处于艰难环境下的独立新闻和信息企业提供资本和技术援助。在这种环境下，自由和独立媒体是受到威胁的。

选择使命驱动团队：基金会和基金经理人拥有共同的愿景是一个重要条件，同时 DOEN 不会投资纯财务驱动的基金团队，即使他们的投资策略是有影响力的。对经理人的动机进行再次确认是尽职调查的关键，同时为了保证一致性，DOEN 通常会与熟悉的团队一起合作。在 MDIF 案例中，MDIF 的管理团队在 1996 年创立了影响力投资组合，该投资组合属于 MDIF 以媒体为关注领域的非营利性投资基金。DOEN 从 MDIF 的慈善行为中了解到这支团队，并且相信他们的使命一致性。对投资组合试点的分析再次确保了投资策略的影响力潜力、对使命的承诺以及经理人的投资能力。

帮助塑造基金策略：DOEN 准备尽早与 MDIF 基金经理人合作，承担首次经理人的风险，并参与共同制定有影响力的战略过程。DOEN 是做好了准备才开始投资的，经常鼓励基金经理人探索将传统的 LP / GP 结构转换为常青基金的可能性，从而采取与投资对象更加保持一致的、耐心的投资方法。作为 MDIF 的基石投资者，DOEN 积极与创始人合作，确定合适的投资标准，包括投资对象的地理位置（在那些出版自由被破坏的国家）和投资对象的特点（声誉、内容质量、独立的所有权）。

基金投资案例

- 灰色幽灵 –DOEN 社交企业（Gray Ghost-DOEN Social Ventures）：规模为 3 500 万美元的基金，投资印度、非洲、拉丁美洲的初创社会性企业；投资对象为新兴消费者所需的信息、产品和服务提供经济实惠的成熟技术。
- 商业伙伴南非中小企业基金（Business Partners Southern Africa SME Fund）：规模为 3 800 万美元的基金，为卢旺达、乌干达和肯尼亚的中小型企业提供实惠的融资（债权和股权）服务。
- 水—火花（Aqua-Spark）：规模超过 1 000 万欧元的基金，投资能同时产生财务回报以及积极的社会和环境影响力的可持续性水产养殖全球化企业。

保证重要的影响力：DOEN 倾向于成为基金的重要投资者，一般至少持有 20% 的基金份额，同时 / 或者保证与使命一致的投资者一起持有大多数份额，以保护基金的使命，另外，基金会关注于那些具有额外性的基金，以增加它的影响力。在所有的投资里（包括 MDIF），DOEN 积极地帮助基金经理人从关系网中募集更多资本，以降低不匹配的风险并增加影响力投资者的杠杆。

成为治理结构的一部分：DOEN 一般会在基金经理人委员会和 / 或基金投资委员会委派代表，最大限度地参与投资决策。如果不能获得投资委员会的席位，DOEN 会寻求其他方法。例如，针对位于美国的 MDIF，出于责任的原因，其他投资者不愿意让 LP 代表参与基金投资委员会。因此，DOEN 加入了包含大多数投资者的 LP 建议委员会。这为投资基金提供了额外的一层监督，在许多情况下还提供了决策权。

激励挂钩：DOEN 不认为传统的私募股权的薪酬结构（2% 管理

费、20% 附加收益以及 8% 的最低收益率）适用于影响力投资基金。如果基金的交易数量较多且规模较小，则支持程度更高以及 / 或者 DOEN 可以支付超过 2% 的管理费。同样，如果基金策略对应的是较低的预期盈利水平，DOEN 也愿意接受较低的收益率。但是，DOEN 对以财务业绩为基础的附加收益采取了非常严格的态度。它将基金经理人的财务激励和影响力表现相结合，并认为这是减少影响力风险和验证经理人履行使命的最好方式。在 MDIF 案例中，附加收益根据财务表现计算，即高于最低收益率 5% 的部分。20% 的财务回报先放在附加收益的池子里，只有在投资期（在投资、管理和退出的时点）完成了事先商定的影响力目标时才能进行分配。另外，附加收益是支付给组织的，而不是支付给投资团队的个体成员（参见表 14.1）。在每个阶段，KPI 以及计算方法都要达成共识。在投资阶段，产生的潜在社会影响力会按照约定的投资标准进行评估。在持有阶段，实际产生的社会影响力会根据投资对象对外拓展的增长情况而定，具体的参照指标可以是订阅者数量或者观众规模等。为了激励经理人以保护持续的社会影响力（潜力）的退出方式，也会进一步评估退出路径以及买家特征。每个阶段在达到影响力目标后，经理人有资格获得部分附加收益。基金经理人每年都会对这些指标进行报告，并且每 2~3 年由独立的专家顾问对该方法的合理性进行检验。最终，激励系统会让经理人关注影响力和财务回报的双重输出。

锁定使命：DOEN 确保投资文件包含衡量影响力的相关条款（例如投资限制、影响力衡量以及影响力相关的激励）。DOEN 关注简单的、可测量的、可追踪的少量指标。DOEN 希望基金能自主开发衡量系统，但也准备贡献自己在与 MDIF 合作中总结的知识和经验。另外，DOEN 坚持保留在没有任何原因的情况下能够解雇经理人的权利，这使得 DOEN 以及其他投资者在使命发生偏离或者基金表现不佳的情况下有权解雇基金经理人。在 MDIF 案例中，以上讨论的投资条件以及与影响力相关的报酬已被包含在投资文件中，其他条款还包括在没有任何理由的情况下按绝大多数原则可终止经理人职务的权利，以及对基金使命的否决权。

表 14.1　影响力目标、KIP 和附带权重的关系

	影响力目标	KPI	附带权重
1. 投资	有潜力对社会产生影响力	**定量指标**：投资对象的地理位置——部分自由的国家。 资料来源：Global Press Freedom Ranking。 **定性指标**：投资对象的特征（声誉、内容质量、独立的所有权）。 资料来源：MDIF 专业知识。	40%
2. 管理和监督	对社会产生影响力	**定量指标**：在持有期内扩大服务范围（订阅者、观众）	40%
3. 退出	有潜力对社会产生持续的影响力	**大部分为定量指标**：通过 IPO、管理层买入和出售给政治中立的群体	20%

向前看

DOEN 将继续关注对社会和经济发展有重要催化作用的成长型商业模式。如果基金经理人和 DOEN 能达成一致性并继续保持，通过金融中介进行投资将在这个策略中继续扮演关键的角色。

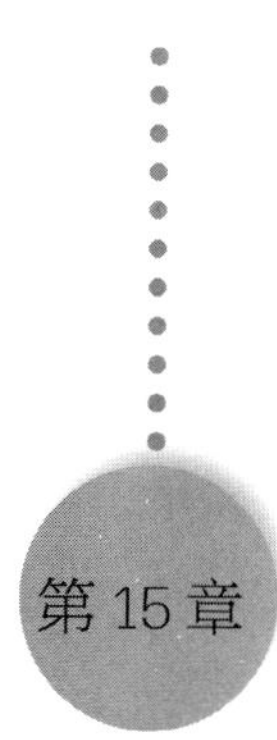

第15章

常见的错误和避免的方法

本章总结了一些最常见的陷阱和应避免的方面，而有过切身体会的私人投资者也在前面的两个章节里提到过。

15.1 允许自己犯错

许多影响力投资新手带着不切实际的期待进入该领域，因此对首次尝试的失败缺乏思想上的准备，并在一次失败后就退出了。

> 任何投资都有风险。如果你害怕犯错误，那你就会变得非常谨慎，投资的选择也变得非常局限。因此，将你的风险控制在可以承受的水平，尽可能做聪明的决策，并记住它只是金钱。
>
> ——乔尔·所罗门（见“工具和资源”部分第8节关于卡罗尔·纽厄尔的案例研究）

解决之道：对可能的回报和风险保持理性的认识，通过多样化投资分散风险。风险投资被称为“风险资本”是有原因的。从你的财产里拿出一部分用于风险投资会有助于你体验和理解，即便是最传统的投资也存在风险。从一开始投资就要接受不是所有投资都会成功的理念，不要过早选择放弃。相反，从错误中吸取教训才能成为更好的投资者。如果你的风险承受能力较低，就选择更安全的投资（其他资产类别），从小规模开始，在与其他投资者的合作中积累经验和分担风险。

15.2 警惕“使命陷阱”

一些私人影响力投资者，特别是刚刚起步的那些，可能会受到具有超凡魅力的社会性企业家和/或企业使命的过度影响，从而在没有完整分析创始人的业务和管理能力的情况下，就不由做主地做出了投资决策。

> 许多社会性企业家怀抱的是非营利心态，更关心的是激情和使命，而不是建立健康的企业。我数次掉进了这样的陷阱，直到我真正学会为止。

解决之道：想让社会性企业蓬勃发展，单靠一颗澎湃的心和对未来的憧憬是不够的。管理层必须拥有核心技能，才能做出各种重大决策，有效建立和扩展业务。严谨的尽职调查是关键，全面的尽职调查和提出大量的问题不等同于刻薄或不公平地对待企业家。虽然影响力分析是尽职调查的重要部分，商业和财务部分的尽职调查也同样重要，特别是在判断该机会属于影响力优先还是财务优先的投资时。

15.3　诚信是关键

许多影响力投资者成为不道德的企业家 / 基金或者使命偏移的受害者。

> 我向两个合作伙伴领导的基金投了一点钱——其中一位是非常受影响力驱动的，也是成功的商人；另一位是传统的金融人士。他们最终为了筹集更多的资金而妥协了社会使命。也许他们的价值观在开始时是正确的，但是贪婪埋没了他们的社会价值观。

解决之道：对所有经理人 / 企业家进行彻底的尽职调查，了解他们，了解他们的动机，与曾经支持过他们的人和多个推荐人交流。如果你有理由怀疑他们的道德标准，或者预感他们不够真诚，就不要投资（关于管理方面的尽职调查，请参阅第 13 章）。包括使命相关的原则，例如与影响力有关的里程碑和管理激励措施（参见第 13 章）。

15.4　注意影响力驱动的企业家的具体情况

许多影响力驱动的企业家，特别是那些拥有非政府组织背景的，在脑海里已将赚钱和提供社会福利两者进行了区分，可能会抵制引入商业手段或文化向投资者支付回报。而且令影响力投资者惊讶的是，一些社会性企业家被证明难以沟通，甚至虚荣心膨胀。

> 你给社会性企业家一笔贷款。到了该偿还的时候，即使他已经签

署了贷款协议，你仍会发现有借有还的概念对于他而言是无法接受的。

许多社会性企业家非常情绪化。在他们的理念里，社会精神才是最重要的，所以他们不能接受传统的财务评估方法。他们不同意投资的概念，不能采纳投资者的建议。

解决之道：在尽职调查期间，花时间了解管理层以及他们与投资者合作的愿景。在早期讨论中，针对有争议的地方，看看双方能否达成一致（投资者回报、董事会席位等）。在某些情况下，在谈判条款或履行条款时，让中间人代表你发言可能更有效果。投资或联合投资当地的影响力基金也是一种选择。

15.5　对投资期和资本需求要实事求是

许多投资者低估了投资企业达成规模和允许投资人退出所需的时间和资金。此外，在投资活动刚开始时，投资人往往对不跟进投资（不参与后续轮次的跟投）可能带来的严重后果不太在意。

你所投资的企业在后续的企业生命周期还需要更多的资金。在早期，我并不明白为什么你要在第一轮参与投资，这意味着你必须参与第二轮和第三轮的投资，否则你的投资会被大量稀释。

解决之道：众所周知，直接影响力投资的持有期比传统风险资本还要长。因此，合理评估你对流动资金的需求，确保你只配置足够耐心的资本给风险投资。过早兑现私募股权投资极有可能导致资本的损失，因为退出选择是有限的，可能承受非常大的折损。此外，要预留足够的资本投资后续的轮次和/或应对强硬的反稀释条款，为后续的多轮投资做好准备，否则你的投资会被大量稀释。同时还要注意你可能面临的心理压力：新的投资者也会依赖现有投资人（非常了解业务）进行新一轮投资，将其视为对管理层和商业前景有信心的重要标志。因此，许多投资者专注于建立投资者财团，以使他们在有能力提供增值服务的联合投资者之间分担资金需求。

15.6　切勿走捷径

私人影响力投资者承认，在最初的投资分析、设计方案和管理方面缺乏严谨性常常会导致投资失败。背后的原因包括缺乏经验和/或时间，将影响力投资当作业余爱好，投资的压力，或者担心提出强硬的问题会被解读为贪婪和缺乏承诺等。

> 我犯过的最大的错误是，没有在投资前确保投资对象的公司治理和管理措施能够有效执行。我们的基金会投资了一家澳大利亚的社会性企业。在急于推向市场的过程中，没有一位联合投资者坚持把制定和实施严格的治理和财务管控措施作为投资的必要条件。后来再想引入管控制度时为时已晚，管理层没有任何动力完善公司治理体系，投资者和管理层的关系陷入僵局。最后，我们失去了大部分投资资金。
>
> ——约翰·麦金农（案例研究见第 13 章）

> 我们的一个投资项目遇到了麻烦，需要额外的资金。一位从事风险投资的董事会成员为项目提供了过桥贷款[1]，希望公司

在一定期限内完成融资并归还贷款。我们没有注意到的是，他在合同中添加了一些不付款情况下的骇人条款。这位董事会成员放慢了融资速度，导致该公司没有及时融到钱。最终，他拥有了公司大部分股权，而把我们其他人挤出去了。

解决之道：在整个持有期间进行严格的尽职调查和投资管理。特别在直接投资方面，准确客观评估你的投资经验和能够参与的程度很重要。如果你缺乏投资技巧或时间，可以进行基金投资或向同行学习，或聘请顾问。当然，如果你依靠他人的尽职调查，要亲自检查他们的过程是否严谨。如果你太过和善，也不想参加对抗性的谈判，最好的选择是让一位顾问代表你进行谈判，并对尽职调查提出尖锐的问题。如果你对影响力投资感兴趣，但对风险投资不太感兴趣，（市场上）也有风险小且耗时少的影响力投资项目可供选择。

15.7　为海外投资做好准备

许多投资者低估了海外直接投资的挑战，特别是在新兴市场。同样，为开发新市场所付出的成本、时间和努力可能是不可估量的。

我们投资了一家对欧洲和美国的二手电脑进行翻新并在南非进行销售的企业。公司位于开普敦，目标是在发展中国家推进 IT 的使用。该投资项目需要大量的时间和个人的参与。在企业遇到了一些障碍且需要更多的资金时，我们提供了资本，但当地的管理团队未能成功执行商业计划。该笔风险投资有着极具说服力的影响力故事；然而，从 6 400 多千米之外对企业进行管理是一项

> 几乎不可能完成的任务。我们未能找到本地的联合战略投资者，也无法及时扭转困局。最后，我们不得不处置掉几乎所有投资。
>
> ——斯蒂芬·布伦尼克迈耶（案例研究见第 12 章）

解决之道：在投资者不了解当地市场的时候，通过当地中介机构与拥有当地资源的合作伙伴合作 / 联合投资是明智之举。另见下一章有关新兴市场影响力投资的建议。

15.8　不要低估尽职调查的成本

对于合理地分析、构建和监测影响力投资交易（直接股权投资），人们很容易耗费太多的时间、精力和成本。

> 我们正与喜马拉雅山区的一群小农户合作，他们希望为新德里和孟买的大酒店提供有机果汁。为了获得当地银行的借款，他们需要提供贷款担保。在喜马拉雅地区提供贷款担保是非常困难的；我们花了一年时间才搞定。我确信我们建立担保的成本与贷款本身相差无几。

解决之道：与联合投资者一起尽职调查、制定标准框架协议单，以及联合投资。一些影响投资者专注于建立新的模式。他们为试点投资花费了大量的尽职调查成本，并甘冒更高的风险来测试投资方案。在新模式成功的情况下，对已开发的工具和投资方案进行重复利用，来分担尽职调查成本。

15.9 检查与联合投资者的一致性

许多投资者对联合投资者的价值观、技能和动机缺乏足够的重视。

> 我们与一家基金会联合投资了一家企业。当企业陷入困境时，因为该基金会使用的是拨款资金，并不在乎财务回报，导致我们难以收回资本。

解决之道：小心谨慎地选择你的合作伙伴和联合投资者，检查他们在价值观、动机和目标上的一致性。如果你的投资规模很小，企业里有跟你类似的投资者特别重要，会提高你对关键决策的影响力。如果你自己的经验或个人参与能力有限，而且有能力的联合投资者与你的价值观、动机和目标是一致的，那么投资的成功率会大大提高。

15.10 聚焦

进行一系列不专一的、自己不参与的小型投资不但无法带来足够的自我满足感，还很有可能导致糟糕的结果。

> 我感觉不爽的是，作为投资众多公司的小股东，我实在太忙而没时间来真正帮助他们。在我参与的投资案例里，在与无经验的初创公司和企业家打交道的过程中，我常常因为筋疲力尽而无能为力。

解决之道：聚焦在你直接投资的少数行业和地区上。这种策略将让你更快地获取知识，建立有效的联合投资者网络，为你的投资对象提供更多价值。如果你没有准备好积极参与，就考虑与经验丰富的合作伙伴联合投资，并确保他们清楚你不参与的真实想法。

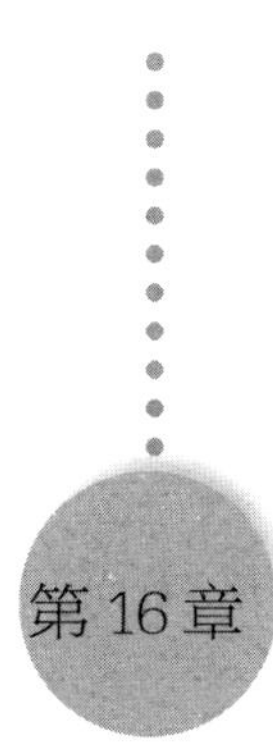

影响力投资在新兴市场

16.1　新兴市场影响力投资概述：在发展中国家投资的利弊

许多私人影响力投资者选择在国际市场上寻找和执行交易，特别是在新兴和前沿市场（emerging and frontier markets，简写为 EFM）。相当多的此类投资者都分布在发达市场，往往缺乏本地知识、资源和人脉。如前一章所述，对远离本土的投资挑战的低估，特别是在 EFM，被认为是私人影响力投资者所犯的关键错误之一。通过访谈以及对本章提到的重点书籍的分析，本章总结了私人和机构影响力投资者在新兴市场的机会、挑战和实用技巧。

为什么要投资 EFM

鉴于社会和环境挑战的严重程度，以及当地的社会人口学特征和经济前景，EFM 对影响力投资者是非常有吸引力的。

社会影响力：许多影响力投资者看好在 EFM 的投资，因为这给数以亿计的低收入人群提供了改善生活的机会。当今最新的科学技术，如手机的普及、手机银行、支付系统以及商业模式创新，使得为数百万新兴消费者提供关键的可持续基础科技产品和服务，在财务上成为可能。

增长潜力：国际货币基金组织的数据显示，预计 EFM 的经济在未来 10 年内会以发达国家 2~3 倍的速度增长，驱动因素包括大量适龄劳动力人口、较低的劳动力成本、家庭收入增长带来的中产阶级的出现、自然资源的不成比例以及较低的政府和消费者债务水平等。

风险分散和信息不对称：EFM 与世界其他地区的相关性较低，能帮助投资人降低投资组合风险。作为效率较低和透明度较低的市场，EFM 拥有更多的高成长性企业。

有关 EFM 的影响力投资机会，可参见《前沿资本：为新兴市场的财务回报和社会影响力提供早期融资》(*Frontier Capital: Early Stage Financing for Financial Returns and Social Impact in Emerging Markets*，奥米戴尔网，2015)。

关键挑战

投资 EFM 的风险是众所周知的，影响力投资者需要重点考虑。

政治不稳定：EFM 在不利的政治决策方面表现出更高的不确定性，包括征用和国有化、战争、增税、补贴损失、市场政策变化、内乱、无法控制通货膨胀等。

外币风险：一些 EFM，如印度和巴西，货币汇率波动明显，在其他 EFM 则存在快速通货膨胀等问题。投资者可能会经历投资回报的不稳定，即便在以当地货币计价的现金流稳定的企业。

监管环境：EFM 的政策和法规往往是不完善的。这导致当地的市场监管、透明程度和会计准则不可能像发达国家一样可靠或成熟。一些国家也限制企业的自由运营，降低了企业赚取利润的能力。

公司治理和会计系统：在 EFM，许多国家拥有较弱的公司—政府治理体系，导致了更严重的腐败风险、政府干预等。不发达的制衡制度、较弱的会计制度和审计程序也增加了投资风险。公司可以更自由地更改会计账目，以放大账面上的赢利能力。

波动性较高：EFM 投资者的情绪可能会随着全球增长预测的变化而迅速转变，导致暂时涨跌过程中的放大表现。

筹集资金的困难：欠发达的银行系统减少了企业获得负担得起的债权资本的来源。

对 EFM 的影响力投资的特殊性

除了投资 EFM 的一般性挑战之外，影响力投资者需要了解并能够应对影响力投资风险的相关问题。

交易流：许多 EFM 处于市场开发的早期阶段。影响力投资和社会企业家精神的概念不为人所熟知，许多企业家也不认同社会性企业家精神。对于更受欢迎的市场，如印度和肯尼亚，投资者的涌入导致了对优质项目的激烈竞争。另外，距离远、落后的基础设施以及不便利的网络访问，使交易的发起更具挑战性。

解决之道：增加本地存在感；寻找交易的主动方式；通过实地考察，投入大量时间和资源来开发投资渠道；积极与本地对接；建立合作伙伴关系。更广泛的行业 / 影响力聚焦对于寻找足够的高质量交易是有必要的。

投资准备 / 管理人才：对于在财务上可行的业务，企业家通常缺乏所需的技能或经验。这与缺乏早期资本、指导和教育有关。EFM 的影响力驱动企业需要手把手地进行战略支持，比发达市场的同行更甚。

解决之道：投资者提供商业发展服务（自己或通过当地顾问和孵化器）；在企业生命周期的各个阶段提供不同类型的资本，包括种子资金、夹层债权和技术援助的拨款；对缩小差距的管理能力和行动进行全面评估。

监管 / 结构问题：监管制度对投资结构的限制，无论是债权（印度），还是股权（非洲）或所有权（例如，南非对黑人的经济赋权）问题。政府为影响力投资者在某些重点领域的干预是可能的，例如采取保护弱势群体的形式。这些措施有时出于政治目的。

解决之道：建立本地的存在感，与强大的当地合作伙伴 / 联合投资者合作；遵守法律。

文化问题：每个市场的文化特征都需要考虑。在某些国家，企业家由于不熟悉正式的董事会治理机制，可能会抵制对投资者的监管，将这种行为视为入侵和缺乏信任的表现。对慈善捐款和商业资本的隔离导致影响力投资被错误地等同于慈善资本，减少了地方影响力投资的资本流入。当地企业家和投资者常表示，来自发达市场的投资者经常保持居高临下的态度。

解决之道：采取合作方式，包括对当地文化和思考方式的开放态度；采用咨询委员会结构，让当地代表参与投资委员会；花费时间和精力寻找当地影响力投资者并与之合作。

本地解决方案：一些发达市场的投资者和捐赠者会照搬西方的方法和技术，而并不适用于当地。

解决之道：严格评估解决方案与当地条件的适应度；对接 / 咨询

受益人和当地企业家。

解决中低阶层的问题：商业模式既能在财务上可持续，又能满足穷人的需求，这样的模式并不多见。但是，很多影响力驱动型企业是迎合中低阶层（已脱贫的有抱负的家庭，但仍然脆弱并可能再次回到贫困中）的。

解决之道：将关注点扩大到中底阶层群众，对目标影响力的范围和最终受益者要实事求是。

影响力报告：缺乏标准化的影响力报告和影响力表现的相关证据。此外，由于信息的缺乏，信息收集困难和高昂的成本，使衡量影响力投资在欠发达的市场比在发达市场的挑战更大。

解决之道：采取包括几个业务相关的少数 KPI 的务实的方法；在投资评估中支持投资对象。

退出挑战：实现投资是影响力投资的主要挑战之一，在新兴市场尤其如此。不成熟的资本市场和小型的交易规模限制了投资者的选择。

解决之道：在进行财务尽职调查时分析退出方案并设计相应的投资结构。

16.2　重要地区的总结：不同新兴市场的特点

印度[1]

市场概况

印度代表充满活力的影响力投资市场，有丰富的交易流。达尔贝格估计，截至 2014 年，有 57 亿美元投向了印度的影响力市场，主要来自 DFI（92%）。[2] 在印度，影响力投资者的总数超过 85 个，包括 13 家 DFI、50 多只基金和超过 30 个私人投资者（基金会、富裕人士、企业）。DFI 主要投资于债权（68%）；其他影响力投资者由于受债权融资的限制（见下文），多数使用权益和类权益工具（所有投资的 76%）。[3] 从历史上看，投资规模最大的行业一直是包容性金融行业，占 70%。[4] 其他投资领域还包括能源、农业和生计。为金字塔底层提供卫生保健、教育和技术为基础的服务增长显著，水和卫生设施也是如此。

市场潜力

作为全球第五大经济体，印度为影响力投资者提供了很多机会，尤其是近年来政府支持更大规模的海外直接投资（FDI）。[5] 印度 12 亿居民中有一半的年龄小于 25 岁，[6] 还拥有全球 41% 的贫困人口。[7] 印度还面临严重的环境问题，包括严重的空气和水污染，经济增长的可持续性成了问题。[8] 在印度，印度有着强大的创业文化，为金字塔底层人群 / 新兴的中产阶级提供服务存在大量机会。社会性企业家面对的是大规模的政府市场，在政府支持下，影响力投资不断增长，影响力投资生态系统也相对成熟。

需要注意的事项

监管、货币和治理风险：合同执行的困难，税收政策的变化和普遍的贪污腐败是在印度投资的主要风险。在印度很常见的看跌期权，在低迷的市场中却非常难以执行，很少有投资者有时间等候冗长的法庭程序。另外，大规模的政府补贴可能使新出现的市场扭曲（例如因煤油的补贴损害了可再生能源产业）。

债权融资的限制：除非外国投资者已注册为外国组合投资者，否则外国投资人是不允许举债的，而大部分外国公司是达不到注册标准的。对投资工具的限制可能使投资对象和投资者无法匹配彼此对工具的偏好。

少数股东保护：印度的法律规定，少数投资者的最低股权份额是26%，股权比例在此之下的投资者只能受到有限的保护。如果是多数投资者，在财务并表时须一并考虑投资对象的负债，而对很多投资者来说可能不可取。另一种变通的方法是志同道合的投资者联合持有至少 51% 的公司股权，这允许他们在必要的时候可以对投资对象施加足够的股东压力。

退出挑战：在金融服务以外的其他行业，成功退出的案例很少。将资金汇出印度的法规非常复杂，要向印度央行申请资金汇出并向印度税务机关申请所得税完税证明。

获得交易流：虽然印度有大量的投资机会，但优质的投资机会很难被发现，因为准备好接受投资的程度较低，还存在语言和距离的问题。建立强大的本地网络至关重要，即使对大型城市的本地投资者亦如此，如新德里、孟买或班加罗尔。

竞争：对快速成长期的优质交易的竞争导致企业家的高估值预期。缺乏合格的劳动力加剧了对人才的竞争，增加工资池和人员流动性。

有关详细信息，请参阅以下报告：*The Landscape for Impact Investing in South Asia* (GIIN/Dalberg，2015，India section); *Catalyzing Capital for Invention: Spotlight on India* (Lemelson Foundation，2015); *Invest, Catalyze, Mainstream. The Indian Impact Investing Story* (Intellecap，2014); *Impact Equity Investment Report and Impact Investing Report* (Unitus Capital，2013)，regional summaries of *TONIIC Early Stage Global Impact Investing E-Guide* (TONIIC，2013); *Impact Investing In Emerging Markets* (Responsible Research，2011)。

印度的苏希尔·吉瓦拉卡

通过供电帮助落后社区的发展

> 村里有了电后，因为能够继续上学，农村小女孩的脸上浮现出快乐的微笑。我从她的笑容里看到了印度的未来。农村供电将改造这个国家。没有什么能让我获得比这更大的满足和喜乐了。
>
> ——苏希尔·吉瓦拉卡（Sushill Jiwarajka）

苏希尔·吉瓦拉卡的父亲创立的公司在20世纪70年代与爱立信合作，为电信行业和松下开发电池。公司蒸蒸日上，并逐渐成长为印度的第一家固态电视公司。即便如此，苏希尔对童年的窘迫铭记于心。苏希尔是在印度加尔各答的单间公寓里长大的，整层楼须共用卫生间和厨房。他深深地知道维持生计的不容易。

有社会目标的家族企业

大学毕业后，苏希尔决定做一名社会工作者而不是加入家族企业。父亲没有试图改变他的决定。父亲认为，企业通过为人们提供就业也能创造社会价值；与慈善机构不同，商业中没有给予者或接受者，但能帮助人们彻底摆脱贫困并恢复尊严。商业的思维方式也逐渐被苏希尔接受，他相信家族企业也能有方法改变世界。

1975年，印度城市仍然面临许多挑战，其中，最大的挑战是基础设施的匮乏。苏希尔的公司制造了价格实惠的产品，例如电池，使人们可以在没有电的地区使用火把和其他电子设备。为了创造更多的就业机会，公司专注于进口替代，培训当地企业从事售后保养服务。苏希尔与爱立信的合资公司运营顺利，为农村提供电信塔管理服务，雇用了超过 4 000 名当地居民。

为农村带来照明

2010 年，苏希尔和来自爱立信的两位前同事阿尼尔·拉杰（Anil Raj）和罗希特·钱德拉（Rohit Chandra）决定创建 OMC 电力，持有并经营太阳能微电厂和通过小型电网向电信塔和农村社区供电。OMC 除了使用可再生柴油对环境产生积极的影响力外，还同时消除了农村贫困家庭对白天的依赖，提高了他们的生产力和收入，促进了更好的教育。通过向农村银行、学校和加油站提供可负担的发电，OMC 还帮助维护社区基础设施。

至今，OMC 已经为 600 多个村庄提供了发电，并计划在 5 年内改善 1 500 万人的生计，逐步引入更多服务，如电视和互联网，以满足居民在摆脱贫困后的新需求。

扩展到金字塔底层的其他行业

在投资 OMC 3 年后，苏希尔建立起一支专业的管理团队，并筹集了大量外部资金。苏希尔对 OMC 的日常参与逐渐减少，他有更多的自由深入研究交通、远程教育和远程医疗领域并寻找改善农村生活的新型投资机会。他计划在未来几年内，将影响力投资从目前的资产占比的 20% 增加到 50%。“在农村金字塔底层地区投资社区基础设施可以真正帮助低收入人群。这么做也具有商业意义，是对高昂的资本成本和陈旧废弃的天然对冲。你只需要提前做足创新，而不是每 6 个月就要开发出新的产品模型。这是一个巨大的市场，但常常被忽视，且政治敏锐性也比较低。如果你的商业模型是合适的，你可以将其在其他国家进行复制。”

苏希尔的经验教训

- **专注于消费者的负担能力。**“印度是一个对价格高度敏感的市场，因此请检查投资对象的产品定价是否合理。当洗衣机售价为 15 000 卢比（约 235 美元）的时候，市场总量不到 5 万台。Videocon 对洗衣机进行了重新设计，推出了价值 8 000 卢比（约 125 美元）的型号，第一年的销售量就达到了 150 万台。让 OMC 的产品和服务可负担的原因不仅是其低廉的价格，还有 OMC 允许客户根据实际使用情况进行每周支付。”
- **考虑当地的需求和条件。**“了解投资对象向谁以及在哪里出售。许多西方技术和产品无法适应印度多样化和恶劣的气候、地理条件、不畅的交通运输和不稳定的电力供应。”
- **不要依赖补贴。**“投资于没有政府补贴也能持续的商业模式，因为政府补贴可以延迟或取消，让你无能为力。OMC 的初衷就是在没有补贴的情况下生存和繁荣，补贴只作为额外的奖品。”
- **寻求合适的团队并保持耐心。**“不要试图‘加快’监管部门的批准，这样做反而可能会伤害你。对投资对象的价值观、能力和商业道德进行广泛的背景调查，并对市场成功耐心的等待。”
- **保持投后的警惕性。**“建立健全的会计和管理系统，使用独立的本地审计师和董事会代表。因为法律是复杂且不断变化的，坚持使用合规的证明。通过印度工商联合会（Federation of Indian Chambers of Commerce & Industry，简写为 FICCI）和印度工业联盟（Confederation of Indian Industry，简写为 CII）寻找当地合作伙伴和顾问，并对合作方进行背景调查。”

撒哈拉以南的非洲[9]

市场概况

据联合国开发计划署（United Nations Development Program，简写为 UNDP）统计，截至 2014 年，已有超过 250 名影响力投资者在非洲投资了 80 亿美元[10]，其中包括 167 只影响力基金、18 个 DFI、44 个基金会或私人家族办公室，以及 23 个机构投资者。非洲的影响力投资者大都起源于发达市场，但近年来当地的私人和机构投资者对影响力投资的兴趣和参与也越来越多。最活跃的市场是东非和南非，最受欢迎的影响力主题是基础服务（医疗保健 / 教育 / 金融）、基础设施（水 / 住房 / 能源）以及创造就业。

市场潜力

非洲的经济增长迅猛（非洲大陆的 GDP 增长率在 2015 年为 4.5%，2016 年为 5%[11]），新兴的中产阶级将达到 3 亿人。[12] 由于公共投资和 FDI 对多样化经济体的推动，对自然资源的传统依赖在近几年逐渐减少。然而，在基础服务和农业领域的投资需求和机会是巨大的——69% 的人口日均生活费不到 2 美元（世界银行），其中 4 亿人是农民；非洲人口的 47% 无法获取医疗保健服务（世界卫生组织），67% 无法获取金融服务（国际货币基金组织），只有 19% 的学生完成了中学教育（Impact Alpha）。

需要注意的事项

薄弱的法律法规 / 监管风险：履行法律合同的困难和腐败使投资更具挑战性，需要高度重视财务尽职调查和对当地合作伙伴的选择。法律法规复杂，各国也不尽相同，一些国家（如肯尼亚）积极鼓励外国投资，其他国家（像南非）对投资者就没有那么友好。开办 / 注册企业的过程既昂贵又烦琐，政府可能会限制外国人的所有权和 / 或资金汇兑的百分比。

抵制股权投资：因为害怕失去对业务的控制力，非洲企业家倾向于抵制股权投资。股权投资者需要与潜在的投资对象建立信任，在解释财务制度和治理结构方面给予帮助。

许多影响力驱动企业在发展的早期阶段除了需要资金，还需要手把手的指导以及能力建立。

文化问题：鉴于历史原因，许多非洲企业家可能会反对创建正式的董事会，不希望从西方投资者那里获取建议，虽然其中的许多投资者对他们的业务了解有限。因此，影响力投资者更倾向于聘请值得信赖的当地代表担任正式的董事，或担任非正式顾问 / 导师。一些国家也缺乏创业精神，创始人经常低估建立成功企业所需要付出的努力。因此，对管理进行全面评估是至关重要的，包括当地的背景调查。

薄弱的会计政策和公司治理标准：许多非洲企业按照非正规的方式经营企业，不保留会计或纳税记录，保留多组账本的现象也并不少见。此外，很多企业家不对企业资源和家庭资源进行区分，不同业务之间的资源也没有区别开来。因此，许多投资者选择首先把技术援助的资本用于建设适当的会计系统，并坚持委派 CFO。

政府干预：影响力投资者通常专注于水、教育和医疗保健行业，而这些商业在传统上由政府主导，并受到法律法规的限制，赢利能力可能会大打折扣。另外，政府对一些关键领域的控制可能会限制企业在一些国家的商业活动。例如加纳的咖啡豆工业、尼日利亚的电力行业和坦桑尼亚的采矿业。

有关详细信息，请参阅以下报告：*The Landscape for Impact Investing in Southern Africa* (GIIN，Open Capital，2016);The *Landscape for Impact Investing in West Africa* (GIIN，Dalberg，2015); *Impact investing in Africa: Trends，Constraints and Opportunities* (UNDP,2014); *Accelerating Entrepreneurship in Africa* (Omidyar Network，2013); *Impact Investing In West Africa* (Dalberg，2011); regional summaries of *TONIIC Early Stage Global Impact Investing E-Guide* (TONIIC，2013); *Impact Investing In Emerging Markets* (Responsible Research，2011)。

尼日利亚的托尼·埃卢米卢

非洲办法解决非洲问题

> 我相信非洲人应该为自己的发展承担主要责任，坦率地讲，除了我们，没有人会发展非洲。
>
> ——托尼·埃卢米卢（Tony Elumelu）

在 1997 年的尼日利亚，一群年轻的企业家和投资者收购了一家处于破产边缘的小型银行。年仅 34 岁的托尼·埃卢米卢引领银行扭亏为盈，并将业务重点放在服务尚未开设银行账户的社区。如今，当年的银行已更名为非洲联合银行（United Bank for Africa，简写为 UBA），在非洲 19 个国家开展业务，拥有近 15 000 名员工，为 900 多万客户提供服务。虽然托尼的使命是创造巨大的投资回报，同时，也通过在尼日利亚和整个非洲大陆开展银行业务产生了重大的积极影响力。

对非洲的个人愿景

自2010年从UBA的CEO一职退休以后，托尼把精力放在了个人投资实体继承人财产（Heirs Holdings，简写为HH）和创立托尼·埃卢米卢基金会（Tony Elumelu Foundation，简写为TEF）上。TEF是由非洲募集、非洲领导的极少数慈善机构之一，致力于促进由非洲企业主导的经济增长。两个组织都支持托尼开发的社会经济哲学非洲资本主义（Africapitalism），认为“非洲的私人企业是改变非洲大陆的主要代表，投资理念为强调在关键行业的长期投资，例如电力行业等，以及将增值产业引入非洲大陆，创造经济繁荣和社会财富”。基金会的成立旨在“支持非洲企业，帮助积极奋进的非洲企业家消除障碍以取得成功”。与许多基金会不同，TEF认为拨款是最后的手段，相信“由于对经济回报有要求，影响力投资会是一种可持续性手段”。

培养新一代企业家

基金会的影响力投资策略主要侧重于2014年12月启动的托尼·埃卢米卢企业家计划。该计划的目标是“寻找并培养10 000名非洲企业家，创造100万个新的工作岗位，并在未来10年增加100亿美元的销售收入”。该计划拥有超过1亿美元的资产，使用债权、股权和拨款等工具支持能产生积极影响力的可扩展的早期商业创意。2015年，51个非洲国家从超过20 000名申请人中筛选出第一批的1 000名企业家。除了资本之外，TEF还为这些企业家提供在关键商业和管理方面的培训技能，以及社交网络、辅导和指导。TEF还致力于建立影响力投资市场，为开发和宣传影响力评估矩阵和影响力驱动创业企业的孵化器提供资金支持。托尼的投资实体 HH 的投资规模要大得多，仍然设置了财务回报和影响力双重目标，主要关注金融服务、农业、医疗保健和能源等战略行业，运用长期投资方法，寻求重振企业以及初创企业的投资机会。HH 旨在建立强大的可持续的非洲公司以及创造当地的就业机会。2013 年，HH 向奥巴马总统的“电力非洲”（Power Africa）计划投入 25 亿美元，该计划旨在“为非洲大陆提供可负担的发电机”。

基层支持

尽管 TEF 和 HH 在投资标准和投资规模上存在差异，但两家机构仍然会在一些影响力投资上联合投资。2011 年，TEF 和 HH 共同投资的姆坦加农场，是坦桑尼亚政府应对粮食不足的全国计划中的一个。这笔投资将帮助姆坦加建立种薯业，超过 125 000 名当地农民将从中受益，整体产量提升了 3 倍；同时也为农民创建了市场基础设施，并对东非未开垦的农产区坦桑尼亚南部高地的发展做出贡献。该项目的目标是获得商业回报，以及在治理土壤和水资源方面遵守环境可持续发展的最高标准。最近，TEF、HH 联合其他国际投资者共同创建了非洲交易所控股（Africa Exchange Holdings，简写为 AFEX），旨在发展非洲的商品交易所。AFEX 帮助非洲农民提高产品价格以及仓储量。

与其他志同道合的企业家一起，托尼正在帮助非洲新经济的快速发展。“我坚信非洲大陆的发展议程应由本土人士来倡议和决定，”托尼说，“我希望在赚钱的同时，也能真正帮助处于经济金字塔底层的人们。在不久的未来，影响力投资有潜力改变非洲大陆。”

托尼的经验教训

- **找出利益相关方并与之合作。**“不要忽视各利益相关方对企业的影响力。公司经营所在地的市政当局和社区是关键。”
- **管理能力至关重要。**“不要将技术竞争力与管理经验混为一谈。如果你没有良好的管理技能，企业很难蓬勃发展。”
- **计划未来的资金需求。**“预测业务的发展方向，尽早计划未来的资金需求和潜在来源。”
- **注重提高工作效率。**“在提高运营效率之前，不要期待业务的扩展。”
- **管理问题。**“有效的公司治理不只是大公司才需要。确保合适的治理结构并监督企业的合规性。”

拉丁美洲

市场概括

截至 2014 年，承诺投向该地区的影响力投资资金规模在 66 亿美元和 106 亿美元之间，[13] 其中巴西、墨西哥和哥伦比亚是最大的资本接收者。最受欢迎的影响力主题是创造就业、住房、农业、教育、包容性金融和医疗保健。虽然拉丁美洲的影响力投资者最初主要来自国外，但最近的趋势是逐渐转向本地，包括拉美本土的影响力投资基金和当地私人投资者。

市场潜力

目前，拉丁美洲处于影响力投资发展的早期阶段，交易金额相比非洲和印度来说更小。然而，这代表由许多未满足的社会需求和由影响力驱动企业组成的巨大潜力。该地区有 8 200 万贫困人口，[14] 5 400 万家庭缺乏足够的住房，[15] 气候变化风险威胁地区粮食安全（尽管如此，该区域拥有着全世界最肥沃的农业用地），[16] 中产阶级日益壮大。综上，该地区特别适合引入市场化解决方案。另外，拉美地区正经历高速的经济增长，在一些国家，政府正在为经济疲软地区提供企业免税、补贴、投融资等支持计划，因此，影响力投资活动也开始在整个地区聚集。

需要注意的事项

法律 / 制度风险：由于缺乏明确的法律框架，影响力驱动企业和基金面对额外的不确定性以及更高的法律或监管风险。普遍的政治不稳定、高度官僚化的制度、法律制度薄弱，以及复杂的税收制度增大了投资风险，投资实体和投资方案还需要特殊设计。

腐败：透明国际腐败洞察指数（Transparency International Corruption Perception Index）显示，拉美国家是世界上最腐败的国家。

交易流：鉴于影响力投资市场尚处于早期发展阶段，高质量的投资机会的供给有限。加上影响力投资者以及商业和 NGO 领域投资者的涌入，为争夺最佳机会带来了激烈竞争。

尽职调查时间 / 努力：很多企业都处于早期阶段，缺乏经验丰富的管理团队。这使投资者需要投入更多的时间和精力参与尽调，本地资源在这种情况下变得非常重要。

交易结构：激烈的项目争夺加剧了创业者不切实际的估值预期。投资纪律很重要，投资者应该尝试在增加价值方面进行竞争（而不是定价）和 / 或设计基于表现的交易结构和条款（比如赢利能力支付计划）。

文化差异：企业家的风格大都是直接和大胆的，所以投资者需要展示出更强大和更积极的一面，以获取企业家的倾听和信服。

有限的退出机会：鉴于拉丁美洲处于影响力投资的早期阶段，投资对象的规模较少，各国的 IPO 市场不甚发达，实现投资是一项重大挑战。

有关详细信息，请参阅以下报告：*State of Impact investing in Latin America* (Bain & Company，2014); *Impact Investing in Latin America* (Symbiotics，2013)，regional summaries of *TONIIC Early Stage Global Impact Investing E-Guide* (TONIIC，2013); *Impact Investing In Emerging Markets* (Responsible Research，2011)。

亚洲（不包含印度）[17]

市场概况

该地区被认为是一个相对年轻的影响力投资市场，影响力投资生态系统不甚发达。预计到 2014 年，有 36 亿美元的影响力投资会投向东亚和东南亚。[18] 虽然在新加坡和中国香港有很多影响力驱动型企业，其他如印度尼西亚、孟加拉国、越南和柬埔寨，正在成为亚洲的新兴影响力投资中心。最受欢迎的行业是小微金融、能源获取、制造业（致力于创造就业机会）以及信息和通信技术（information and communication，简写为 ICT）。崭露头角的行业是公平交易、生态旅游、农村教育和卫生保健。大多数投资者都来自本地以外的地区，主要由 DFI 推动，并以债权形式进行投资。

市场潜力

快速发展的经济和年轻的人口比例呈现了绝佳的商业机会。亚洲大部分地区在过去的几十年里经历了制造业的飞跃。多个亚洲政府已宣布对社会性企业的支持计划，包括影响力投资基金。该地区也有大量的金字塔底层人口，面临能源、卫生、教育和医疗保健的缺乏。中国、越南和孟加拉国等国有着丰富的企业家资源和广泛的制造能力，影响力驱动型企业的机会和潜力巨大。

需要注意的事项

法律 / 监管挑战：在中国和一些东南部亚洲国家的行政问题可能为投资者造成障碍，例如印度尼西亚和菲律宾的外国所有权限制；孟加拉国和缅甸的投资审批要求；中国的外币投资限制，使许多公司只能接受当地货币的资金。投资者需要考虑更灵活和更创新的融资和运营方法。

直接投资：各国管制外汇，限制外国所有权，例如中国有时是很难对社会性企业进行直接投资的。许多外国投资者通过设立离岸控股公司来避免问题。

交易结构：当地企业家较低的财务水平导致双方对投资条款和交易结构的期望不匹配。为减少这种差距，投资者试图寻找合适的中介向企业提供建议，也可以直接股权或债权的形式代替混合型投资工具。

不同的文化：强大的业务关系对于寻找交易和建立合作伙伴至关重要。鉴于亚洲人通常采取更间接的方法，投资者需要花足够的时间建立双方信任，了解潜在合作伙伴的真实想法。投资者还表示，容易对投资对象的发展阶段产生误判，因为许多企业家对业务演示进行了精心的打磨。因此，实地考察和深入的财务尽职调查对了解真实的运营和业绩是必要的。另外，多种语言和文化让亚洲投资更加困难，许多国家表现出规避高风险和缺乏创业精神的文化。

投资管理挑战：在幅员辽阔的中国以及地理上分散的印尼和菲律宾，对跨地区的投资业绩监测要求很高。投资者需要平衡信息需求与监测可行性。

可扩展性：一些亚洲国家比较小，影响力驱动企业面临规模化的挑战。

有关详细信息，请参阅以下报告：*The Landscape for Impact Investing in South Asia* (GIIN/Dalberg，2015); *Beyond the Margin—Redirecting Asia's Capitalism* (Avantage Ventures，2011); regional summaries of *TONIIC Early Stage Global Impact Investing E-Guide* (TONIIC，2013); *Impact Investing In Emerging Markets* (Responsible Research，2011)。

泰国的阿尔温德·纳鲁拉

用家族企业推动社会发展和改变

> 创新的营利性企业可以成为满足金字塔底层社区需求的最有效的工具之一。
>
> ——阿尔温德·纳鲁拉（Arvind Narula）

阿尔温德·纳鲁拉一开始并不认为自己是影响力投资者——特别是这个词只是最近才创造出来的，而他已经工作了 20 多年了。阿尔温德是印度裔泰国人，在喜马拉雅地区上学长大。幸运的是，他出生在中产阶级家庭。上学时，他参加了 NGO 组织的志愿者活动，亲眼看见了山区难民的极度贫困，这为他日后渴望为贫苦人改善生活播下了种子。

传统的合同式农业

在法国接受高等教育后，阿尔温德加入父亲的贸易生意。1982年，在印度旅行期间，他品尝了巴斯马蒂米，这种大米品种在泰国是不存在的。对农业的兴趣进一步激发了他的好奇心，引导他在泰国进行试验，后来他选择在清莱扩展和建立了合同式农业（与独立农民签订特定生产合同的企业）。

阿尔温德的第一次投资是传统的农业企业。在20世纪90年代中期，阿尔温德在一次参观自己的农场的时候，看到一名工人用杀虫剂喷洒田地，他背上扛着一袋化学品，胸前还背着一个婴儿，婴儿和工人都与化学物质直接接触。亲眼看见这一场景让阿尔温德感到震惊。为了环境、农民和他们的家庭，他当即决定让公司转变为公平贸易的有机生产者，并更名为乌尔玛特（Urmatt）。为了扩大影响力，他选择了泰国最贫穷的北部地区作为公司所在地。

转变成包容性企业

阿尔温德认真思考了改善农民生计的最佳方案。他反对纯粹的慈善方式，认为它无法带来持久的利益。与那个时代的传统逻辑不同，他决定建立有利可图的企业，提供稳定的就业机会，并为社会项目的资金使用提供足够的利润空间。作为投资者，阿尔温德的理念是获得丰厚的回报，自己不拿走全部，而是与跟他合作的农民分享。

乌尔玛特的商业模式是通过把小农纳入供应链来为他们提供价值。乌尔玛特保证农民产品的固定收购价格，即使在该项目进入上升阶段后，并愿意吸收更高部分的风险。这为农民提供了透明而稳定的收入，因为市场价格波动可能会对没有现金储备的农民产生毁灭性打击。通过转变成有机农业，公司改善了农民和他们家人的健康，并产生了环保影响力。乌尔玛特使用当地提供有机肥料（例如蜗牛和牛粪）为农民创造额外的收入来源。乌尔玛特为农民提供可持续农业实践的培训，严格控制他们对有机肥料的使用流程，提升了农场管理，带来了更高的产量、更高的农民收入以及稳定的产品质量。除了直接的影响力投资，乌尔玛特使用部分利润为农民社区的基础设施建设提供资金——为儿童提供奖学金，帮助生产化肥，进行太阳能发电、财务知识培训以及修复道路、寺庙和学校。

让这个模型起作用并不容易。在当时，有机食品在亚洲不太受欢迎，乌尔玛特有 7 年无利可图，还有一次濒临破产。但阿尔温德确信这是开展业务的正确方式，并选择在生产有机食品的道路上继续坚持。最终，他的公司成功了，雇用了数千个家庭并成为泰国最大的有机茉莉香米公司，供应世界各地的主要市场。

建立蓬勃发展的影响力驱动业务并不容易，它需要不断试验，从错误中学习，调整商业模式，从而深化社会效益，同时增加业务的稳定性和发展忠诚的客户群。这些经验是让企业在包容性农业方面取得成功的关键因素。现在，阿尔温德将这些经验运用到任何与农业有关的影响力投资中。

从大米到鸡蛋和椰子

一旦乌尔玛特模型被证实了有效性，阿尔温德希望将其复制到不同地区的不同产品来扩大影响力。他的第二个创业投资项目是山地有机物（Hilltribe Organics，简写为 HTO），一家于 2013 年创立的有机鸡蛋公司。

泰国北部山地部落有超过 100 万的居民，一个家庭的日均收入仅为 5 美元，是全国平均收入的 1/5。这些山地部落无法获得基础服务，例如正规的医疗保健和教育，并容易受到企业主的剥削。大多数家庭经营小农场，但其落后的农业技能和资源的匮乏无法让这些家庭实现温饱。

与乌尔玛特的结构类似，HTO 开发了集成小农的农民生态系统，生产有机鸡蛋，在超市和餐馆卖得高价。小型养鸡场在泰国并不罕见，但它们大部分无利可图，因为与产蛋率为 93%~98% 的非有机工业农场相比，小型养鸡场的平均产蛋率还不到 50%（意味着 100 只鸡中有 50 只每天产蛋）。因此，阿尔温德的挑战是通过多方面的创新将产量提高至 85%。HTO 为每家农户提供符合家庭理想大小的农场，以及 500 只 24 周龄的有机饲养的健康小鸡。该公司生产营养丰富的有机饲料，例如将香蕉作为补充原料，并设计最适合当地天气的鸡舍，因为小鸡对湿度和温度很敏感。HTP 培训农民管理有机农场，从鸡舍的安装到小鸡的饲养无一不全。HTO 承诺以 1 泰铢 1 个鸡蛋的价格从农民手中购买和汇总鸡蛋，并以 6 泰铢 1 个鸡蛋的价格出售给大型客户，保证 1 泰铢的毛利（扣除费用之后）。为了给农民家庭创造额外的收入来源，HTO 鼓励养鸡农户在自己的土地上种植玉米和大豆（用于生产鸡饲料），且公司承诺从他们手里购买农作物。最近的一项创新是农民用再生纸制作的鸡蛋托盘。

综上所述，HTO 使农民的收入增加了一倍以上（他们的平均月收入是 250~400 美元），并通过促进和鼓励生产有机鸡蛋产生积极的环保影响力。与工业农场把临时停止产蛋的鸡送到屠宰场的方式不同，HTO 通过持续喂养暂时停止产蛋的鸡，有效延长了它们的寿命，并让动物也从中受益。

公司创立时有 24 个农场，每天生产约 500 000 个鸡蛋；在巅峰时期，公司雇用了超过 2 000 个泰国山地部落的家庭。经过两年的运营，项目利润率达到15%，农场正在往收支平衡的目标继续前进。下一步是将商业模式引入其他有山地部落的国家，进行特许经营。

一个类似的商业模式是一家专注于有机椰子农业试点的越南椰子汁生产商。目前，从事椰子收割的大多数人都是在非常恶劣的条件下受雇于当地农民的柬埔寨难民。企业家通过租用椰子种植园并支付农民25%的溢价，再将农场有机化。收割者由公司直接雇用，提供更安全的工作条件、住房和社会基础设施，并支付更高的工资。通过乌尔玛特的长期客户关系，将有机椰子汁销售到本地及全球市场。该项目需要初始投资100万美元，预计在18个月内取得收支平衡；在扩建规模后，产生了40%的EBITDA利润率。

继任准备

阿尔温德深信家族企业能产生持久的积极社会影响力，因为高净值家庭可以迅速做出决定并采取行动，且“他们可以决定由价值观驱动，按不同的方式做事”。他分享的价值哲学适用于他所有的商业投资。“当我看到自己做的一些小事可以对他人的生活产生巨大的影响力时，我高兴坏了。”阿尔温德表示，“我不喜欢施舍别人，这样做会侮辱接收者。我们采取合作方式，农民在为公司工作时也倍感自豪，这既帮助公司赢利，也为农民带来利益。在帮助他人实现可持续生活的过程中，我获得了心灵的满足、情感和精神的奖励，这与慈善事业截然不同。”

这是他希望传承给下一代的遗产。阿尔温德的儿子曾在柏林学习艺术管理，最近加入了家族企业，这令他的父亲非常高兴。阿尔温德从不逼迫他儿子，因为他了解儿子对艺术创作的兴趣，但他引以为荣的是社会影响力改变了儿子的事业方向。

阿尔温德的经验教训——包容性农业企业

- **找到合适的作物。**选择高附加值的产品以确保可持续的利润。"我们选择市场明确的作物，而不是那些需要追逐稀缺性或面临激烈竞争的作物。"阿尔温德在进一步生产高附加值产品上不断创新；他最近投资了一家大米—面食制作工厂，以此提升整体的商业利润。
- **销售产品。**公司的关键角色是为产品找到安全的市场，这个步骤甚至在对接农民之前就要完成。阿尔温德肯定地说："如果你在没有确定自己拥有市场的情况下与贫困农民合作，你就是在伤害他们。"
- **选择价值观一致的客户。**阿尔温德将他的营销工作重点放在确保大客户上，这些大客户与阿尔温德有着共同的可持续发展愿景，并愿意为公平贸易和有机产品支付溢价。通过提供优质的产品和影响力，他与这些客户建立了长期合作关系，并与他们共同拓展新产品。
- **只有钱是不够的。**投资者需要了解当地农民面临的实际问题以及需求——资源、技术知识、市场知识等。"许多影响力投资者的失败是因为他们没有农业背景，仅是金融专家。他们只想把钱投入农业企业并期望获得足够的财务回报，但这是不会发生的。"
- **为农民提供多种收入来源。**乌尔玛特不断探索农民可提供的新产品和服务，为企业创造价值，并为农民增加额外的收入来源。
- **你跟你的团队一样好。**价值观一致又能干的团队是必需的。大多数新员工都是被现有员工推荐给阿尔温德并经过"企业文化"审查的。阿尔温德愿意在他的新业务中聘请年轻的毕业生，在初始阶段与他们一起工作并培养他们接管生意。

附　录

附录 1　常见缩写和符号

A$　Australian Dollar　澳大利亚元

BoP　Base of the Pyramid　金字塔底层

C$　Canadian Dollar　加拿大元

CDB　Community Development Bank　社区发展银行

CSR　Corporate Social Responsibility　企业社会责任

DFI　Development Finance Institution　发展金融机构

DIB　Development Impact Bond　发展影响力债券

€　Euro　欧元

EM　Emerging Market　新兴市场

EFM　Emerging and Frontier Markets　新兴和前沿市场

ESG　Environmental，Social，and Governance　环境、社会及治理

ESOP　Employee Stock Ownership Plan　员工持股计划

EVPA　European Venture Philanthropy Association　欧洲风险慈善协会

FO　Family Office　家族办公室

FoF　Fund of Funds　基金中的基金

GABV　Global Alliance for Banking on Values　全球价值银行联盟

GDP　Gross Domestic Product　国内生产总值

GIIN　Global Impact Investing Network　全球影响力投资网络
HNWI　High Net Worth Individual　高净值人士
INR　Indian Rupee　印度卢比
IRIS　Impact Reporting and Investment Standards　影响力报告和投资标准
IRR　Internal Rate of Return　内部收益率
JV　Joint Venture　合资企业
KPI　Key Performance Indicator　关键绩效指标
MBO　Management Buyout　管理层收购
MFI　Microfinance Institution　小微金融机构
MFO　Multi-Family Office　多家族办公室
mIRR　Modified Internal Rate of Return　修正内部收益率
MRI　Mission-Related Investment　使命相关的投资
NAV　Net Asset Value　资产净值
NGO　Non-Governmental Organization　非政府组织
PE　Private Equity　私募股权
PME　Public Market Equivalent　公开市场等价
PRI　Program-Related Investment　项目相关的投资
R&D　Research and Development　研究开发
RCT　Randomized Controlled Trial　随机对照试验
Rs　Indian Rupee　印度卢比
SAA　Strategic Asset Allocation　战略资产配置
SIB　Social Impact Bond　社会影响力债券
SFO　Single-Family Office　独立家族办公室
SME　Small and Medium-Sized Enterprise　中小企业
SPV　Special Purpose Vehicle　特殊目的载体

SRI Sustainable and Responsible Investing 可持续责任投资

TA Technical Assistance 技术援助

TP Total Portfolio 整体投资组合

US$ US Dollar 美元

USD US Dollar 美元

VC Venture Capital 风险投资

VMS Vitamins，Minerals，and Supplements 维生素、矿物质与补充剂

WEF World Economic Forum 世界经济论坛

附录 2 直接投资或间接投资

直接投资和通过金融中介机构投资的优点

直接投资	基金投资
• 允许投资人对投资完全把控 • 对投资有更强烈的感情依赖以及萃取战略性优势的能力 • 与影响力驱动型企业直接接触 • 锚定特殊结果的可能性 • 培养团队内部的投资技能 • 直接的个人影响力，领头的能力 • 修正企业发展方向的能力	• 专业团队和更多元化的投资组合能更好地降低风险 • 可以接触某行业 / 地域特有的知识和资源 • 对参与程度的要求较低 • 管理项目的成本（内部成本和费用）可能更低 • 可以避免名声损失风险（例如征收拖欠的贷款）

居中解决方案（介于直接投资和基金投资之间）

具有联合投资权的基金：除了间接通过基金投资之外，还可以对投资组合里的公司通过联合投资的方式进行直接投资。这让投资者能从专业的投资团队身上学习直接投资的流程，通过利用基金经理人的资源和经验来降低风险和尽职调查成本，还有更多机会亲身参与到尽职调查和投后管理中。

质押基金：通过事前达成的一致，向基金管理团队提供承诺资本。在基金管理团队找到交易后,团队向投资者征求投资许可。因此，投资者可以从交易中挑选适合的项目。与此同时，投资人也能够影响投资的关注点并摸清投资过程的门道。

播种基金：投资人可以通过提供营运资金、策略支持和部分承诺资金来帮助投资团队设立新的基金。投资团队融入投资人业务的程度不尽相同，从简单获取优惠条款，到部分拥有基金管理公司（而非基金），再到把基金经理人的行政和后台业务完全整合到自己的企业中（称为孵化模式）并有可能提供全部资金（专属基金）。总之，融入的程度各不相同。

投资者团队/组合：跟比自己更有经验的投资同行联合投资，是接触更多机会、获得更多经验和减少初始风险的非正式方式。一系列影响力投资交易网和投资俱乐部都提供接触直接交易的机会和不同程度的尽职调查服务（由同行驱动或专业人士提供）。

比较选择

	直接投资	基金	基金中的基金	联合投资 / 质押基金
对专业知识的要求	非常高	低	低	中等
任务控制	非常高	中—低	低	高
对项目的投入	非常高	低—中	非常低	中—高
学习曲线	高	中	低	高
个人影响力	高、直接	低—中、非直接	低、非直接	高
尽职调查成本	高、经常性	低、需预付	低、需预付	中—高
风险分散	低	中	高	低—中
管理费	无	2%~2.5%（多达 5%）	1%~1.5%	0%~1%
附带权益	无	多达 20%	5%~10%	0%~20%
控制	完全	优先（LP 委员会）	基本无	大部分—完全

附录 3　直接投资流程的基础知识

3.1　寻找并筛选交易

寻找交易是投资者了解市场上的交易，或者利用关系网和人脉寻找投资机会的过程。**交易筛选**是用来判断投资机会是否适合的初始分析。通过这一阶段的投资机会才能入围候选名单并进入下一阶段：详尽的尽职调查。

寻找并筛选交易的重要性：由于专业投资者通常只会从初始的

项目池中选择 1%~5% 进行投资，并淘汰不合适或不够有吸引力的交易，因此，投资人在初始阶段就建立起稳健的机会渠道。这个投资概念称为“漏斗”。孱弱的投资渠道很有可能导致对次优交易的投资，为投资成功带来风险。有效的筛选流程是保持高效投资的重要因素，因为详尽的分析往往会耗费高昂的成本，通常涉及海外出差、法律和其他顾问费用。

时长：交易的寻找是在整个投资活动中持续进行的。投资筛选通常耗时 1~5 天，具体取决于投资流程以及与投资关注点的契合度。

执行者：投资者可以使用内部资源，亦可以雇用顾问或中介来寻找合适的机会。投资机会筛选一般由内部完成，而不动用外部资源。

文书材料：专业投资者通常会建立投资数据库来记录搜寻到的投资机会。该记录用于分析投资活动，衡量交易来源渠道的有效性，监控在筛选过程中被淘汰但可能在后期被重新考虑的投资机会。投资者通常会收到拟投项目提供的信息包，包括基本的概述（投资机会摘要）和详细的商业计划或投资备忘录。在筛选过程接近尾声时，有些投资人会准备投资备忘录，用于与团队其他成员和 / 或投资委员会商讨。商讨的结果可能是被否决，也可能是亮绿灯，即进入正式的尽职调查阶段。私人投资者一般不会发起上述正式流程，往往在没有材料的情况下就直接进入尽职调查。简要的备忘录的好处是投资者能够清晰地阐明投资主题，并指出尽职调查中的重点关注领域。

流程

投资者可以通过很多方式搜寻交易，包括主动寻找和被动寻找。市场上越知名的投资者，越经常被有融资需求的企业家和中介机构接近。这种被动寻找虽然成本低，但是搜来的项目大多质量较差。因此，投资者不应该完全依赖这种途径。主动寻找则指投资者积极地搜寻或创造符合投资者要求的投资机会。主动寻找的目标意味着开发专属的投资，无须再与其他投资者竞争。专属投资的意思是，投资对象的管理团队仅跟一个投资者（或者投资团体）合作。关键成功因素包括跟当地关系网的密切往来、专业知识的声誉、除资金外的附加值提供能力以及作为给项目带来战略价值的联合投资者本身。

筛选过程中，投资者首先应大致浏览商业计划书，以快速判断合适程度。若不合适，投资项目将被淘汰。若觉得还行，投资者就需要通过对商业计划书/投资概述进行更详细的阅读，查阅资料以研究行业，通过与管理层、行业专家和/或顾客或者潜在顾客通话/会面等方式来梳理拟投资项目的优势。筛选过程的结论应当就是否继续进行给出明确结论，也可以提出尚待解答的疑问。投资者经常使用筛选模板或者任务清单等方式来更有效地筛选交易。具有评分系统的任务清单足以满足初期阶段的分析需求。任务清单包括一套判断标准，有助于进一步区分耗时更长、需要更仔细调查的投资机会。根据每条标准，投资人对拟投项目进行评估和打分。最终，投资人计算出拟投项目获得的总分。达到分数门槛的投资项目被认为是可操作的，并进入下一阶段的尽职调查。

3.2 尽职调查

尽职调查指的是对通过筛选并认定为符合投资标准的潜在交易的深层分析与调查。尽职调查的本质与筛选相似，不同的是所有事项都将接受更深入的调查。影响力投资尽职调查由传统的金融投资尽职调查和影响力评估组成。

尽职调查的重要性：尽职调查是很重要的环节，通过查验商业概念和影响力主题，印证商业潜力和融资到位前的管理层预测来降低投资人的风险。

时长：1~6个月。

执行者：大部分尽职调查都由内部完成。根据内部团队的规模与能力，投资者可以选择外包财务尽职调查（就基金会而言）或影响力评估（就家族办公室而言）。除此之外，尽职调查的部分环节（比如技术评估、税务、法律尽职调查与合同谈判）可以请教专家。

文书材料：这一阶段会涉及大量的文件处理工作。投资对象很有可能要求投资方签订保密协议来保证投资对象提供信息的机密性。此时，务必确保条款约束的是非公开信息，并避免做出限制对该公司竞争对手投资的任何承诺。签完保密协议后，投资对象向投资方披露详细信息，包括商业计划、市场调研、相关合同的复印件、知识产权、财务信息等。许多投资者都备有正式的尽职调查任务清单或问卷，把待解答的问题一一列明。具有正式管理架构的影响力投资团队会准备一份投资备忘录递交投资委员会审批。审批过程有两个阶段：决定是否批准尽职调查费用（比如顾问费等）的预备阶段，以及决定是否同意投资条款并向该项目亮绿灯的最终阶段。投资方若把部分尽职调查的工作进行外包，将从顾问手中获得正式的尽职调查报告。

流程

投资者通常会在实质性投资前建立尽职调查策略，再将已完成交易的经验融入其中。尽职调查策略包括角色和责任以及调查流程两方面。角色和责任决定了团队在尽职调查过程中的任务分配，而调查流程则规定了具体的调查步骤，包括团队与投资对象之间的沟通、尽职调查工具的运用、模板与外部专家。尽职调查流程包含以下几个活动。

桌面分析：投资分析时，首先应深入分析投资对象提供的信息，并结合比对公开市场的信息。如果投资者重点关注某个领域，应该把市场趋势以及投资对象或分析对象的观点进行交叉验证，以获取额外的参照点。

管理层会议/电话会议：完成桌面分析后，投资者通常会安排一系列管理层会议，用于对公司的相关事宜和投资者提出的疑问进行详细讨论和解答。紧接着，管理层将召开多次电话会议，一步步地满足尽职调查的要求并清理待解决的问题。

实地考察/现场参观：在公司的经营地点与员工会面，参观公司设施是十分重要的环节。现场参观让投资者对公司经营模式、市场机会、业务上的挑战与投资机会有更深刻的理解，也让投资人与公司管理层建立了更稳固的关系。

与其他投资者交流：跟公司现有的投资者讨论公司的优势与不足是有效的策略。当然，他们可能抱有偏见，但如果问到点儿上的话，投资人仍然能获取重要情报，以交叉验证管理层提供的信息。需要调查的内容包括董事会的优势、管理层对投资人共事的开放程度等。除此之外，与其他联合投资人取得联系，了解他们对投资机会的观点和尽职调查的重大发现也是十分有用的信息来源和学习投资流程的路径。

金融建模：虽然金融模型听起来高深莫测又枯燥乏味，但实际上，建模是了解公司业务的最好方式。通常而言，金融模型用 Excel 软件搭建，以管理层为基础的关键财务数据作为假设条件。模型也包含公司的业务与财务历史数据。投资人可根据模型进行敏感性分析，即通过调整变量来评估公司对外部因素的敏感程度。敏感度分析让投资人能充分了解管理层做出的假设有多激进，并制定自己的投资预测（以投资人为基础）。

专家建议：在尽职调查中的各个环节，投资者往往会利用自己的人际关系网寻找专家来提供行业洞见，并验证管理层关于市场潜力、竞争环境和公司定位的观点。专家的建议常常一针见血，但投资者能否找到专家并支付合理的报酬也是一个难点。

背景调查：尽职调查中的重要一环。投资者会自发地调查管理层人员的背景（包括企业家所需的能力、为人与声誉）、商业模型和产品（验证客户对产品的满意度、供应商的反馈等）。调查过程需考虑文化差异（比如，某些地方的人不习惯对外提供负面或贬损的信息）。另外，投资者提出的问题不应让参与调查的一方感到自己出于恶意或背叛信任关系。

顾问报告 / 证实性（法律）尽职调查：如上所述，尽职调查的某些环节可以外包给专业顾问 / 专家。另外，当尽职调查流程接近尾声时，法律顾问一般会进行证实性法律尽职调查，包括对法律文件的审阅，来证实管理层提供的信息。

3.3 投资结构和条款

如果某个潜在投资项目通过了初步阶段的尽职调查，投资人便可以着手开始建立投资结构，并且与接受投资的公司商议投资条款。这一阶段由下列几个步骤组成：决定投资工具的类型；在投资条款上达成共识；以及签署投资交易的协议合同。

这一阶段的重要性：达成投资者的财务和影响力目标，降低关键投资和影响力风险取决于两个重要因素——对投资进行专业的结构设计，并通过谈判确定既对投资者有吸引力又对投资对象公平的条款。

时长：这个环节始于尽职调查过程。由于合同条款会经过多次修改，因此会产生多个版本的法律文件，该环节至少持续数个星期。

相关人物：在法律顾问的支持下，一般投资团队会负责初期的结构设计与商务条款谈判。

文档：这一阶段有大量文件要处理。过程起始于一份总结了投资条款和结构的投资意向书，虽然不具备法律约束力，但如果投资者尽职调查的结果是积极的，投资意向书为交易双方提供了保证，包括过程中产生的顾问与律师费用，管理层为投资人访谈中花费的时间，以及投资可采用相似的条款。尽职调查结束后，紧跟投资意向书的是详细的投资协议（又称出售和购买协议或认购协议），描述交易最终敲定的条款，比如股份数额、优先考虑的清算方式等。股东协议书或投资者权益协议书详述投资者的关键权益与义务，是有法律约束力的文件。另外一份重要的协议则是管理合同，详细列出对于管理层的激励机制与雇用条件。

对于债权投资而言，关键的文档则是贷款协议——详述贷款的主要条款，比如利率和贷款周期（限期），和担保协议——将某个资产作为借款的担保物抵押给投资者。

流程

本阶段可以划分为多个部分。投资者首先应指定合适的金融工具、判定公司的价值、商议条款，包括管理层激励机制、签署投资文件，并完成交易。

以下内容总结了投资工具、估值方法，以及关键私募股权与债权投资条款。我们将重点讨论传统投资，也会偶尔引用影响力投资，以便更好地结合本指南的核心内容。

A. 关键投资工具

以下表格描述了最常见的投资工具（对公司进行投资的方式），从投资者角度概括了每个方式的优势与缺点，以及投资对象（公司）和投资人对相关工具的偏好。

工具	对于投资者的利与弊	适用情况
优先债：公司清算时，将先行清偿这一类债务，随后才清偿其他债务和股权。通常有担保物抵押	利：风险较低，固定当前收入，退出简单 弊：收益一般，抵押品变现有一定风险，债权人没有控制权	公司：具有稳定和可预测的现金流以及抵押品的发展后期公司 投资者：偏好当前收入，风险规避型，被动投资
次级债：公司清算时，在优先债务之后偿还的债务	利：收益更高，当前收入 弊：抵押物更低 / 风险更高，债权人没有控制权	公司：具有稳定和可预测现金流的发展后期公司 投资者：偏好当前收入，被动投资
可转换债：允许债权人在随后的日期把贷款金额转换成（普通）股权的贷款。股权价格事先固定，或以下一轮估值的折让价转换	利：如果投资成功，债权人可选择以低价“买入”公司股权。可以延迟估值谈判。通常参与董事会 弊：在某些情况下，必须转换成债权	公司：通常适用于处于早期阶段、难以估值的公司，管理层不愿放弃股权的公司 投资者：有兴趣购入股权、但不确定股权价值的投资者，通常主动投资
专利权税 / 需求股利：债权人不收取固定利率（或在收取固定利率的基础上）从净收益或收益中抽取一定百分比。投资者回报与公司财务表现挂钩，一般有封顶限制	利：更早实现现金流，无须考虑估值和退出，具有战略影响力 弊：投资者通常要承担类股权风险，但回报有一定限制。企业家可能不熟悉该工具	公司：已经向市场推出产品的公司。也适合资产锁定、无法发行股权的影响力驱动企业。适用于退出前景受限的公司 投资者：做好承担类股权风险的准备，但重视流动性的投资者

续表

工具	对于投资者的利与弊	适用情况
夹层债：具有债权（利率）和股权（通过认股权证或期权获利）特征的混合型工具。利率通常被资本化	利：利率和股权获利更高。可能有控制权/影响力 弊：无担保——风险更高，需要夹层投资者重点监测。相对投资者承担的风险，通常回报偏低	公司：要求可预测的现金流，除非利率资本化。管理层不愿放弃股权 投资者：中等风险承受能力，中等监测要求
优先股本：授予持有者部分所有权、投票权和其他权益的股权。支付固定分红	利：分红和清算时比普通股本优先。其他权益（反稀释等）。通过董事会、投票权等对公司实现控制权/影响力 弊：收益取决于退出策略	公司：一般为早期阶段的公司。创始人的股权和ESOP 投资者：财务投资者常用。风险承担能力高，持有期长，主动监测
普通股本：授予持股者部分所有权、投票权和参与董事会选举的权利。提供最少的权益和特权	利：通过董事会、投票权等实现控制权/影响力。完全的股权收益 弊：公司清算时最后得到补偿。可能受到不愿稀释所有权的企业家的阻碍	公司：通常包含创始人的股权和ESOP的处于早期阶段的公司 投资者：天使投资者，风险承受能力强，持有期长，主动管理
贷款担保：指承诺在借贷者违约的情况下，承担还款义务，是一种延续贷款的激励机制	利：无须当期支付现金（抵押股权等资产）。余下的资金可以使用杠杆 弊：高风险，无控制权/影响力	公司：适用于不同阶段，营运资金和过桥贷款。长期贷款的优先损失担保 投资者：风险承受能力强，通常使命驱动，被动管理

B. 公司估值——主要方法

如果拟定或选定的工具是股权或夹层贷款，投资者和公司双方须对公司估值达成一致，以计算投资者将获得的所有权比例（投前估值）。以下表格总结了不同的估值方法。通常而言，估值需要根据投资对象的类别和发展阶段来估算。大部分估值方法计算的是企业价值，须减去未偿债务（净债务）才能得出股权价值。

方法	利与弊
市盈率方法：用可比上市公司的市盈率计算接受投资者的盈余。市盈率倍数应在资产非流动性、监控成本高昂、风险更高等等情况下相应减少，而在增长率高时增加	利：客观（估值基于市场信息）。计算简单 弊：不适合处于早期阶段、现金流为负值的公司。难以找到可比的公司
EBITDA 倍数：跟市盈率倍数相似，这一倍数相乘前一季度或预期的 EBITDA。EBITDA 值需要剔除特殊项目才能算较为“正常”的收益估算	利：更接近营业现金流，较不依赖融资方法和税制 弊：不适用于处于早期、现金流为负值的公司。难以找到可比的公司。需要标准化
销售收入倍数：可比上市公司的销售额倍数乘以接受投资者的销售额来计算估值	利：适用于处于初期阶段的公司 弊：难以找到可比公司。可能无法解释营业模式的盈利情况
现金流折现法：假设公司现值等于以映射风险（或不确定性）的折现率折现，未来（但不确定）的现金流总额	利：适用于早期和处于成熟阶段的公司。高度个别化。不受市场情况影响 弊：复杂。对假设非常敏感（增长率、定价、折现率）。非常主观，时常和倍数一起使用，也应该结合敏感性分析运用。最适合现金流稳定且可预测的公司
账面价值：公司总资产减去总负债，按照营运资金、无形资产和研发费用进行调整。反映投资者投资一家公司时愿意支付高于账面价值的溢价	利：通常用于成熟、有巨额资产基础的公司 弊：需要调整。对会计准则高度敏感，并很容易受操控，除了对金融机构和保险公司估值外，很少单独使用
过往交易：通过与类似公司的并购交易的历史价格来推算估值倍数的范围。这种分析试图计算买方获取公司控制权时支付的控股权溢价	利：容易计算。客观 弊：难以找到可比交易。难以得到交易的价格信息

C. 设定管理层激励机制

合理的激励机制对保持管理层和投资者的利益一致至关重要，且在谈判阶段就要格外注意。通常而言，在风投支持的传统企业中，大部分的管理层薪酬都以股权为基础，给予高级管理层和参与 ESOP 的其他职员股票期权。投资者通常会要求管理层持股的兑现期[1]——

想要从职工期权获利的关键员工至少要在公司继续任职一定期限。管理层激励机制一般采用普通股的结构，投资人在此基础上对分红和清算权益进行细化。除了股权，投资人还通过雇佣合同激励管理层，有能力控制薪酬体系并在公司业绩表现欠佳时更换管理层。

关键的管理层激励机制

公司所有权：

- 创始人股份，股权 /ESOP。
- 投后的最低持有股份数。
- 行权计划。
- 优先股和普通股。

雇佣合同：

- 雇用 / 解雇管理层的能力。
- 同意加薪。
- 年终奖审批，设定目标。
- 收支平衡后的工资 / 奖金增加。

D. 谈判投资条款

投资条款的谈判是迈向协议达成的关键一步。谈判过程始于尽职调查时双方签约条款单这一环节。条款单本身没有法律约束力，但通常而言，投资条款只有在尽职调查结果异常和 / 或遇到需要缓释的风险时才会严重偏移条款单。投资协议和股东协议上将详列最终敲定的条款。

债权投资的关键词汇

下面概括了债权投资的关键词汇。

贷款/本金金额（loan/ principal amount）：提供给公司的信贷额度。

利率（interest rate）：以本金金额为基数，作为财务回报支付给贷方的比率。按照净负债计算（总负债减去已偿金额），一般每季度或每半年支付一次。

贷款期限（或限期）[loan term（or tenor）]：借方偿还贷款的时

间期限，由贷方指定。

贷款偿还计划（repayment schedule）：贷款通常分期偿还，偿还金额包括本金和利息。

宽限期（grace period）：提取贷款和首次分期支付之间的时间段。

贷款保证契约（covenant）：同股权。针对债权的条款——现金分红限制、债权优先级、维持比率（例如债务覆盖率、利息覆盖率、资产净值等）。

抵押 / 抵押物（security/ collateral）：以房产或其他资产作为借方为贷方提供的偿还贷款的担保。若出现违约（无法支付利息或偿还本金），贷方可以没收抵押物以弥补损失。

特殊权利（special right）：贷方的附加权利或特权，例如按折价将债务转换为股份的权利、信息知情权等。

私募股权投资的关键词汇

以下一览表是股本或夹层投资的关键金融词汇和定义，以及投资者的使用方法。

词汇解释	如何用来降低风险
清算优先权（liquidation preference）：在目标企业清算时，具有优先于其他普通股东获得分配的权利	若标的企业破产，可以增加投资者收回投资资金的概率，并在企业分红时有优先获得回报的权利
反稀释条款 (anti-dilution clauses)：优先认购条款（pre-emptive right）发生在目标公司后续融资增发新股时，投资人有权利按比例优先购买或受让，以此来确保其持股比例不会因为后续融资发行新股而降低。优先拒绝权（right of first refusal）允许投资者在老股东转让股权时享有优先购买或受让的权利。完全棘轮 / 加权平均反稀释条款（full-ratchet/ weighted average anti-dilution）指如果公司后续发	投资者获得反稀释条款保护，可避免股权因目标公司进行降价的后续融资而被稀释。降低尽职调查风险（对企业过高估值的风险）

续表

词汇解释	如何用来降低风险
行的股份价格低于既有投资者入股时的价格，那投资者的股份则全部按新的更低价格重新计算	
随售权（tag-along right）：投资者（通常是少数）可以自动跟随原有股东（通常是多数）向第三方出售股权的权利	若多数股东出售股权，可以保障少数股东不被剩下
拖售权（drag-along right）：当某第三方有意收购的股份比股东（通常多数）所持股份要多时，投资者可以强制要求其他股东一同出售股份	保障多数股东在收购方有意购买公司大部分或全部股权时，少数股东不会阻碍交易的成交
价格调整/对赌（price adjustment/earn-out）：投资者在交割时先支付价款，待交割之后，按照公司的业绩调整持股比例	可以缓解交易双方对价值评估的严重分歧，并且激励管理层创下更好的业绩
排他性（exclusivity）：指禁止被投公司在一定时间内同时和其他投资方接触的条款	防止投资者在进行成本高昂的尽职调查时，目标公司接受另一个投资者的投资
控股方变更/投资者认可(change of control restriction/investor approval)：限制在没有获得既有投资者的同意时变更公司的控股方或售卖公司全部股份	防止少数股东的股权因控股方的变更而贬值
里程碑（milestones）：投资者按照财务和/或社会表现，将投资款根据协定好的里程碑进行拆分；公司在达到里程碑后获得对应的部分投资款	降低尽职调查风险，并在公司的业绩未达标时允许投资者不继续缴纳剩余的投资款。提升 IRR（因为投资期变短）
雇用/解雇管理层的能力（ability to hire/fire management）：在公司未达到事先约定的里程碑时（通常与商业计划有关），允许投资者对管理层和/或董事会结构进行改革	让投资人有权对管理层做出改变，来降低管理层业绩低迷或者偏移使命的风险
卖出期权（put right）：在某一天或一定的期间内，按协定的价格将股权卖还给公司的权利。除了价格外，也可以跟约定的目标影响力关联	缓解退出风险，提高收益的可预测性
董事席位/投票权（board/voting right）：指投资者选举一名/多名董事的权利。公司在做出重大决定前，必须征得董事会的同意	给予投资者获得信息，并且影响公司决策的权利，从而允许投资者防止/纠正公司的业绩恶化情况

续表

词汇解释	如何用来降低风险
基金用途（use of fund）条款：指定投资者的资金用途，并限制管理层遵循该条款	缓解基金资金被挪用的风险，并把资金的用途限制在尽职调查中协定的范围
约定事项：消极条款（negative covenant）是指管理层不能在投资期内从事哪些行为的约定，通常禁止负债、售卖公司资产、与其他公司合并等。积极条款（positive covenant）通常要求公司按时交税、注册、进行审计，并定期向投资者汇报。影响力驱动条款（impact-driven covenant）包括采取行动服务特定的人群、维持影响力评级或认证、把影响力使命加入公司章程、转换为特定的法律形式、建立黄金股权[1]等	防止管理层采取降低投资价值的行动。让投资者有更多的负责任的退出选择
信息知情权 / 汇报（information right/reporting）：指投资者有了解和获取公司信息（财务报告与其他疑问）的权利。条款还明确了财务报告和影响力报告的类别和递交频率	允许投资者监督公司的财务和社会表现，并且依此按时采取纠正措施
关键人员 / 时间投入（key personnel/time devotion）：指投资者和公司认同关键人员将在未来一定时间内留在公司，并且在公司发展方面投入大量时间。投资者也可能要求公司作为主要受益方，为一名或更多关键人员购买人身保险	在公司关键人员猝死或公司创始人决定离职或采取其他类似行动时，起到缓解公司业绩下滑的作用

3.4 投资管理

一旦支付了对基金的投资款，投资者就会进入监管或者持有阶段。在这个阶段，他们会密切监测投资对象的表现，以保证基金运营符合预先约定的投资策略，同时也保证投资表现与投资和影响力主题中的预定目标能保持一致。监测让投资者对公司的运营保持注意，并将投资（和影响力）主题与实现的业绩进行比较。投资管理的关键部分是为投资对象增加价值。

本阶段的重要性：专业的投资管理允许投资者通过引入检验和平衡机制、有策略地支持管理层等方式来降低投资风险，同时如果出现严重情况，他们应处于财务或者影响力方面。这也允许投资者监测投资对象与目标的持续一致性。增加价值也提升了财务表现，推动了影响力的达成。

时间：从投资到实现的持续进行。

人员：积极投资者通常会自己承担监督角色。一些家庭和基金可能会聘请外部专家参与 / 验证影响力评估，帮助投资对象建立能力，甚至代表他们参与投资对象的董事会。

文件：投资者通常会收到月度简报、季度账目 / 董事会会议、年度财务报告以及更广泛的影响力评估报告。在更大 / 更正规的投资团队中，来自团队内部 / 给关键人士 / 董事会 / IC 的内部报告也以投资动态更新和年度绩效报告的形式进行。

流程

与投资对象互动的强度将取决于公司的发展阶段，以及投资者选择扮演的角色。这可以是应管理层要求对潜在供应商或客户进行简单介绍，也可以是密集且深度参与到公司战略中。在某些情况下，这还可能包括管理公司重振[1]的情况，更换管理团队，甚至承担临时运营角色。企业家与投资者的互动经验以及文化细节也会带来影响。公司的发展阶段越早，监管过程就越需要密集。

A. 如何监管投资

投资监管一般包含以下几个方面。

定期通话 / 会议：积极的投资者同意与管理层进行一系列的定期

沟通，包含以下几点：

- 月度管理通话以及报告资料包（关键的经营性、财务及影响力指标）。
- 正式的董事会（季度，半年）。
- 与管理层在管理层通话 / 董事会上的讨论事项进行沟通。

正式报告：投资者经常会收到月度简报（对关键的经营性和财务指标总结）、董事会材料、年度审计财报、年度更新的代表和保证；如果是在债权投资情况下，也会收到贷款保证合规性声明。

实地考察：投资者会经常拜访公司来监督现场的进程。这种拜访通常会与董事会连在一起进行。

月度管理层通话 / 会议

- 根据运营和影响力目标衡量公司的进展。
- 关键的财务数据，流动性 / 现金管理。
- 已创建的价值。
- 所经历的问题。
- 关键雇佣 / 战略决定。
- 战略计划所必需的改变。

B. 影响投资对象的方式

即使投资者没有正式持有公司的大部分权益，如果他们已把相关的投资人权益列明在法律文件中，也能通过 4 种机制产生重要的影响力，具体的方法列于下表。不管你的正式监管权有多强大，与管理层形成建设性的关系对有效的监管至关重要。

董事会代表	选举权	额外的融资	投资条款
董事会席位让投资者可以参与关键的战略决策，代表了发挥影响力的特别方式。如果正式的董事会席位无法获得，观摩者的身份将会为你提供董事会桌旁的一个席位，同时又不用对投资对象承担信托责任	即使少数投资者会有不成比例的投票权，但是在特定事项上可以行使否决权，例如发行新股、举债、出售资产或者改变章程	投资人可以通过里程碑的方式进行分步投资，以此对公司施加影响。投资者通过介绍和鼓励新的投资者参与新一轮投资的方式，在帮助企业融资方面发挥了关键作用	投资者可协商额外的权利来提升自己对投资对象的影响，例如进入现场，定期报告，批准CFO的权利，以及消极和积极的通用约定事项

C. 增加价值的主要领域

投资者（或者他委任的代表）可以很多不同的方式为投资对象增加价值。最关键的方式是决定公司的战略方向，识别以及填补管理能力的缺口，为下一步的融资做准备。若是影响力投资，还应监测使命偏移。那些通过家族企业 / 家族办公室而拥有特定行业知识以及联系人的私人投资者，会帮助投资对象对接潜在的行业伙伴、客户和供应商。投资者增加价值的关键领域总结如下图所示。

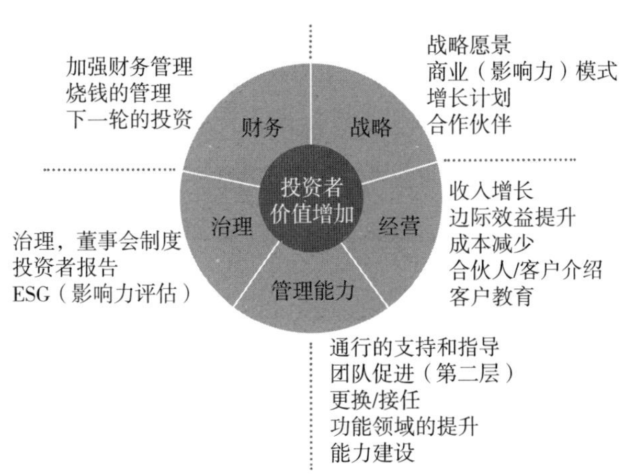

D. 监管阶段

监管的重点会根据投资的不同阶段而发生变化。

尽职调查	第1年	第2~3年	第4~7年
• 评估影响力主题/商业模式、竞争地位以及管理团队的优势 • 识别进步与成长的领域	• 100天计划：产品/市场策略、影响力计划、合作伙伴等 • 关注2~3个关键问题并对其进行修正 • 评估管理/做出改变，建立能力 • 提升管理和报告水平	• 调整/执行策略：影响力/商业模式、团队、组织结构、经营参数、盈利增长、边际效益 • 专注现金流（成长阶段） • 下一轮的投资	• 驱动表现 • 通过产品创新、复制、获取来追求扩张 • 退出：整理资产负债表，使命锁定，偏好的/其他路线

尽职调查：尽职调查过程甚至开始于投资之前，通过对市场、竞争以及投资对象的内部能力进行深入分析，投资者可以识别出需要提升的领域。

第 1 年：投资后，新加入的投资者通常会对一种策略达成共识，并专注于需要立刻采取行动的几个关键领域。这种策略通常叫作 100 天计划，因其指出了投后 3 个月里的关键方案，用于建立价值并降低投资风险。这包括加强公司的财富 / 控制能力；形成正式的治理制度，例如董事会（顾问委员会）；以及提高报告水平，包括影响力评估。通过与管理层的交流，投资者还能评估管理团队的空白点并帮助寻找候选人来填补关键位置。一些投资者会让企业家与专业顾问对接，以便建立内部能力和设置流程，并且还可能通过单独的拨款为项目提供资金。处于早期阶段的投资者可能会考虑使用加速器服务（参见“工具和资源”部分第 24 节的加速器案例）。

第 2~3 年：在这个阶段，投资者会利用相关行业和 / 或区域的经验和网络来帮助企业发展和提供战略洞察，重点是执行成长计划以及达到 / 加强财务的可持续性。一个特殊的关注点在于达成影响力以及防止使命偏离。如果投资者低估了达到财务可持续性目标的时间和挑战，问题会变得更加棘手。如果投资对象尚未进行管理层激励，投资者要确保更广泛的管理层激励措施的到位，以此吸引和留住成长性组织所需的人才以及缓解任务漂移的风险。在这一阶段，投资者关注的关键领域之一是帮助投资对象确保下一轮的融资。

第 4~7 年：在初始投资的数年后，除了持续性的监管以及策略性的支持，投资者应考虑退出安排，除非他们使用的是债权或者类似于债权的工具。

当问题产生时：重振以及解决

无论你的尽职调查多么强大，投资组合中的公司仍然可能会面临问题。这通常会带来意料之外的流动性问题，需要不定期的资金注入或者触发贷款违约。在这些情况下，你应该怎么做？

债权。若无法支付预定的款项，即发生了债务违约，应尝试通过与公司合作来收取付款，并在适当的情况下取走部分或全部抵押物。在投资之前，应制定违约后的解决方案 / 收取策略，也可以考虑通过中间人的方式。请记住，让投资对象遵守纪律对它们的未来借资能力以及整个影响力投资行业均非常重要。

股权。如果公司遭受流动性危机，现有投资者提供过桥贷款或股权资本的能力可以拯救他们的投资和公司。然而，要仔细区分基本健康的企业面临暂时的困难和失败的商业模式。对前者，要避免恐慌并通过与管理层进行建设性合作来重振企业。对后者，对在根本上存在缺陷的商业模式进行输血往往会适得其反：它可能会阻止更好的商业模式在市场上公平竞争，并削弱投资者支持其他影响力驱动企业的财务能力。

附录 4 基金投资流程的基础知识

4.1 私募股权基金是如何工作的

本节总结了私募股权基金的典型结构，并解释了相关的投资术语。PE 基金的发展包含以下几点：募集期（1~3 年）、投资期（一般 5 年）以及撤资期（也是 5 年）。投资期与撤资期一起组成了基金寿命（10 年）。在基金投资者同意的情况下，投资期和撤资期一般可以延长 1 年（延长期）。

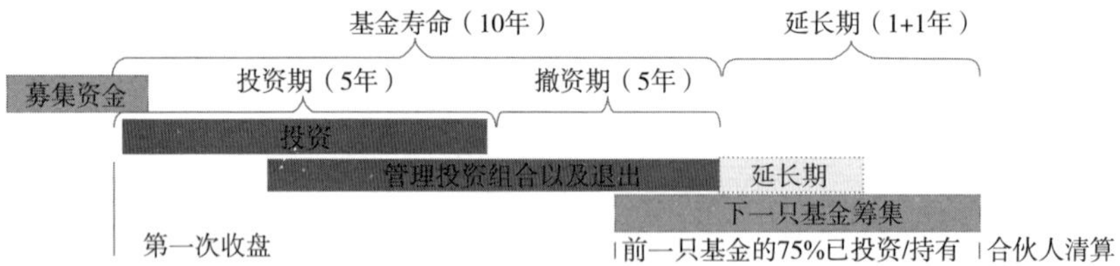

基金募集期：基金经理人会设立一只 PE 基金，叫作有限合伙企业。在这个结构中，基金经理人是 GP，投资人是有限合伙人 LP。基金经理人一般会个人出资 1%（GP 承诺资金）。基金经理人会把基金推销给投资者并收集他们的承诺资金（不是实际资本），组成基金的 99%（LP 承诺资金）。基金在特定的年份（初始投资年份）开始经营（达到资金到位）。资本承诺会分笔支付，第一笔叫作第一次关闭（first close），最后一笔叫作最后关闭（final close）。投资者同意支付 GP 管理费用（用来支付经理人成本，比如年薪和办公室租赁费用）并按百分比支付投资收益（附带权益）。

投资期：虽然基金会持续筹集资金，但是投资期会从第一次关闭开始。在投资期，基金可以做出投资并收取费用(管理费用)，GP

会逐步从投资者那里按比例收取承诺资本（出资请求）。GP 一般会投资 8~15 笔交易（投资组合公司）。投资者必须在较短的时间期限（一般是 10 天）内完成出资要求。否则，就会构成资本出资的违约，投资者会被惩罚并可能失去投资。

撤资期：GP 对投资进行另外 5 年时间的管理，并通过 IPO、股权转让，MBO 或通过出售给另一只基金（二级销售）来实现 / 退出投资。资金主要以现金形式返还给投资者，也可能以股份形式（收益实现）返还。除管理费之外，基金经理人还将收取商定的附带权益，这部分将继续由投资者支付。在第一只基金完成 75% 的投资后，基金经理人一般会允许启动他的下一只基金。在基金寿命到期时，基金会被清算。

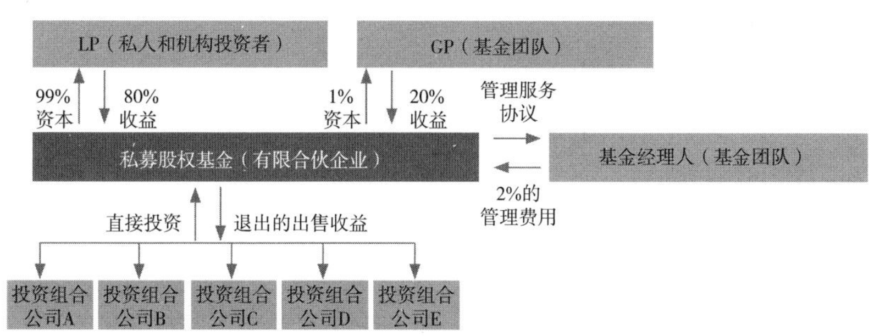

4.2 对基金经理人的尽职调查流程

如第 14 章所述，与直接投资的不同之处在于，基金投资者在投入资金后，对基金管理团队的决策把控能力非常有限。LP 可能在 LP 顾问委员会上有一席之地，但权限通常仅限于解决利益冲突和监控基金绩效。由于投资者并没有完全掌握投资组合的构成，投资者对基金的投资实际上是对管理团队的投资。因此，对基金经理人的尽职调查是基金投资的重要环节。尽职调查的流程可分为以下几个步骤：分析基金的策略和执行能力，审核法律条款和分析关键风险。下图对需要分析的重点领域进行了总结。附录 5 中的瑞士新兴市场投资基金（Swiss Investment Fund for Emerging Market，简写为 SIFEM）尽职调查核对表则更加详细地罗列了对基金经理人尽职调查的要点。

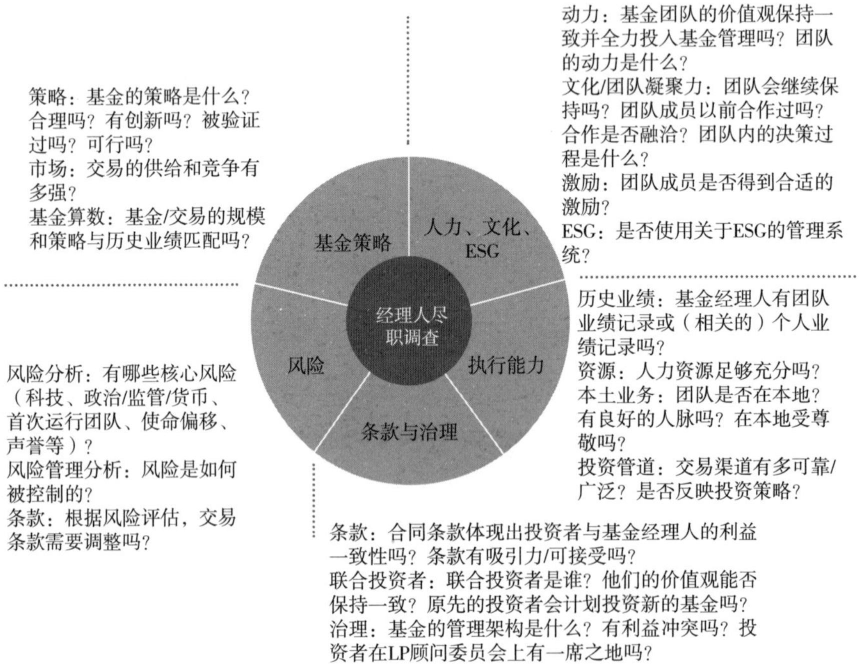

4.3 关键投资词汇

下表概述了股权与夹层投资者通用的关键金融术语。如第 14 章中提到的，私募股权基金称为市场术语，基金经理人和投资者也倾向于使用这些术语。

术语解释	用途	“市场”是什么？
管理费：基金作为管理的报酬向投资者收取的年度费用。费用以投资期内的承诺资本计算，并且通常按季度提前收取	覆盖了基本运营成本（员工薪水与日常开支），但并不是基金主要的薪酬来源	• 金额：以 2% 为标准 • 计算方法：投资期结束后，收取金额会降低；可以是较低的比例或者不同的基准（剩余的净资本和承诺资本）
附带权益：GP 分得的基金利润。按照净利润计算并在分配利润时收取。LP 优先获得投资成本、费用以及优先回报	基金经理人的薪酬与基金的成功挂钩，使得基金经理人和投资方的利益保持一致。附带权益是基金团队关键队员的主要薪酬来源。降低失去关键成员的风险	• 规模：一般为 20% • 类型：基金附带（欧式）以基金的净利润为基准；交易附带（美式）以每单交易的净收益为基准 • 分配：投资者为激励表现，应确保收益的公平分配
最低预期回报率：在附带权益进行分配之前，GP 需要达到的 IRR	最低收益保证制度使有限和 GP 的利益保持一致，在对 GP 分配收益前，保证 LP 能优先分配到最低回报	• 金额：私募股权基金一般为 8% • 费率：年化复合利率 • 类型：优先补提条款（当收益高于特定额度后，即可分配附带权益百分比）；纯优先（附带权益百分比只从超出特定收益的部分中提取）
回拨机制（clawback）：在基金寿命结束时重新分配，GP 有义务把超过事先约定的提成百分比的附带权益部分退还给 LP	保证在基金寿命结束时，按照基金总收益计算的对 GP 收益分配不超过事先约定的提成百分比	• 时间：在合伙企业清算以及阶段性（关键人等）启动时，基于收益和亏损的时间 • 主要适用于交易附带 • GP 的连带责任和 / 或信用担保 • 第三方托管账户有充足的储备金（附带权益的 30%~50%）
关键人条款：指当基金管理团队的核心人物不再在基金管理上花大量的时间时，基金是暂停投资还是解散清算或者是其他选择	在管理团队发生巨大变化时，防止 LP 被迫身陷其中	• 关键人的后果（除非 / 直到找到合适的替补人选）：投资期暂停；基金终止；普通投资人除名 • 在终止 GP 前有 6~12 个月的时间寻找替补人选

术语解释	用途	“市场”是什么?
GP 承诺金：GP 需和 LP 共同出资的金额	GP 和 LP 的利益捆绑和风险共担。如此一来，合伙人不仅共享收益，还共担亏损	• 基金规模的 1% 以上（含） • 现金投入（而不是免掉部分管理费）。可通过融资筹集 • 限制经济利益的转移 • GP 和 LP 的收益率相同
因故 / 无故终止：对原因的定义：GP 严重违规，对 GP 管理基金的能力产生怀疑（诈骗、故意渎职、重大疏忽、实质性违反合伙协议、关键人等）	允许 LP 退出合伙，或者在 GP 严重违规或大多数 LP 赞成的情况下，替换 GP	• 触发：因故终止需超过 50% LP 赞成；无故终止需 75% 以上的 LP 赞成
投资焦点：明确基金可执行的交易类型，并设定审慎限制	降低财务和使命偏移的风险。确保经理人按照商议好的策略执行	• 包含的要素有：规模限制（每笔交易低于 15%）、国家限制（针对地区性基金）、领域限制（百分比）、交易 / 工具的阶段等

附录 5　基金尽调流程注意事项

SIFEM 是瑞士联邦的发展金融机构。在瑞士政府推行的 6 亿美元发展金融指引下，SIFEM 为私募股权基金与新兴市场金融机构提供长期融资。通过为发展中国家和新兴市场的中小型企业提供融资服务，SIFEM 支持可持续的、基础广泛的长期经济发展。企业在获得融资后，创造出更多的长久稳定的就业机会，还减少了地区贫困。SIFEM 的投资组合包含活跃在 71 个新兴市场的 75 只私募基金、夹层投资和债权基金。投资组合由一家名叫 Obviam 的独立投资顾问管理，专攻 EFM 的长期投资。以下内容简述了 Obviam 对基金经理人的尽职调查流程。

政治、经济和金融系统

调查政治、经济和金融系统，并考察拟投基金对 SIFEM 实现自我目标的贡献程度。

市场机会

- 了解基金规模和策略的可行性，并调查下列几个因素的市场信息和统计数据：交易的数量与质量；私人部门对市场的导向以及关系网的企业家属性；GP 在目标市场中的竞争者；退出环境；法律 / 金融系统与限制，包括公司法在目标领域的特殊性、司法程序和执行。

基金目标及投资准则

- 从 GP 手中获取：当前交易管道的分析。通过下列几个方面，对基金的风险分散计划（最小 / 最大 / 预期）和 GP 先前管理的基金的风险分散实际情况进行分析：投资组合的公司数量；单个项目占投资组合的投资金额（以 % 为单位）；目标持有期；发展阶段；基金的国家 / 地区地理分布；负债率；公共证券 / 恶意交易；领投 / 联合投资 / 跟投；重点关注的领域以及 GP 在该领域的专业知识，GP 为何认为该领域有吸引力。
- 确认基金的目标达到 SIFEM 的 ESG 目标。
- 详查 GP 在投前对 ESG 方面的尽职调查内容。
- GP 在投后对 ESG 方面的监督。
- GPR 的事前流程：让 GP 填写 GPR 事前预期问卷。通过

Excel 建立 GPR 事前流程文件并保持关注。

管理技能、资源和业绩记录

- 获取关键合作伙伴与负责人的简历。
- 获取一份组织结构图。
- 调查管理公司的过往历史。
- 调查经历、技能和个性间的平衡、资源的充分性——挖掘任何缺陷 / 不足之处。
- 主要团队：识别负责投资、管理投资组合和后台支持部门的主要人员。评估主要工作人员的工作能力。
- 评估合伙人 / 经理人对基金的长期投入，尤其在基金存续期。
- 获取在过去的 5 年中离开基金的人员名单，以及离开的原因。确认是否有未尽事宜（例如法律诉讼）。
- 调查员工发展 / 培训以及继任的方法。
- 获取已发行基金的投资者名单。确定哪些投资者不再继续投资当下的基金以及不再投资的原因。
- 从下列几方获取推荐信：已发行基金的投资者，投资组合里的公司；GP 的竞争对手（例如存在竞争关系的联合投资方的经理人和企业财务顾问）。
- 审核详细的业绩记录并从 GP 处获取以下信息：概述已发行的基金实现与未实现的投资总结表，包含 IRR 和成本倍数等数据；已发行的所有基金分配给 LP 的 IRR 和成本倍数（所有费用外的净值）的基本数据；详细的业绩表格，并且分析下列信息，即投资项目的全称、投资所在的国家（或主要业务运营的地点）、领域、每笔投资的确切日期与总现金流量、投资产生的所有费用以及支付日期、对未实现的投资的剩余价值与价值评估方法、数据提供方的名称与联系方式，尤其注意基金实现杰出业绩的原因；对过去交易的分析。备注：所有数据都应以同一货币作为单位，表格应明确货币单位和单位量（百万、千万等）。

- 考虑评估管理团队的激励机制是否适宜（例如：为高管的薪酬设立对标；管理团队的业绩报酬分配；其他激励机制，比如年终奖）。

GP 的组织架构与能力

- 如果基金管理公司是专属公司，要评估母公司与团队间的关系，特别在薪酬和激励机制方面。
- 评估长期策略 / 基金经理人对地区的专注，以及基金经理人吸引高质量交易流的能力。
- 评估投资风格 / 参与交易的程度，和 GP 提供附加值的能力（即运营、金融工程、董事代表和控股权）。
- GP 的财务信息：获取 GP 经审计的报表和最近的管理报表；评估 GP 的长期可行性，包括对客户资金的依赖度和偿债义务（例如负债率）。
- 调查 GP 的正式投资流程 / 程序，重点考虑下列因素：尽职调查流程——有多少业务是外包的？第三方的质量如何；交易结构——确保交易结构对市场环境的适用性（比如自偿结构，许可费和版税）；退出方式——GP 在积极地搜寻 / 创造退出机会吗？
- 利益冲突：评估管理公司的企业治理情况，包括董事会结构、独立董事、内部风控、审计与利益冲突政策；调查目前或潜在的 GP 冲突，比如 GP 在投资项目中的个人利益与已发行基金的附带权益；评估 GP 处理利益冲突的程序，比如由同一基金经理人管理的数个基金之间或者由基金管理高管参与的联合投资之间的潜在冲突；确认与已发行的基金相比，该基金有足够的组织资源关注 / 投入。

- 对于过去和现在的 GP 和 LP 或投资组合公司之间的所有诉讼，获取相关的详细资料。
- 审查行政和后台部门的支持与流程。
- 调查客户基金报告标准。

基金——关键金融术语

考虑以下因素的基准和可接受性。

- 管理费：在投资期间和投资期之后；从承诺资本中收取或额外收取；最小费用。
- GP 和管理层对基金的投入。
- 附带权益：总体为基准——基金总规模和单笔交易，从创去成本的收益中提成的百分比，预期回收率条款，包括补提条款、回拨机制和第三方托管；获取拟参与分配的管理层清单；考虑管理层分配附带权益的限制。
- 联合投资计划：所有交易，持续参与的百分比；股权投资者的总出资；获取拟参与分配的管理层清单。
- 成本分摊：开办费；GP 薪酬；基金运营成本；交易成本；其他开支。
- 其他费用，例如从投资组合公司中获取的收益，交易、顾问、监管、非执行董事的费用等。

基金——主要特征

募资代理

- 获取所有募资代理的名称，包括募资协议细节；薪酬条款，包括责任与支付条件；GP 和代理之间的关联。

结构与基础

- 结构：法律结构（若可行，获取组织结构图）；税收结构与税赋；法律管辖范围。
- 条款：基金寿命；投资期；延期；延长基金期限所需的审批流程。
- 承诺资本 / 目标基金规模：最小规模；最大规模。
- 个体投资者允许的最少 / 最多承诺资本。
- 截止期：首次截止日（实际或目标日期）；迄今为止的投资金额和投资者联系方式；余下的时间 / 目标最终截止日期；给未来投资者提供的方案；迄今为止的投资细节（若适用）。
- 线索清单和本地投资者；考虑投票权平衡。

支取

- 通知期限。
- 退出选择。
- 支取：初期；联合组织 / 包销；最大个人投资额；时间限制。
- 收益再投资：售股；退出收益。

- 后续投资。
- LP 未能提供资金的惩罚。
- 未使用的现金。
- 贷款。

分配

- 现金政策 / 特殊分配。
- 基金到期时的结束条款。

终止

- 依据：因故；无故。
- 薪酬条款。

基金董事会 / 委员会

- 顾问委员会：成员；权限；投票权。
- 投资委员会：会员；投票权。

利益冲突

- GP 发起的新一轮融资。
- 联合投资权。
- 现存的 GP 投资组合公司。
- 审核 GP 的年度廉洁声明书。
- GP 投票权。
- 非公平交易。
- GP 披露。

基金报告

- GP 报告。
- 评估并熟悉年度报告的格式、审计和时间表。
- 评估并熟悉评估政策。
- 年度投资者会议。
- 年度 ESG 业绩报告。

附加：基金经理人预算，金融模型。

附录 6　术语表

- **加速器（Accelerator）：**为大量初创企业制定的共生式项目，通常包括创业导师指导与课程辅导，也会伴随投资者的对接活动。创业加速器通过少量的资本注入和创业指导，对初创企业进行少量的股权投资。
- **认可 / 合格投资者（Accredited/Qualified Investor）：**满足金融相关的法律法规要求的特定投资人。各个国家对合格投资人的认定不尽相同，这取决于投资人的所得收入和资本净值。
- **额外性（Additionality）：**影响力投资者所带来的额外影响。参见第 9 章。
- **天使投资者（Angel Investor）：**对具有发展潜力的初创企业进行早期直接投资的财富丰厚的个人，投资方式通常是可转换债权或股权。
- **资产配置（Asset Allocation）：**见 SAA。
- **资产类别（Asset Class）：**以风险、流动性与收益作为衡量标准的资产分类。主要的资产类别包括现金、固定收益、上市股票、私人股权以及实物资产。

- 资产锁定（Asset Lock）：关于限制公司资产用于社会目标并限定股东回报的法律条款。
- 金字塔底层［Base of the Pyramid（BoP）］：在新兴市场中，年收入少于3 000美元的人群（世界资源研究所）。
- 共益企业/B型公司（Benefit Corporation/B Corp）：自发地遵循更高的企业道德准则、企业责任与透明度的企业。由非营利机构B实验室鉴定资质的企业统称为"B型企业"。
- 基准（Benchmark）：基准可作为衡量和判断投资表现的标准（例如，各种市场指数或家族企业对标的行业基准）。
- 融合价值（Blended Value）：由杰德·埃默森提出的，关于多元互融的价值创造方式，提倡价值创造不是在经济收益和社会影响力之间做选择，而是要顾及组织在经济、社会和环境等多维度的表现。
- 过桥贷款（Bridge Loan）：针对企业或个人的过渡性短期贷款长期融资，直到长期资金到位或现有债务解除。过桥贷款为使用者提供即时快速的现金流，以偿还即期负债。
- 资本市场假设［Capital Market Assumption（CMA）］：关于不同资产类别的长期收益率、波动性与相关性的预期。
- 附带权益（Carried Interest）：基金经理人从基金的投资利润中作为薪酬分得的部分，尽管他们不需要为之提供任何初始资本。这种业绩报酬方式激励基金经理人实现更出色的基金业绩［投资百科（Investopedia）］。
- 现金/现金等价物（Cash/Cash Equivalent）：现金或可即时转换为现金的投资，包括存款单、定期存款和货币市场账户。
- 现金倍数（Cash Multiple）：一种用来计算投资收益率的方法，

按项目的累积收益除以缴入资本计算。

- 烧钱（率）[Cash Burn（Rate）]：新公司在未实现现金净流入之前，消耗现金资源或资本的速度。通常以每月所消耗的金额来度量。
- 存款单 [Certificate of Deposit (CD)]：属于定期存款的一种，给持有者收取利息的权利。这种存款拥有特定的固定利息和存款期限，并且可以任意面额发行。
- 特许学校（Charter School）：（在北美）提供免费教育，受公款资助但独立经营的学校。
- 循环经济（Circular Economy）：不同于传统的线性经济（生产、使用、废弃），循环经济尽可能地延长资源的使用期，在使用过程中获取价值最大化，并且在产品和材料的使用寿命终结后进行回收和翻新。
- 担保物（Collateral/Security）：若债务人未按期还款，债权人可把价值品作为赔偿。
- 社区发展银行 / 金融机构 [Community Development Bank（CDB）/Finance Institutions（CDFI）]：通过有目标的借款与投资向有财务困境的或条件薄弱的社区提供资金。这些组织通常是董事会中有社区代表的营利性企业。
- 社区发展投资 / 财政（Community Development Investing/Finance）：见社区发展银行。
- 社区利益公司 [Community Interest Company（CIC）]：一种为服务社区而非股东的特殊有限公司。影响力驱动企业会采用，受限于使命和资产锁定。
- 保护地役权（Conservation Easement）：当土地仍属于私人时，为阻止开发或限制地块的个别用途，具有法律约束力的合同。地役权可以从地产所有者处购得，所有者也可以自愿捐赠地役。

- **可转换债务 / 贷款（Convertible Debt/Loan）**：按照预先约定的条款，可转换为股权的贷款。
- **可转换补助金（Convertible Grant）**：如企业获得（商业）成功，可转换为股权的补助金。
- **企业社会责任 [Corporate Social Responsibility（CSR）]**：一种将企业自我监督与商业模式结合的形式。企业社会责任的目标是为企业的行为承担责任，并通过实际行动为环境、消费者、雇员、社区以及其他受益者带来正面的影响。
- **信用社（Credit Union）**：通过推广资产和存款所有权，为低收入人群提供价格合理的信贷与零售金融服务的组织，常用于少数民族社区的服务拓展。通常情况下，信用社是集体所有的非营利金融组织。
- **众筹（Crowd-funding）**：把从广大群众那里募集而得的资金用于项目或者早期企业投资的过程。
- **违约（Default）**：合同当事人未履行合同义务的行为，特别是未能偿还贷款或应付利息。
- **固定股利率政策（Demand Dividend）**：债权人有权分得一定比例的净收益或利润的债务证券（或者除固定利率之外分得一定比例的净收益）。投资者的回报基于公司的财务业绩，并且通常有封顶。也被称为提成基础或收益参与结构。
- **发展金融机构 [Development Finance Institution（DFI）]**：投资于发展中国家私人企业项目的金融机构，把推动经济与社会发展、实现财务可行性作为双重目标。发展金融机构由发达国家的政府所有或支持。
- **发展影响力债券 [Development Impact Bond（DIB）]**：类似于

社会影响力债券。不同的是，前者专注于发展中国家，投资者 / 捐赠者的范围更广，并且制订了发展计划。

- **稀释（Dilution）**：股东所持的股份比例因公司发行新股而被稀释。也指可转换证券或股票期权在行权后，因股本数量增加，每股收益和每股账面价值减值的效应。
- **可自由支配的资金（Discretionary Capital）**：在安排好必需品和所需支付 / 义务后余下的可用资本。
- **分散（资产组合）风险 [Diversification（of a portfolio）]**：通过把资金分配在多种资产上，而这些资产的回报率之间的关联性较低，从而实现降低风险的目的。
- **撤资（Divestment）**：出于财务、个人、商业伦理或法律原因而转让资产的过程。
- **捐赠者顾问基金（Donor-Advised Fund）**：为代表个别机构、家庭或个人来管理慈善捐款而创建的，由第三方管理的私募基金。
- **尽职调查（Due Diligence）**：投资方在与目标企业达成初步合作意向后，投资方对于目标企业与投资相关的所有事项进行现场调查与资料分析的过程。尽职调查的目的是判定潜在拟投资企业的吸引力、风险，以及与投资相关的所有事项。
- **赢利能力支付计划（Earn-out/Earnout）**：不同于传统的一次性付款方式，公司卖方或投资者可按照公司在未来一定时期内的业绩获得额外的收入。
- **新兴和前沿市场 [Emerging and Frontier Markets（EFM）]**：新兴市场的人均收入水平较低，但逐渐向发达市场靠拢。前沿市场是指经济和政治发展尚处于初期阶段的资本市场。
- **员工持股计划 [Employee Stock Option Plan（ESOP）]**：企业向公司员工提供所有权权益的计划，员工通常不需要预先支付成本。

- 赋能 / 自信（Empowerment/confidence）：增强个人或团体做选择的能力，并将这些选择转化为行动力和结果的过程。
- 基金会捐款（Endowment/Corpus of the Foundation）：基金会的首要资金或资产。通常捐款本金在一定期限内（或永久）不能被挪用，并且用于投资，作为基金会的收入来源。获得的收益为达成基金会使命提供补助金。基金会捐款本金的投资业务统称为捐款投资或投资端。
- 增强型指数基金（Enhanced Index Fund）：用于跟踪股市指数的共同基金，但允许做一定的调整，以超越所跟踪的指数回报率，包括更等量的头寸规模、排除个别证券，或者利用杠杆等（投资百科）。
- 环境、社会及治理 / 环境、社会及治理投资（ESG/ESG Investing）：见可持续责任投资。
- 常青基金（Evergreen Fund）：常青基金在一定时期内不向合伙人发放分红，而是将投资收益自动地重新注入基金，目的是在未来的投资中能保证持续的资本供给。
- 退出（Exit）：投资者清算所持证券，通常指变现处理。私募股权中的退出机制包括股权转让、IPO、注销或者二次转让。部分退出则指撤资 / 变现一部分的所持证券。
- 公平市场价值［Fair Market Value（FMV）］：对非上市股权进行估值的常见方式。公平市场价值是指资产在资产报告 / 评价日的公平市价。
- 家族办公室［Family Office（FO）］：致力于管理高净值家族的投资与信托的专业机构。独立家族办公室（Single-Family Office，SFO）专门服务一个家族，而多家族办公室则同时服务多个家庭。

- **信托责任（Fiduciary Duty）**：两个或两个以上的当事人（一般指受托人和委托人）之间的法律或伦理关系。在信托关系里，受托人要严格按照委托人的意愿管理财产，并且在管理和分配的过程中要时刻保护委托人的利益。
- **第一损失资本（First-Loss Capital）**：在金融结构（或担保）中最低级的资本级别，用于补偿投资者（限额内）的损失（见“工具和资源”部分第 3 节）。
- **固定收益（Fixed Income）**：提供定期、可预测收益的资产类别。债券是最常见的一种固定收益证券。个别投资者也把借贷和私人债务归类为固定收益。
- **营利性社会企业（For-Profit Social Business）**：影响力驱动企业的一部分。见第 1 章。
- **外汇风险（Foreign-Currency Risk）**：因汇率变动而导致经济损失的可能性。在没有对冲风险的情况下，在境外操作业务或持有资产的所有的投资者或企业都面临外汇风险（投资百科）。
- **可免除贷款（Forgivable Loan）**：在某些预定条件未被满足的情况下，无须偿还的贷款。
- **基金管理人（Fund Manager）**：负责基金的整体策略，并负责投资组合里的证券交易决定。
- **基金中的基金 [Fund of Funds（FoF）]**：直接对基金投资，而非对企业投资的基金。
- **黄金股权（Golden Share）**：在特殊情形下，投票权强于普通股的股权。
- **普通合伙人出资额（GP Commitment）**：其他投资者为基金认缴资金时，基金经理人须投入的资金。
- **绿色债券（Green Bond）**：一类专为解决气候变暖问题而发行

的债券，比如清洁能源、能源效率提升或者适应气候变化等解决方案。

- **总 / 净收益（Gross/Net Return）**：总收益指扣除费用和开支前的投资总回报。净收益指扣除费用和开支后的投资总回报。
- **高净值人士 [High Net Worth Individual（HNWI）]**：持有 100 万美元以上金融资产的个人，不包括主要居所（欧洲社会投资论坛）。
- **最低收益率（Hurdle Rate）**：私募基金管理人向投资人归还初始投资后，需要支付的最低收益率。只有超越了最低回收率，基金管理人才能从基金中扣除附带权益作为薪酬。
- **混合投资（Hybrid Investment）**：传统上指结合股权和债权的投资，例如夹层投资和收益共享协议。在影响力投资中，混合投资也指结合补助金和投资的金融工具，例如可收回补助金、可免除贷款和可转换补助金。
- **混合型社会性企业（Hybrid Social Enterprise）**：可指下列任何概念。定价：混合型社会性企业可以市场价将产品和服务销售给富裕人群，并将产品 / 服务以低价或者免费提供给目标（贫困）人群。法律形式：在混合模型中，营利主体可与非营利主体并肩运作或作为非营利个体的附属公司。融资：结合商业收入和补助金来为业务发展提供资金的混合型社会性企业。
- **影响力（Impact）**：由结果带来的更加长远、深刻的改革。
- **影响力优先投资（Impact First Investment）**：以改善社会或环境为首要目标的投资。见第 1 章。
- **影响力投资（Impact Investing）**：带有特定目的的投资，以实现对社会和 / 或环境的积极影响力以及获得财务回报为目标。
- **影响力报告和投资标准 [Impact Reporting and Investment

Standard (IRIS)]：关于影响力术语和度量标准的报告语言。

- **影响力驱动企业（Impact-Driven Enterprise）**：追求财务和社会目标，并将后者融入商业模式中的组织。影响力驱动企业包括社会性企业、营利性社会性企业和寻求影响力的企业。见第 1 章。
- **包容性企业（Inclusive Business）**：在核心业务中囊括了低收入消费者、零售商、供应商和批发商，为其提供产品、服务与 / 或工作机会的、具有商业可行性的企业。
- **孵化器 / 孵化基金（Incubator/Incubation Fund）**：通过提供指导、办公空间和基本企业服务来帮助初创企业发展的机构。另外，企业基金还能提供行业的专业知识与研发资源。
- **工业控股（Industrial Holding）**：在工商业，长期从事收购并管理被投资企业的投资公司。
- **知情权（Information Right）**：获取公司信息的法律权利，包括参加董事会的权利。
- **首次公开募股 [Initial Public Offering（IPO）]**：一家企业第一次在公开交易的证券交易所挂牌。
- **内部收益率 [Internal Rate of Return（IRR）]**：项目的资金流入现值等于资金流出现值时的折现率。换言之，内部收益率是使净现值等于零的折现率。
- **投资 / 资金倍数（Investment/Money Multiple）**：见现金倍数。
- **最后一公里（配送）[Last Mile（Distribution）]**：在影响力投资中，指接触农村地区低收入人群的困难，许多地区只能通过质量低劣的基础道路到达。贫困人口与任何商业价值链的联系都因偏僻的地理位置和有限的获取信息路径被切断。
- **分层结构（Layered Structure）**：融合了不同风险收益要求与投资动机的各类资金的投资结构。见“工具和资源”部分第 3 节。

- 杠杆（Leverage）：在本指南中，杠杆主要指投资者为企业争取原本难以获得或企业无法负担的外部资金的能力。
- 有限合伙人［Limited Partner（LP）］：有限合伙企业中的投资人。有限合伙人为基金提供投资资金，只负担有限责任而不参与基金的日常运营。
- 有限合伙企业（Limited Partnership）：大部分 VC 和私募基金使用的法律架构。该合伙企业通常为有固定寿命的投资载体，并由一位 GP（基金经理人）和 LP（投资人）组成。GP 收取一笔管理费和一定百分比的利润。LP 则获取收入、资本收益和税收优惠。合伙公司由 GP 按照合伙协议的约定来管理。合同涉及投资条款、费用、架构以及其他经 LP 和 GP 双方同意的事项（改编自欧洲风险投资协会）。
- 资产流动性（Liquidity）：这里指资产变现的程度。
- 贷款担保（Loan Guarantee）：有法律约束力的合同，指当借款人未履行债务责任的时候，担保人同意在偿还部分或全部贷款到期金额。
- 管理层收购［Management Buyout（MBO）］：在私募股权基金投资人的支持下，目标公司的管理团队从股东方收购现有的产品线或业务（欧洲风险投资协会）。
- 市场收益率（Market Return）：这里指相似的传统投资（指同一资产类别的）可预期的回报率。
- 匹配贷款（Matching Loan）：在额外的股权融资发生后发放的贷款，贷款金额通常与额外的股权资本金额相同。
- 夹层融资 / 贷款（Mezzanine Finance/Loan）：结合股票和担保债权特征的贷款。通常情况下，产生的收益以实物抵付（payment-in-kind，PIK）和准股权（equity kicker）的形式延期支付（改编自欧洲风险投资协会)。

- 小微金融/小微金融机构[Microfinance/Microfinance Institution (MFI)]:小微金融是为原本无法享受金融服务(贷款、保险、存款)的低收入个人或团体所提供的金融服务。小微金融机构作为提供服务的组织,包括从小型非营利组织到大型商业银行。
- 里程碑/里程碑投资(Milestones/Milestone Investing):将资金投入几个回报层面。只有达到管理层事先制定的收益目标,下一层的资金才会被触发。如果没有达到里程碑,投资者则有权利退出进一步的投资或者重新谈判投资条款(公司估值等)。
- 千禧一代/千禧(Millennial Generation/Millennials):亦称为Y世代,出生于20世纪80年代末至21世纪初的人口群体。
- 使命偏移(Mission Drift):一个影响力驱动企业或组织偏离了既定的社会使命。
- 使命锁定(Mission Lock):为限制企业所有者修改或抛弃企业社会使命的能力而制定的法律约束。
- 使命相关投资[Mission-Related Investments(MRIs)]:大致符合基金会纲领的投资,但不满足慈善分配的必要条件。MRI和传统投资同样从捐赠资金中提取本金,通常为金融优先投资。
- 修正内部收益率[Modified Internal Rate of Return(mIRR)]:IRR假设项目的现金流按照IRR折现率再投资,而修正内部收益率的正向现金以资本成本为折现率,初始支出以融资成本为折现率。因此,修正内部收益率能更加准确地反映项目的成本与利润(投资百科)。
- 覆盖物/覆盖(Mulch/Mulching):覆盖土地表面的盖料保护层。覆盖物可以是有机的(例如剪下的碎草、稻草、树皮和其他相似的材料),也可以是无机的(例如石头、砖头瓦片和塑料)(自然资源保护局）。

- 多家族办公室［Multi-Family Office（MFO）］：见家族办公室。
- 多边（发展）银行［Multilateral（Development）Bank］：由一组国家共同创建的机构，为发展中国家提供金融援助，以此促进经济与社会发展。包括世界银行、非洲发展银行、亚洲发展银行等。
- 负面筛查 / 伦理排除（Negative Screening/Ethical Exclusion）：从基金中筛除参与个别活动的领域或企业，比如军火制造、出版色情刊物、烟草、动物实验、侵犯人权等（欧洲社会投资论坛）。
- 资产净值［Net Asset Value（NAV）］：在私募股权中，基金的资产净值指按照投资组合与其他资产和负债的公允价值，可分配给投资者的份额（欧洲风险投资协会）。
- 纯收益（Net Return）：见总收益。
- 下一代（NextGen）：家族的下一代。
- 结果（Outcome）：产出为个人 / 环境带来的改变 / 影响（比如采用太阳能灯能带来更多的收入 / 储蓄和上升的考试及格率）。
- 产出（Output）：由公司生产的产品或者提供的服务（例如，销售的太阳能灯的数量）。
- 绩效薪酬（Payments by Result）：完全或在一定程度上以达成的社会结果来衡量公共服务提供者的报酬，而不是遵循以往常见的惯例——为提供的服务（投入）付款。
- 支出要求 / 强制支出（Payout Requirement/Mandatory Payout）：想要避税的私人基金会每年必须为公益目的花费的最低金额。
- 永久培养（Permaculture）：整合人类活动和自然环境的农业系统或方法，以创造高效并自我维持的生态系统。
- 慈善权益（Philanthropic Equity）：为未来进一步服务社会，用于组织建立能力的补助金，通常涉及收入创造的加大。收入创造允许组织在自我维持的同时扩大规模。

- 定投基金（Pledge Fund）：一种特殊的基金，其成员为了特定的投资目标，在一段时间里把确定的资金投入资金池。
- 正向偏向（Positive Bias）：人们倾向于高估发生好事的概率。
- 正向筛查（Positive Screening）：积极寻求具有环境和社会保护意识，并从长期持续性趋势中获益的上市公司。
- 本金/负责人（Principal）：这里指投资或贷款的金额，或被为管理投资项目的个人，即财富持有者。
- 私募股权/风险投资［Private Equity（PE）/ Venture Capital（VC）］：私募股权基金是由财务投资人提供的中长期权益资本。资本一般投向高增长潜力的非上市公司。风险投资是私募股权基金的子集，指针对初创企业的股权投资。
- 私人基金会（Private Foundation）：由受托人或负责人管理基金（通常生成于单一来源，比如个体、家庭或企业）的非政府、非营利组织。私人基金会把服务共同福利作为目标，通过捐赠维持或支持慈善活动。
- 项目/项目端（Programs/Programmatic Side）：基金会完成使命的核心业务（比如提供捐赠）。
- 项目相关的投资［Program-Related Investments（PRI）］：一般而言，基金会提出的 PRI 是指，在以推广慈善为目标的项目里，那些低于市场回报的影响力优先投资。
- 上市股票（Public Equity）：通过购买股票对上市公司的投资。
- 公开市场等价［Public Market Equivalent（PME）］：指一项投资与某特定市场指数的相对表现。PME 指数为 1.0 表示投资和市场指数基准的表现一样，而 PME 指数大于 1.0 则意味着投资的表现超过了基准。

- **看跌期权（Put）**：在特定时间内或特定时间点的期间内，投资者有权要求企业或其他投资者以事先约定的价格回购一定数量的股票。
- **合格投资者（Qualified Investor）**：见认可投资者。
- **准股权（Quasi-equity）**：见夹层。
- **随机对照试验［Randomized Controlled Trials（RCT）］**：指一种将研究对象随机分为试验组和对照组的试验手段。试验完成后，结果变量是两组之间唯一的预期差异。
- **实物资产（Real Asset）**：从有形物质中获取价值，可识别、有形的资产投资，包括房地产、林地、土地和农业投资。
- **资产重组（Recapitalization）**：对融资形式进行重新配置的过程，比如从企业资本结构中将企业优先股重新配置为债券或贷款。
- **收益参与（Revenue Participation）**：见固定股利率政策。
- **可收回补助金（Recoverable Grant）**：当项目达到预先约定的目标（例如达到一定的盈利水平）后，或未能满足某些条件（例如影响力目标）时必须归还的补助金。
- **使用费结构（Royalty-Based Structure）**：见固定股利率政策。
- **责任投资（Responsible Investing）**：常指社会责任投资中重点关注负面筛选的部分。
- **债务重组（Restructuring of Debt）**：面临财务困境的企业重新谈判债务条款的过程。
- **小额投资者（Retail Investor）**：以个人而非公司或组织为单位的投资。小额投资者的收入和资产水平不符合认可投资者的相关标准。
- **二级市场/销售（Secondary Market/Sale）**：在证券发行后各

种证券在投资者之间买卖流通所形成的市场，不是在证券发行时直接从发行公司认购的一级市场。

- **种子资金 / 拨款 / 阶段（Seed Capital/Funding/Stage）**：在初创企业还出于初始概念（种子期）阶段时，为研究、评估和制定商业概念提供的融资 / 资金。
- **播种基金（Seeding a Fund）**：为制定基金策略、组建团队并向投资者推广基金提供必要的营运资金。
- **自偿性工具 / 投资（Self-Liquidating Instrument/Investment）**：用被投资企业 / 项目的收益付清本金和投资者收益的投资结构。此处泛指任何定期支付本金的投资工具（债务、夹层等）。
- **共享价值（Shared Value）**：一种管理策略，重点关注在创造经济价值的同时，通过解决与商业利益相交的社会问题为社会创造价值。这一概念由 M. 波特（M. Porter）和 M. 克雷默（M. Kramer）于 2011 年创造。
- **股东积极主义（Shareholder Activism）**：持股者带动企业管理层共同为改善企业的社会和 / 或环境而努力的策略。
- **中小型企业 [Small and Medium-Sized Enterprise（SME）]**：至少符合下列标准中的两条的企业——少于 50 名员工；资产总值不超过 300 万美元；年销售额不超过 300 美元（世界银行）。
- **社会性企业家 / 企业（Social Entrepreneur/Enterprise）**：首要目标为创造社会价值而非财务价值，并采取市场策略来达成社会目的的企业家或组织。社会性企业可以是非营利企业、营利企业或混合企业。
- **社会影响力债券 [Social Impact Bond（SIB）]**：一种基于绩效的合同，通常与政府签订。政府承诺为社会结果显著的项目买单。见“工具和资源”部分第 4 节。

- **社会影响力投资专家组 [Social Impact Investment（SII）Taskforce]**：由英国发起的八国集团所建立的全球专家组。目的是集合金融、商业和慈善界的八国政府官员和资深人士，促进发展高效的全球社会影响力投资市场。
- **社会目的房地产（Social-Purpose Real Estate）**：为社会目的组织和社会服务匮乏的人群收购、修建或维护土地和房产提供融资。
- **特殊目的载体 [Special Purpose Vehicle（SPV）]**：一种适用范围非常有限的法律实体，专门为特定目的创造，比如收购某处资产。
- **支出模型（Spend-out Model）**：基金会或信托在一定期限内支出所有或部分资本资产，而不再永久维持捐赠本金资产。
- **挤出 / 被挤出（Squeeze Out/Being Squeezed Out）**：企业的多数投资者将剩余的投资者赶出公司的过程。现金补偿不低于股票近期的平均价。
- **战略性资产配置 [Strategic Asset Allocation（SAA）]**：为各个资产类别事先设定配置目标，并定期根据收益变化对组合比例进行调整的资产组合策略。这种策略假设市场危机对各类资产带来的影响是不同的，降低了资产组合的整体风险。
- **股票期权（Stock Option）**：以协议价买入相关股票的权利。股票期权是一种常用的员工激励和薪酬机制。
- **可持续责任投资 [Sustainable and Responsible Investing（SRI）]**：在做投资决策时结合 ESG 因素的原则。落实方案包括负面筛查、股东积极主义、正向筛查和主题投资。
- **可持续发展银行（Sustainable/Sustainability-focused Bank）**：可持续发展银行重点关注能够同时创造财务与社会收益的产品和

服务，并且衡量其活动的影响力。

- 可持续投资（Sustainable Investing）：SRI的一部分，包括股东积极主义、正向筛查和主题投资。
- 可持续追踪者（Sustainable Tracker）：追踪一只可持续股市指数或一组股市指数的投资基金。
- 技术援助［Technical Assistance(TA)］：为投资对象提供建议、援助和训练。资金通常由私人捐款者或DFI的独立（慈善）资金池提供。
- 条款清单（Term Sheet）：对拟投资项目的主要财务和其他条款进行总结，形成内容较短的协议书。
- 主题式策略/基金（Thematic Strategy/Fund）：重点关注某个具体"影响力"领域的基金，例如水资源和能源。关注点也可能是其他社会问题，例如向可持续发展和低碳经济的转型。
- 整体投资组合法（Total Portfolio Approach）：这里指财富持有者致力在一段时间内将全部资产与自身价值观形成统一。
- 业绩记录（Track Record）：基金经理人/企业家的成绩和以往业绩。
- 股权转让（Trade Sale）：将企业出售给工业投资者，一种风险投资中常用的退出路径。
- 传统投资（Tradltlonal Investing/Investment）：在分析和挑选投资时仅关注财务回报和财务风险的投资方式。
- 三重底线（Triple-Bottom-Line）：将社会、金融和环境标准纳入商业/投资决策。
- 企业重振（Turnaround）：长期业绩不佳的企业的财务复苏。
- 超高净值人士［Ultra High Net Worth Individual（UHNWI）］：持有超过3 000万美元流动性金融资产（欧洲社会投资论坛）或超

过 5 000 万美元流动资产的个人。

- **得不到充分服务的人群（Underserved）**：潜在客户群，尤其是处于金字塔底层，缺乏主流供应商提供产品和服务的人群。
- **风险资本 / 风险投资（Venture Capital Venture Investing）**：见私募股权基金。
- **风险慈善（Venture Philanthropy）**：指慈善活动中的一个领域。投资者将私募股权基金 / 风险资本的商业模型应用于非营利和慈善行业（欧洲风险投资协会）。
- **股份兑现 / 股份兑现期（Vesting/Vesting Period）**：员工 / 管理团队获得股票期权或其他激励的过程。股份兑现期 / 时间表规定了员工 / 管理团队应当什么时候完全获得资产所有权。
- **否决权（Veto Right）**：给予权利持有人阻止（否决）或终止个别决定 / 行动权利的合同条款。
- **认股权证（Warrant）**：在一定期限内以特定价格买入公司股票的权利。在私募股权交易中，为了吸引次级债权投资人，通常会把认股权证作为协议的点睛之笔。

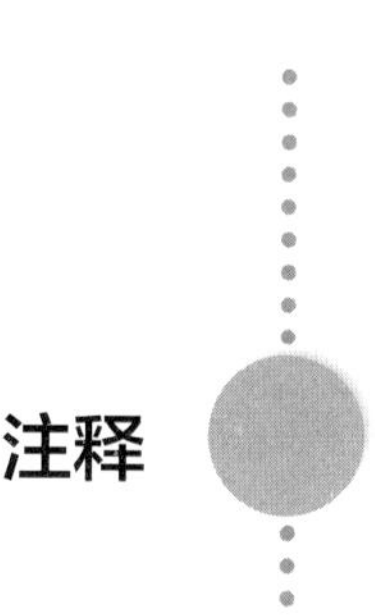

注释

第一部分

1. Global Impact Investing Network (GIIN).
2. Global Sustainable Investment Alliance. *Global Sustainable Investment Review*, 2015.
3. GIIN, J.P. Morgan. *Eyes on the Horizon: The Impact Investor Survey*, 2015.
4. IFC. *2013 MFI Fact Sheet*, 2014.
5. FiBL, IFOAM. T*he World of Organic Agriculture 2015*, 2015.
6. http：//www.sec.gov/comments/disclosure-effectiveness/disclosureeffectiveness-27.pdf；该数字是指 2014 年年初 CDFI 在当地持有和投资的资产。
7. Monitor Institute. *Investing for Social and Environmental Impact：A Design for Catalyzing an Emerging Industry*, 2009.
8. GIIN, J.P. Morgan. *Impact Investments: An Emerging Asset Class*, 2010.
9. Calvert Foundation. *Gateways to Impact*, 2012.
10. J.P. Morgan. *Insight into the Impact Investment Market*, 2011.
11. Correlation Consulting. *Insights and Innovations*, 2012.

12. www.oikocredit.coop/whatwedo/Partners，于 2015 年 9 月访问。
13. OECD.org；Capgemini，RBC Wealth Management. *World Wealth Report 2014*，2014.
14. Burkhart，W. *Bringing Impact investing Down to Earth: Insights for Making Sense，Managing Outcomes，and Meeting Client Demand*，2015.
15. UN Global Compact，Accenture. *CEO Study on Sustainability*，2014.
16. Capgemini，RBC Wealth Management. *World Wealth Report 2014*，2014.
17. U.S. Trust. U.S. *Trust Insights on Wealth and Worth® survey*，2014.
18. www.lohas.groupsite.com
19. United Nations. *World Population Prospects*: *The 2012 Revision*，2013.
20. World Resource Institute，IFC. *The Next 4 Billion: Market Size and Business Strategy at the Base of the Pyramid*，2006.
21. Morgan Stanley. *The Long-Term Imperative for Financial Institutions*，*Perspectives on the Long Term*，2015.
22. GOOGLA，AT Kearney. *Investment and Finance Study for Off-Grid Lighting*，2014.
23. UNDP. *Impact Investment in Africa: Trends，Constraints and Opportunities*，2014.
24. Gardl，C.，Knobloch，C. *How To Develop Business and Fight Poverty*，2010.
25. Cambridge Associates，GIIN. *Introducing the Impact Investing Benchmark*，June 2015.

第二部分

1. Capgemini，RBC Wealth Management，*World Wealth Report 2015*，2015.
2. Richter，L. *Grantmakers in Health: Guide to Impact Investing*，2011.
3. Capgemini，RBC Wealth Management. *World Wealth Report 2015*，2015；Richter. *Grantmakers:* FEUSA，2001；Astrachan，J. and Schanker，M. *Family Business Review*，2003；G8 Social Impact Investment Taskforce. *Impact Investment: The Invisible Heart of Markets*，2014 (average ForEx rates for 2014 used)；The Family Business Network; IFC. *Family Business Governance Handbook*，accessed October 2015；Businessweek.com，2006.
4. Heron：赫伦网站，于 2015 年 11 月访问；Miller，C. *The World Has Changed and So Must We: Heron's Strategy for Capital Deployment*; 2012；Richter. Grantmakers；Southern New Hampshire University. *Expanding Philanthropy: Mission-Related Investing at the F.B. Heron Foundation*，2007.
5. Ernst & Young. *EY Family Office Guide*，2013；Wharton Global Family Alliance，*Single Family Offices: Private Wealth Management in the Family Context*, May 2008.
6. WEF. *Impact Investing: A Primer for Family Offices*, 2015; Cochell, P., Zeeb，R. *Beating the Midas Curse*, 2005.
7. Musgrave，R. *Lost Wealth: Learning the Hard Way*，December 16th，2009.
8. Greycourt. *Establishing a Family Office*，White Paper Nr. 10，2012.
9. Cochell and Zeeb. *Midas Curse*.
10. U.S Trust. U.S. *Trust Insights on Wealth and Worth® survey*, 2015.

11. WEF. *A Primer on Governance of the Family Enterprise*, 2013.

12. WEF. *Impact Investing*, 2015.

13. Bertha Centre at UCT. *Wendy Luhabe: Social Entrepreneur and Impact Investor*，case study，2015.

14. Kataoka，*G. Overview of Impact Investing Market and How Foundations Can Catalyze the Sector*，2013; Richter. *Grantmakers*.

15. www.inc.com/encyclopedia/familybusiness; WEF. 家族企业。

16. McKinsey & Company. *The Business of Sustainability*，2011.

17. www.inc.com/encyclopedia/family business

18. IFC. *Family Business Governance Handbook*; Newsweek.

19. Stalk，J.，Foley，H. *Avoid the Traps that Can Destroy Family Business*，Harvard Business Review，January-February 2012.

20. Deloitte. *Big Demands and High Expectations: The Deloitte Millennial Survey*，2014.

21. Interview with the company; Remedius，*S. Doing Well By Doing Good – Changing Lives in Rural India*，May 1st，2012; Management Innovation eXchange.

22. 共享价值倡议。*Patrimonio Hoy: Access to Housing and Finance*, 2015.

23. www.livelihoods.eu; EVPA. *Corporate Social Impact Strategies*, 2015.

24. CBS News，June 10th，2014.

25. 公司新闻稿；报纸文章。

26. http://www.affordable-learning.com/the-fund

27. UNGC，Rockefeller Foundation. *A Framework for Action: Social Enterprise and Impact Investing*，2012.

28. http://www.greentechab.com
29. G8 Social Impact investment Taskforce. *Impact Investment*，2014.
30. 巴塔哥尼亚网站，于 2015 年 9 月访问；Fortune，September 14th，2015; WSJ Magazine，April 26th，2012.

第三部分

1. 本指南第一版。
2. 摘自 J.P. Morgan。 *A Portfolio Approach to Impact Investment*, 2012.
3. Brest，P.，Born，K. *Unpacking the Impact of Impact Investing*，2013.
4. 换算时使用的加元 / 美元汇率是 0.9。
5. G8 Social Impact Investment Taskforce. *Measuring Impact – Subject Paper of the Impact Measurement Working Group*，2014.

第四部分

1. GIIN，Dalberg. *The Landscape for Impact Investing in South Asia*，2015; TONIIC，*TONIIC Early-Stage Global Impact Investing E-Guide*，2013.
2. GIIN，Dalberg. *The Landscape.*
3. GIIN，Dalberg. *The Landscape.*
4. Intellicap. *Invest. Catalyze. Mainstream: The Indian Impact Investing Story*，2014.
5. TONIIC. *TONIIC Early Stage Global Impact Investing E-Guide*, 2013.
6. BMI. 2015 年第 3 季度经济前景研究。
7. TONIIC. *TONIIC Early-Stage Global E-Guide.*
8. BMI. 2015 年第 3 季度经济前景研究。

9. Dalberg. *Impact Investing In West Africa*, April 2011; UNDP. *Impact investing in Africa: Trends, Constraints and Opportunities*, 2014; Omidyar Network. *Accelerating Entrepreneurship in Africa*, 2013.

10. J.P. Morgan. *Eyes on the Horizon: The Impact Investor Survey*, 2015; UNDP. *Impact investing in Africa.*

11. African Development Bank Group, UNDP, OECD. *African Economic Outlook 2015*, 2015.

12. UNDP. *Impact Investing in Africa.*

13. J.P. Morgan. *Eyes on the Horizon;* Bain & Company. *State of Impact investing in Latin America*, 2014.

14. World Bank. *Shifting Gears to Accelerate Shared Prosperity in Latin America and the Caribbean*, 2013.

15. Blanco A. *Rental Housing Wanted: Policy Options for Latin America and the Caribbean*, 2014.

16. Hanushek E. Schooling, *Educational Achievement, and the Latin American Growth Puzzle*, 2012; Intergovernmental Panel on Climate Change (IPCC). *Climate Change 2013: The Physical Science Basis*, 2013.

17. TONIIC. TONIIC Early Stage Global Impact Investing E-Guide, 2013; GIIN, Dalberg. *The Landscape for Impact Investing in South Asia*, 2015; Responsible Research. *Impact Investing In Emerging Markets*, May 2011; Avantage Ventures. *Beyond the Margin – Redirecting Asia's Capitalism*, 2011.

18. J.P. Morgan, *Eyes on the Horizon.*

工具和资源

1. GIIN. *Catalytic First-Loss Capital*, 2013; UK Cabinet Office.

Achieving Social Impact at Scale: *Case Studies of Seven Pioneering Co-mingling Social Investment Funds*，2013; NYCAF website.

2. Social Finance. *Foundations for Social Impact Bonds* (Social Finance，2014)；于 2016 年 2 月访问 www.payforsuccess.org。
3. 信息来源：各投资经理、影响力投资者或投资经理网站（如有说明）。绩效数尚未独立验证。
4. 公司网站访问日期：2016 年。
5. 公司网站访问日期：2016 年。
6. 置信区间意味着研究人员有 95% 的把握确定整个行业的真实中位数绩效介于 0.74 和 1.15 之间。尽管样本中的基金中位数确实略低于指数（因为 PME 中位数小于 1），但数据表明，研究人员不能拒绝 95% 以上的置信水平，即一般而言，影响力投资基金的表现与指数相同。
7. GABV website (www.gabv.org), 于 2016 年 1 月 访 问；GABV. Real Economy – *Real Returns*: *The Power of Sustainability-focused Banking*，2015；GABV. *Strong and Straightforward: The Business Case for Sustainable Banking*，2012.
8. 公司网站访问日期：2015/2016 年；对一些公司的采访。
9. 本指南第一版。
10. J.P. Morgan. *Impact Assessment in Practice*，2015；EVPA. *Corporate Social Impact Strategies*，2015.
11. 公司网站访问日期：2016 年 1 月；对公司的采访。
12. 公司网站访问日期：2015/2016 年；对一些公司的采访。
13. 公司网站访问日期：2015/2016 年。
14. 公司网站访问日期：2015/2016 年；对一些公司的采访。
15. 公司网站访问日期：2015/2016 年；对一些公司的采访。

16. 公司网站访问日期：2015/2016 年。
17. 公司网站访问日期：2015/2016 年。
18. PNC Wealth Management. *Responsibilities and Money: How the Wealthy View Their Role in Society*，2012，引自 www.trilincglobal.com/foradvisers；U.S. Trust. *U.S. Trust Insights on Wealth and Worth® survey*, 2015 and 2014; Capgemini，RBC Wealth Management，*World Wealth Report 2014*，2014.
19. U.S. Trust. *U.S. Trust Insights on Wealth and Worth® survey*, 2015.
20. U.S. Trust. *U.S. Trust Insights on Wealth and Worth® survey*, 2014.
21. Merrill Lynch. *Millennials and Money*, 2014.
22. Impact Assets. *The Millennial Perspective: Understanding the Preferences of the New Asset Owners*，Issue Brief Nr. 13，于 2015 年 12 月访问 www.imapctassets.org。
23. Capgemini，RBC Wealth Management. *World Wealth Report 2014*, 2014; Spectrem Group. *High Net Worth Millennials*, May 2013; Merrill Lynch. *Young High Net Worth Insights survey*，2013; U.S. Trust，*Insights on Wealth and Worth®* survey，2014; Deloitte. *Millennial Innovation Survey*，2013.
24. State Farm press release，January 27th，2011，http://www.statefarm.com/aboutus/_pressreleases/2011/january/27/american-college-state-farm-center-for-women.asp
25. Center for Talent Innovation. *Harnessing the Power of the Purse: Female Investors and Global Opportunities for Growth*, 2014.
26. U.S. Trust. *U.S. Trust Insights on Wealth and Worth®* survey，2015.
27. US SIF. *Report on Sustainable and Responsible Investment Trends in the United States*, 2012.

28. Center for Talent Innovation, *Harnessing the Power.*
29. Center for Talent Innovation. *Harnessing the Power*; Center of Wealth and Philanthropy at Boston College, *Millionaires and the Millennium;* State Farm press release, January 27th, 2011.
30. G8 Social Investment Taskforce. *Allocating for Impact*, Subject Paper of The Asset Allocation Working Group, 2014.
31. PwC. *Global Private Banking and Wealth Management Survey*, 2013.
32. Center for Talent Innovation. *Harnessing the Power.*
33. Boston Consulting Group. *Women Want More (in Financial Services)*, Survey of 12,000 women in 21 countries, BCG perspectives, 2009.
34. WEF. *From Strategy to Actions and Pilots*, 2013.
35. Money Management Institute, Impact Economy. *Serving Client Demand for Impact Investing: A Hands-on Guide for Financial Advisors and Senior Managers*, 2014.
36. Global Alliance for Banking on Values. *Strong and Straightforward: The Business Case for Sustainable Banking*, 2012.
37. EVPA, *Social Impact Strategies for the Banks*, 2014.
38. Bank, D. *Who's the Next Impact Target After Goldman Sachs Snaps Up Imprint Capital?*, Impactalpha, 21st July, 2015.
39. Bridges Ventures, Bank of America Merrill Lynch. *Shifting the Lens: A De-risking Toolkit for Impact Investments*, 2014.
40. G8 Social Investment Taskforce. *Allocating for Impact.*
41. Charlton, C., Donald, S., Ormiston, J., and Seymour, R. *Impact Investments: Perspectives for Australian Charitable Trusts and Foundations*, 2014.

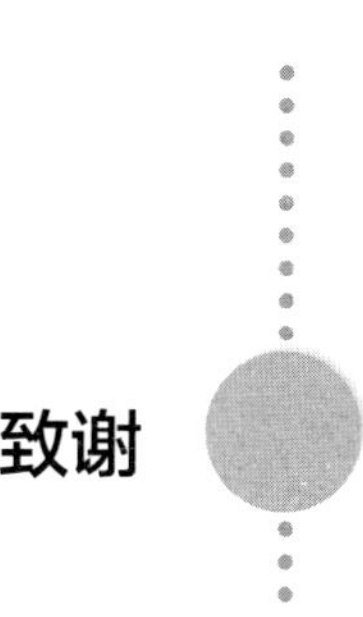

致谢

许多人贡献了他们的时间、想法和精力来帮助完成这本指南的写作。感谢瑞士联邦经济事务秘书处（Swiss State Secretariat for Economic Affairs，简写为 SECO）、RVVZ 基金会、DOEN 基金会和一个欧洲慈善家庭（希望匿名），是他们让这项倡议变为可能。我要特别感谢 Ivo Germann、Liliana de Sá Kirchknopf、Thomas Knecht 和 Marilou van Golstein Brouwers，是他们最早认识到这部作品的价值并给予支持和信任。Ruben Vardanyan 和 Veronika Zonabend 提供了宝贵的指导和灵感。感谢 Daan Laméris 和 Jasper Snoek 的信任和鼓励。

我要感谢所有参与本指南的财富持有者及其团队，感谢他们通过访谈和后续讨论为这项工作做出了贡献。他们坦诚、诚实又乐于分享经验，这些都非常鼓舞人心。我特别感谢那些愿意在案例研究中进行自我剖析并对外开放投资组合的人。

我还要感谢战略分销伙伴和财富持有者网络的重要作用，它们将使这本书触达它的读者。特别感谢瑞士信贷银行（Credit Suisse）、德雷林登（Dreilinden）、澳大利亚慈善总会（Philanthropy Australia）、影响力投资组织 Pymwymic、特里多斯银行（Triodos Bank）、斯科尔科沃财富转型中心（SKOLKOVO Wealth Transformation Centre）和美国信托（U.S. Trust），以及 Jackie VanderBrug、Jody Weber 和 Viola Werner 对该项目的大力支持。

感谢 Tsakane Ngoepe 为本指南成本倾注的智慧和可靠的判断，也感谢 Ishani Chattopadhyay 和 Marianna Slutskaya 在项目各个阶段的研究支持。我要感谢 Patton 阿姨和 Veronica Misiutina，感谢她们促成此次合作和支持。François Bonnici、Lauren Booker Allen、Fleur Heyns、Antonio Moraes Neto 和 Caroline Vu 都慷慨地分享了他们的关系网。我要感谢所有花时间审阅本指南并反馈宝贵意见的人——他们是 Noah Beckwith、Meret Brotbek、Susanne Grossmann、Pierre Gurdjian、Justyna Paszkiewicz、Olivier Rousset、Lukas Schneller、Ruben Vardanyan 和 Chris Wootton，还有一位想要匿名的财富持有者。

我要感谢沃顿商学院的 Sherryl Kuhlman，感谢他为影响力基金经理人的调查提供了便利，感谢沃顿商学院学生 Alexandra Iqbal、Ricardo Salinas 和 Ren Yi Hooi 完成该项调查。我还要感谢参与调查和访谈的影响力投资机构来分享它们的经验和教训，它们是 Acumen、Ananda Ventures、Bamboo Finance、BonVenture、Bridges Ventures、Calvert Foundation、EcoEnterprises、Elevar Equity、Grassroots Business Fund、LeapFrog、LGT Venture Philanthropy、Medical Credit Fund、SJF Ventures、Sovec、Triodos Investment Management 和 Unitus Seed Fund。

本指南的编辑为 Tom Scruton，设计师为 Aki Ellenberger。我感激他们的耐心和专业精神，如果没有他们，结果将完全不同。

我最要感谢的是我的丈夫 Stéph，感谢他的爱、耐心、支持以及在这个项目期间承担的所有家庭责任。没有他就不可能成功，我知道自己有多幸运。

最后，我要感谢为这个项目付出时间并在此过程中给予我极大鼓励的其他人。